Matthias Junge · Götz Lechner (Hrsg.)

Scheitern

Matthias Junge · Götz Lechner (Hrsg.)

Scheitern

Aspekte eines
sozialen Phänomens

VS VERLAG FÜR SOZIALWISSENSCHAFTEN

VS VERLAG FÜR SOZIALWISSENSCHAFTEN

VS Verlag für Sozialwissenschaften
Entstanden mit Beginn des Jahres 2004 aus den beiden Häusern
Leske+Budrich und Westdeutscher Verlag.
Die breite Basis für sozialwissenschaftliches Publizieren

Bibliografische Information Der Deutschen Bibliothek
Die Deutsche Bibliothek verzeichnet diese Publikation in der Deutschen Nationalbibliografie;
detaillierte bibliografische Daten sind im Internet über <http://dnb.ddb.de> abrufbar.

1. Auflage Juni 2004

Alle Rechte vorbehalten
© VS Verlag für Sozialwissenschaften/GWV Fachverlage GmbH, Wiesbaden 2004

Lektorat: Frank Engelhardt

Der VS Verlag für Sozialwissenschaften ist ein Unternehmen von Springer Science+Business Media.
www.vs-verlag.de

Umschlaggestaltung: KünkelLopka Medienentwicklung, Heidelberg
Druck und buchbinderische Verarbeitung: MercedesDruck, Berlin
Gedruckt auf säurefreiem und chlorfrei gebleichtem Papier
Printed in Germany

ISBN 3-8100-4116-5

Inhaltsverzeichnis

III.   Scheitern jenseits der Soziologie

Matthias Junge/Götz Lechner

Scheitern als Erfahrung und Konzept. Zur Einführung

Der Begriff des Scheiterns hat Konjunktur. Das ist bemerkenswert, weil Scheitern das Gegenteil des Glücksversprechens der Moderne verkörpert: Alle Probleme sind lösbar, wenn man nur mit den Mitteln der Vernunft an ihrer Bewältigung arbeitet. In diesem Sinne hat erfolgloses Handeln eher dilatorischen Charakter auf den sich zierenden Erfolg, letztlich war er durch die Methode verbürgt. Wohl wiesen so unterschiedlich verortete Kritiker wie Horkheimer und Adorno in der „Dialektik der Aufklärung" oder Lévi-Strauss im „Wilden Denken" auf die Grenzen einer derartigen Welthaltung hin, wohl proklamierte der Club of Rome vor mehr als dreißig Jahren das Ende des Wachstums: Scheitern blieb die dunkle und tabuisierte Seite des allgemein vorherrschenden kulturellen Modells. Richard Sennett verortet diese Tabuisierung für die Gesellschaft der Vereinigten Staaten von Amerika im unauflöslichen Widerspruch zwischen dem Versprechen der Wohlfahrt im „Stereotyp des schrankenlosen persönlichen Erfolgs" und der „erschreckenden Allgegenwart des persönlichen Versagens". Und doch, plötzlich, wie aus dem nichts, wurde Scheitern wieder zum Thema. Mit dem Niedergang der New-Economy, dem Konkurrenzdruck, den der Prozess der Globalisierung mit einem mal auch in der Bundesrepublik bis in die „Mittelklasse" hinein entfaltete, erhob sich das Haupt des Scheiterns in den Medien und der alltäglichen Wahrnehmung.

Scheitern ist nun eine alltägliche Erfahrung. Schon länger scheitern Ehen, berufliche Karrieren scheitern, der FC Bayern wurde wieder einmal nicht Deutscher Meister und ist an seinem eigenen Anspruchsniveau gescheitert, Lebensplanungen und -wünsche lassen sich nicht realisieren und werden sodann als gescheitert verworfen. Zurück bleibt, so auch die etymologische Wurzel des Bergriffs Scheitern, ein „Zerschlagenes", „In Stücke Zerfallenes", die Erfahrung, nochmals einen Anlauf zu nehmen, das eigene Handeln zu überdenken, Pläne zu revidieren, Wünsche an das Machbare anzupassen, kurz: Revision.

Scheitern ist ein Grundelement der conditio humana. Wer handelt kann erfolgreich sein, wer dies nicht ist, im schlimmsten Falle also gescheitert ist, hat zuvor gehandelt. Handeln, zumal erfolgsorientiertes Handeln, sucht Wünsche und Bedürfnisse, die sich aus den Bedingungen menschlichen Daseins ergeben, zu realisieren. Dabei auftretende Hindernisse gilt es zu beachten, ihre Bewältigung in die Handlungsplanung zu integrieren, um das Ziel erreichen zu können. Scheitern wird durch die Antizipation von Handlungshindernissen zu vermeiden gesucht. Mögliches Scheitern ist somit ein Bestandteil der Handlungsplanung. Aber, wenn diese nicht realisiert werden kann, dann tritt das vermeintlich korrekt Antizipierte als Eigenständiges dem Handelnden gegenüber: das Scheitern ist wirklich geworden.

In Feuilletons, kultursoziologischen Abhandlungen (Doehlemann 1996), Anthologien (Daams (Hrsg.) 2002) und auf Kongressen für Psychoanalyse wird nun die Spannung zwischen Scheitern und Kreativität diskutiert (Schlösser/Gerlach (Hrsg.) 2001). „Scheitern" als Thema des creativevillage, einer Nachwuchsschule für junge Künstler, brachte das

Buch mit dem Titel „sch. das Buch des Scheiterns" hervor (Corin u.a. 2003), „ein Buch zum Wunden lecken, Weitermachen, Durchstarten: gegen den Einheitsbrei der Resignierten, solidarisch mit denen, die mutig scheitern" (so der Klappentext). In der Psychologie wird diskutiert und in lebenspraktischer Hinsicht angeraten, Scheitern als Chance für eine Reorientierung des Handelns und der Lebensplanung zu begreifen (Nuber 2003). In all diesen Anläufen kuriert sich das Scheitern in der oben beschrieben Weise: Die Erfassung des Problems des Scheiterns scheitert an seiner Einfassung, wird transformiert zur Chance des Neubeginns oder der Umorientierung und wird so wieder zum letztlich Unduldbaren.

Scheitern ist ein omnipräsentes Phänomen, es kann den einzelnen Menschen, Gruppen, Institutionen und Gesellschaften betreffen. Der Begriff umfasst in seiner Bedeutung mikro- und makrosoziale Phänomene. Er verweist jedoch immer auf sein dazugehörendes Zwillingskonzept: Handeln. Denn Scheitern setzt Handeln, zeitlich und in der Vorgabe von Intentionen voraus. Nur wenn gehandelt wurde, kann gescheitert werden: an den Umständen, an Normen, an ungenügender Handlungsplanung, an institutionellen Regelungen, am Wollen anderer Akteure. Scheitern verweist auf Grenzen der Handlungsfähigkeit, auf einen allgegenwärtigen Grenzfall der Konstitution von Sozialität.

Trotz seiner Allgegenwart ist Scheitern kein Konzept oder Forschungsgegenstand der Soziologie, Scheitern war im soziologischen Diskurs „abwesend" (Dombrowsky 1983) und ist es bis heute geblieben. Diese Einschätzung wirft Fragen auf, denen im vorliegenden Band von verschiedenen Autoren in unterschiedlicher disziplinärer Perspektive nachgegangen wird: Was ist Scheitern? Welche Erfahrungen sind damit verbunden? Wie kann Scheitern soziologisch erfasst werden? Warum hat die Soziologie dem Scheitern bislang so wenig Aufmerksamkeit gewidmet? Wie ist der gesellschaftliche Umgang mit Scheiternden gestaltet? Diese Einleitung will neugierig einige Phänomene aufgreifen, die auf individuelles oder institutionelles Scheitern verweisen und in die soziologische Diskussion einführen.

Scheitern als Grunderfahrung sozialen Seins ist bislang eher umschrieben, denn durch die soziologische Forschung als Problem aufgegriffen worden. Scheitern ist eine überwiegend ausgeblendete Problemstellung soziologischen Denkens. Ansätze zu seiner konzeptionellen Erfassung liegen bislang nicht vor. Und dies, obwohl empirische Befunde zum Scheitern in vielen Statistiken enthalten sind und auf die Dringlichkeit seiner Erforschung verweisen.

So wissen wir etwa, dass die Studienabbrecherquote in Deutschland 1991/92 zwischen 29 und 31 % eines Studienanfägerjahrganges umfasst (Lewin u.a. 1995: 2). Gescheitert wird hier an Studienbedingungen, Studienmotivation oder in einzelnen Fällen auch an Studierkompetenz. Ebenso aussagekräftig sind die steigenden Zahlen der Erwerbslosen, die im Jahresdurchschnitt 2002 4,071 Millionen Menschen betrug (Statistisches Bundesamt 2003b). Diese sind gescheitert am Arbeitsmarkt, im Arbeitsleben oder an den Strukturen und Strukturveränderungen des Arbeitsmarktes. Ausgangspunkte für langfristige Karrieren des Scheiterns lassen sich an den Absolventenzahlen der verschiedenen Schulformen ablesen. So schlossen 2002 9,6 % der männlichen und 7,1 % der weiblichen Schüler ihre schulische Ausbildung ohne den Hauptschulabschluss ab (Statistisches Bundesamt 2000a). Damit ist eine Grundlage für eine weitere Abfolge von Scheiternserfahrungen gelegt. In eine ähnliche Richtung weisen Daten über vorzeitig gelöste Ausbildungsverträge. Gleich welche Gründe vorliegen, so werden, bezogen auf einen Dreijahreszeitraum 25 % aller Ausbildungsverträge vorzeitig gelöst (Statistisches Bundesamt 2002d). Das bedeutet, dass ein Viertel aller Ausbildungsversuche unabgeschlossen abgebrochen werden, sie sind gescheitert, sei es aus Gründen mangelnder Qualifikation, sei es aus Gründen unzureichender pädagogischer Eignung der Ausbilder und ähnliches mehr.

Ein ganz besonderes Spannungsfeld zwischen individuellem und institutionellem Scheitern eröffnet sich im Bereich des Strafvollzugs. Foucault (1977) arbeitete in „Überwachen und Strafen" deutlich heraus, dass die moderne Form der räumlichen Exklusion von Normverletzern eine Karriere im Strafvollzug präformiert. Seit Jahren steigt nun die Anzahl der langfristig aus dem gesellschaftlichen Zusammenhang räumlich Exkludierten an, bis sie im Jahre 2002 2021 zu lebenslanger Haft verurteilte Insassen umfasste (Statistisches Bundesamt 2002b) – sie bilden grosso modo die Spitze des Eisbergs von individuellem wie institutionellem Scheitern. An die lebenslängliche Haft anschließende Sicherheitsverwahrung wurde in erheblich weniger Fällen verhängt: hier reicht die räumliche Exklusion aus der gesellschaftliche Normal-Sphäre bis ans physische Ende des Delinquenten – hier scheitert folglich auch die Vorstellung einer möglichen gesellschaftlichen Reintegration – die Pathologisierung der Betroffenen ist hier ebenso auf die Spitze getrieben wie das Sicherheitsbedürfnis der Gesellschaft.

Der Tod als radikale, absolute und somit unhintergehbare und irreversible Form des Scheiterns begegnet uns in unserer hypermobilen Gesellschaft als Statistik der bei Verkehrsunfällen Getöteten. Im Jahre 2002 starben 6842 Menschen im Straßenverkehr entweder mittelbar als Führer eines Fahrzeugs oder betroffen durch ein Fahrzeug (Statistisches Bundesamt 2002c). Hier scheitert man im oder am Verkehr, an einer Struktur, deren Komplexität so groß ist, dass sie gelegentlich die Grenzen des individuell Beherrschbaren, und d.h. des individuell Handhabbaren übersteigt und sich so gewaltsam gegen den Einzelnen wendet. Doch wäre es naiv hinter der Anzahl der getöteten Führer von Kraftfahrzeugen lediglich die potentielle Gewalttätigkeit der Struktur zu vermuten. Experten unterstellen hier eine Grauzone von Selbsttötungen. Gerade aber über Selbsttötungen, dieser finalen Manifestation individuellen Scheiterns, lassen sich keinerlei verlässliche Angaben für die Bundesrepublik machen, da Tabuisierung und die vielfältigen Möglichkeiten, einen Suizid zu verschleiern belastbare statistische Erhebungen verhindern.

Verlässlichere Daten über das Scheitern finden sich im Bereich der Ökonomie. Insolvenzen sind, so sie denn vor Amtsgerichten verhandelt werden, veröffentlichungspflichtig. Im Jahr 2002 gab es in der Bundesrepublik insgesamt über 37.000 unternehmerischer Insolvenzen neben 21.441 Verbraucherinsolvenzen (Statistisches Bundesamt 2003b). Diese Zahl zeigt allerdings wiederum nur die Spitze eines Eisbergs, gehen doch Schätzungen von rund 2,5 Mio. überschuldeten Privathaushalten aus (vgl. Backert/Lechner 2000). Um im Bereich der Schätzungen zu bleiben: Nach Angaben von Richard Sennett scheitern in den USA 85% aller Unternehmensgründungen, in der Bundesrepublik dürfte die Zahl durch die restriktiveren Bedingungen der Kapitalbeschaffung für Unternehmensgründer niedriger liegen, instruktiv ist das Datum trotzdem. Zahlungsunfähigkeit, ob nun bei Privathaushalten oder bei Unternehmen, führt geradezu zwangsläufig zum Aufblühen „alternativer" Refinanzierungsoptionen. Besonders zu erwähnen ist hier, dass das Pfandkreditgewerbe in einer ihrer Presseinformationen das Pfandkreditgewerbe als „eine Branche mit Zukunft" bezeichnet (Zentralverband des Deutschen Pfandkreditgewerbes e.V. (Hrsg.) o.J.) und damit zu erkennen gibt, dass Scheitern an finanziellen „Engpässen" zunehmen wird und sich daraus eine langfristig gewinnversprechende Einkommenschance für Pfandleiher ergibt.

Ein besonderer Fall des Scheiterns liegt beim grundgesetzlich garantierten Recht auf Asyl vor. Ein Asylverfahren scheint synonym zu sein mit einem institutionalisierten Mustern des Scheiterns, denn nach Auskunft einer letzten Erhebung der Bundesanstalt für Anerkennung ausländischer Flüchtlinge in Nürnberg aus dem Jahre 2001 sank die Anerkennungsquote bei Asylsuchenden von 1972 bis zum Jahr 2000 von 39,8 % auf nur noch 3 %. Das heißt, dass 97 % aller Asylverfahren zum Scheitern des Asylantrags führen. Ein Asylantrag führt ein scheinbar „notwendiges" Scheitern mit sich.

In diese Kategorie des scheinbar „notwendigen" Scheitern fallen auch Angaben über Wohnungslosigkeit. Die „Notwendigkeit" des Scheiterns liegt hier in der verwalteten individuellen Persistenz des Phänomens. 1996 waren 930.000 Menschen ohne Obdach (Wohnungsloser 1996). Geht man mit den Schätzungen der Wohnungslosigkeit oder Obdachlosigkeit noch weiter zurück so waren bereits im Jahre 1990 800.000 Personen wohnungs- oder obdachlos (Bundesarbeitsgemeinschaft für Nichtsesshaftenhilfe/und soziale Brennpunkte (Hrsg.) 1990). Diese Persistenzannahmen stütz ein Blick in die Sozialpläne der Sozialreferate großer Städte (etwa: Landeshauptstadt München – Sozialreferat 2000): die Ausgaben für Wohnungslosenhilfe steigen über die Jahre hinweg kontinuierlich, mit einem Zurückgehen der Zahlen nicht zu rechnen ist.

Diese unvollständige Sammlung empirischer Indikatoren, an denen Scheitern und auch Scheiternskarrieren abgelesen werden können, leistet jedoch nicht mehr als einen ersten illustrativen Zugang zum Scheitern zu legen. Denn Scheitern ist kein soziologischer Grundbegriff, obwohl er der Gegenbegriff zum Begriff des sozialen Handelns ist. Soziales Handeln kann aufgefasst werden als eine Form der Scheiternsvermeidung. Denn soziales Handeln sucht Handlungsfähigkeit zu sichern, in dem der Bereich des Scheiterns umgangen oder klein gehalten oder verkleinert wird. Dem Scheiterns hingegen ist eigen, dass es aus dem Bereich des sozialen Handelns herausführt, obwohl Scheitern innerhalb der Gesellschaft stattfindet.

Zu vermuten ist, dass moderne Gesellschaften so sehr auf das Programm der Scheiternsvermeidung eingestellt sind, dass sie Scheitern als eigenständiges Moment ihrer Prozessualität nicht anerkennen können. Ebenso plausibel scheint, überblickt man die vorliegende soziologische Literatur, die Annahme, dass die Soziologie in ihrer Beobachtung der Gesellschaft dieser Blindstelle aufgesessen ist und es deshalb noch keine Ansätze zu einer Soziologie des Scheiterns gibt.

Aus diesem Grund haben die Herausgeber dieses Bandes den Versuch unternommen, im Anschluss an eine Ad-hoc-Sitzung zum Thema Scheitern auf dem letzten Kongress für Soziologie in Leipzig 2002, Autorinnen und Autoren darum zu bitten, das Scheitern aus theoretischer und empirischer Perspektive zu beleuchten, um dieses Manko soziologischer Forschung zu benennen und Möglichkeiten seiner Behebung auszuarbeiten. Der vorliegende Reader präsentiert diese Versuche ohne Anspruch auf vollständige Erfassung aller denkbaren Perspektiven, ohne Anspruch auf vollständige Diskussion aller Bereiche und Formen des Scheiterns und ohne Anspruch darauf, eine umfassende Soziologie des Scheiterns zu entwickeln, weil bereits die Entwicklung einer solchen es voraussetzen würde, dass über das Scheitern mehr empirische und theoretische Forschung geleistet worden wäre als in diesem, das Thema öffnenden Reader vorgelegt werden kann.

Die beiden einleitenden Beiträge der Herausgeber zeigen diese Problematik in theoretischer Hinsicht auf. Es versteht sich nicht von selbst, wo in der Soziologie ein geeigneter

Ansatzpunkt für den konzeptionellen Zugriff auf das Phänomen liegen könnte. *Matthias Junge* erprobt die Möglichkeiten einer handlungstheoretischen Erfassung des Scheiterns, um jedoch am Ende seiner Überlegungen einen stärker durch die Existenzialphilosophie geprägten Zugang aufzusuchen. *Götz Lechner* hingegen umkreist das Phänomen in (post)strukturalistischer Manier, um in einem Plädoyer für die kulturkritische Tauglichkeit des Konzepts zu enden. Beide Beiträge verstehen sich als Versuche, das Scheitern als grundsätzliches Problem der Soziologie anzunehmen, ohne dass bereits eine Lösung skizziert werden kann, vielmehr ergänzen diese Beiträge die in der Einleitung angedeutete Skizze zur Aktualität des Themas.

Die zweite Hauptgruppe der Beiträge eröffnet unterschiedliche soziologische Perspektiven auf das Scheitern. So vielfältig die Soziologie in ihrem Erscheinungsbild nicht nur fachintern wahrgenommen wird, so breit gefächert sind Methoden und Themen der Beiträge. Kulturtheoretisch und unter Rückgriff auf die besondere kulturelle Bedeutung des physischen Sterbens in der Moderne diskutiert *Klaus Feldmann* die Grenzen der Verfügbarkeit über das Leben als notwendiges und unhintergehbares Scheitern. Nach dem physischen Tod nimmt *Wolfram Backert* den sozialen Tod in kulturvergleichender Perspektive in den Blick und zeigt, wie sehr das Scheitern in der Subkultur der Manager von kulturspezifischen Vorstellungen über Erfolg und Anerkennung geprägt wird.

Auf diese kultursoziologisch orientierten Beiträge folgen die stärker sozialstrukturell argumentierenden Ausführungen, die sich unter Verwendung quantitativer Methoden dem Scheitern in unterschiedlichen Lebenswelten nachspüren. *Annette Spellerberg* greift den Diskussionszusammenhang der Lebensstilforschung auf und fragt danach, ob sich empirisch ein Lebensstil des Scheiterns oder eher scheiternde Lebensstile aufzeigen lassen, um mit dem Fazit zu enden, dass sich ein Lebensstil des Scheiterns weder empirisch nachweisen noch theoretisch plausibilisieren lässt. Trotzdem kann *Heike Solga* geradezu notwendige Pfade des Scheitern im Bildungssystem und somit in den gesamtgesellschaftlichen Normalitätsrahmungen nachweisen. „Abkühlende" Bildungskarrieren führen über die damit einhergehenden Exklusionsprozesse auf unterschiedlichsten Ebenen zu einer sich selbst verfestigenden Dynamik des Scheiterns. Jenseits der Frage nach der Reproduktion sozialer Ungleichheit stellt *Corinna Onnen-Isemann* auf der Grundlage einer älteren, jedoch in ihren Ergebnissen weiterhin aktuellen, Studie ein auf den ersten Blick individuelles Problem in den Fokus – ungewollte Kinderlosigkeit. Sie entwickelt sich zum quantitativ relevantem Phänomen in modernen Gesellschaften mit weitreichenden Folgen für die individuelle Konstruktion des Scheiterns unter der Bedingung der kollektiven Konstruktion der Norm der Fruchtbarkeit und ihrer Erfüllung. Dabei tritt das medizin-technisch Mögliche an die Stelle der Norm und lässt das Machbare in sich dynamisierenden Scheiternserfahrungen zum Notwendigen werden.

Volker H. Schmidt zeigt am Beispiel der Transplantationsmedizin und ihrer Organisation auf, wie die Notwendigkeit von Transplantation zunächst am objektiven Mangel verfügbarer Organe scheitert, dies jedoch dann durch die medizinische Selbstlegitimation der Organverteilung sozial überformt wird. Die Frage nach dem Scheitern angebbarer Personengruppen wird hier zum Hebel, um die soziale Praxis der Organverteilung einer kritischen Prüfung zu unterziehen.

Das Kapitel wird abgeschlossen von zwei Beträgen, die die Moderne in ihrer immanenten Dialekt zu verstehen versuchen. *Andrea D. Bührmann* fragt diskursanalytisch nach den Chancen der Durchsetzung spezifischer Diskursinteressen und kann machtanalytisch am Beispiel der Frauenbewegung des ausgehenden 19. Jahrhunderts zeigen, wie der Kampf um die Anerkennung der weiblichen Individualität zur Institutionalisierung moderner Wohlfahrtspflege und somit in ihrem Erfolg zum Scheitern der Bewegung führt. Einer ähnlichen Logik folgt nahezu die gesamte „Scheiternsvermeidungsinstitution" des Sozialstaates bundesrepublikanischer Prägung, die, wie *Ronald Hitzler* in diesem Band zeigt, den Sozialstaat langsam aber sicher an seinen mündigen Bürgern scheitern lässt.

Scheitern nicht nur zu beobachten, sondern Scheitern auch auszuhalten oder sich den Gescheiterten aktiv zuzuwenden, das verlangt einen Perspektivenwechsel, der die Bahnen der Soziologie verlässt und ihren Beobachtungsrahmen sprengt. Um dieses Defizit nicht unbehandelt stehen zu lassen, endet dieser Band mit zwei Beiträgen aus Disziplinen, in denen das Scheitern gleichsam zu den fundamentalen Elementen ihrer Entwicklung gehört. Für die Psychologie zeigen *Olaf Morgenroth* und *Johannes Schaller*, dass die Psychologie zwar nicht gerne scheitert, aber das Scheitern relativ und eigentlich „total" normal ist. Die Psychologie, gerade in ihrer populärwissenschaftlichen Spielart, hält nun einen Unmenge Ratgeberliteratur bereit, um sich der praktischen Auseinandersetzung mit dem Scheitern zu stellen und sie im Rahmen positiven Denkens zu bewältigen. Gerade dieses Bewältigen birgt aber die Gefahr, die kreativen Potentiale des Scheiterns zu Gunsten instrumenteller Ziele zu verschütten. Diese wie auch die soziologische Form der Auseinandersetzung verbleibt immanent im Handeln und fragt nicht nach der existenziellen Dimension der Erfahrung des Scheiterns. Mit dieser Frage wird jedoch eine Problemdimension benannt, die den Rahmen positiver Wissenschaften transzendiert. Trotz aller Säkularisierungsprozesse ist hier, wie *Martin Weiß-Flache* deutlich macht, immer noch eine Aufgabe für Theologie und Seelsorge gegeben, die sowohl den Scheiternden wie auch das mögliche Scheitern der „Sorgenden" in einen Gesamtzusammenhang einbetten kann, der mit Spiritualität das Überschreiten der Situation ermöglicht und die Gefangenschaft im Scheitern aufheben kann. Ein theologischer Beitrag zum Scheitern sagt in einem Band zur Soziologie des Scheiterns etwas, wozu die Soziologie bis zu diesem Zeitpunkt sprachlos bleiben muss: vielleicht ist dies der Soziologie ein Stachel, an dieser offensichtlichen Grenzen zu arbeiten.

Insgesamt beanspruchen die Beiträge, sich einem bislang kaum diskutierten Phänomen zu nähern, Forschungsfragen anzuregen, Problemkonstellation zu reflektieren und das Feld für eine Analyse des Scheiterns aufzuschließen, ohne das dies hier bereits umfassend geleistet werden kann.

Literatur

Backert, Wolfram/Lechner, Götz (2000): „... und befreie uns von unseren Gläubigern." Von der Suche nach dem redlichen Schuldner in einer individualisierten Gesellschaft. Baden-Baden: Nomos.
Bundesarbeitsgemeinschaft für Nichtsesshaftenhilfe/und soziale Brennpunkte (Hrsg.) (1990): Pressemitteilung vom 3.10.1990.

Coring, Christine u.a. (Hrsg.) (2003): sch. Das Buch des Scheiterns. Berlin: taz Verlags-
und Vertriebs GmbH.
Daams, Andreas (Hrsg.) (2002): Scheitern. Anthologie zum Wettbewerb "Scheitern 2002".
Kleve: edition anderswo.
Doehlemann, Martin (1996): Absteiger. Die Kunst des Verlierens. Frankfurt am Main:
Suhrkamp.
Dombrowsky, Wolf R. (1983): Verdrängtes Scheitern. Vom Nutzen einer ausgeblendeten
Dimension sozialen Handelns. In: Friedrich Heckmann//Peter Winter (Hrsg.): 21.
Deutscher Soziologentag 1982: Beiträge der Sektions- und ad hoc-Gruppen. Opladen:
Westdeutscher Verlag, S. 967-971.
Foucault, Michel (1977): Überwachen und Strafen. Die Geburt des Gefängnisses. Frankfurt
am Main. Suhrkamp.
Landeshauptstadt München – Sozialreferat (2000): Soziale Leistungen in Zahlen 2000.
München.
Lévi-Strauss, Claude (1973): Das wilde Denken. Frankfurt am Main: Suhrkamp.
Lewin, Karl/Heublein, Ulrich/Sommer, Dieter/Cordier, Heidi (1995): Studienabbruch:
Gründe und anschließende Tätigkeiten. Ergebnisse einer bundesweiten Befragung im
Studienjahr 1993/94. In: HIS-Kurzinformationen, Januar 1995, S.1-50.
Nuber, Ursula (2004): Die Kunst, "richtig" zu scheitern. In: Psychologie heute, Jg.31, H.1,
S. 20-23.
Sennett, Richard (2002): Amerika und die Macht des Scheiterns. In: Freitag, 46, online-
verfügbar: www.freitag.de.
Schlösser, Anne-Marie / Gerlach, Alf (Hrsg.) (2001): Kreativität und Scheitern. Gießen:
Psychosozial-Verlag
Statistisches Bundesamt (Hrsg.) (2002a): Allgemein bildende Schulen, Absolventen/Ab-
gänger des Schuljahr 2000/2001 nach Abschlussarten, http://www.destatis.de/basis/d/
biwiku/schultab16.htm Abruf vom 27.11.2003.
Statistisches Bundesamt (Hrsg.) (2002b): Strafgefangene, http://www.destatis.de/basis/d/
recht/rechts6.httm Abruf vom 27.11.2003.
Statistisches Bundesamt (Hrsg.) (2002c): Verkehrsunfälle, http://www.destatis.de/basis/d/
verk/verktab6.htm Abruf vom 27.11.2003.
Statistisches Bundesamt (Hrsg.) (2002d): Vorzeitig gelöste Ausbildungsberträge, http://
www.destatis.de/basis/d/biwiku/beruftab9.htm Abruf vom 27.11.2003.
Statistisches Bundesamt (Hrsg.) (2003a): Erwerbspersonen, http://www.destatis.de/basis/
d/erwerb/erwerbtab1.htm Abruf vom 27.11.2003.
Statistisches Bundesamt (Hrsg.) (2003b): Insolvenzen insgesamt und Insolvenzhäufigkei-
ten von Unternehmen nach ausgewählten Wirtschaftszweigen, Rechtsformen und Ländern, http://www.destatis.de/basis/d/insol/insoltab1.httm Abruf vom 27.11.2003.
Wohnungsloser (1996): Zahlen über Wohnungslosigkeit, in: Heft 5/1996, http://www.hsl.
com/wohnungsloser/archiv/5_96/5_11.htm Abruf vom 21.11.2003.
Zentralverband des Deutschen Pfandkreditgewerbes e.V. (Hrsg.) (o.J.): Das Deutsche
Pfandkreditgewerbe von A – Z, http://www.pfandkredit.org/download/Allgemeine%
20Info%20%FCber%20Pfandkredit.pdf Abruf vom 27.11.2003.

I. KANN DIE SOZIOLOGIE DAS „SCHEITERN" DENKEN?

Matthias Junge

Scheitern: Ein unausgearbeitetes Konzept soziologischer Theoriebildung und ein Vorschlag zu seiner Konzeptualisierung

Einleitung

Soziologie beginnt als Handlungswissenschaft (vgl. Dawe 1978) und orientiert sich zumeist an Max Webers Begriff des zweckrationalen Handelns (vgl. 1985; Girndt 1967)). Dieses sucht geeignete Mittel zur Erreichung von Zielen unter Berücksichtigung der Nebenfolgen. Erfolgsorientiertes Handeln gilt als Normalfall, denn es ist der Handlungstyp, welcher der kulturellen Illusion der Autonomie (vgl. Meyer-Drawe 1990: Kron/Reddig 2003) des Individuums genügt. Autonomes Handeln ist Handeln aus eigenem Recht, ist die Möglichkeit, entlang eigener Intentionen verfügen oder gestalten zu können. Vor diesem handlungstheoretischen Hintergrund kann Scheitern nur im Rahmen eines Selbstwiderspruchs gedacht werden: handelnd das Ziel der Handlung unmöglich machen. Zu fragen ist deshalb: Wie kann Scheitern soziologisch ohne Selbstwiderspruch gedacht werden?

Zuerst gilt es daher das Konzept des Scheiterns und der damit verbundenen Konzepte der Scheiternsvermeidung, -bewältigung, -erfahrung und -beurteilung vorläufig zu bestimmen und die Differenz von graduellem und absolutem Scheitern zu entwickeln (I). Sodann wird es eine Durchsicht ausgewählter soziologischer Theorien im Hinblick auf implizite und explizite Bezugnahmen auf das Scheitern (II) nahe legen, das Konzept des Scheiterns im Rahmen einer Theorie der Unverfügbarkeit zu entwickeln. Dann kann die Frage nach den Strukturen des absoluten Scheiterns als Frage nach der Entstrukturierung von Handlungsvoraussetzungen verstanden werden, die sich in zeitlicher, sachlicher, sozialer und körperlicher Hinsicht auswirken und erfassen lassen (III). Die Grenzen dieser phänomenologischen Rekonstruktion von Strukturen des Scheiterns werden mit Überlegungen zum Scheitern in und von Gesellschaften überschritten (IV) und abschließend die Dringlichkeit einer intensiven Auseinandersetzung mit dem Scheitern für die Soziologie und für die Gesellschaft betont (V).

I.   Scheitern – eine Annäherung

Was ist Scheitern? Als, noch handlungstheoretisch gearbeitete, erste Annäherung dienen die folgenden Bemerkungen. Scheitern ist temporäre oder dauerhafte Unverfügbarkeit, Handlungsunfähigkeit. Ist Scheitern temporär, dann ist Scheitern als ein graduelles Phänomen aufzufassen. Unterstellt wird, dass auch nach dem Scheitern noch gehandelt werden kann. Davon jedoch ist absolutes Scheitern zu unterscheiden. Dieses macht weiteres Handeln unmöglich. Im absoluten Scheitern gibt es keine Verfügungsmöglichkeiten für Handeln.[1] Die Grenze des Handelns dringt in die Handlungsbedingungen ein und zerstört von innen die Voraussetzung für das Handeln.[2]

Scheitern als ein Oberbegriff für beide Phänomene ist die Negation von Handlungsfähigkeit. Scheitern ist der Grenzfall vor dem sich die Konzeption des Handelns abheben kann. Deshalb kann Handeln als Scheiternsvermeidung aufgefasst werden. Handelnd wird versucht, das Scheitern zu vermeiden indem der Bereich der Verfügbarkeit erweitert wird. Dabei ist der nur temporäre Charakter graduellen Scheiterns bedeutsam. Denn dann ist ein zeitlicher Horizont gegeben, der in der Reflektion auf das Scheitern überschritten werden kann.

Handeln ist aber auch Scheiternsbewältigung. Wenn gescheitert wurde, dann setzt ein Handeln ein, das Scheitern zu überschreiten sucht, indem die Erfahrungen aus dem Scheitern in Konsequenzen für weiteres Handeln umgesetzt werden. Handeln hat dann die Perspektive des Scheiterns integriert. Das ist vor allem für ein Verständnis von Scheitern als Sanktion bedeutsam. Sanktion für ein Handeln, das den Erfolg nicht erreichte, weil technische oder soziale Normen verletzt wurden (vgl. nur Habermas 1989). An technischen Normen scheitert man, weil etwas nicht gelingt, es geht nicht. An sozialen Normen schei-

---

[1]   Der Begriff des absoluten Scheiterns ist ein Idealtyp im Sinne Max Webers. Er tritt in der sozialen Realität überwiegend in Abschattungen auf. Als Idealtyp erlaubt dieser Begriff in der Gegenüberstellung zum graduellen Scheitern eine genaue Kennzeichnung der Voraussetzungen und der Grenzen des Handelns.

[2]   Der Zusammenhang von Handeln und Scheitern lässt sich auch mit dem Formenkalkül von Spencer Brown beschreiben (vgl. Baecker 2002: 10ff.; Luhmann 1997 Bd.I: 60) und zeigt dann im Auftreten der Differenz von graduellem und absolutem Scheitern eine Anomalie des re-entry auf. Wenn Handeln und Scheitern als zwei Seiten einer Form aufgefasst werden, dann verlangt der Wiedereintritt dieser Unterscheidung in die Unterscheidung, dass mit dem re-entry das Scheitern als eine Seite der Form seinerseits in der Form graduellen und absoluten Scheiterns differenziert wird, weil nur graduelles Scheitern in der Formseite Handlung auftreten kann. Üblicherweise wird jedoch im Formenkalkül unterstellt, dass der Wiedereintritt der Unterscheidung in die Unterscheidung ohne Veränderungen der Unterscheidung selbst geschieht. In diesem Sinne liegt also mit dem re-entry im Falle der Unterscheidung von Handeln und Scheitern eine Anomalie vor.

tert man, weil etwas nicht gelingen darf, weil es aufgrund sozialer Konventionen dem Bereich der Verfügbarkeit des Handelns entzogen ist. Scheitern an sozialen Normen bekräftigt die Norm und zielt auf die Wiederherstellung der Üblichkeiten der Scheiternsvermeidung.

Aus der Unterscheidung von graduellem und absolutem Scheitern ergeben sich unterschiedliche Scheiternserfahrungen. Graduelles Scheitern bestärkt die kulturelle Illusion der Autonomie, es führt in die Üblichkeiten sozialen Handelns zurück. Anders absolutes Scheitern, hier gibt es keine Handlungschance mehr. Erfahren wird, dass die Voraussetzungen des Handelns zerstört sind. Damit aber implodiert das Soziale als Gefüge von Handlungsmöglichkeiten. Was bleibt? Eine Erfahrung, die sozial nicht mehr vermittelt werden kann, die nicht mehr im Sozialen aufscheint, obwohl sie im sozialen Kontext entsteht.

Anders als in Baudrillards Konzeption der Implosion des Sozialen (1979) ist die hier angezeigte Implosion eine „lokale", sie ist begrenzt auf den Erfahrungs- und Handlungsraum eines scheiternden Individuums. Implosion und Explosion stellen Gegenbegriffe dar. Diese Relationierung beider Begriffe lässt sich auf das Verhältnis von Scheitern und Handeln übertragen: während im Scheitern das Soziale implodiert, explodiert im Handeln der Raum der Verfügbarkeit, wird ausgedehnt.

Aus den genannten zwei Formen des Scheitern ergeben sich jeweils andere Scheiternsbewertungen. Das graduelle Scheitern wird als kurze Unterbrechung von Handlungsmöglichkeiten verstanden, denn es kann später weiter gehandelt werden. Bewertungen beziehen sich hier auf die falsche Einschätzung von Handlungsmöglichkeiten, aber die Autonomie des Individuums wird nicht in Frage gestellt. Im absoluten Scheitern geschieht aber gerade dies, die Autonomie des Handelnden wird in Zweifel gezogen. Mit der Implosion des Sozialen im absoluten Scheitern ist auch die Implosion der Autonomie verbunden: und dies vor dem Hintergrund der kulturellen Illusion von Autonomie. Die soziale und individuelle Bewertung folgt auf dem Fuß: versagt im Bemühen um Autonomie. Dann erscheint das Individuum nicht mehr in der Perspektive der Handlungsfähigkeit sondern der Behandlungsbedürftigkeit.

Diese erste Annäherung macht deutlich, dass Scheitern als graduelles Phänomen in handlungstheoretischer Begrifflichkeit erfasst werden kann, das absolute Scheitern hingegen führt über die Grenze handlungstheoretischen Denkens hinaus. Handlungstheoretisch lässt sich darüber nichts aussagen, denn die Implosion des Sozialen zieht das konzeptionelle Fundament handlungstheoretischen Denkens ein.

Trotzdem hat die Soziologie am Beginn ihrer Entwicklung substantielle Beiträge zur Erforschung absoluten Scheiterns entwickelt. Sie zielt zwar vordringlich auf die Erforschung graduellen Scheiterns, hat aber absolutes Scheitern, ohne diese Unterscheidung zwischen beiden Scheiternsbegriffen zu verwenden, vielfach zu ihrem Gegenstand gemacht. Warum?

Im Hinblick auf die Soziologiegeschichte lässt sich die These formulieren, dass Scheitern im und am Sozialen die Erfahrung gewesen ist, die zur Entstehung der Soziologie führte. Denn das Soziale wird als Widerständigkeit erfahren (vgl. Eisenstadt 1976), als Grenze der Handlungsfähigkeit. Deutlich dies in Durkheims Denken. Für ihn sind soziologische Tatbestände dadurch ausgezeichnet, dass sie „auf den Einzelnen einen äußeren Zwang ausüben" (Durkheim 1984: 114). Der Zwang setzt den Handlungsabsichten Widerstand entgegen und formt so gesellschaftliches Handeln. Und lange vor Durkheim wurde bereits in der schottischen Moralphilosophie eine andere Eigenschaft sozialer Zusammenhänge festgehalten: ihre Eigenständigkeit. Denn die soziale Ordnung wird dabei als nicht intendierte Folge des Handelns begriffen, als emergentes Phänomen (vgl. Vanberg 1975). Diese Eigenständigkeit überrascht die Handelnden und konfrontiert mit der Erfahrung, dass Handlungsfähigkeit nur eine notwendige, nicht jedoch hinreichende Bedingung zur Verwirklichung von Handlungsintentionen ist.

Erst später werden beide Merkmale – Eigen- und Widerständigkeit – im Strukturbegriff zusammengeführt. Dabei geschieht in der Gegenüberstellung von Handlung und Struktur etwas Folgenreiches. Strukturen in ihrer Eigen- und Widerständigkeit werden als Ressource für das Handeln aufgefasst. Dadurch wird die Perspektive der Soziologie auf graduelles Scheitern eingeschränkt. Denn das Unverfügbare im absoluten Scheitern kann nicht als Ressource gedacht werden.

Exemplarisch soll dies an Giddens Konzeption des Zusammenhangs von Handlung und Struktur gezeigt werden (vgl. 1988). Solange Handlungsfähigkeit gegeben ist, sind Strukturen Ressourcen des Handelns, die durch das Handeln reproduziert werden. Geht die Handlungsfähigkeit verloren, dann erscheinen Strukturen nicht mehr als Ressource. Sie werden nicht mehr reproduziert, sondern verwandeln sich in schlichte Faktizität, vergleichbar der Eigenständigkeit naturhafter Abläufe. Dadurch geht jedoch auch die Möglichkeit zur sinnhaften Interpretation von Strukturen verloren, die Strukturen als Verfügbares verschwinden und zurück bleiben nicht interpretierbare äußerliche Gegebenheiten. Kurz: die Konfrontation mit dem sozialen Nichts.

II.   Das Scheitern in der soziologischen Theorie

Das Konzept des Scheiterns kommt in der soziologischen Theorie explizit nur selten und nicht an zentraler theoretischer Stelle vor. Scheitern ist konzeptionell unausgearbeitet, weil der Handlungsbegriff so weite Schatten wirft, dass Scheitern nur als ein negativer Abgrenzungsbegriff für Handeln fungiert (vgl. Dombrowsky 1983).

Wie sieht der Umgang der soziologischen Theorie mit dem Scheitern aus? Scheitern ist in den meisten Theorien kein Begriff, aber als Fluchtphänomen, als Grenzperspektive immer gegenwärtig. Die Theorien unterscheiden sich vor allem darin, wie sie das Scheitern thematisieren. Im Folgenden werden ausgewählte Theorien daraufhin durchgesehen, was sie zur Problematik graduellen oder absoluten Scheiterns beitragen.

Durkheim hat Prozesse des Scheiterns vor allem am Phänomen des Selbstmordes untersucht (vgl. 1987). Er ist eine Form des absoluten Scheiterns. Das individuelle Leben wird aufgrund problematischer Verhältnisse der normativen Über- oder Unterregulation des Handelns aufgegeben. Scheitern ist für Durkheim ein Ausdruck der Grenzen von Normen. Wenngleich Durkheim vier Typen des Selbstmordes unterscheidet und solches Handeln intendiertes Handeln ist, so bleibt der Selbstmord eine besondere Form absoluten Scheiterns: den handelnd angestrebten Übergang in das Unverfügbare, welches im Selbstmordhandeln als Ziel vorscheint.

Auch Simmel diskutiert Scheitern: als Tragödie der Kultur (vgl. 1996). Das Individuum, angewiesen auf Kultivierung scheitert an den Ergebnissen seiner Kultivierungsleistungen. Diese treten ihm gegenüber als eigenständige Formen, die mit der Kultivierungsleistung des Individuums nicht mehr vermittelt werden können, weil das Individuum in seiner subjektiven Kultur sich die objektive Kultur nicht mehr vollständig aneignen kann. Die Tragödie der Kultur besteht in der Notwendigkeit des Scheiterns, weil Kultivierung bedeutet, etwas Objektives zu etablieren, an welchem sich das Individuum aufreibt. Die Spannung von Objektivität und Subjektivität markiert eine unaufhebbare Differenzerfahrung, die Scheitern zu einem Grundmerkmal von Vergesellschaftungszusammenhängen werden lässt. Die Tragödie der Kultur erfasst Scheitern als notwendiges und graduelles Phänomen, denn Simmel zeigt sich vor allem interessiert an Formen des Umgangs mit der notwendigen Tragödie, etwa die in der Philosophie des Geldes skizzierten Lebensstile (vgl. 1989), die individuelle Bewältigungsversuche im Umgang mit der notwendigen Differenz von subjektiver und objektiver Kultur sind.

Ebenso kennt Weber, trotz seiner Insistenz auf Zweckrationalität als Idealtyp des Handelns, Phänomene des Scheiterns. Seine Auseinandersetzung mit der unauflösbaren Spannung von Verantwortungs- und Gesinnungsethik (vgl. 1988b) macht dies deutlich: an dieser Aporie muss man scheitern. Verantwortungs- und Gesinnungsethik verweisen auf letzte Wertbindungen, deren abwägende Bewertung nicht endgültig vorgenommen werden kann, weil eine diskursive Einigung über den Rang einzelner Werte nicht erzielt werden kann (vgl. Weber 1988a). Aber sie kann handelnd bewältigt werden: durch Dezision. Sie ist der Ausweg aus dem mit der Aporie gesetzten absoluten Scheitern, weil Dezision die Entfaltung der Aporie verhindert. Auf raffinierte Weise: durch willentliche Einschränkung der Verfügbarkeit (von Wertalternativen) wird Verfügbarkeit der Orientierung gewonnen.[3] Webers Modell gibt damit auch ein Beispiel vor, wie absolutes in graduelles Scheitern transformiert werden kann.

Das erinnert an Gehlens Überlegungen zur Geburt der Freiheit aus Entfremdung (vgl. 1963). Gehlen nimmt Webers Argumentationsfigur unausgesprochen auf, um zu konstatieren, dass das Scheitern an der Entfremdung und in der Entfremdung die Voraussetzung individueller Freiheit ist. Anders: das Unverfügbare ermöglicht Verfügbarkeit. Die Geburt der Freiheit aus Entfremdung ist aber, anders als der unabschließbare Kampf der Götter, keine Dezision. Gehlens Institutionentheorie sieht das Unverfügbare als institutionelle Ermöglichungsbedingung verfügenden Handelns.

Populär, aber begrifflich nicht existent, ist Scheitern vor allem in der pragmatischen Handlungstheorie von Mead (vgl. 1967). Handeln gilt dieser Tradition soziologischen Denkens als die Überwindung von Handlungshemmungen (vgl. auch Dewey 2001; Peirce 1991), kurz: als Problemlösen. Handeln ist die Bearbeitung graduellen Scheiterns. Denn Scheitern stellt das Ausgangsproblem dar, an dem Handeln sich entwickelt und das Scheitern bewältigt. Scheitern ist in diesem Sinne eine notwendige Voraussetzung und Durch-

---

[3]   Dezision im Sinne Webers kann auch als Transzendierung, Überschreitung der Aporie betrachtet werden. So betrachtet verweist sie auf die religionssoziologischen Kennzeichnung des Religiösen in der Spannung von Immanenz und Transzendenz. Absolutes Scheitern wäre in dieser Perspektive dann die vollständige Einschließung in der Immanenz. Das Aufbrechen dieser Einschließung erfordert das Überschreiten der Immanenz zur Transzendenz hin. Daraus ergibt sich, dass absolutes Scheitern durch religiöse Erfahrungen oder Haltungen sinnhaft restrukturiert und ein möglicher Weg zurück in den Bereich graduellen Scheiterns aufgewiesen werden kann. Allerdings steht diese Möglichkeit ihrerseits unter der sie einschränkenden Bedingung fortlaufender Säkularisierung.

gangsstation für Handeln. Dass man aber am Handeln absolut scheitern kann, das kann von Mead nicht gedacht werden, weil dann Handeln unmöglich wäre. Insgesamt kommt in Meads pragmatischer Handlungstheorie Scheitern deutlich zur Sprache, allerdings nur in der Form graduellen Scheiterns: als Voraussetzung zur handelnden Scheiternsbewältigung. Absolutes Scheitern kann im Pragmatismus nicht konzipiert werden.

Die Tradition des Pragmatismus aufgreifend stellen die Arbeiten Goffmans (1975; 1986) zur Dramatologie des Alltags einen weiteren Beleg für diese These dar. Goffman greift in seiner mikrosoziologischen Perspektive auf alltägliche Interaktion vor allem solche Beispiele heraus, die in der Überschreitung und Verletzung eingespielter Üblichkeiten und Rahmen der Interpretation eben diese zu verdeutlichen suchen. Dabei erweisen sich Regelverletzungen, Irritationen, Verlegenheiten bis hin zum Stigma aber nur als Auslöser, um Techniken der „Imagepflege" (1986: 18) oder „Techniken der Bewältigung beschädigter Identität" handelnd zur Anwendung zu bringen, um wieder in den Rahmen der Üblichkeit zu gelangen. Goffman geht von einer handelnd zu bewältigenden Interaktionssituation aus, in der das Scheitern an der Aufrechterhaltung eines Images nur unter der Perspektive der handelnden Bewältigung dieses graduellen Scheiterns unter Rückgriff auf Ressourcen der beherrschten Techniken der Imagepflege thematisch wird.

Scheitern, wiederum ohne seine Benennung, ist auch in der kulturkritischen Arbeit von Adorno und Horkheimer zur Dialektik der Aufklärung (vgl. 1969) ein Thema. Denn der Prozess der Aufklärung scheitert, weil die Aufklärung ein Kind gebärt, das der Aufklärung entgegen gesetzt ist, die Zweckrationalität oder das instrumentelle Handeln. In der Aufklärung ist bereits die Logik ihrer Selbstverkehrung angelegt, die den Anspruch der Aufklärung zum Scheitern verurteilt. Dies ist grundsätzlich bereits in der Form des Denkens als einem Identifizierenden angelegt (vgl. Adorno 1975). Auch hier ist Scheitern ein notwendiges, aber anders als noch bei Simmel, nun auch ein absolutes Scheitern. Daraus ergibt sich der, Habermas zur Rettung der Intention der Dialektik der Aufklärung herausfordernde, Kulturpessimismus.

Insbesondere in der Theorie des kommunikativen Handelns (vgl. 1981) wird die Differenz von Lebenswelt und System zum Angelpunkt, an dem das Scheitern von kommunikativen Rationalisierungspotenzialen herausgearbeitet wird. Denn die kommunikative Abstimmung von Handlungen scheitert an der Dominanz der Koordination über Handlungsfolgen. Dieses Scheitern ist graduelles Scheitern, weil Habermas, gewillt die pessimistische Schlussfolgerung Adornos und Horkheimers zu vermeiden, die kommunikative Rationalität als Potenzial zur Bewältigung der Folgen sich in systemischen Zusammenhängen niederschlagender Zweckrationalität in Stellung bringt.

In Norbert Elias Arbeiten zum Prozess der Zivilisation wird Scheitern begrifflich ebenfalls nicht erwähnt. Elias zeigt aber grundsätzlich auf, dass es gerade die Verflechtungen von Handlungen sind, die die Verfolgung von Handlungszielen durchkreuzen und damit zu sozialen Figurationen führen, die den individuellen Handlungsintentionen nicht gerecht werden (vgl. 1970).

Mit dem sich aus Verflechtungen ergebenden Phänomen der Transintentionalität wird von Elias eine Grundfigur soziologischen Denkens angesprochen, in der Scheitern eine zentrale Rolle spielt. Denn Handlungsintentionen stimmen dort mit den Handlungsfolgen nicht überein, ein gewünschter Zustand wird nicht erreicht und die Intention ist gescheitert. Die Forschung über Transintentionalität verwendet einen graduellen Begriff des Scheiterns und sucht vorwiegend nach Strategien, wie ein Scheitern von Intentionen erklärt und in der Folge vermieden werden kann (vgl. umfassend Greshoff/Kneer/Schimank (Hrsg.) 2003). Will man das Phänomen des Scheiterns aber vollumfänglich aufgreifen, also sowohl graduelles wie auch absolutes Scheitern erfassen, dann scheint es angemessener, die Perspektive herumzudrehen – d.h. Scheitern als Normalfall zu betrachten und die Realisierung von Intentionen als erklärungsbedürftigen Ausnahmefall (vgl. Junge 2003c). Dann wird die Allgegenwärtigkeit des Scheiterns deutlich und die Differenzierung von graduellem und absolutem Scheitern verweist zurück auf eine zu entwickelnde Konzeption von Handlungsfähigkeit, die auch den Grenzfall der Handlungsunfähigkeit umfasst.

Wenn man nun in neuere theoretische Angebote hineinsieht, so fällt vor allem das Werk von Zygmunt Bauman auf (vgl. 1995). In seinen Überlegungen taucht Scheitern als notwendiges Scheitern der Ordnungsansprüche der Moderne auf. Die Moderne scheitert, weil ihr Anspruch nicht realisiert werden kann, weil ihr Ordnungsanspruch sich als nicht haltbar erweist und den Übergang in die Postmoderne einleitet. Aber auch dies ist kein absolutes Scheitern, weil Ordnungsformen der Moderne auch noch in der Postmoderne weiterlaufen. Und die Individuen können scheitern, weil sie entweder den Ansprüchen der Moderne an eine vollständige Ordnung oder den freigesetzten Ordnungen der Postmoderne nicht genügen können. In Baumans Theorie ist Scheitern ein zentraler Bestandteil der Zeitdiagnose, ohne aber, dass das Phänomen des Scheiterns weiter ausbuchstabiert wird. Scheitern gilt auch ihm nur als Grenzbegriff, vor dem sich Ordnung und die Auflösung von Ordnung rekonstruieren lassen.

In den verwandten Zeitdiagnosen von Ullrich Beck (vgl. 1986), Peter Gross (vgl. 1994) oder Anthony Giddens (vgl. 1990) ist Scheitern vor allem mit den Begriffen Risiko und Option verbunden. Die sich steigernde Optionenvielfalt, die zur Multioptionsgesellschaft führt, führt laut Gross auch zu reaktiven Tendenzen der Vermeidung von Optionen. Hier wird an der Optionalität der Wirklichkeit gescheitert, weil sie nicht mehr in den Bereich des Verfügbaren gerückt werden kann, kurz: unbegrenzte Verfügbarkeit schlägt in Unverfügbarkeit um. Risiken sind sowohl für Beck wie auch für Giddens die zentralen Phänomene, an denen der Anspruch der Moderne auf die Herstellung von sicheren Handlungsbedingungen graduell scheitert. Die Bewältigung der verbliebenen Risiken geschieht durch Techniken der Risikovermeidung, die zum gesellschaftlich dominierenden Programm werden, dem Programm der Scheiternsvermeidung.[4]

In kultursoziologischer Absicht nimmt Schulze (vgl. 1992) die Problematik des Scheiterns indirekt, mit dem Konzept der Enttäuschung auf. Unter Rückgriff auf das Gesetz abnehmenden Grenznutzens kann er zeigen, dass das Streben nach dem „guten" Erlebnis tendenziell zu einer „Inflationierung" (Schulze 1992: 65) guter Erlebnisse führt. Der Hunger nach Erlebnissen entwertet das jeweils konsumierte Erlebnis, verfügbare Alternativen stellen beständig die getroffene Wahl des Erlebnisses in Frage. Diese Paradoxie ist einer Erlebniskultur inhärent und führt zur beständigen Steigerung und Intensivierung der Erlebnisorientierung, ohne doch der Paradoxie entkommen zu können. Scheitern, gefasst als Enttäuschung, ist hier wie auch bei Simmel ein notwendiges und graduelles Phänomen.

---

[4] Ein solches Programm der Scheiternsvermeidung ist die Sozialpolitik. Sie fußt auf der Prämisse, dass Sicherheit eine Voraussetzung risikobereiten, die Möglichkeit des Scheiterns kalkulierenden Handelns ist (vgl. Zapf u.a. 1987) und gerade durch die Entwicklung von Programmen, die Scheitern auffangen, Handeln erlaubt.

Als „Umstellungsstrategien" (1987: 227) werden im Rahmen der Habitustheorie von Bourdieu individuelle Reaktion auf Entwertungen einzelner Kapitalsorten im Zuge von Veränderungen der Position im Sozialraum behandelt. Auch hier handelt es sich um Bewältigungsversuche graduellen Scheiterns. Auch dann, wenn allgemeine Inflationierungsprozesse von Bildungstiteln zu kollektiven Desillusionierungen und zur Auflösung der „doxischen Zustimmung" (1987: 243) der Voraussetzungen der sozialen Ordnung führen. In der Tendenz aber lässt sich mit Bourdieu im Rahmen der Analyse des sozialen Raumes auch absolutes Scheitern zumindest erfassen: als Unmöglichkeit den eigenen Habitus zu wechseln. Diese Chance ist allerdings dem bias seiner Praxistheorie zur Strukturseite innerhalb der Dualität von Handlung und Struktur geschuldet. Das ist aber noch kein Schritt zur Erfassung der Eigenbedeutung absoluten Scheiterns.

In zwei weiteren Denkmodellen hingegen ist Scheitern expliziter Bestandteil. Dies sind Poppers wissenschaftstheoretische Arbeiten zum Falsifikationismus und die Überlegungen von Schütze zu Verlaufskurven. In Poppers Wissenschaftstheorie ist das Phänomen des Scheiterns integraler Bestandteil jedes Erkenntnisprozesses, denn Scheitern (des Erkenntnishandelns an der Erfahrung) ist die einzige Möglichkeit der kontrollierten Erkenntnisgewinnung (vgl. 1959). Wissenschaft im Sinne Poppers ist ein groß angelegtes Programm zur systematischen Erzeugung von Scheiternsmöglichkeiten, weil nur über das Scheitern die Entwicklung von Theorien möglich ist. Weil Verifikation (d.h. Nicht-Scheitern) nicht möglich ist, muss Falsifikation (d.h. Scheitern) in das Programm der Erkenntnisgewinnung aufgenommen werden. Wissenschaftstheoretisch gesprochen: Scheitern ist die notwendige Voraussetzung für systematisches Erkenntnishandeln. Auch hier ist Scheitern graduelles Scheitern, und ähnlich wie in der pragmatischen Tradition wird Scheitern im Begriff der Falsifikation zur Voraussetzung und Durchgangsstation weiterer Erkenntnishandelns. Absolutes Scheitern kann es auch in Poppers Konzeption nicht geben, weil alle Falsifikation nur vorläufig ist.

Das Konzept der Verlaufskurve von Schütze bietet im Gegensatz zu allen bislang vorgestellten Möglichkeiten einen Zugang zum Weg in das absolute Scheitern, ohne jedoch die Struktur des absoluten Scheiterns aufzuklären. Verlaufskurven zwingen die davon Betroffenen, „auf mächtige Ereigniskaskaden zu reagieren, die nicht der eigenen Planungs-, Entfaltungs- und Kontrollkompetenz unterliegen. ...; die Kompetenz und die strukturelle Möglichkeit zu eigenem Handeln sind nach dem Einbruch der Verlaufskurve in das Leben des betroffenen Menschen zunächst abhandengekommen." (Schütze 1989: 31) Verlaufskurven sind dem Einzelnen unkontrollierbar, Handlungskompetenzen laufen leer, weil die Struktur der Verlaufskurve – eine Kaskade von Ereignissen zu sein – die Entfaltung von Handlungskompetenz verhindert. Kurz: der Einzelne wird von den Ereignissen überschwemmt.

Daraus ergeben sich, von Schütze beispielhaft an der Verlaufskurve der Kriegsverwicklung ausgeführt (1989: 71-72), Merkmale individualbiographischer Verlaufskurven: die Vorahnung des Kommenden, der Übergang von Sicherheit zur „unmittelbaren Lebensbedrohtheit", „Desorientierung der eigenen Existenzsituation", „Orientierungszusammenbruch der eigenen Alltagsorganisation", verbunden mit einer „radikalen Einschränkung des Wahrnehmungs- und Orientierungshorizonts auf das Hier und Jetzt" sowie das „Gefangensein in der permanenten Frustration".

Wenn Schütze von einer Verlaufskurve spricht, so bringt er jedoch die Struktur absoluten Scheiterns nur in gebrochener Form zum Ausdruck. Absolutes Scheitern scheint keine Verlaufskurve, sondern eher eine Schlaufe, eine Art Moebius-Band darzustellen. Aus diesem ist sowohl individuell wie sozial kein Entrinnen mehr denkbar. Verlaufskurven beschreiben den Weg in das absolute Scheitern, nicht jedoch die Struktur absoluten Scheiterns.

Die Bestimmung des Weges in das absolute Scheitern wird von Schütze zwar nur als Negationen der Strukturen des Handelns wiedergegeben, aber sie bieten einen Zugang zum absoluten Scheitern. Denn sie legen den Gedanken nahe, die Frage nach den Strukturen des absoluten Scheiterns als Frage nach dem Strukturverlust, als Frage nach der Entstrukturierung der Voraussetzungen des Handelns zu verstehen.

III. Scheitern als Entstrukturierung

Wie könnte ein konsistenter Zugang zur Struktur absoluten Scheiterns aussehen? Versucht man vom Objekt, dem absoluten Scheitern aus zu denken, so springt die unverfügbare Widerständigkeit ins Auge. Geht man vom scheiternden Subjekt aus, so kann absolutes wie auch graduelles Scheitern als eine nicht intendierte Folge des Handelns aufgefasst werden. In beiden Perspektiven fällt auf, dass Scheitern in den Rahmen einer zentralen soziologischen Argumentationsfigur gerückt wird. Soziologie beginnt mit der Einsicht, dass nicht alles kontrolliert werden kann und dass nicht alles möglich ist. Die Einsicht in die mangelnde Kontrolle des Handelns über das Handeln und seine Konsequenzen greift die Eigenständigkeit als Merkmal des Sozialen auf, die Widerständigkeit wird durch die Einsicht erfasst, dass nicht alles möglich ist. Um aber die Struktur absoluten Scheiterns zu erfassen, ist eine Theorie der Unverfügbarkeit notwendig. Solche liegen vor, aber nicht in der Soziologie, sondern in der Theologie und der Philosophie.

In soziologischer Absicht könnte eine Theorie der Unverfügbarkeit an der kulturellen Illusion der Autonomie ansetzen. Diese dominiert die Wissensordnungen der Orientierung des Handelns (vgl. Junge 2000; 2003b). Autonomie ist das zentrale Element, welches in allen handlungsanleitenden Wissensordnungen impliziert ist (vgl. Junge 2003a). Der Wert der Autonomie ist allen Konkretisierungen von Handlungsorientierungen vorgeordnet, sie stellen nur Spezifizierungen und Konkretisierungen dieses Wertes dar. Scheitern, die temporäre oder dauerhafte Unverfügbarkeit, betrifft die in der kulturellen Illusion der Autonomie unterstellte Verfügungsfähigkeit. Hierfür steht eine spezielle Familie von Sprachspielen (vgl. Wittgenstein 1984; von Savigny 1999) bereit, die an einer einfachen Unterscheidung ansetzen.

Sie differenzieren zwischen müssen, sollen, wollen, können und dürfen. Jedes Handeln folgt einem Wollen, weil es ein intendiertes ist. Dieses Wollen kann scheitern am Können, am Sollen, am Dürfen und am Müssen. Jede dieser Beziehungen thematisiert eine andere Form des Scheiterns. Ein Wollen kann scheitern am Können, weil ein Unvermögen zu Grunde liegt, dass das Wollen ins Leere laufen lässt und es zur bloßen Hoffnung verkümmert. Hiermit wird ein technisches Scheitern angesprochen, es kann durch Arbeit am

Können, dem Vermögen zu handeln vermieden werden.[5] Ein Wollen kann scheitern am Sollen, weil das Gesollte im Gegensatz zum Wollen steht. Damit ist das soziale Scheitern angesprochen, es kann umgangen werden durch die bessere Anpassung an die Strukturen der Normen, kurz: die Beachtung von Sanktionsdrohungen.[6] Ein Wollen kann scheitern am Dürfen, wenn man nicht will. Das ist allerdings die mildeste Form des Scheiterns, die als Scheitern umgangssprachlich kaum wahrgenommen wird. Für sie bietet sich die Kennzeichnung des voluntativen Scheiterns an, denn in ihr wird das Scheitern gewollt, weil eine Handlungsmöglichkeit nicht benutzt werden will.[7] Die stärkste Form des Scheiterns ist die am Müssen. Ein Wollen trifft auf ein entgegengesetztes Müssen und muss sich fügen. Hier kann von imperativem Scheitern gesprochen werden. Vor allem Sachzwänge bestimmen hier, dass ein Wollen nicht realisiert werden kann.[8] In der Vierer-Typologie tauchen Grade der Verfügbarkeit auf, deren härteste der Gegensatz von wollen zu müssen ist. Im Müssen scheint der Zwang auf, der in der Situation des absoluten Scheiterns dominiert.

Die Familie von Sprachspielen des Scheiterns, von Wissensordnung des Scheiterns, sind nicht nur für die Perspektive des Handelnden maßgeblich. Vielmehr sind sie, wie alle Sprachspiele, sowohl für den Handelnden wie auch den Beobachtenden verfügbar – sie verbinden die Akteurs- mit der Beobachtungsperspektive. Allerdings gibt es keine Gewähr, dass in einer Situation von Handelnden und Beobachtenden das gleiche Sprachspiel des Scheiterns verwendet wird. Dann können Unterschiede in der Beschreibung der Form des Scheiterns Anlass für Auseinandersetzungen um die Interpretation sein.

Abbildung: Konsequenzen von Sprachspieldifferenzen zwischen ego und alter

		Sprachspiel	alters
		graduelles Scheitern	absolutes Scheitern
Sprachspiel	graduelles Scheitern	--	Kampf um Zukunft
egos	absolutes Scheitern	Kampf um Anerkennung	„Gefangen"

Sofern ego und alter zugleich das Sprachspiel graduellen Scheiterns verwenden, ist die Praxis unproblematisch, beide schließen an die Illusion der kulturellen Autonomie an

---

5 Umgangssprachlich in der feststellenden Aufforderung zum Ausdruck gebracht: „Das kannst Du besser!": eine mangelhafte Handlungsausführung wird unter Verweis auf die Fähigkeit zum besseren Vermögen dem Akteur zur verbesserten Wiederholung nahe gelegt.

6 Hierfür stehen Sätze wie: „Das wird nicht gut gehen." und vor allem: „Das solltest Du nicht tun.". Diese Gruppe von Sätzen ist auch insofern von Interesse, weil der imperativische Charakter im Gegensatz zum Vermögen steht, denn das Nicht-Gesollte kann man handelnd herbeiführen. Zuletzt entscheidet die Stärke der Sanktion über die Handlungsausführung.

7 Exemplarisch hierfür: „Das will ich nicht", ein Satz, der auf die grundlegende Fähigkeit zum Nein-Sagen als Ausgangspunkt der Entwicklung von Autonomie zurückgreift (vgl. Popitz 1983).

8 So wird häufig festgehalten: „So geht das nicht.", ebenso: „Das musste schief gehen.". Zum Ausdruck gebracht wird damit, dass das Scheitern als objektiv, zwingend oder unausweichlich betrachtet wird, als Scheitern an Notwendigkeiten, die sich der willentlichen Gestaltung entziehen und nur zur Kenntnis genommen werden können.

und ziehen zueinander kongruente Schlüsse: der Autonomieverlust ist vorübergehend, möglicherweise fordert ego von alter Solidarität oder alter bietet ego Hilfestellung zur Wiederherstellung von Handlungsfähigkeit. Problematisch sind die anderen Fälle.

Wenn ego sein Scheitern als absolutes Scheitern interpretiert und alter nur graduelles Scheitern zu erkennen vermeint, dann ist das absolute Scheitern egos mit seinem Kampf um Anerkennung dieser Interpretation durch alter verknüpft. Die Auseinandersetzung ist hier eine um die Zentralität der kulturellen Illusion von Autonomie. Denn ego blickt in seiner Interpretation hinter die Illusion, während alter noch in der Illusion agiert. Die Geschichte ist reich an Beispielen von Kämpfen um Entillusionierung, aber selten ging es um die Entillusionierung der zentralen Illusion, der Autonomie schlechthin. Anders ist das Konfliktfeld beschaffen, wenn ego das Sprachspiel des graduellen Scheiterns, hingegen alter das des absoluten Scheiterns verwendet. Für ego liegt dann eine Art von Deklassierung vor, denn alter handelt ego gegenüber dann nicht mehr mit der Unterstellung der Handlungsfähigkeit, sondern der bereits erwähnten Annahme der Behandlungsbedürftigkeit egos. Ein solcher Konflikt lag beispielsweise dem Kampf um die Öffnung und letztlich Abschaffung geschlossener psychiatrischer Einrichtungen in Italien zu Grunde (vgl. Simons (Hrsg.) 1980). Erstritten wurde das Recht auf Teilhabe an der kulturellen Illusion der Autonomie, ein Schritt zur Wiedergewinnung von Zukunft durch die Anerkennung von Handlungsfähigkeit.

Beide Kämpfe stehen in einem spannungsvollen Verhältnis zueinander. Zwar kann der Kampf um Zukunft von der im Kampf um Anerkennung angezielten Entillusionierung der Autonomie profitieren, denn es kann gezeigt werden, dass das Ideal der Handlungsfähigkeit überhaupt nur graduell eingelöst werden kann (vgl. Junge 2003a). Aber die Stoßrichtung beider Kämpfe ist unterschiedlich, der Kampf um Anerkennung ist der grundlegendere, weil er das zentrale Element aller Sprachspiele, Autonomie, als solche in Frage stellt, während der Kampf um Zukunft um die Teilhabe an der Illusion kämpft.

Die dritte Konstellation erscheint nur auf den ersten Blick unproblematisch. Denn wenn ego und alter absolutes Scheitern annehmen, dann wird einerseits ego von Faktizität überschwemmt, aber alter zugleich mit Zwang auf die manifeste Handlungsunfähigkeit reagieren, um an Stelle von ego Kontrolle über die Situation herzustellen. Diese Konstellation verschärft oder steigert das absolute Scheitern, weil egos Erfahrung der Implosion der Autonomie und des Sozialen durch alters Reaktion intensiviert werden, denn der Zwang wiederholt auf soziale Weise die Erfahrung der Faktizität im absoluten Scheitern.

Wenn man absolutes Scheitern analytisch weiter aufschlüsseln möchte, so bietet sich ein Rückgriff auf Luhmanns Differenzierung dreier Dimensionen von Sozialität an; die zeitliche, die sachliche und die soziale Dimension (vgl. 1984). Hierzu ist jedoch ergänzend eine vierte Dimension – die körperlich-räumliche Dimension – zu nennen. Diese fällt in einer systemtheoretischen Perspektive im Regelfalle heraus, weil Raum durch Zeit beschrieben werden kann, sie macht jedoch in der phänomenologischen Annäherung an das absolute Scheitern eine eigenständige Größe aus.

Absolutes Scheitern bedeutet, dass sich die Struktur der Zeit für den Gescheiterten verändert. Zeit schrumpft im absoluten Scheitern zu einer absoluten Gegenwart ohne jede Ausdehnung in die Zukunft. Der Zukunftshorizont jeglichen Handelns geht verloren. Daraus kann eine Verstärkung der Bedeutung von Erinnerung an vergangenes Handeln resultieren. Der Zukunftsbezug des Handelns wird durch den Vergangenheitsbezug der Erinnerung ersetzt. Absolutes Scheitern verdichtet die Zeit auf eine horizontlose unendliche Gegenwart. Beispiele für Darstellungen der Konsequenzen finden sich in der Altersforschung (vgl. Wolf 1988) oder in der Studie „Die Arbeitslosen von Marienthal" (Jahoda/Lazarsfeld/Zeisel 1933). In der psychologischen Forschung ist vor allem auf die Depressionsforschung zu verweisen (vgl. Beck 1974)

Im Hinblick auf die soziale Dimension ist vor allem das Verschwinden der Kontingenz zu bemerken. Handeln unterliegt den Bedingungen der Kontingenz und schöpft aus der Kontingenz seine Freiheitsgrade. Im absoluten Scheitern wird Kontingenz vollständig negiert und zurück bleibt Notwendigkeit. Eine Differenzierung zwischen Person und Situation kann unter diesen Bedingungen nicht mehr erfolgen, denn die Differenz von Situation und Person wird durch Kontingenz aufgebaut. Mit dem Verschwinden der Kontingenz gibt es keine Möglichkeit mehr, sich als Person reflexiv von einer Situation zu unterscheiden. Beispiele hierfür lassen sich in Erfahrungen von Schock und Traumata finden. In der Forschung zum Trauma wird übereinstimmend betont, dass es gerade das Ineinanderfließen von Person und der das Trauma auslösenden Situation ist, die die Traumabewältigung so schwierig macht (vgl. Ursano/Fullerton/McCaughey 1994).

In Bezug auf die Sachdimension ist darauf hinzuweisen, dass die Veränderung in der zeitlichen Orientierung, die Hinwendung zur Erinnerung zugleich auch eine Exklusion von Sinn für die Individuen erzeugt. Tendenziell erzeugt absolutes Scheitern eine Privatsprache (vgl. Wittgenstein), aus der heraus kommunikative Anschlüsse an das sinnhafte kommunikative Geschehen in der Gesellschaft nicht mehr möglich sind.

Welche Konsequenzen das hat, das hat der literarische und philosophische Existenzialismus etwa von Dostojewski, Camus und Sartre demonstriert. In allen drei Varianten ist die Reaktion ein verzweifeltes, vereinzelt trotziges bis heldenhaftes Aufbegehren gegen das Sinnlose, welches sich zuletzt in die Unausweichlichkeit schickt und, so vor allem im Mythos von Sisyphus, durch die Wiederholung des Sinnlosen Strukturen der Faktizität im Nichts schafft. Strukturen im Nichts und auch im sozialen Nichts sind individuell nur als sinnentleert verstehbar, als das Fehlen der Voraussetzung zum Aufbau über gemeinsame Sinnhorizonte ermöglichter sozialer Beziehungen. Die damit verbundene soziale Einsamkeit kann nur überschritten werden, wenn das Fehlen sozialen Sinns zum diskursiven Fokus kollektiver Bemühungen um sozialen Sinn wird. Wie aber kann das Gefängnis des sozialen Nichts überschritten werden? Theoretisch erscheint das unmöglich, praktisch gelingt es möglicherweise durch den etwa von Weber aufgezeigten dezisionistischen Sprung vom sozialen Nichts zurück in die soziale Sinnhaftigkeit.

Im Zuge absoluten Scheiterns ändert sich auch die Körpererfahrung und Raumerfahrung. Der Körper erhält absolute Bedeutung, denn der eigene Körper ist der verbleibende soziale Raum. Erfolgsorientiertes Handeln setzt immer einen sozialen Raum voraus, in den ein Körper gestaltend eingreift. Der soziale Raum im absoluten Scheitern reduziert sich auf den Körperraum und damit auf die körperliche und leibliche Konstitutionsbasis des Menschen. Darauf resultieren gravierende Konsequenzen in Hinblick auf die Fähigkeit, Freiheit durch Kontingenz der Bewegung im Raum realisieren zu können.

Dieser Gedanke kann am Beispiel der Zeitgeografie, so wie sie Anthony Giddens vorgestellt hat (vgl. 1988), deutlich gemacht werden. Diese rekonstruiert Tages- oder auch Lebensverläufe von Menschen als Bewegung im Raum. Zeitgeografisch formuliert ist absolutes Scheitern die Zurückführung der Bewegung im Raum auf ein Minimum, die letztlich Bewegung nur noch als Bewegung im eigenen Körper erscheinen lässt und eine Inversion der Raumwahrnehmung der absolut Scheiternden erzeugt.

Insgesamt ist vor dieser Folie absolutes Scheitern als eine Grenzerfahrung zu bezeichnen – als Entstrukturierung der Handlungsvoraussetzungen. Absolutes Scheitern kann nur aufgebrochen werden, wenn es gelingt, in der zeitlichen, körperlich-räumlichen, sachlichen oder sozialen Dimension Freiheitsgrade zurückzugewinnen, die aus der Fokussierung auf Erinnerung den Körperraum, der Privatsprache und der Anschlussunfähigkeit herausführen. Es genügt vollkommen, wenn innerhalb dieser Strukturen an einer einzigen Stelle wieder eine Option durch eine paradoxe Umkehrung der Situation erreicht wird, um das absolute Scheitern aufzulösen und wieder in den Bereich des Scheiterns vermeidenden erfolgsorientierten Handelns zu gelangen.

IV.   Das Scheitern der Gesellschaft

Scheitern hat jedoch auch soziale Konsequenzen. Es reicht nicht aus, phänomenologisch individuelle Veränderungen in der zeitlichen, körperlich-räumlichen, sozialen und Sachdimension zu rekonstruieren, sondern es geht auch darum zu fragen, welche sozialen Konsequenzen sich daraus ergeben. Diese Frage kann in zwei Richtungen verfolgt werden. Einerseits: Wie geht die Gesellschaft mit den absolut Scheiternden um? Andererseits: Können Gesellschaften ihrerseits scheitern?

Zur ersten Frage: Gesellschaften können verstanden werden als Programme der Scheiternsvermeidung. Die kulturelle Illusion der Autonomie schlägt sich nieder in Programmen, die die Grenzen des Handelns ausdehnen und das Scheitern immer mehr an die Peripherie der kulturellen Wahrnehmung rücken. Scheitern und Scheiternsvermeidung sind im Vergesellschaftungsprozess unverzichtbare Zwillinge, weil Scheiternsvermeidung im gesellschaftlichen Kontext nur möglich ist, indem die Grenze des Verfügenkönnens, das absolute Scheitern, perspektivisch in das Handeln hineingezogen wird.

Wie aber geht die Gesellschaft mit dem absoluten Scheitern um. Zygmunt Bauman hat hierfür ein Modell entwickelt (vgl. 1999). Er differenziert zwischen den Möglichkeiten der Verführung und des Zwanges. Die Verführung steht denjenigen offen, die noch zwischen Optionen wählen können und demgemäß auch erfolgsorientiert handeln können, weil sie kontingente Chancen nutzen können. Der Zwang hingegen wird benutzt als Instrument der Disziplinierung unter der Bedingungen, dass keine Optionen mehr genutzt werden können. In Umkehrung von Webers dezisionistischer Transformation des absoluten in graduelles Scheitern durch Einschränkung des Optionenraums wird hier der Optionenraum von innen und außen zugleich vernichtet. Dieses Differenzierungsmodell von Verführung und Zwang hat besondere Bedeutung in Konsumgesellschaften, in denen über Konsum gesellschaftliche Partizipation und Inklusion hergestellt wird.

Paradox daran ist, dass die Gesellschaft, obwohl sie ein Programm der Scheiternsvermeidung ist, die Situation absoluten Scheiterns bestärkt. Sind einerseits im absoluten Scheitern die Individuen gefangen in der Notwendigkeit, so wird dieses Gefangensein in der Notwendigkeit gesellschaftlich durch Zwang verstärkt. Die Gesellschaft wirkt in Hinblick auf das absolute Scheitern verstärkend und weicht von ihrem Programm der Scheiternsvermeidung ab. Daran wird erkennbar, dass absolutes Scheitern gesellschaftlich als eine starke letzte Sanktion gesehen wird, die nicht mehr auf die Wiedereingliederung des Individuums in den normalen Optionenraum der Gesellschaft zielt.

Zur zweiten Frage: Selbst Kulturen und Gesellschaften können Scheitern, d.h. hier: sich von innen auflösen oder von außen zerstört werden. Die Berichte der Gesellschaft für bedrohte Völker sind hier ein eindringliches Zeugnis. Und die Sprachforschung registriert ein Sprachensterben und geht davon aus, dass in den nächsten 100 Jahren 90 % aller Sprachen aussterben werden (vgl. Mattissen/Neukom 1998). Gründe hierfür sind vor allem politische Verfolgung, mangelnder Schulunterricht, wirtschaftliche und soziale Benachteiligungen.

Vor diesem Hintergrund wird vor allem eines sichtbar: Kultur und Gesellschaft als Programme der Scheiternsvermeidung können ihrerseits scheitern, graduell und absolut. In diesem Sinne sind Kultur und Gesellschaft prekäre Antworten auf die Möglichkeit des Scheiterns. Die in und mit ihnen gewonnene Handlungsfähigkeit wird durch die beständige Abwehr der Grenze der Handlungsunfähigkeit errungen.

V.   Dem Scheitern entkommen

Die Auseinandersetzung mit dem Scheitern ist eine Voraussetzung individuellen Handelns und eine Voraussetzung der Gesellschaft als Programm der Scheiternsvermeidung. Dem Scheitern ist nur temporär zu entkommen. Deshalb ist die weitere Arbeit am Konzept des Scheiterns wie auch an empirisch orientierten Rekonstruktionen und Erklärungen des Scheiterns in seinen vielfältigen Facetten ein wichtiger Beitrag nicht nur zur Soziologie, sondern auch zur Aufklärung der Gesellschaft über ihren prekären Status als Antwort auf die Möglichkeit des Scheiterns.

Dieses Interesse ist nicht leicht einzulösen. Denn die handlungstheoretisch verfasste Soziologie ist seit Comte auch eine Ordnungswissenschaft (Negt 1974). Der paradigmatische Blick richtet sich vordringlich auf Ordnungen und Strukturen als Ermöglichungsbedingungen des Handelns. In dieser Anlage ist der Blick auf Unordnung und Strukturlosigkeit eine Randerscheinung. Die Eigenständigkeit einer soziologischen Perspektive auf Unordnung konnte so nicht entstehen und ist mittlerweile durch die Chaosforschung übernommen worden. Aber selbst noch diese richtet ihr Augenmerk auf Ordnungen des Chaos, die Hauptarbeit besteht darin, nachzuweisen, dass es Strukturen in der Unordnung, dem Chaos gibt.

Ausgeschlossen ist dadurch die Frage: Kann innerhalb von Ordnung und Struktur Unordnung und Strukturlosigkeit gedacht werden? Welche Bedeutung hat Unordnung für Ordnung? Die typische Argumentationsfigur ist hier Hobbes und seine Annahme des homini homo lupus. Unordnung und ungebändigte Leidenschaften werden im Moment der Etablierung des Leviathans sowohl gesellschaftlich wie auch konzeptionell von der sozialen Ordnung und ihrer Analyse ausgeschlossen. Hinzu kommt in erkenntnistheoretischer Hinsicht spätestens mit Kant die Einsicht, dass Intelligibilität auf einer notwendigen Ordnungs- und Strukturierungsleistung der Erkennenden beruht.

Insgesamt erscheinen Ordnung und Struktur in gesellschaftlicher, gesellschafts- und erkenntnistheoretischer Hinsicht als notwendig, das Programm der Soziologie als einer

Ordnungswissenschaft also mit scheinbar guten Gründen gerechtfertigt. Aber: Strukturlosigkeit und Entstrukturierung kann man vor diesem Hintergrund nur schlecht zum Thema machen. Was kann man aber tun, wenn man Strukturlosigkeit und Unordnung erfassen will? Geht man in handlungswissenschaftlicher Perspektive vor, dann könnte man Strukturlosigkeit in Form von Negationen der Strukturen des Handelns beschreiben, als Prozess und Faktizität der Entstrukturierung. Aber über tatsächliche Strukturlosigkeit erfährt man dabei wenig, weil sie aus der Perspektive der Strukturiertheit beschrieben wird. Man könnte auch handlungstheoretisch in Analogie zur Chaostheorie nach den Strukturen der Strukturlosigkeit fragen. Dann aber besteht die Gefahr, dass man die Bedeutung von Strukturlosigkeit verfehlt. Drittens könnte man schließlich versuchen, von der Strukturlosigkeit aus zu denken. Dann gewönne man vorläufige phänomenologische Einsichten in die Faktizität von Strukturlosigkeit. Und, damit verbunden, Einsichten in implizite Voraussetzungen des handlungstheoretischen auf Strukturen zielenden Denkens.

Die vorliegenden Überlegungen kombinieren die erste und dritte Variante und bleiben zuletzt der handlungstheoretischen Perspektive verbunden. Offen bleibt deshalb die Frage, wie man vom Jenseits der Struktur und Strukturiertheit aus denken kann. Eine Antwort auf diese Frage würde die Diskussion um das absolute Scheitern über diese Skizze hinaus weiter voranbringen.

Literatur

Adorno, Theodor W. (1975): Negative Dialektik. Frankfurt am Main: Suhrkamp. (Orig. 1967)

Baecker, Dirk (2002): Wozu Systeme? Berlin: Kulturverlag Kadmos.

Baudrillard, Jean (1979): Im Schatten der schweigenden Mehrheiten oder Das Ende des Sozialen. In: Freibeuter. Vierteljahrszeitschrift für Kultur und Politik, H.1/2, S. 37-55.

Bauman, Zygmunt (1995): Moderne und Ambivalenz. Das Ende der Eindeutigkeit. Frankfurt am Main: Fischer. (Orig. 1991)

Bauman, Zygmunt (1999): Unbehagen in der Postmoderne. Hamburg: Hamburger Edition. (Orig. 1997)

Beck, Aaron T. (1974): The Development of Depression: A Cognitive Model. In: Raymond J. Friedman/Martin M. Katz (Eds.): The Psychology of Depression: Contemporary Theory and Research. Washington: V.H. Winston & Sons, S. 3-27.

Beck, Ulrich (1986): Risikogesellschaft. Auf dem Weg in eine andere Moderne. Frankfurt am Main: Suhrkamp.

Bourdieu, Pierre (1987): Die feinen Unterschiede. Kritik der gesellschaftlichen Urteilskraft. Frankfurt am Main: Suhrkamp. (Orig. 1979)

Dawe, Alan (1978): Theories of Social Action. In: Tom Bottomore/Robert A. Nisbet (Hrsg.): A History of Sociological Analysis. New York: Basic Books, S. 362-417.

Dewey, John (2001): Die Suche nach Gewißheit. Frankfurt am Main: Suhrkamp. (Orig. 1929)

Dombrowsky, Wolf R. (1983): Verdrängtes Scheitern. Vom Nutzen einer ausgeblendeten Dimension sozialen Handelns. In: Friedrich Heckmann//Peter Winter (Hrsg.): 21. Deutscher Soziologentag 1982: Beiträge der Sektions- und ad hoc-Gruppen. Opladen: Westdeutscher Verlag, S. 967-971.

Durkheim, Emile (1987): Der Selbstmord. Frankfurt am Main: Suhrkamp. (Orig. 1897)

Eisenstadt, Shmuel N. (with M. Curelaru) (1976): The Form of Sociology - Paradigms and Crises. New York; London; Sidney; Toronto: Wiley & Sons.

Elias, Norbert (1970): Was ist Soziologie. München: Juventa.

Gehlen, Arnold (1963): Über die Geburt der Freiheit aus der Entfremdung. In: ders. (Hrsg.): Studien zur Anthropologie und Soziologie. Neuwied; Berlin: Luchterhand, S. 232-246. (Orig. 1952)

Giddens, Anthony (1988): Die Konstitution der Gesellschaft. Grundzüge einer Theorie der Strukturierung. Frankfurt/Main; New York: Campus. (Orig. 1984)

Giddens, Anthony (1990): The consequences of modernity. Stanford: Polity Press.

Girndt, Helmut (1967): Das soziale Handeln als Grundkategorie erfahrungswissenschaftlicher Soziologie. (Mit einer Einführung von Johannes Winckelmann und einer Bibliographie von Walter M. Sprondel) Tübingen: J.C.B. Mohr (Paul Siebeck).

Goffman, Erving (1975): Stigma. Über Techniken der Bewältigung beschädigter Identität. Frankfurt am Main: Suhrkamp. (Orig. 1963)

Goffman, Erving (1986): Interaktionsrituale. Über Verhalten in direkter Kommunikation. Frankfurt am Main: Suhrkamp. (Orig. 1967)

Greshoff, Rainer/Kneer, Georg/Schimank, Uwe (Hrsg.) (2003): Die Transintentionalität des Sozialen. Eine vergleichende Betrachtung klassischer und moderner Sozialtheorien. Wiesbaden: Westdeutscher Verlag.

Gross, Peter (1994): Die Multioptionsgesellschaft. Frankfurt am Main: Suhrkamp.

Habermas, Jürgen (1981): Theorie des kommunikativen Handelns. 2 Bde. Frankfurt am Main: Suhrkamp.

Habermas, Jürgen (1989): Technik und Wissenschaft als ‚Ideologie'. Frankfurt/Main: Suhrkamp. (Orig. 1969)

Hobbes, Thomas (1978): Leviathan. Erster und zweiter Teil. Stuttgart: Reclam. (Orig. 1651)

Horkheimer, Max/Adorno, Theodor W. (1969): Dialektik der Aufklärung. Philosophische Fragmente. Frankfurt am Main: Fischer. (Orig. 1944)

Jahoda, Marie/Lazarsfeld, Paul F./Zeisel, Hans (1933): Die Arbeitslosen von Marienthal. Leipzig.

Junge, Matthias (1999): Die Spannung von Autonomie und Verbundenheit in der kommunitaristischen Sozialtheorie und der Individualisierungstheorie. In: Hans Rudolf Leu/Lothar Krappmann (Hrsg.): Autonomie und Verbundenheit. Frankfurt am Main: Suhrkamp, S. 108-132.

Junge, Matthias (2000): Solidarität als Ordnung der Moderne und die Ordnungspluralität der Postmoderne. In: Thomas Kron (Hrsg.): Individualisierung und soziologische Theorie. Opladen: Leske + Budrich, S. 169-182.

Junge, Matthias (2003a): Ambivalente Autonomie. Erscheint in: Antonio Autiero/Stephan Goertz/Magnus Striet (Hrsg.): Endliche Autonomie. Interdisziplinäre Perspektiven auf ein theologisch-ethisches Programmwort. Münster: LIT-Verlag (Im Erscheinen).

Junge, Matthias (2003b): Das sozialkulturelle Ordnungsnetz der Postmoderne. In: Georg Vobruba/Nikos Psaros (Hrsg.): Prozessuale Enkulturation - Rekonstruktion der Kulturgenese im Spannungsfeld von Soziologie und Philosophie. Weilerswist: Velbrück, S. 218-230.

Junge, Matthias (2003c): Transintentionalität im zweckorientierten Paradigma Max Webers und in Emile Durkheims normorientiertem Funktionalismus. In: Rainer Greshoff/Georg Kneer/Uwe Schimank (Hrsg.): Die Transintentionalität des Sozialen. Eine vergleichende Betrachtung klassischer und moderner Sozialtheorien. Wiesbaden: Westdeutscher Verlag, S. 55-71.

Kron, Thomas/Reddig, Melanie (2003): Der Zwang zur Moral und die Dimensionen moralischer Autonomie bei Durkheim. In: Matthias Junge (Hrsg.): Macht und Moral. Beiträge zur Dekonstruktion von Moral. Wiesbaden: Westdeutscher Verlag, S. 165-191.

Luhmann, Niklas (1984): Soziale Systeme. Grundriß einer allgemeinen Theorie. Frankfurt am Main: Suhrkamp.

Luhmann, Niklas (1997): Die Gesellschaft der Gesellschaft. 2 Bde. Frankfurt am Main: Suhrkamp.

Mattissen, Johanna/Neukom, Lukas (1998): Bedrohte Sprachen, bedrohte Kultur. In: unijournal. Die Zeitung der Universität Zürich, Nr.6.

Mead, George Herbert (1967): Mind, Self and Society. From the Standpoint of a Social Behaviorist. Chicago/London: University of Chicago Press. (Orig. 1934)

Meyer-Drawe, Käte (1990): Illusionen von Autonomie. Diesseits von Ohnmacht und Allmacht des Ich. München: Kirchheim.

Negt, Oskar (1974): Die Konstituierung der Soziologie als Ordnungswissenschaft. Strukturbeziehungen zwischen den Gesellschaftslehren Comtes und Hegels. (Mit einem Anhang: Zum Problem der Entmythologisierung in der Soziologie) Frankfurt-Köln: EVA.

Peirce, Charles Sanders (1991): Was heißt Pragmatismus. In: ders. (Hrsg.): Schriften zum Pragmatismus und Pragmatizismus. (Herausgegeben von Karl-Otto Apel) Frankfurt am Main: Suhrkamp, S. 427-453. (Orig. 1905)

Popitz, Heinrich (1983): Die Erfahrung der ersten sozialen Negation. Zur Ontogenese des Selbstbewußtseins. In: Martin Baethge/Wolfgang Eßbach (Hrsg.): Soziologie: Entdeckungen im Alltäglichen. Hans Paul Bahrdt Festschrift zu seinem 65. Geburtstag. Frankfurt/Main; New York: Campus, S. 17-32.

Popper, Karl R. (1959): The Logic of Scientific Discovery. London: Hutchison. (Orig. 1935)

Savigny, Eike von (1999): Wittgensteins Lebensformen und die Grenzen der Verständigung. In: Wilhelm Lüttersfeld/Andreas Rosner (Hrsg.): Der Konflikt der Lebensformen in Wittgensteins Philosophie der Sprache. Frankfurt am Main: Suhrkamp, S. 120-137.

Schütze, Fritz (1989): Kollektive Verlaufskurve oder kollektiver Wandlungsprozeß. Dimensionen des Vergleichs von Kriegserfahrungen amerikanischer und deutscher Soldaten im Zweiten Weltkrieg. In: BIOS, Jg.2, S. 31-109.

Schulze, Gerhard (1992): Die Erlebnisgesellschaft. Kultursoziologie der Gegenwart. Frankfurt/Main; New York: Campus.

Simmel, Georg (1989): Philosophie des Geldes. In: David P. Frisby/Klaus Christian Köhnke (Hrsg.): Georg Simmel. Philosophie des Geldes. (Gesamtausgabe Bd.6) Frankfurt am Main: Suhrkamp. (Orig. 1900)

Simmel, Georg (1996): Der Begriff und die Tragödie der Kultur. In: Rüdiger Kramme/Otthein Rammstedt (Hrsg.): Georg Simmel. Hauptprobleme der Philosophie, Philosophische Kultur. (Gesamtausgabe Bd.14) Frankfurt am Main: Suhrkamp, S. 385-416. (Orig. 1918/11)

Simons, Thomas (Hrsg.) (1980): Absage an die Anstalt. Programm und Realität der demokratischen Psychiatrie in Italien. Frankfurt/Main; New York: Campus.

Ursano, Robert J./Fullerton, Carol S./McCaughey, Brian G. (1994): Trauma and Disaster. In: Robert J. Ursano/Brian G. McCaughey/Carol S. Fullerton (Hrsg.): Individual and Community Responses to Trauma and Disaster: The Structure of Human Chaos. Cambridge: Cambridge University Press, S. 3-27.

Vanberg, Viktor (1975): Die zwei Soziologien. Individualismus und Kollektivismus in der Sozialtheorie. Tübingen: J.C.B. Mohr (Paul Siebeck).

Weber, Max (1985): Wirtschaft und Gesellschaft. Grundriss der verstehenden Soziologie. (Besorgt von Johannes Winckelmann) Tübingen: Mohr., (Orig. 1922)

Weber, Max (1988a): Der Sinn der „Wertfreiheit" der soziologischen und ökonomischen Wissenschaften. In: Johannes Winckelmann (Hrsg.): Max Weber. Gesammelte Aufsätze zur Wissenschaftslehre. Tübingen: Mohr, S. 489-540. (Orig. 1917)

Weber, Max (1988b): Wissenschaft als Beruf. In: Johannes Winckelmann (Hrsg.): Max Weber. Gesammelte Aufsätze zur Wissenschaftslehre. Tübingen: Mohr, S. 582-613. (Orig. 1918)

Wittgenstein, Ludwig (1984): Tractatus logico-philosophicus. Tagebücher 1914-1916. Philosophische Untersuchungen. (Werkausgabe Bd.1) Frankfurt am Main: Suhrkamp.

Wolf Jürgen (1988): Langeweile und immer Termine. Zeitperspektiven beim Übergang in den Ruhestand. In: Gert Göckenjan/Hans-Joachim Kondratowitz (Hrsg.): Alter und Alltag. Frankfurt am Main: Suhrkamp, S. 200-218.

Zapf, Wolfgang/Breuer, Sigrid/Hampel, Jürgen/Krause, Peter/Mohr, (1987): Individualisierung und Sicherheit. Untersuchungen zur Lebensqualität in der Bundesrepublik Deutschland. München: C.H. Beck.

Götz Lechner

Soziologie des Scheiterns – ein romantisch archäologischer Versuch

I. Das Scheitern ist wieder da

Scheitern, dieser Begriff war lebensweltlich und somit alltagssprachlich in den letzten Dekaden sichtbar auf dem Rückzug, allenfalls Ehen und Elfmeterschützen konnten noch scheitern. Scheitern als Begriff adelt darüber hinaus noch ab und an institutionelle Unzulänglichkeiten: so scheitern regelmäßig EU-Gipfel, obwohl ihr Erfolg institutionell präformiert mehr als unwahrscheinlich erscheint.

Seit einiger Zeit scheint das „Scheitern" allerdings eine Art Renaissance zu erleben: „Scheitern für Gescheite" überschrieb Susanne Rehlein im „Magazin" vom August 2002 einen Bereicht über ein „Scheitern Slam" in Berlin. Ebenfalls im August dieses Jahres rückte der „Spiegel" unter der Überschrift „Jung erfolgreich entlassen" geschterte Karrieren in der Mittelschicht in den Fokus der Aufmerksamkeit.

Auch wenn diese Frage in diesem Band oft gestellt wird, sei sie hier wegen des Zungenschlags nochmals wiederholt: Was bedeutet eigentlich Scheitern? Man kann sich dem Begriff phänomenologisch und etymologisch nähern und dann weitere Umschreibungen zu benennen: ausgehend vom „Scheit" meint „scheitern" in Stücke gehen, zerschlagen werden, um dann umgangssprachlich mit keinen Erfolg haben, mit kentern, aus dem Gleis laufen, keine Chance mehr haben, keine Wiederholung mehr leisten können, alles verloren haben, endgültig aus der Bahn geworfen worden verbunden zu werden. Diese Reihung macht klar, dass das „Scheitern" hier als endgültig, ausweglos begriffen wird.

Kulturhistorisch wird der Beitrag zeigen, wie und warum sich dieses Scheitern von exklusiven Vergnügen der der Normalwelt entrückten Heroen zum alltäglichen Problem für entwickelt hat. Gleichzeitig verbindet sich mit dem Scheitern eine gewisse Unerträglichkeit – im Prozess seiner Generalisierung und Demokratisierung muss das Scheitern im gleichen Atemzug aus dem Alltag verbannt werden – auch diesem Mechanismus versucht dieser Beitrag auf den Grund zu gehen.

Diese letztlich paradoxe Entwicklung lässt sich empirisch an einigen Beispielen aufs beste belegen: Exemplarisch kann hier die Erfindung des Privatkonkurses im deutschen Rechtssystem stehen: um das individuelle ökonomische Scheitern von Privatpersonen zu „heilen" – bis zur Einführung des Privatkonkurses hatten Forderungen über 30 Jahre bestand, rund 2,5 Mio. überschuldete Haushalte waren somit für den Rest ihrer Tage auf ein Leben an der Pfändungsfreigrenze festgelegt – kann eine Restschuldbefreiung für redliche Schuldner erteilt werden. Ökonomisches Scheitern als Massenphänomen musste aber erst noch erfunden werden: auf der einen Seite musste im Wirtschaftssystem die Möglichkeit geschaffen werden, sich hinreichend durch Privat- oder Ratenkredite zu verschulden, auf der anderen Seite musste normativ die Grundlage gelegt werden, überhaupt Schulden zu machen. Nun also eine Restschuldbefreiung für redliche Schuldner: diese Redlichkeit muss paradoxerweise durch Wohlverhalten über einen Zeitraum von sechs Jahren dokumentiert werden, der Nachweis der „Redlichkeit" wird somit erst angetreten, wenn die Schulden nicht mehr bedient werden können. Redlichkeit steht hierbei für eine moderne Verantwortungsethik, das Faktum der Überschuldung für eine Vermehrung der individuellen Möglichkeitsspielräume ohne normativ-strukturelle Rahmung: anything goes kommt vor Wohlverhalten. Die Erweiterung der Handlungsspielräume für breite Schichten der Bevölkerung erhöht somit das Risiko des Scheiterns, die gesellschaftlich offensichtlich notwendige Bewältigung des Scheiterns beschwört seltsame Paradoxien herauf.

Allerdings wäre der naheliegende Dreischritt: Die Vermehrung der Möglichkeiten wirft ständig neue Räume für das Scheitern auf, diese Vermehrung der Möglichkeiten ist eine Folge der Rationalisierung der Welt und diese Rationalität muss geradezu naturwüchsig diese unangenehmen, unbeabsichtigten Nebenfolgen beherrschen, soziologisch kurzsichtig.

Er beantwortet vor allem die Frage nicht, wieso das Scheitern aus der allgemeinen Wahrnehmung verschwand und ebenso unvermittelt wieder auftauchen konnte. Der vorliegende Beitrag will dieser Frage in einer Form (alltags-) kultureller Archäologie nachgehen – eine Geschichte von tragischen Helden und Erfolg.

II. Die Moderne, Helden und das Scheitern – die Helden starben dreimal

„An diesem Tag habe ich alles gelernt, was man über das Scheitern wissen muß"[1] (Moers 1999, S. 24) stellt Käpt'n Blaubär fest, als er an einem Versuch der Zwergpiraten teilhat, ein ausgewachsenes Handelsschiff zu kapern. Das Scheitern liegt hier in der Tatsache, dass diese Piraten gerade mal das Format eines durchschnittlichen Daumens erreichen und somit irgendwie im Bereich der physikalischen Tatsachen auftauchen – gleichwohl sich diese Piraten unablässig ihrer Heldentaten rühmen: Anglerlatein scheint im Gegensatz zu diesen Geschichten geradezu axiomatisch. Auch Käpt'n Blaubär ist vielen als sonntäglicher Lügenbär bekannt und doch steht er hier für den Prototyp des modernen Helden. In der Beschreibung seiner 13 ½ Leben führt Moers den Lesern keine Eulenspiegelein oder Münchhausenritte auf Kanonenkugeln vor, er möbliert eine „echte" Fantasy-Welt indem er „modernes" Leben mit mythischen Versatzstücken rückwärts transformiert[2]. Die Leben des Käpt'n Blaubär finden ausschließlich literarisch statt, nichts desto trotz oder gerade deswe-

---

[1]　Für den Piratenhinweis danke ich Sabine Sterken.

[2]　Transformationen von Mythen sind aus der Strukturalen Anthropologie eines Claude Lévi-Strauss geläufig.

gen ist Käpt'n Blaubär ein „Held unserer Zeit"[3]. Blaubärs Heldentum ist eher Protagonis-
mus denn Heroismus, er ist ein Weltbewältiger, dem sich auch in aussichtslosesten Lagen
eine Ausgangstür aus dem Schlamassel öffnet.

Dem Miterlebenden bleibt in allen Herausforderungen die stete Gewissheit, das alle
Probleme gelöst, der Held letztlich unversehrt den Gang der Geschichte vorantreiben kann.
Odysseus stand hier offensichtlich Pate, auch bei ihm wendet sich letztlich, vom Hund
erkannt, den Bogen gespannt, alles zum Guten – auch wenn über die Zeit alle Gefährten
auf der Strecke blieben.

Ähnlich fiktiv treibt der Zauberlehrling Harry Potter in bisher fünf Bänden durch die
Fährnisse in seiner magischen Welt, die als Korrelat die Welt der Nichtzauberer, der Mug-
gels, teils ironisch bricht, teils metaphorisch verdoppelt. Alle im normalen Leben eher
hinderlichen physikalischen Einschränkungen der Weltbeherrschung in Raum und Zeit
lassen sich in dieser Welt mit Zauberkniffen umgehen, allerdings mit einer Ausnahme: Der
Tod markiert auch hier ein absolutes Ende der Existenz. In nachgerade klassischer Helden-
pose wirft sich nun Harry Potter Band für Band in eine Auseinandersetzung auf Leben und
Tod mit dem personifizierten Bösen, mit dem er Macht und Zauberstab teilt. Immer geht es
hierbei um die Rettung der Welt, bisher obsiegt stets Harry, allerdings werden die, um
einen neuerdings recht beliebten Euphemismus zu gebrauchen, Kollateralschäden immer
ausgeprägter – ab Band IV gibt's Tote.

Die manichäische Trennung in Gut und Böse ist hier personifiziert und gleichzeitig
scheint der Held immer ambivalenter aus dieser Trennung hervorzugehen – eine Ambivalenz, die mit dem Erwachsenwerden einherzugehen scheint. Das Wechselspiel zwischen
Gut und Böse, dieser Boden für Intrigen erinnert an Shakespeares Dramen. Mit vielleicht
der Ausnahme von Romeo auf der einen und Brutus in Julius Cäsar auf der anderen Seite,
Romeo stets gegen seinen Willen in Händel verwickelt, Brutus als überzeugter Republikaner ein Verräter im Guten, sind die Fronten einigermaßen klar: hier die verblendeten Opfer
von Intrigen wie Lear oder Othello und ihr Scheitern, dort die absichtsvoll handelnden
Intriganten. Aber: What ever happend to all the Heroes, all the Shakespearoes? (Stranglers
1978). Sie sind in der Fantasy-Literatur gestorben.

Dieser Tod, der die herausragende Individualität gegenüber den Herausforderungen
der Metaphysik auf doppelte Weise (das Scheitern im Drama und als Abbild kultureller
Leitvorstellungen) pronunziert, deckt sich nun trefflich mit Hegels Diagnose vom entgülti-
gen Tod der Helden[4], verweist aber gleichzeitig auf mehr. Wenn eine Punk-Band wie die
Stranglers das Verschwinden der Helden beklagt, kann man darin sowohl bildungsbürgerliche Attitüde als auch zeitdiagnostische Expression vermuten. Und für letzteres spricht
ganz banal: der Song war ein Hit und das nicht nur dort, wo kein Mensch die Texte
verstand, der Verkaufserfolg impliziert darüber hinaus, dass sich nicht nur das übliche
Vernissage-Publikum von der Aussage des Liedes angesprochen fühlte. Aber warum sind
die Helden denn nun in die Mysterywelt entschwunden? Ein Prozess, der zunächst differenziert betrachtet werden muss.

---

[3]   So der Titel eines Romans von Michail Lermontow(1840). Sein Held Pecorin weist bereits
      erstaunlich postmodern Züge auf: „meine Seele ist von der Welt verdorben, meine Phanta-
      sie unruhig, mein Herz unersättlich, ich habe nie genug: an den Kummer gewöhne ich mich
      ebenso wie an den Genuss, und mein Leben wird von Tag zu Tag inhaltsleerer."

[4]   Vgl. auch den Beitrag von Feldmann in diesem Band.

Die Apotheose des klassischen, dramatischen Helden ist das Scheitern im Tod. Tod als letzte Erfüllung des Möglichkeitsraums des Daseins, als absolutes Auseinandergehen der Existenz verbindet hier ein übersteigertes Moment der Individualität mit letztlich nicht hintergehbaren metaphysischen Grenzen. Dieser klassisch-dramatische Held bietet somit eine doppelte Projektionsfläche: auf der einen Seite hegt er übertriebenes, individuelles Streben ein (man sieht ja, was man davon hat), auf der anderen Seite schürt er genau dieses Streben, Projektion meint hier Identifikation. Sie spricht also sowohl Oblomow als auch Prometheus in der Figur des Rezipienten einer Heldengeschichte an und versucht sie kathartisch zu versöhnen, das Scheitern wird an die Projektionsfläche übertragen ebenso wie das Scheitern an der eigenen Antriebsarmut.

Dieser Ausgleich ist laut Gehlen (1962) beim instinktreduzierten Mängelwesen Mensch kulturevolutionär notwendig, sowohl Antriebsarmut als auch -überschuss zu kultivieren. Er wird gemeinhin durch Institutionen, deren Herkunft unerheblich, deren normative Gestaltungskraft aber unhinterfragbar ist, verbürgt und geleistet. Dramatische Heldenepen kommt somit also eine quasiinstitutionelle Funktion in Gesellschaften zu, deren Sinndach (Hitzler) noch allüberspannend erlebt wird. Die Projektionsfläche des Scheiterns in Form der dramatischen Helden richtet sich hier eben noch an alle, die antiken, dramatischen Helden fanden ihre Fortsetzung in den Heiligen der katholischen Kirche.

Der Heiligenstatus gründet auch hier meist auf individueller Aufopferung bis hin zum Tod für die kollektive Idee. Auch wenn diese Heiligen teils spezialisierte Zuständigkeitsbereiche als Patrone bestimmter Landstriche oder Berufsgruppen hatten, so waren diese Zuständigkeiten doch immer ein Teil des Ganzen. Ihr Scheitern im Tod die notwendige Voraussetzung ihrer Fürsprache bei Gott, dem vereinigenden Prinzip. Allgemeinverbindlich- und Verfügbarkeit als Projektionsfläche durch metaphysische Rückbindung verliert sich nun mit der Aufklärung in Rationalisierung und Positivierung, kurz: Entzauberung der Welt. Nach der Wiederbelebung in der Renaissance sterben diese dramatischen, idealisierten Helden nun einen langsamen Tod als Projektionsfläche und Katalysator individuellen Scheiterns. Wie immer in sozialen Wandlungsprozessen, zumal wenn es sich hierbei um eher kulturelle denn strukturelle Phänomene handelt, entwickeln sich hierbei Mischformen, Grauzonen, Übergangstypen, die eine trennscharfe Eingrenzung von Erscheinungsformen erschweren.

Die Romantik erfindet nun so den Nationalstaat. Jedermann bekommt hiermit die Chance, für Gott *und* Vaterland zu sterben. So wie der Geist der Aufklärung dann doch über zwei Jahrhunderte brauchte, um Gewaltherrschaft und Obrigkeitsstaat aus Europa zu verbannen. Gottes Tod war ebenso beschlossene Sache, Ende des 19. Jhs. bekanntlich von Nietzsche proklamiert, in Zusammenhang mit *und* aber selbst vor einem Jahrzehnt auf dem Balkan noch motivierend im Einsatz. Nun ist der Krieg keine Erfindung der Moderne, die Verallgemeinerung des Heldentums ist dies wohl. In Deutschland beginnen Kriegerdenkmale, meist unter der Überschrift „unseren Helden" unter Aufzählung aller Gefallenen des betreffenden Ortes mit dem Deutsch-Französischen Krieg von 1870/71, die Gräberfelder an der Marne symbolisieren massenhaften, individuellen Tod, Tapferkeit wird spätestens im ersten Weltkrieg auch bei Mannschaftsgraden ausgezeichnet.

Das Privileg nun auch zu Helden werden zu dürfen bezahlten je nach Region bis zu einem Drittel aller jungen Männer mit dem Leben. So sie auf Seiten der Mittelmächte Deutschland und Österreich in den Krieg zogen, bleibt Ihnen dann auch noch der Makel, als Verlierer nicht zu Helden werden[5] zu dürfen. Das Scheitern war hier doppelt und musste mit der Legende, die Armee sei im Felde unbesiegt, die Heimat den kämpfenden Truppen mit einem Dolch in der Hand in den Rücken gefallen, „geheilt" werden.

Auch auf Seiten der Sieger verlor sich der individuelle Heroismus im apokalyptischen Massentod – an die Stelle individueller Apotheose im Scheitern trat stumpfe Wut und Trauer. Dieser gestohlene Heroismus des millionenfachen Sterbens diskreditierte den Sinn der Rationalisierung der Welt tiefgreifend, für die kulturelle Avantgarde war das gesamte Projekt der Moderne gescheitert, Sinn aus Unsinn, DADA. Der Sinn heroischen Handelns hatte dann noch eine kurze Renaissance im spanischen Bürgerkrieg, Republikaner mit internationalen Brigaden gegen die Falange, Hemingway legt davon beredt Zeugnis ab. Hemingways literarischer Reichweiten-Anspruch reicht weiter als es der heraufziehende Systemwiederspruch in näherer und weiterer Zukunft zulassen wird.

Gerade die Heldenverehrung im real existierenden Sozialismus, neben den Gründervätern Marx, Engels und Lenin all die gescheiterten Helden der Bewegung von Allende über Liebknecht und Luxemburg (zumindest in der DDR) bis Zetkin, war einerseits Ausdruck des systemtypischen Personenkultes, andererseits trug sie alle Züge der o.g. katholischen Heiligenverehrung. Die Wucht mit der zumindest in den Kommunen der ehemaligen DDR dieses Gedenken nach dem Mauerfall beseitigt wurde – nicht einmal Marx durfte weiterhin Straßen oder Plätzen seinen Namen leihen – kann als Indiz dafür gewertet werden, wie sehr diese Hedenverehrung als Oktroi begriffen wurde, wie sehr sie zumindest der Form und ihrem Geltungsanspruch nach, aus einer anderen Zeit zu stammen schien.

Doch zurück zum zweiten Teil des „zweiten Dreißigjährigen Krieges", wie der Spiegel 8/04 titelte. Für Volk und Vaterland (Gott ist ja tot) zu sterben hatte auch im zweiten Weltkrieg für große Teile der deutschen jungen Männer, ähnlich dem ersten Weltkrieg, einige Faszination. Und das Scheitern war wieder doppelt: Millionen verloren ihr Leben, Verlierer sind keine Helden. Die wurden erst neun Jahre später wiedergeboren: auf dem grünen Rasen von Bern gaben Helmut Rahn und Sepp Herberger den Deutschen das Gefühl: wir sind wieder wer. Die Helden von Bern: ein neuer Typus Held betritt die Bühne. Der Heldenstatus gründet hier auf Erfolg, dieser Erfolg liegt auf der symbolischen Ebene, die Auseinandersetzung ging nicht auf Leben und Tod, der Erfolg verbindet, stiftet Identität, steht aber bar jeder metaphysischen Ankerung. Die Helden von Bern vereinen nun das sehr moderne Moment des Erfolgs mit einem sich langsam auflösenden Allgemeinverbindlichkeitsanspruch. Die klassischen Helden lösten diesen durch die metaphysische Rückbindung ein, die Fußballweltmeister konnten lediglich durch ihren Erfolg nach dem verlorenen Krieg diese Allgemeingeltung als Helden für alle erreichen. Erfahrungen von ähnlichem Kollektivitätsgrad sind in der Moderne aber rar[6].

---

[5] Ausnahmen bildeten hier v. Hindenburg durch seinen Sieg gegen Russland und v. Richthofen, der als „roter Baron" bis zu seinem eigenen Ende legendäre Abschussquoten in der damals neuen Luftwaffe erreichte. Hindenburgs Ruhm verhalf bekanntlich wenig später Hitler an die Macht, der „rote Baron" war und ist über alle Ländergrenzen und Zeitläufe hinweg so berühmt, dass ein amerikanischer Mittelklasse-Beagle bis zum Tod seines Schöpfers Charles M. Schulz dazu verurteilt war, sich regelmäßig von dieser Legende die Hundehütte perforieren zu lassen. Auch wenn in den kleinen „v." der Obrigkeitsstaat noch immer präsent ist, so dementiert dies dennoch nicht die o.g. Tendenz.

[6] Möglicherweise war der 11. September 2001 in den Vereinigten Staaten eine ähnliche Erfahrung, was die Heldenverehrung der ums Leben gekommenen Feuerwehrleute von

Mit der „Erfindung" der Jugendkultur betrat ein neuer Typ des Helden die Bühne: Der an seiner Lebenslust zugrunde gegangene Pop-Star und Bohemien. Janis Joplin, Jim Morrison, Jimmy Hendrix, als Vorreiter Sid Vicious, Bon Scott als erster, und Kurt Cobain als letzter Nachklapp stehen für vollkommene Hingabe an eine antibürgerliche Existenz, was durch ihren jungen Tod vortrefflich unterstrichen wurde.

Scheitern im Tod verleiht hier Authentizität in der kapitalistischen Verwertungslogik der Popindustrie, ein Mechanismus, der auch im Gangsta-Rap zu funktionieren scheint. Allerdings, und das ist nun neu, dienen diese Heroen nur mehr einer verhältnismäßig eng umgrenzten Schar von Bewunderern als kathartische Projektionsfläche. Darüber hinaus ist diese, Verzeihung, Attitüde inzwischen reichlich aus der Mode gekommen – auch Popstars spielen inzwischen gerne mit ihren Enkeln. Sosehr das Scheitern also aus der Popmusik verschwunden ist, so gegenwärtig ist die Doppelung von Individualisierung und Scheitern in den Bestsellern der Belletristik.

Michelle Houllebecq's Protagonisten Michel und Bruno in „Elementarteilchen" scheitern (Wahnsinn oder Freitod) in einer weitestgehend entgrenzten Welt am Versuch, ihre Individualität an einen gesellschaftlichen Grundkonsens zurückzubinden. Der Ich-Erzähler in Frederic Beigbeder's[7] „39.90" geht an der unerfüllten Sehnsucht nach romantischer Liebe in der alles ermöglichenden Welt zugrunde, Chip in Jonathan Franzen's „Corrections" bringt ein unglaublich weltveränderndes Manuskript nicht zu Ende. All diese Protagonisten sind wohlausgebildete, potentielle Karrieremenschen, die ihre Suche nach authentischer Selbstverwirklichung letztlich ins Scheitern treibt.

Diese lebensweltliche Einordnung macht gleichzeitig das Zielpublikum dieser Romane klar – es gleicht dem, um den Bogen zum Anfang diese Kapitels zu schließen, das, obwohl erwachsen, Käpt'n Blaubär oder Harry Potter liest. Realistischer und phantastischer Eskapismus[8] reichen sich hier die Hand, der Erfolg, den Dramen entgangen zu sein oder phantastische Abenteuer mit einem Schmunzeln erfolgreich mitzuerleben sind Ausdruck der gelebten Ambivalenz dieses Ausschnitts der alltagskulturell formierten Gesellschaft.

Das Modell der erfolgreichen Heroen findet sich für eine andere Zielgruppe im Sport. Hier ist der Erfolg aber die conditio sine qua non ihres Heldentums, stolze Adler werden leicht zu Suppenhühnern, ein Held von Wimbledon zum Tölpel in der Besenkammer – die Liste ließe sich beliebig verlängern. Erfolg im Sport, Erfolg in der Popkultur, das Scheitern hat sich mit wenigen Ausnahmen aus der Alltagskultur verabschiedet. Die Helden starben dreimal: Zum ersten den physischen Tod, um als Projektionsfläche kathartische Funktion für die gesamte Kultur erlangen, zum Zweiten durch den Verlust ihres Allgemeinverbindlichkeitsanspruches und zum Dritten wurden sie Opfer der modernen Sehnsucht nach Erfolg.

---

ground zero erklären könnte. Ebenso nah liegt allerdings die Vermutung, dass sich der heldenhafte Tod der Feuerwehrleute trefflich in das manichäische Weltbild, das der Mehrheit der US-Amerikanischen Bevölkerung unterstellt wird, fügt, ihr Scheitern im Kampf in der öffentlichen Wahrnehmung dem Muster „klassischer" Heldentaten folgt.

[7] Hier gleicht er übrigens Pecorin, siehe Fn. 3

[8] Hier irrt auch Frank Schirrmacher, wenn er in der Lektüre von Harry Potter ein Indiz für die zunehmende Infantilisierung der Gesellschaft zu erspähen meint: sie würde voraussetzen, dass sich diese Lektüre durch alle alltagskulturellen Formationen gleichmäßig verteilt.

III. Stadien der Kulturentwicklung und das Scheitern

Von ihrem Anbeginn an hatte die Soziologie Stadien oder Ablaufmodelle der Gesellschaftsentwicklung an Bord – diese hier aufzuzählen wäre mehr als müßig. Allerdings kann es durchaus reizvoll sein, zunächst zwei poststrukturalistischen Theoretikern etwas nachzugehen, da ihre Vorstellungen von kultureller Evolution nicht ganz zufällig einige Parallelen zur o.g. Typologie des Scheiterns aufweisen. Schließlich soll auch noch aus dem Blickwinkel eines Vertreters der Lebensstilforschung Verblassen und Konjunktur des Scheiterns beleuchtet werden.

Die Ordnung der Dinge

Michel Foucault zeigt in „Die Ordnung der Dinge" anhand von „Epistemen"[9] wie sich die Art und Weise die Welt zu begreifen und somit auch zu beschreiben im Lauf der Jahrhunderte verändert hat und wie letztlich die Humanwissenschaften mit ihrem kulturalistisch anthropozentrischen Blick auf die Welt entstehen konnte.

Im Zeitalter der Renaissance nannte Foucault diese „Episteme" „Ähnlichkeit", wobei er hierbei vier Sorten unterscheidet: „Convenientia" (1974: 46ff) als das Beisammenstehen von Dingen, also eine Art der Ähnlichkeit des Ortes, „aemulatio" (1974: 48ff) als eine Ähnlichkeit, die in wechselseitiger Bespiegelung der Dinge gründet, „Analogie" als Überlagerung der beiden Vorgenannten, bei der nun der Mensch gleichsam als Brennglas im „Raum der Strahlungen" steht." Er ist der große Herd der Proportionen, das Zentrum auf das die Beziehungen sich stützen und von denen sie erneut reflektiert werden. (1974: 53) Allerdings ist der Mensch nicht Maß der Dinge, er steht in seiner Körperlichkeit als Durchlaufraster für Analogien bereit. Die vierte Sorte der Ähnlichkeit wird von Foucault im Spiel der „*Sympathien*" (1974: 53, Hervorhebung vom Autor) verortet, Sympathie und ihr Ge-

---

[9] Die Idee, ein Entwicklungsschema des Weltzugriffs anhand dieser Episteme zu entwickeln, wurde nicht ganz zu Unrecht als unzulässige Übergeneralisierung kritisiert. Unterstellt man Foucault hier allerdings eine gewisse Idealtypik in der Betrachtungsweise, so bleibt das Vorgehen instruktiv. Entgegen der vielfach publizierten (exemplarisch Dosse 1991) Ansicht, Foucault habe auf Grund dieser Kritik das Konzept der Episteme zugunsten einer Diskurstheorie in der „Archäologie des Wissens" aufgegeben, ja es nicht einmal mehr erwähnt, sei hieraus kurz zitiert: „Die Analyse der diskursiven Formationen, der Positivitäten und des Wissens in ihren Verhältnissen zu den epistemologischen Figuren und den Wissenschaften haben wir, um sie von den anderen möglichen Formen von Wissenschaftsgeschichte zu unterscheiden, die Analyse der Episteme genannt. Man wird vielleicht diese Episteme verdächtigen, so etwas wie eine Weltanschauung, ein Stück einer allen Erkenntnissen gemeinsamen Geschichte zu sein ... Die Beschreibung der Episteme zeigt ... mehrere wesentliche Merkmale: sie eröffnet ein unerschöpfliches Feld und kann nie geschlossen werden... Darüber hinaus ist die Episteme keine unbewegliche Figur, die, eines Tages aufgetaucht, dazu bestimmt wäre ebenso plötzlich wieder zu erlöschen." (1981: 272 ff) Man kann die „Archäologie des Wissens" zumindest im Kapitel 6 getrost als fulminante Verteidigung des Konzeptes verstehen.

genpart, die Antipathie als notwendiges Gegengewicht zur alles überformenden und gleichmachenden Kraft der Assimilation, die ersterer innewohnt. „Die Souveränität des Paares Sympathie-Antipathie, die Bewegung und Verbreitung die es vorschreibt, geben allen Formen der Ähnlichkeit Raum. So finden sich die ersten drei Ähnlichkeiten wieder aufgenommen und erklärt. Das ganze Volumen der Welt, alle übereinstimmenden Nachbarschaften, alle Echos der aemulatio, alle Verkettungen der Analogie werden unterstützt, aufrechterhalten und verdoppelt durch jenen Raum der Sympathie und Antipathie, der die Dinge unablässig annähert und sie auf Entfernung hält. Durch dieses Spiel bleibt die Welt identisch, die Ähnlichkeiten sind weiterhin, was sie sind, und bleiben einander ähnlich. Das gleiche bleibt das gleiche und in sich geschlossen." (1974: 55ff)

Es ist dieses Spiel der Sympathie und Antipathie, das Shakespeare in seinen Dramen dem Publikum aufgibt, in dem sich immer das geschlossene System des Scheiterns in den analogen Verstrickungen letztlich in der finalen Form ebendieses Scheiterns im Tod ergibt.

Mit dem klassischen Zeitalter entwickelt sich nun die Episteme der „Repräsentation". Die Welt wird nun in Systemen von Kategorien betrachtet, die Zeichen repräsentieren das Bezeichnete vollständig. Eine Welt, die sich in relationalen Ordnungen begreift, löst in diesem Rationalismus den Hintergrund für dramatischen Heroismus auf, ein Idealtypus des Scheiterns lässt sich aus diesem Blickwinkel nicht mehr konstruieren, da sich das überbordende einer Welt der Ähnlichkeiten zugunsten eines erkenntnishungrigen, aber seiner Endlichkeit bewussten Subjekts verliert. „Der Humanismus der Renaissance, der Rationalismus der klassischen Epoche haben dem Menschen in der Ordnung der Welt wohl einen privilegierten Platz geben können, sie haben jedoch den Menschen nicht denken können ... Der Mensch ist in der Analytik der Endlichkeit eine seltsame, empirisch-transzendentale Dublette, weil er ein solches Wesen ist, in dem man Kenntnis von dem nimmt, was jede Erkenntnis möglich macht" (1974: 384).

Das „Denken des Menschen" wird aber nunmehr zur notwendigen Voraussetzung von „modernen" Formen des Scheiterns. „Mensch" als dritte Episteme bedeutet nun vor allem auch die Erfindung neuer Wissenschaften. War das klassische Zeitalter mit seiner Episteme der Repräsentation geprägt von der Beschäftigung mit Grammatik, der Naturgeschichte und der Nationalökonomie, so entwickelt sich in der Moderne nun ein „Trieder des Wissens" (1974: 416). „Man muss sich das Gebiet der modernen Episteme ... als einen voluminösen nach drei Dimensionen geöffneten Raum vorstellen". Auf einer Dimension befinden sich hier Naturwissenschaften, auf einer anderen Wissenschaften, die „diskontinuierliche, aber analytische Elemente in Beziehung setzen, so dass sie untereinander kausale Relationen ... errichten können." (1974: 416) Auf der so errichteten Ebene treffen sich Biologie und Linguistik mit Mathematik und Chemie. Die über allem thronende Dimension, wen würde es wundern, bildet für Foucault die „philosophische Reflexion, die sich als das Denken des Gleichen entwickelt" (1974: 416). Dieser Trieder erfüllt nun für Foucault zweierlei Funktionen: Zum einen kann er in diesem Spannungsfeld die Entstehung der Humanwissenschaften nachzeichnen, zum anderen ihren Geltungsanspruch epistemologisch in Frage stellen. Letzteres braucht an dieser Stelle nicht zu interessieren, ersteres kann als Datum im doppelten Sinne hingenommen werden. So wie der Mensch aber mit der „Erfindung" der Humanwissenschaften in das Fadenkreuz wissenschaftlicher Zuwendung tritt, entsteht eine neue Qualität der Behandlung des Scheiterns: menschliches Handeln wird axiomatisiert, kategorisiert, pathologisiert. In diesem Sinne wird Scheitern zum behandelbaren Phänomen, Misserfolg zum graduellen Erfolg, absolutes Scheitern ein

Opfer der Relationierung. In diesem Sinne wird die Welt rationalisiert bis in die tiefsten Sphären der Emotionalität rational handelnder Akteure, the spirit of enlightment blendet die dunkle Seite des Handeln, das Scheitern, als kurierbar aus.[10] So werden die Projektionsflächen individuellen Handels geradezu zwangsläufig mit Modellen des Erfolgs besetzt, das Scheitern verliert seine kathartische Funktion.

Baudrillard: Das Ende des Sozialen – Hyperrealität und Simulation

Auch Jean Baudrillard wählt in „Der symbolische Tausch und der Tod" den Weg einer dreiteiligen epochalen Abfolge von Weltdarstellungen und Begriffen. Es geht ihm hierbei, folgt man Stäheli (2000), im Grunde um eine zeichentheoretische Reformulierung von Marx' Kritik der politischen Ökonomie. Ausgangspunkt ist hierbei die Überlegung, dass der Symbolcharakter der Waren sozial identitätsstiftend wirke – nach der „Ordnung der Dinge" folgt nun also die soziale Ordnung durch Dinge.

Mit der im Zuge der Modernisierung einhergehenden zunehmende Entrealisierung (Selbstreferenz würde Luhmann sagen) der Waren löse somit das Soziale sich auf. Diese Erosion erfolgt wie bereits erwähnt in drei Stadien. Für diese drei Stadien stehen drei Simulakren (Spiegelbilder) in Renaissance, industrieller Moderne und dem Zeitalter der Simulation: namentlich *Imitation, Produktion, Simulation.*

Foucault und Baudrillard starten also mit historisch gleichen Ansatzpunkten und, wie man sehen wird, einer ähnlichen Diagnose, dann trennen sich allerdings die Wege. Dies zu verdeutlichen folgt nun ein Blick auf die Logiken der Repräsentation des Realen, die Baudrillard diesen drei Simulakren (1982: 77f) zuschreibt:

Imitation der Natur mit distinktiven Abwandlungen (als Beispiel nennt Baudrillard Stuck, um genauer zu sein, einen Engel). Distinktion meint hier zweierlei: Imitation variiert das natürliche Vorbild ohne die von Foucault erwähnte Ähnlichkeit als Teil des Ganzen aufzugeben. Soweit die Parallelen – im Gegensatz zu Foucault sprengt Baudrillard aber nun die Bedeutungseinheit der Zeichen, ihre Verknüpfung mit Trägergruppen innerhalb der Kasten und Ständegesellschaft. In Konsequenz erhält die Frage nach der sozialen Praxis den Primat über die Epistemologie, die beginnende Erosion der vormodernen Kasten- und Ständegesellschaft öffnet die Welt der Zeichen Moden und distinktiven Praktiken einer heraufziehenden Klassen- und Schichtengesellschaft. Diese Dissonanz zwischen Foucault und Baudrillard ist aber nicht nur einem unterschiedlichen Blickwinkel geschuldet, sie kann vielmehr als Folge der immerwährenden Ungleichzeitigkeit zwischen Kultur und

---

[10] Foucault hat sich bekanntlich mit den Gefahren derartiger Rationalisierungsprozesse in ähnlichen historischen Ablaufmodellen im Dreischritt auch in „Überwachen und Strafen" sowie der „Geburt der Klinik" auseinandergesetzt. Da die Schlussfolgerungen aus beiden Arbeiten für das vorliegende Thema ähnlich ausfallen, kann an dieser Stelle darauf verzichtet werden, sie explizit herzuleiten. Nebenbei kann man in Foucaults Spätwerk eine interessante Subtextlinie verfolgen: „Der Gebrauch der Lüste" und „Die Sorge um sich" dreht sich bei allem Materialreichtum um Haushalt, Leben, Philosophie und Sexualität in Griechenland und Rom bei der Entwicklung einer Selbstästhetik vor allem um das *Scheitern* der Selbstzucht gegenüber den Begierden.

Praxis gedeutet werden: Seefahrer konnten schon lange um die Welt gesegelt sein, da wurden Intellektuelle noch immer für die Erkenntnis, die Welt sei keine Scheibe, geröstet. Für die Frage, wie die Problematik des Scheiterns symbolisch behandelt wird, ergibt sich aus dieser Differenz allerdings keine Abweichung: Ähnlichkeit als „Episteme" oder Imitation als „Simulakrum" verweisen auf den dramatischen Helden, der bei Baudrillard bereits durch die wortwörtliche Behandlung der Welt bedroht, wohl aber noch lebendig ist.

Da Baudrillard den Beginn dieser Erosion mit allen Konsequenzen bereits in die Renaissance verlegt, kann er sich einen Zwischenhalt im „klassischen Zeitalter", wie ihn Foucault einlegte, ersparen. Der Sprung reicht so vom 16. ins 19. Jahrhundert: die Rolle der Imitation übernimmt nun die immergleiche *Reproduktion* ununterscheidbarer Dinge (als vollkommene Sinnbilder dann zu Beginn des 20. Jahrhunderts: Singer Nähmaschine, Ford Modell T). Zu diesem Simulakrum gehört eine Demokratisierung der Gesellschaft wie auch des Heldentums und somit des Scheiterns, im vorigen Kapitel war bereits die Rede davon. Mit der zweiten Hälfte des 20. Jahrhunderts löst nun das Simulakrum der Imitation ab das der Reproduktion ab.

Simulation ist weiterhin geprägt durch Reproduktion, aber Ausgangspunkt ist hier nicht mehr ein reales Irgendetwas, sondern bereits ein Modell der Realität, wodurch letztlich immer nur Modelle reproduziert werden. Als Beispiel hierfür kann man Sitcoms denken, die nicht nur auf ein imaginäres Modellpublikum zugeschnitten sind, man kann dieses imaginäre Publikum an den entscheidenden Stellen sogar im Fernsehen lachen hören. Was hier zu besichtigen ist meint eine Verdoppelung der Realität, in Baudrillards Diktion, *Hyperrealität*.

Hyperrealität zerstört das Repräsentationsverhältnis zwischen Zeichen und Realem, sie bezieht sich nicht mehr auf irgendetwas, sondern auf „verschiedene(r) Modelle zur Generierung eines Realen ohne Ursprung oder Realität". (Baudrillard 1978: 7). Zeichen verweisen nun wie bei Derrida nur noch auf Zeichen – eine Verdopplung der strukturalistischen Arbitrarität zwischen Zeichen und Bezeichnetem.

Folgt man nun abermals Stäheli (2000) verschwindet, stärker noch, stirbt in der Konsequenz dieser Hyperrealität das Soziale: das verschwindende Soziale scheint im symbolischen Tausch seine Heimat zu haben. Dieser Tausch ist nicht nur eigentlich reziprok und reversibel, sondern eher verschwenderisch mit der Konsequenz der rauschhaften Übertreibung in Form des Todes jenseits jeder Sinnökonmie (potlach). Die Simulationsgesellschaft trennt nun Tod vom Leben, der Verweisungszusammenhang zwischen Leben und Tod verschwindet zugunsten einer hyperrealistischen Inszenierung des Todes, also einer rezeptionsfreundlich modellierten Medialisierung.

Der Tod des Sozialen geht einher mit der Geburt der Masse – sie ist ihrer Ankerung in Leben und Tod enthoben. Münkner/Roesler (2000) zeigen zwei abermalige „Tode" in Baudrillards Werk: den der Geschichte und den der Macht. „Macht" verschwindet in der Simulation, sie ist ein „Hirngespinst", da das Reale verschwindet. Zwar versucht sich Macht durch „injizieren" von „neuen Formen des Realen und Referentiale" zu konstituieren, da sie sich immer auf Gründe und Zwecke bezieht, das Reale und Rationale. Da aber das Reale verschwindet, ist sie nur noch dazu da zu verschleiern, dass sie verschwindet. Simulierte Macht besteht auf ewig, da sie die Rückbindung an Strukturen, die sich angriffsanfällig stets zur Disposition stellen zugunsten eines sozialen Verlangens aufgegeben hat, also zum Objekt von Angebot und Nachfrage wird.

Mit dem Realen, der Macht und dem Sozialen ist nun endgültig auch die Geschichte in ihrer Determination und Finalität verschwunden. An ihre Stelle tritt Hyperdetermination „eine Überfülle an Determination in die Leere" (Baudrillard 1985, zit. nach Münker/Roesler 2000: 40) und „Hypertelie", eine Hyperfinalität. Die Argumentation geht wie folgt: Wenn sich Tatsachen nur noch als Schnittpunkt aller, auch widersprüchlicher Interpretationen, unter der Annahme, sie seien gleich gültig, ergeben, ist sowohl die Frage der Bestimmung der Geschichte (das eine ergibt sich aus dem anderen) wie auch die danach, was im Einzelnen mit geschichtlichen Tatsachen für Zwecke verbunden seien, obsolet. Darüber hinaus argumentiert Baudrillard quasi physikalisch: durch die Beschleunigung des Lebens durch u.a. die Medien werden einzelne Darstellungen derart „der Schwerkraft" enthoben, dass sie nicht mehr gegenübergestellt werden können – sie zischen aneinander vorüber. Andersherum: die Masse der Bevölkerung, Informationen, Ereignisse überschreiten eine kritische Schwelle – die Folge sind Trägheit und Übersättigung.

Ein letztes Argument betrifft die Realitätsanmutung der Medien: Ereignis und Verbreitung sind zum einen so dicht gelagert, dass sie sich überlagern (z.B. Gladbeck, der 11.9.). Darüber hinaus sorgt der „wie echt" Effekt (z.B. HiFi) für eine Entzeitlichung. Letztlich können wir uns eine Wiedergabe von Musik vor Erfindung der Stereophonie genauso wenig vorstellen wie Ereignisse ohne Medien, wir treten aus der Geschichte heraus.

Nun ist aber Scheitern stets in Raum und Zeit gefangen. In einer hyperrealen Simulationsgesellschaft verschwindet dieser Zusammenhang, das Scheitern ist mit dem Ende der Geschichte seiner individuellen Zeitlichkeit enthoben. In der Polyphonie der Deutungsansätze verliert das Scheitern darüber hinaus als die dunkle Seite des Erfolgs seine Tönung, Scheitern ist Erfolg, sobald es medial wird. Andy Warhols Forderung, ein jeder solle für 15 Minuten ein Star werden, war lange Zeit in den allnachmittäglichen Talkshows in ihrer Verwirklichung zu bewundern. Hier wurde Scheitern zelebriert, jede persönliche Niederlage, jedes private Drama ein Erfolg.

Mit der Erfindung der Masse läutet gleichzeitig die Totenglocke herausragender Individualität: that happend to all the Heroes, all the Shakespearoes, um die Frage der Stranglers zu beantworten. Wo sich die Macht als Gegenstand der Auseinandersetzung auflöst, wo Gut und Böse arbiträr im Widerstreit der beliebigen Meinungen aufeinander treffen, da werden weiße Ritter nur noch zur Abwehr feindlicher Übernahmen an der Börse benötigt. Wenn das Soziale stirbt, verschwinden auch die Bedürfnisse nach kollektiven Projektionsflächen, an denen das individuelle Scheitern kathartisch verarbeitet werden kann. Und wenn sich dann letztlich noch der Inbegriff des Scheiterns in einer nachmetaphysischen Welt, der Tod in hyperrealistischer Simulation auflöst, so ist das Scheitern nicht mehr von dieser Welt.

Dieser Absatz mag erklären, wie die Helden starben und das Scheitern seine Bedeutung verlor, er mag sogar plausibel erscheinen lassen, wie seine neuerliche Konjunktur seit zwei Jahren auf allgemeine Publikumsnachfrage zurückzuführen ist, aber es bleibt ein schales Gefühl, ständig ein Bild der grauen Masse in Zeiten der angeblich individualisierten Gesellschaft im Hintergrund dieses Bildschirmes mitlaufen zu lassen. Weil diesem Problem aber empirisch letztlich nicht beizukommen ist, soll an dieser Stelle noch ein Gesellschaftsmodell in die Erörterung mit einfließen, bei dem die Medialisierung des Alltags zwar auch eine zentrale Rolle spielt, das gesellschaftliche Großgruppen aber etwas bunter voneinander abhebt.

Die Glückssucher – Menschen nicht nur in der Erlebnisgesellschaft

Gerhard Schulze geht in seinen Analysen von der nahe liegenden Grundannahme aus, dass Menschen grundsätzlich danach streben, bei allem was sie tun als Resultat dieses Handelns ein positives Gefühl überzubehalten. In Zeiten allgemeiner Knappheit, die Schulze für die ersten zwei Jahrzehnte nach dem zweiten Weltkrieg unterstellt, geht dieses positive Gefühl mit der Befriedigung der Grundbedürfnisse einher. Verwandelt sich nun aber der Mangel in Überfluss, ein Überfluss nicht nur an materiellen Ressourcen, sondern vor allem auch an Verweisungshorizonten, so werden aus Mittelkrisen – Wie ist die basale Reproduktion zu leisten? – Sinnkrisen – Was will ich eigentlich? Um dieser Sinnkrisen Herr zu werden, bedienen sich die im Rahmen der allgemeinen Wohlstands- und Möglichkeits-Vermehrung aus dem Korsett von klassenmäßigen oder ständischen Verhaltenscodices freigesetzten Individuen alltagskultureller Kodierungen.

Aus der Dichotomie eines legitimen oder illegitimen Geschmacks in Zeiten der Knappheit, der Adornos „Musiksoziologie" genauso durchzieht wie „Die feinen Unterschiede" von Bourdieu, werden hier in einem dreidimensionalen Raum der Alltagskultur (Trivial, Hoch- und Jugendkultur) fünf Glücks- und Geschmacksmodelle[11]. Sie werden durch ihre jeweilige Lage in diesem kulturellem Raum konstruiert und konstatiert. Die Konstitution dieses Zeichenkosmos, der diesen jeweiligen Glücksmodellen zuzuordnen ist, wird durch die alltägliche Praxis aller Gesellschaftsmitglieder zum einen durch die aktive wie auch passive Selbst- und Fremdverortung in diesem Zeichensystem geleistet, zum anderen reproduziert das Publikum als Rezipient und Kunde im dauernden Spiel von Angebot und Nachfrage die nicht nur medialen Angebote der „Erlebnismarktes" – diese Denkfigur ist aus Giddens „Theorie der Strukturierung" geläufig.

Diese fünf Geschmacksmodelle lassen sich, auch wenn Schulze hier anderer Meinung[12] ist, bis zum heutigen Tage für die Bundesrepublik empirisch zeigen.[13] Wenn nun die Gesellschaft in unterschiedliche „Glücksprovinzen" zerfällt, in der die Mitglieder dieser – Schulze nennt sie etwas unglücklich – Milieus über eine jeweils spezifische, aber mehr oder minder geteilte Weltsicht und Anspruchshaltung an das Leben verfügen, ist es mehr als nahe liegend, hier jeweils spezifische Projektionsflächen individuellen Erfolgs- oder Misserfolgs zu unterstellen. In einem Glücksmodell kann der Auftritt in einer Talkshow, selbst wenn nur das persönliche Drama zur Verhandlung steht, bereits Erfolg im Sinne von auf die Gruppe beschränktem Sekundenruhm bestehen (ebenso verhält es sich mit dem vorzeitigen Ausscheiden aus den allgegenwärtigen Casting-Shows). In einem anderen Glücksmodell ist der Besuch bei Elke Heidenreich, um dort über die eigenen literarischen Vorlieben zu sprechen, ähnlich besetzt[14].

Aus diesem Blickwinkel ist klar, warum es gesellschaftsübergreifende Helden nicht mehr geben kann, selbst die Helden des Sports können wenn sie in der einen Gruppe vergöttert werden, in einer anderen allenfalls noch in sarkastischer Brechung bewundert oder

---

[11]   Vgl. Lechner 2003
[12]   Vgl. Schulze 1999
[13]   Vgl. Lechner 2002, 2003
[14]   Um die Beispiele für alle fünf Glücksmodelle zu vervollständigen: Als Vorsitzender der Mozartgesellschaft wahrgenommen zu werden, mit Carmen Nebel auf der Bühne zu stehen, das Bundestreffen der Gartenzwergfreunde eröffnet zu haben.

funktionalisiert werden: Schumi ist toll/Schumacher ist doof, aber fahren kann er/der ganze Formel 1 Zirkus ist abstoßend, aber an Schumacher sieht man, wie weit man mit Fleiß und Disziplin kommen kann, usw. Auch wenn das Modell der Glücksgemeinschaften seltsam machtfrei erscheint, so kann man doch im Vergleich von Ost und West[15] unterschiedliche Hegemonien von Geschmacksmustern empirisch nachweisen: Es gibt also so etwas wie den herrschenden Geschmack und seine Glücksgemeinschaft. Im Westen der Republik kam diese Gruppe – Schulze nennt sie das Selbstverwirklichungsmilieu – vor zwei Jahren erheblich unter Druck: die Erfolgsmodelle ihrer beruflichen Karrieren und ihrer Wohlstandmehrung zerbröckelten im Angesicht der geplatzten New-Economy-Blase und des Börsencrashs zusehends. So kam möglicherweise das Scheitern wieder auf die Agenda, so entstand dieser Artikel.

IV. Fazit: Scheitern zwischen Rationalität und Romantik

Das Scheitern ist noch auf der Agenda der medialen Berichterstattung. Folgt man der obigen Argumentation, so wird dies nicht so bleiben, es sei denn, das individuelle Erlebnis des Scheiterns bleibt für die Mitglieder der hegemonialen alltagskulturellen Gruppen allgegenwärtig bedrohlich, ganz gleich ob es sich hierbei um das Scheitern eines Weltbildes, das Scheitern im Arbeitsmarkt oder schlichter und allgemein um ökonomisches Scheitern handelt. Sobald die alltägliche Relevanz hier ihren Gefahrencharakter verliert, ist das Scheitern nur mehr das Scheitern der Anderen, das sich mit den Techniken der Humanwissenschaften durch social engineering und personal training beheben lassen. Diese Erfindungen der Humanwissenschaften ist ein wahlverwandtschaftliches Produkt der fortschreitenden Rationalisierung der Welt. Das Scheitern als die dunkle Seite menschlichen Handelns wird von ihnen nun bearbeitet, da uns in den modernen Gesellschaften durch Rationalisierung und Differenzierung ein manichäisches Weltbild abhanden kam. Dieses ist aber unabdingbar, um Heroengestalten in ihrer herausragenden Individualität den Kampf gegen das Scheitern stellvertretend für alle aufnehmen zu lassen. Hierzu ist weiterhin eine Form teleologischer, finaler Geschichtlichkeit unabdingbar – sie ist uns letztlich im Zeitalter der Simulation verlorengegangen. Dieses Bild einer Gesellschaft, die das Scheitern verbannt hat, hüllt die Individuen im Widerstreit gleichgewichtiger Meinungen und Positionen in einen Nebel der Indifferenz, ist aber gleichzeitig bemerkenswert friedvoll. Wenn aber die dreifache Verbannung des Scheiterns an auch nur einer Seite aufgelöst wird, kommt diese Friedfertigkeit ins Wanken: Verfangen in einer klaren Struktur von Gut und Böse, mit einer historischen Mission vor Augen, lassen sich im Extremfall Kriege ebenso wie terroristische Anschläge normativ unterbauen. Sollte sich das Scheitern, entgegen der o.g. Annahmen, nicht aus der alltäglichen Wahrnehmung verabschieden, so kann dies darüber hinaus als Indikator eines ernsthaften Integrationsproblems moderner Gesellschaften verstanden werden. Oder aber auch ganz anders: vielleicht bietet die Beschäftigung mit dem Scheitern die Chance, sich aus dem „System der Objekte" (Baudrillard 1987) zu befreien, die Welt zu entschleunigen, die fortschreitende Rationalisierung des Lebens als das zu begreifen, was

---

[15]   Vgl. Lechner 2002, 2003

sie in ihrem Kern ausmacht, nämlich die Durchsetzung der „totalen Ideologie" (Mannheim) rational handelnder Akteure.

Das Scheitern zu denken wirft so an den Rand moderner Rationalität zurück, es wird zum Werkzeug einer romantischen Kritik des sich stets selbst dementierenden Machbarkeitswahns.

Literatur

Adorno, Theodor. W. (1992): Einleitung in die Musiksoziologie. Frankfurt a.M.
Baudrillard, Jean (1978): Die Agonie des Realen. Berlin.
Baudrillard, Jean (1982): Der symbolische Tausch und der Tod. München.
Baudrillard, Jean (1985): Die fatalen Strategien. München.
Baudrilard, Jean (1987): Das Andere selbst. Habilitation. Wien.
Baudrillard, Jean (1991): Das System der Dinge. Über unser Verhältnis zu den alltäglichen Gegenständen. Frankfurt a.M.
Beigbeder, Frederic (2001): Neununddreißigneunzig. Reinbek bei Hamburg.
Bourdieu, Pierre (1982): Die feinen Unterschiede. Frankfurt a.M.
Dosse, Francois (1991): Geschichte des Strukturalismus (2 Bde.). Frankfurt a.M.
Franzen, Jonathan (2001): The Corrections. London.
Foucault, Michel (1974): Die Ordnung der Dinge. Eine Archäologie der Humanwissenschaften. Frankfurt a.M.
Foucault, Michel (1976): Die Geburt der Klinik. Frankfurt a. M., Berlin, Wien.
Foucault, Michel (1976): Überwachen und Strafen. Die Geburt des Gefängnisses. Frankfurt. a.m.
Foucault, Michel (1981): Archäologie des Wissens. Frankfurt. a.M.
Foucault, Michel (1989): Der Gebrauch der Lüste. Frankfurt. a.M.
Foucault, Michel (1989): Die Sorge um sich. Frankfurt. a.M.
Gehlen, Arnold (1962): Der Mensch. (7.Aufl.) Frankfurt a.M.
Giddens, Anthony (1988): Die Konstitution der Gesellschaft. Frankfurt a.M.
Hitzler, Ronald (1994): Reflexive Modernisierung. Zur Stilisierung und Politisierung des Lebens. In: R. Richter (Hg.): Sinnbasteln. Beiträge zur Soziologie der Lebensstile. Wien; Köln; Weimar.
Houellebeq, Michelle (1999) Elementarteilchen. Köln.
Lechner, Götz (2002): Die „doppelte" Identität der Deutschen. In: Hannemann, Chr./Kabisch, S./Weiske, Chr.: Neue Länder, neue Sitten. Berlin.
Lechner, Götz (2003): Ist die Erlebnisgesellschaft in Chemnitz angekommen? Opladen.
Lermontow, M. (1957): Ein Held unserer Zeit. (zuerst 1840). Stuttgart.
Lévi-Strauss, Claude (1977). Strukturale Anthropologie, (2 Bd.) Frankfurt a.M.
Mannheim; Karl (1964): Wissenssoziologie. Neuwied.
Münker, Stefan/Roesler, Alexander (2000): Poststrukturalismus. Stuttgart, Weimar.
Moers, Walter (1999): Die 13 ½ Leben des Käpt'n Blaubär. Frankfurt a.M.
Schirrmacher, Frank (2004): Die Revolution der Hundertjährigen. In: Spiegel, Nr. 12/2004, S. 78-84.

Schulze, Gerhard (1992): Die Erlebnisgesellschaft. Frankfurt. a.M., New York.
Schulze, Gerhard (1999): Kulissen des Glücks. Frankfurt. a.M., New York.
Stäheli, Urs (2000): Poststrukturalistische Soziologie. Bielefeld.

II. SOZIOLOGISCHE PERSPEKTIVEN AUF DAS SCHEITERN

Klaus Feldmann

Sterben – Scheitern oder Sieg?

Sterben ist in den vergangenen Jahrzehnten entdramatisiert, demystifiziert, säkularisiert, individualisiert und naturalisiert (besser vernaturwissenschaftlicht) worden – jedenfalls in der herrschenden Kultur des Abendlandes bzw. der westlichen Welt. Sterben ist ein triviales, letztlich durch Zufälle bestimmtes normales Ereignis (vgl. Riley 1983, Fuchs 1969; Elias 1982). Unter diesen Deutungsbedingungen ist es für ein „höherwertiges Scheitern" schlecht nutzbar.

Doch diese Aussage bezieht sich auf die institutionalisierte gesellschaftliche Praxis des Sterbens des einzelnen Bürgers der ersten Welt. Betrachtet man die Weltgesellschaft des 20. Jahrhunderts insgesamt, dann erweisen sich vor allem zwei Sterbeereignisse als Spitzenkandidaten für das „hochwertige Scheitern": der Erste und der Zweite Weltkrieg; und wenn man eine noch „höhere Qualität" wünscht, dann sind der Holocaust und der Gulag zu nennen. Auch im Rückblick auf die reiche Geschichte des menschlichen kollektiven Scheiterns wird diesen Ereignissen ein hoher Stellenwert eingeräumt. Es dürfte einfacher sein, einen Konsens über das kollektive als über das individuelle Scheitern zu erreichen.

Begriffsklärungen und -anwendungen

Scheitern ist kein anerkannter soziologischer Begriff wie Statusverlust, sozialer Abstieg, abweichendes Verhalten, Anomie, Exklusion oder Desintegration.

Scheitern kann man als schwerwiegenden Misserfolg bezeichnen und es müssen zentrale Ziele oder Werte verfehlt worden sein. Wenn Scheitern durch eine Selbstdiagnose festgestellt wird, dann hat das Individuum offensichtlich die selbst gesetzten Ziele nicht erreicht – und zwar endgültig nicht erreicht. Allerdings kann es auch eine Fremddiagnose sein. Damit wird das Scheitern jedoch zum Deutungsfall. Soll es wirkliche Tragik gewinnen, müssen Götter beteiligt sein, denn auch die Selbstdiagnose wird heutzutage durch Therapie und andere Regeleingriffe zum Deutungsfall.

Scheitern ist eine soziale Konstruktion, kultur-, ideologie-, kontext- und theorieabhängig. Sie erhält ihre Schärfe auf der Grundlage von Dichotomisierungen bzw. Polarisierungen: gut-böse, schön-hässlich, Erfolg-Versagen, Gewinn-Verlust, Arbeitsplatzbesitzer-Arbeitsloser, gesund-krank, Leben-Tod.

Prozessmodelle sind mit Konstruktionen des Scheiterns weniger verträglich, außer es handelt sich um langfristige Katastrophenszenarien, z.b. die erwartete Klimaveränderung.

Kollektives und individuelles Scheitern im sozialen Wandel

Das 20. Jahrhundert mit seinen Kriegs- und Vernichtungsorgien wurde dämonisiert und hochstilisiert. Das Scheitern des Faschismus, Nationalsozialismus und Kommunismus, und nicht des Kapitalismus, wurde von vielen als Sieg des Guten über das Böse gefeiert. Vor allem schrumpfte die Hoffnung auf den Niedergang des Kapitalismus.

Der gewaltsame Tod von Millionen Menschen in den beiden Weltkriegen wurde zwar einerseits von vielen als Zeichen politischen oder kulturellen Versagens gedeutet, kann andererseits als notwendiger Teil eines kulturevolutionären Prozesses gesehen werden, in dem der gesellschaftliche Fortschritt durch das Scheitern von Ideologien, Gruppeninteressen und Institutionen vorangetrieben wird.

Scheitern ist in der modernen Gesellschaft ein perspektivisches Ereignis, es wird entzaubert, seiner tragischen Aura entkleidet, die auf einer letztlich fundamentalistischen Weltsicht beruht. Das großartige Scheitern bedurfte eines Helden. Doch die Zeit der Heroen ist längst vorbei, wie schon Hegel diagnostizierte. Die propagandistische Vermassung und Vermarktung der Helden im Ersten und dann nochmals im Zweiten Weltkrieg erwies sich schnell als brüchig. Auch die Kollektivideale verbrauchten sich in der ersten Hälfte des 20. Jahrhunderts: Vaterland, Nation, Kaiser, Führer, Faschismus, Kommunismus. Die romantische Dialektik „individuelles Scheitern als Garant des Nichtscheiterns des Kollektivs oder Kollektivideals" konnte sich im Modernisierungsprozess nicht behaupten, sie scheiterte.[1] Allerdings sind in einer multikulturellen pluralistischen Weltgesellschaft auch die alten Kulturformen und –spiele aufzufinden und sie feiern auch in grotesker Weise in der Medienwelt fröhliche Urstände.

Scheitern – modern gesprochen: „Loser sein" – ist in einer Leistungs- und Erfolgsgesellschaft etwas Unverzichtbares und gleichzeitig äußerst Negatives. Es handelt sich nur um partiellen Misserfolg, Fehler, Schwäche, Krankheit, Versagen etc. Denn all diese Zustände und Eigenschaften sind revidierbar oder sind sogar Stufen auf dem Weg zum Erfolg, bzw. können so gedeutet werden. Scheitern dagegen bedeutet etwas Endgültiges, einen absoluten Misserfolg, ein absolutes Versagen. Darf es so etwas noch geben? Ist eine solche Annahme nicht „veraltet" oder Ausgeburt eines „kranken Hirnes"? Klingt hier nicht Fundamentalismus an? Allerdings glauben auch in den hochentwickelten Staaten noch

---

[1]   Bei den terroristischen Selbstmordattentätern kommt sie unter anderen kulturellen Vorzeichen wieder.

viele Menschen an die *Hölle*, vor allem in den USA. Und die Hölle ist der klassische Ort des absoluten Scheiterns im Abendland. Doch die wichtigen Institutionen Wirtschaft, Politik und Medien sind in ihren Zentren säkularisiert – schon aus PR-Gründen verfügen sie über keine Höllen. Gibt es von diesen Wert- und Machtzentren aus gesehen noch ein „absolutes" Scheitern? In einer modernen Gesellschaft ist ein „absolutes" individuelles Scheitern nicht vorgesehen. Doch wie steht es mit dem „absoluten" kollektiven Scheitern? Kann die ultrastabile moderne Weltgesellschaft überhaupt noch scheitern? Es gibt ultimative Katastrophenszenarien: Atomkrieg, Klimaveränderung, andere gravierende Veränderungen des Ökosystems Erde etc. Die kollektiven Ängste vor solchen Weltkatastrophen haben jeweils ihre Zeiten und flauen dann wieder ab. Doch ein Potenzial des ganz großen Scheiterns bleibt erhalten (vgl. Lifton 1986).

Evolutionäre Perspektiven und anthropologische Überlegungen

Evolutionsbiologisch, -psychologisch und -soziologisch ist in der Regel die Lebensgefahr des Individuums der Anlass zur Mobilisierung aller Reserven. Folglich kann der eigene Tod für den betroffenen Organismus als ultimatives Scheitern gelten. Doch evolutionsbiologisch gibt es ein ultimativeres Scheitern: der drohende Tod der eigenen Nachkommen bzw. das Scheitern der eigenen Gene, die Nichtreproduktion. Der Tod des Individuums tritt in den Hintergrund, Leben und Tod der Gene und des Kollektivs (der Meme?) stehen im Zentrum.

Von einer „makroevolutionären" Perspektive dagegen ist der einzelne Organismus aufgrund seiner Irrelevanz gar nicht scheiterungsfähig. Scheitern wäre dann ein Abbrechen der Evolution des Lebens oder auch dies nicht, da es ja an irgendeiner Stelle wieder beginnen kann.

Es gibt anthropologische Ansätze, die den Menschen als scheiterndes oder zum Scheitern neigendes Wesen definieren. Gehlen (1962) hat den Menschen biologisch als Mängelwesen bestimmt. Für Gehlen gibt es neben der defizitären Ausstattung des homo sapiens ein beachtenswertes Scheitern in einer modernen Gesellschaft primär auf der Institutionenebene. „Gehlen befürchtet den Tod der Institutionen, verursacht durch Subjektivität, die er als ein Spezifikum der modernen Kultur seziert" (Guttandin 1995: 197). Er diagnostiziert in der Moderne einen schleichenden Verfall, eine kulturkritische Attitüde, die im 19. und 20. Jahrhundert bei unterschiedlichen Intellektuellen (z.B. bei Nietzsche, Durkheim, Simmel, Horkheimer, Adorno) anzutreffen war.

Durkheim (1983: 279 ff) setzt eine unbegrenzte Bedürfnisentwicklung bei Menschen voraus, die durch moderne Wirtschaftssysteme ins Anomische gesteigert werden kann, wobei im Extremfall Suizidgefährdung besteht. Durkheim steht der Fortschrittsideologie kritisch gegenüber, sieht für viele eine sich beschleunigende Jagd nach Erfolg und das dann schwer vermeidbare Scheitern als Konsequenz. Auch die anderen beiden Zentralgestalten der Soziologie der Jahrhundertwende, Max Weber und Georg Simmel, deuteten eine in der Entwicklung der modernen Gesellschaft liegende Tragik und Negativität an.

Religion, Medizin, Kunst und Wissenschaft werden als Mittel der Linderung oder Heilung für das gefürchtete ultimative Scheitern des psycho-physischen Systems angeboten. Doch die Mittel der Linderung haben (un)erwünschte Nebenwirkungen. Es treten neue Formen des Scheiterns auf, für die wieder neue Mittel der Linderung oder Vermeidung angepriesen werden und so fort.

Sterben und Tod erscheinen in diesem sozialen Wandel von Gelingen und Scheitern feste Burgen – des Scheiterns – zu sein. Doch dies sind sie nur auf den ersten Blick. Da es sich trotz der Gewissheit um Konstruktionen handelt – jedenfalls was das Scheitern durch Sterben und Tod betrifft – sind sie nicht vom sozialen Wandel befreit.

Entwicklung der Kollektive und Kulturen

In allen Kulturen wurde das Scheitern des Individuums als von geringerer Bedeutung angesehen als das Scheitern der Sippe, des Verwandtschaftsclans oder des Bezugskollektivs. In der Regel stand die Ehre der Familie oder der Sippe über dem physischen Leben des einzelnen Mitglieds. Ausnahmen stellten bestimmte Führungsgestalten dar, Repräsentanten von Kollektiven, häufig gemäß der geltenden Wirklichkeitskonstruktionen Garanten des Lebens des Kollektivs.

Wie schon gesagt, lag in allen traditionalen Kulturen das zentrale Scheitern auf kollektiver Ebene. Die Höherwertigkeit des Kollektiven ist selbstverständlich auch in einer modernen Gesellschaft nicht aufgehoben. Die zentralen Kollektive sind immer weniger von dem Verhalten Einzelner abhängig. Damit sind diese entlastet, ihr Verhalten ist unbedeutsam für das (Groß)kollektiv.

Die Differenzierung der Gesellschaften hat zunehmend zu einer Konkurrenz der Kollektive um die ausgezeichnete Position – des ultimativen Scheiterns – geführt: Sippen, ethnische Kollektive, Staaten, Religionsgemeinschaften, Organisationen unterschiedlicher Art. Der europäische Nationalstaat, vor allem seine martialischen Ausprägungen in Deutschland und Frankreich, hatte es im 19. und am Anfang des 20. Jahrhunderts erreicht, dass die Mehrzahl der Männer ihm diese Auserwähltheit zuschrieben. Inzwischen ist der Anteil der Gläubigen wohl stark geschrumpft.

Werte, Normen, Ideologien

In traditionalen Kulturen war das bedeutsame individuelle Scheitern durch einen schweren Verstoß gegen zentrale Werte und Normen gekennzeichnet, z.B. die Verletzung des Tabus in pazifischen Kulturen. Dies war häufig nur durch den Tod zu sühnen, wobei dieser nicht unbedingt eine Hinrichtung sein musste, sondern teilweise durch „internalisierte" Todesbefehle zum Tod (z.B. Voodoo-Tod) führte.

In einer modernen Gesellschaft sind die zentralen Wertsysteme pluralistischer, flexibler und insgesamt schwächer, Verhaltensregelung erfolgt über formale Rechtssysteme, wobei freilich die schwerwiegenden Gewalttaten, wie Mord, meist auch eine allgemeine moralische Empörung hervorrufen und damit den Mörder als einen Auszustoßenden und Gescheiterten stigmatisieren. Wertvorstellungen und Deutungen wandeln sich schneller als in früheren Zeiten. Was vielen als Gelingen oder Höhepunkt menschlicher Existenz galt, z.B. das Sterben für das Vaterland, wurde von vielen nach einigen Jahren nach 1914 zum Gipfelpunkt kollektiven und individuellen Scheiterns erklärt. Das Scheitern an Fehldeutungen, die ideologische Bauernfängerei, ist ein universales kulturelles Phänomen, doch die Halbwertzeit der Entlarvung von Großideologien hat sich verringert, so dass mehr Menschen schon zu Lebzeiten bzw. im Bewusstsein ihrer Kinder als Versager oder Gescheiterte erscheinen als dies in traditionalen Kulturen der Fall war.

Damit wird Erfolg und Misserfolg zu einem „Hier-und-jetzt-Phänomen". Die historischen und kulturellen Erzählungen werden zwar weitertradiert, doch sie pluralisieren sich, und verlieren somit ihre ursprüngliche motivierende Kraft. Menschen instrumentalisieren folglich in der modernen Gesellschaft stärker die ideologischen und religiösen Deutungssysteme, um die Risiken des Scheiterns zu verringern. Doch damit geraten sie in Probleme im Rahmen des psychischen Systems, das segmentiert werden muss, damit stabile Teil-Identitäten bleiben, denen eine hohe Wahrscheinlichkeit des Gelingens und eine geringe Wahrscheinlichkeit des Scheiterns zugeschrieben wird. Dies hat u.a. Auswirkungen auf die modernen Seelenkonzeptionen (vgl. Feldmann 1998b).

Wertkonflikte und der gute Tod

Um das Scheitern zu bestimmen, müssen die obersten Werte offengelegt werden. Besteht der oberste Wert darin, in den Himmel zu kommen, das ewige Heil zu erringen, so besteht das Scheitern in der Höllenfahrt. Ist Lebenslänge der oberste Wert, so ist das frühzeitige Sterben, als Kind, das ultimative Scheitern. Für die Mehrheit der Europäer ist wahrscheinlich inzwischen die Länge des eigenen Lebens und die des eigenen Kindes ein höherer Wert als das eigene ewige Heil – an das viele nicht oder kaum mehr glauben. Ob es jemals in Europa eine Epoche gab, in der die Mehrzahl der Menschen das ewige Heil über das eigene diesseitige Leben gestellt haben, wissen wir nicht.

Max Weber (1968) stellt in einer kurzen Passage in seiner Schrift "Wissenschaft als Beruf" (1910) die Frage: Wie werden Todeserfahrungen und Sinngebung durch die Rationalisierung der Handlungen, die „Entzauberung der Welt" und die ökonomisch-wissenschaftlich-technische Beherrschung der „Natur" und der Gesellschaft verändert? Die Gesellschaft befindet sich in einem evolutionären unabschließbaren Prozess, wodurch auch das Individuum keine abgeschlossene soziale Entwicklung mehr haben kann, also durch den Tod willkürlich aus diesem Prozess herausgerissen wird. Da der Tod somit aufgrund dieser Weltsicht immer „zu früh" kommt, kann der Gedanke an den eigenen Tod mit dem Scheitern verbunden sein, allerdings nur wenn der einzelne nach wie vor an dem Ideal des abgeschlossenen erfüllten Lebenslaufs hängt. Empirische Untersuchungen bestätigen allerdings diese These von Max Weber nicht.

Auch eine andere kulturkritische These wird durch empirische Untersuchungen nicht bestätigt: Da die säkularisierten Menschen nicht mehr an einen Übergang in ein Jenseits glauben, wird der eigene Tod zum absoluten Ende der Person und damit zum absoluten Horror.

Eine nüchterne Analyse der Vorstellungen des idealen oder guten Todes, die für die Mehrzahl der Menschen in Industriestaaten gelten, erbringt zwar keine großen Überraschungen, aber eine solide Grundlage für eine Einschätzung der Angst vor dem Scheitern. Der gute Tod findet in hohem Alter und unter medizinischer Überwachung statt. Scheitern bedeutet also: nicht in hohem Alter, „zu früh", und ohne medizinische Überwachung zu sterben. Mord, Unfall oder Suizid in der Jugend oder im mittleren Alter sind besonders krasse Beispiele für dieses Scheitern.

Wenn man den frühzeitigen Tod als zentrales Kennzeichen des individuellen Scheiterns ansieht, dann ist in den hochentwickelten Staaten die bisherige Hochzeit des Gelingens oder Nicht-Scheiterns angebrochen. Doch die Anspruchsinflation und die Erwartungsspirale haben die Standards des Gelingens hochgepuscht, so dass es zumindest viele Formen des kleinen Scheiterns gibt, die sich um das Sterben ranken. Anspruchsinflation erhöht die Wahrscheinlichkeit des Scheiterns.

Bradbury (1999) konstruierte aufgrund von Interviews mit Schwerstkranken und Angehörigen drei Typen des guten Todes, in denen Gelingen und Misslingen des Sterbens unterschiedlich akzentuiert werden.

– Beim ersten Typ liegt das Scheitern vor, wenn die erforderlichen Rituale nicht oder nicht korrekt durchgeführt wurden. Dies ist ein in vielen Kulturen bedeutsamer Typ des Scheiterns gewesen.

– Im zweiten Typ ist das Sterben (nicht unbedingt der Sterbende) gescheitert, wenn medizinische Fehler begangen wurden und/oder wenn die Schmerzkontrolle nicht funktionierte.

– Und beim dritten Typ liegt das Scheitern im Grad der Abweichung von der „Natürlichkeit" des Sterbens, d.h. der medizinisch-technischen Überkontrolle, der „künstlichen" Lebenserhaltung. Dieser Typ steht in einem Spannungsverhältnis zum Gütekriterium „medizinische Überwachung": die meisten wollen plötzlich und bis zu diesem Zeitpunkt „als gesund anerkannt" sterben, folglich ohne ärztliche Lebens- und Sterbehilfe – doch dies gelingt nur wenigen – auch eine Form des Scheiterns – allerdings als Normalfall.

Tatsächlich führen nicht die Sterbenden die Regie im Spiel, sondern andere, die das Sterben für sich instrumentalisieren, für ihr Gewinnen – oder Scheitern. Die terminale Phase ist zum Milliardengeschäft geworden. Von der Warte der Ärzte wird jede nicht ärztlich geleitete „Eigenwilligkeit" von Patienten und Angehörigen mit Misstrauen ja Missbilligung beobachtet. Jegliche Beeinträchtigung des großen Geschäfts soll verhindert werden.

Ideologien des guten und des schlechten Todes und damit auch des Scheiterns wurden und werden als Mittel im Kampf der Gruppen eingesetzt. Kirchliche, ärztliche und andere konservative Gruppen versuchen die mögliche Teilliberalisierung der aktiven Sterbehilfe als zentrales „ethisches" Scheitern eines Kollektivs („abschüssige Bahn") darzustellen.

Dies kann man z.B. an den öffentlichen Angriffen von Funktionären dieser Gruppen auf die entsprechenden niederländischen Gesetzgeber und Ärzte ablesen. Dieser Deutung der aktiven Sterbehilfe als Scheitern kann das faktische Scheitern derjenigen entgegengestellt werden, die aktive Sterbehilfe erwarten, sie jedoch nicht erhalten, Ereignisse, die – jedenfalls in Deutschland – nicht dokumentiert oder genauer: derealisiert werden.

Der Kampf gegen die Krankheit oder die Rekruten des medizinischen Systems

Da der Kampf gegen eine lebensbedrohende Krankheit immer verbissener, erfolgreicher und letztlich doch mit einer Niederlage endend, geführt wird, ist auch das Scheitern ein notwendiger Teil dieses Kampfes geworden.

Der Kampf gegen die Krankheit hat den Kampf um das eigene Seelenheil abgelöst. Eine unerwünschte Nebenwirkung dieser Ablösung ist die Tatsache, dass das Scheitern von vielen erlebt wird, während es beim Kampf um das Seelenheil befürchtet aber von den meisten nicht erlebt wurde.[2]

Durch den erbitterten Kampf gegen die tödliche Krankheit, der immer häufiger und länger geführt wird, und aufgrund der medizinisch-technischen Fortschritte ergeben sich neue Formen des Scheiterns, die in traditionalen Kulturen sehr selten waren bzw. überhaupt nicht auftraten. Dies wird von verschiedenen Autoren, die Untersuchungen in Krankenhäusern oder Alten- bzw. Pflegeheimen durchgeführt haben, unterschiedlich beschrieben.

„Sterbeprozesse zeigen Eigenschaften in der Verlaufsdynamik, die Art und Intensität des Schlamassels[3] ausmachen. ... Schlamassel bedeutet regelmäßig, dass den professionell Handelnden Kontrollchancen entgleiten, Arbeitsabläufe eine unvorhergesehene Richtung nehmen, unversehens Umorientierungen nötig werden." (Göckenjan/Dreße 2002: 82 f) „Sterben und Tod gelten sowohl in Bezug auf individuelle Lebensentwürfe wie auf die Zielsetzungen des Krankenhauses ganz selbstverständlich als Niederlage, die daher so diskret wie möglich erledigt und abgewickelt werden muss" (ebd.: 89). Als „Schlamassel" wird das inkonsistente professionelle Handeln aus der Sicht der beobachtenden Sozialwissenschaftler bezeichnet, doch auch Krankenschwestern und Ärzte haben ihre Perspektiven, in denen das Scheitern vorkommt, charakteristischerweise im Patienten lokalisiert. Good-

---

[2]   In Kulturen, in denen das jenseitige Schicksal von diesseitigen Aspekten, z.B. der Vollständigkeit des bestatteten Körpers, abhängig war, konnte das jenseitige Scheitern teilweise von den Betroffenen und von den Bezugspersonen im Diesseits erlebt werden. Für einen Merina (Madagaskar) ist es eine grauenhafte Vorstellung, dass sein Körper verloren gehen könne, denn dann würden seine Gebeine beim zweiten Begräbnis nicht in das Gemeinschaftsgrab überführt werden, das der Erhaltung der Fruchtbarkeit dient und das auch eine Art kultureller Weiterexistenz des Individuums garantiert. (Bloch/Parry 1982: 15)

[3]   Mit dem Begriff „Schlamassel" schließen Göckenjan und Dreße an die Erörterungen der Störungen von Verlaufsprozessen (cumulative mess trajectory) bei Strauss et al. (1985: 160 ff) an.

man (1990) hat „in einer qualitativen Untersuchung des Krankenhauspersonals und der Sozialarbeiter, die sich mit sterbenden Patienten beschäftigen, eine Typologie der Patienten erstellt: der ideale, der routinemäßige und der toxische Patient. (Vgl. auch Glaser und Strauss 1974)" (Feldmann 1997: 68) In dem Ausdruck „der toxische Patient" zeigt sich die Ambivalenz: einerseits ergeben sich Irritationen und Abweichungen vom Routineverlauf durch den Patienten, andererseits ist die Abweichung ein Teil der Interaktion und Organisation, d.h. nicht einfach ein Scheitern des Individuums.

Die Sterbeidealisierung im Hospizbereich hebt sich von der negativ konnotierten Krankenhauspraxis ab, in der die Sterbenden gemäß dieser ideologischen Position scheitern. Die medizinische Antwort ist die Einrichtung von Palliativstationen. Damit soll nicht gesagt werden, dass Erfolg und Scheitern nur über gruppenspezifische Deutungen festgelegt werden kann. Allerdings soll damit gesagt werden, dass eine objektive oder nicht-perspektivische Sichtweise nur aufgrund einer Alternativen ausklammernden Wertsetzung aufrecht erhalten werden kann.

Dies kann an der wachsenden Gruppe der Personen verdeutlicht werden, die im Dauerkoma am Leben erhalten werden. Sie werden von den meisten Menschen als extrem Gescheiterte angesehen, ihr Zustand wird als beklagenswert und in hohem Maße unerwünscht beurteilt. Sie sind – je nach Sichtweise – Opfer oder Gewinner eines medizinisch-technischen-pflegerischen Fortschritts

Es wird durch neue Institutionalisierung und Ritualisierungen versucht, für diese Problematik Lösungsvorschläge zu finden: Pflegewissenschaft, Hospize, Palliativstationen. In der Sterbephase soll nicht mehr der Kampf gegen die Krankheit geführt werden, sondern das Ziel ist eine Verbesserung der emotionalen und sozialen Lage des Sterbenden und der Bezugspersonen.

Individualisierung

Eine interessante These lautet: der unerwartete und von den Kollektivführern auch unerwünschte Nebeneffekt des Prozesses der zunehmenden Konkurrenz der Kollektive war die Individualisierung. Die Individualisierung hat sich durchgesetzt, weil sie sich im Kampf der Kollektive als ausgezeichnete Strategie oder „Waffe" herausgestellt hat (vgl. Feldmann 2001: 124 ff). An der individualistischen Kultur sind die kollektivistischen Kulturen gescheitert.

Die Individualisierungserfolge haben auch neue Formen des Scheiterns produziert. Der Verlust eines hochgezüchteten Individuums wird von diesem antizipatorisch und evtl. von anderen auch nach seinem Tod als besonders gravierend empfunden. Das war früher fast nur bei Heroen der Fall. Doch in einer modernen Gesellschaft geschieht das Einmalige millionenfach, da sich der „Kult des Individuums" durchgesetzt hat.

Allerdings ist der Tod – wie gesagt – antizipatorisch für das betroffene Individuum eine Katastrophe, gesellschaftlich nicht, da die Ersetzbarkeit aller Individuen in modernen Großkollektiven gewährleistet ist.

Für die meisten Menschen haben sowohl biologische als auch historische Überlegungen nur geringe Lebensbedeutung, ihr eigenes Sterben und das von ein paar Bezugspersonen sind für sie von zentraler Relevanz. Doch das Denken an den eigenen Tod wird in der Jugend und in der produktiven Phase von den meisten „verdrängt", entscheidend ist dagegen der soziale Erfolg und die Gestaltung der eigenen Biographie. Das mögliche Scheitern wird also die meiste Zeit des Lebens primär auf der psycho-sozialen Ebene gesehen und gefürchtet, vor allem Arbeitsplatz- oder Partnerverlust. Erst im Alter tritt immer mehr das physische Scheitern in den Vordergrund. Für die meisten Menschen ist allerdings nicht der Verlust des (physischen) Lebens allgemein, sondern der vorzeitige Verlust ein zentrales Merkmal für das Scheitern. Auf jeden Fall hat der Anteil der Menschen in modernen Kollektiven zugenommen, die sich intensiv mit der Vermeidung des ultimativen Scheiterns beschäftigen, d.h. sie haben ein zentrales Ziel: möglichst lange leben. Für die Erfüllung dieses Zieles bieten immer mehr Professionelle und Organisationen Dienstleistungen an. Der nun von Seiten der Individuen teilweise unerwünschte Nebeneffekt: sie geraten gerade durch die Individualisierung in neue Abhängigkeit. Wenn sie nicht mehr weiterleben wollen, da die Kosten-Nutzen-Bilanz allzu negativ ist, werden sie von den „sorgenden" Professionellen und Organisationen dazu „gezwungen". So ergeben sich zwei bedeutsame Möglichkeiten des Scheiterns: einerseits zu früh zu sterben, andererseits zu spät zu sterben, d.h. vorher seine Individualität und Identität zu verlieren oder an andere zu übergeben (psychisches und soziales Sterben).

Das Ideal der meisten modernen Menschen ist nicht das fremdkontrollierte und von anonymisierter Macht „durchzogene" Individuum, sondern die selbstkontrollierte, aktive, produktive Person. Doch dieses Ideal produziert immer mehr Misserfolge bzw. abweichende Personen, die zu wenig ökonomisches, soziales und kulturelles Kapital haben, die sozial und/oder psychisch sterben, die erkranken, die professionelle Hilfe „benötigen". Dies trifft vor allem auf alte, schwerkranke und sterbende Menschen zu. Das offizielle Ziel der professionellen Hilfe ist die Wiedergewinnung des durch Krankheit oder andere Faktoren verlorenen oder geschmälerten Lebensweltstatus bzw. eine Annäherung an ihn. Doch in einer zunehmenden Zahl von Fällen kann dieses Ziel nicht mehr erreicht werden, folglich ergibt sich eine dauerhafte Abhängigkeit. Pflege ist der zentrale Begriff, der sich auf diesen Zustand bezieht – Pflege der Gescheiterten. Von den meisten nicht Pflegebedürftigen wird die Pflegebedürftigkeit als schwerwiegendes Scheitern definiert, das es mit allen Mitteln zu vermeiden gilt.

Ein Paradoxon: einerseits hat die Individualisierung und die Selbstbestimmung ideologisch und faktisch einen bisher in der Kulturentwicklung nicht gekannten Höhepunkt erreicht, andererseits ist das schwer vermeidbare Scheitern mit Fremdbestimmung und Deindividualisierung verbunden.

Physisches, psychisches und soziales Leben und Sterben

Geht man von einer Dreiteilung in physisches, psychisches und soziales Leben und Sterben aus (vgl. Feldmann 1998a)[4], dann gibt es einen entsprechenden Totalverlust in

---

[4]   Freud, Popper, Elias, Luhmann und andere haben teilweise entsprechende Realitätsebenen, Systeme oder Perspektiven unterschieden (vgl. z.B. Haller 1999: 514 ff).

allen drei Bereichen. Im physischen Bereich ist es der physische Tod, im psychischen Bereich der Verlust des Bewusstseins bzw. der Identität, im sozialen Bereich wäre es der Verlust der sozialen Anerkennung, die soziale Ächtung, der „civil death" (Goffman), der „soziale Tod".

In den meisten Kulturen wurde das soziale Sterben als gravierendere Form des Scheiterns angesehen als das physische Sterben, vor allem die Form des sozialen Sterbens, die mit sozialer Ächtung bzw. radikalem Verlust der sozialen Anerkennung verbunden war. Dem Schicksal, versklavt oder in anderer extremer Weise entwürdigt zu werden, wurde teilweise durch Kampf bis zum Tod oder Suizid ausgewichen.

Inkonsistenzen zwischen physischem, psychischem und sozialem Sterben können als Scheitern interpretiert werden: Jemand stirbt physisch oder psychisch, bevor er sozial aufgestiegen ist, obwohl er schon einen guten Teil des Weges zurückgelegt hat. Jemand stirbt sozial und erst viel später physisch: diese Form wird inzwischen, da sie „normalisiert" ist, nicht als Scheitern angesehen, ja ganz im Gegenteil: es gilt als Scheitern, wenn man z.B. knapp vor oder nach der Pensionierung stirbt.

Der Suizid als außerordentliche Form des Scheiterns

Immer wieder richtet sich das Interesse auf die Minderheit von Menschen, die das eigene physische Überleben geringachten, Suizid begehen oder ihr Leben aufs Spiel setzen. Dies wird unter „abweichendem Verhalten" verbucht und damit wird die zentrale Normierung der „Heiligkeit des Lebens" bestätigt. Suizid kann auch als Scheitern angesehen werden, wenn das „natürliche" Sterben als richtig definiert wird. Suizid ist in einem solchen Verständnis Desertion oder Schwachwerden, da auch für den „modernen Soldaten" gilt, dass er sein medizinisch geleitetes physisches Sterben, wie immer es sein mag, anzunehmen hat. Améry (1983) wendet sich in seinem bekannten Werk „Hand an sich legen" zwar gegen solche und ähnliche Vorurteile und Ideologien, doch er diskutiert den Suizid auch primär von einem negativen oder Defizit-Ansatz. Er verbindet das französische Wort *échec*, das Scheitern oder Misserfolg bedeutet, mit dem Suizid (ebd.: 50 ff). Vor allem sieht er *échec* als Fremdzuschreibung, die aufgrund ihrer überwältigenden Stärke auch zur Selbstzuschreibung wird: „Ich bin gescheitert. Es ist vorbei. Es gibt nur mehr eine Lösung: den Suizid." Der vollendete Suizid ist auch der „Beweis" für die anderen, dass sie mit ihrer Diagnose *„Gescheitert!"* Recht hatten.

Ob jemand, der Suizid begeht oder Beihilfe zum Suizid in Anspruch nimmt, scheitert oder gerade „siegt" oder „gewinnt", ist für viele Menschen inzwischen Ansichtssache, bzw. die Beurteilung wird zunehmend als Privatangelegenheit angesehen. Von der Warte der medizinisch-psychologischen Suizidologie ist allerdings der Suizid in der Regel als Scheitern anzusehen, d.h. er wird als Folge einer psychischen Erkrankung und der Behandlungsmängel bestimmt. „Der wesentliche Unterschied gegenüber dem „normalen Sterben" im Krankenhaus besteht darin, daß der Suizid ohne direkte Mitwirkung von Ärzten geschieht - ein faux pas." (Feldmann 1998c: 14)

Seele und Jenseits

Die alten Mythen sind gefüllt mit der Dialektik von Glück und Unglück, Erfolg und Scheitern, Sieg und Niederlage. Kulturen arbeiteten sich an der Aufgabe ab, das Scheitern durch Herstellung von Dauerhaftem und Ewigem in einem heiligen Bezirk zu brechen. Viele Überlebende haben in der Geschichte der Menschheit den Tod von Angehörigen als Scheitern erlebt. Diese traumatischen Erlebnisse wurden kulturell bearbeitet durch die Erfindung der Seele und des Jenseits. Dadurch wurde der Tod nicht zu dem absoluten Ende des Individuums bzw. der Person, sondern zu einem Übergang. Das Scheitern war entschärft, bzw. das mögliche Scheitern wurde in eine jenseitige Welt verlegt. Das Scheitern wurde durch kollektive Rituale, die mit feststehenden Deutungssystemen verbunden waren, bewältigt.

Zumindest seit Nietzsches Provokationen wird darüber diskutiert, wie sich der „Tod Gottes" und dass das Unsterblichkeitsversprechen nicht eingehalten werden kann, auf moderne Menschen auswirkt. Dies betrifft nicht nur die Unsterblichkeit der Person oder der individuellen Seele, sondern auch der Familien, Kollektive und der Gesellschaft. Allerdings wird dieses Scheitern, d.h. die Säkularisierung bzw. die Schwächung der Institution Religion, auch als Aufklärung, Emanzipation und Austritt aus der Unmündigkeit bezeichnet und damit gerät der alte heilige Zustand in Verruf, er wird zur Illusion, zum Opium, zu einer Phase auf dem Weg der Erkenntnis.

Im traditionellen Christentum war ein zentrales Scheitern des Individuums eingebaut: die ewige Verdammnis. Der Mensch wurde durch den Gewinn der Unsterblichkeit vergöttlicht und damit in die Klasse des potenziellen ultimativen Scheiterns gehoben. Dieses ideologisch konstruierte und erfolgreich institutionalisierte Risiko wurde als Machtmittel von den christlichen Funktionären jahrhundertelang geschickt verwaltet. Doch es ist in den abendländischen Nachfolgestaaten inzwischen nur mehr in geringem Maße wirksam (vgl. Feldmann 1998b). Absolutes Scheitern Marke ewige Verdammnis ist marginalisiert, bzw. mit (natur)wissenschaftlichem Denken nicht kompatibel. Damit ist auch das große Scheitern des Menschen verschwunden – könnte man vermuten. Tatsächlich wird es schwierig sein, auf individueller Basis ein ähnlich bedeutsames Risiko in einer modernen Gesellschaft zu finden. Der frühe gewaltsame Tod gilt als besonders negative Form des Sterbens, doch er trifft nur eine kleine Minderheit, und er ist in der Regel nicht selbst- sondern fremdbestimmt. Auratisiertes Scheitern jedoch bedarf eines hohen Anteils an imaginierter und sozial anerkannter Selbstbestimmung. Auch die lebensbedrohende Verzweiflung wird von Experten nur mehr als psychopathologisches Ereignis gedeutet, das mit Psychotherapie und Antidepressiva zu bewältigen ist.

Zusammenfassende Überlegungen

Die Analyse sollte zeigen, dass eine moderne Gesellschaft auch im Bereich des todesbezogenen Scheiterns modernisiert wurde. Es wurden wesentliche bisher in den traditionalen Kulturen dominante Weisen des Scheiterns minimiert: der frühe Tod, der gewaltsame Tod, der Tod durch Kriegseinwirkung. Allerdings wurden dadurch auch Möglichkeiten des siegreichen Sterbens verringert, d.h. die Ideologien des Siegens/Gewinnens und des Versagens/Scheiterns haben sich – den Verhältnissen entsprechend – geändert. Außerdem sind durch das Zerschlagen der Todeshydra kleine hybride Hydren entstanden, unerwünschte Folgen des „Sieges über den frühzeitigen Tod" (vgl. Timmermans 2000) und generell der Modernisierung. Das langwierige physische, soziale und psychische Sterben wird von vielen gefürchtet und trifft immer mehr Personen. Der Siegeszug der Individualisierung und der Entwicklung der psychischen Systeme hat das Leiden an dem Niedergang der Individuen und ihrer psychischen Systeme differenziert und qualitativ bereichert.

Literatur

Améry, Jean. (1983): Hand an sich legen. Diskurs über den Freitod. Stuttgart.
Bloch, M./Parry, J. (eds.) (1982): Death and the regeneration of life. Cambridge, Mass.
Bradbury, M. (1999) Representations of death. A social psychological perspective. London.
Durkheim, Emile (1983) Der Selbstmord. Frankfurt. (Orig. 1897)
Elias, Norbert (1982): Über die Einsamkeit der Sterbenden in unseren Tagen. Frankfurt.
Feldmann, Klaus (1997): Sterben und Tod. Sozialwissenschaftliche Theorien und Forschungsergebnisse. Opladen.
Feldmann, Klaus (1998a): Physisches und soziales Sterben. In: Becker, U.; Feldmann, K.; Johannsen, F. (Hg.): Sterben und Tod in Europa. Neukirchen, S. 94-107.
Feldmann, Klaus (1998b): Leben-Tod-Diskurs: Die Instrumentalisierung des Körpers und die Zukunft der Seele. Störfaktor 41, 11. Jg. H. 1, Wien (http://www.erz.uni-hannover. de/~feldmann/feldmann_seele.pdf)
Feldmann, Klaus (1998c): Suizid und die Soziologie von Sterben und Tod. Österreichische Zeitschrift für Soziologie 23, 4, S. 7-21.
Feldmann, Klaus (2001): Soziologie kompakt. 2. Aufl., Wiesbaden.
Fuchs, Werner (1969): Todesbilder in der modernen Gesellschaft. Frankfurt.
Gehlen, Arnold (1962): Der Mensch. 7. Aufl. Frankfurt/M.
Glaser, Barry G./Strauss, Anselm L. (1974): Interaktion mit Sterbenden. Beobachtungen für Ärzte, Schwestern, Seelsorger und Angehörige. Göttingen.
Göckenjan, Gerd/Dreßke S. (2002): Wandlungen des Sterbens im Krankenhaus und die Konflikte zwischen Krankenrolle und Sterberolle. Österreichische Zeitschrift für Soziologie 27, 4, S. 80-96.
Goffman, Erving (1974): Asyle. Über die soziale Situation psychiatrischer Patienten und anderer Insassen. Frankfurt. (Orig. 1961).
Goodman, H.G. (1990): Death work; staff perspectives on the care of terminally ill patients in an acute care hospital. City Univ. of New York, Diss.
Guttandin, Friedhelm (1995): Der Schrecken des Todes. Zur Institutionenlehre Arnold Gehlens. In: Feldmann, K.; Fuchs-Heinritz, W. (Hg.), Der Tod ist ein Problem der Lebenden, Frankfurt, S. 173-209.
Haller, Max (1999): Soziologische Theorie im systematisch-kritischen Vergleich. Opladen.

Lifton, Robert J. (1986): Der Verlust des Todes - über die Sterblichkeit des Menschen und die Fortdauer des Lebens. München. (Orig. 1979).

Riley, John M. Jr. (1983): Dying and the meanings of death: sociological inquiries. Ann. Rev. Sociol. 9, S. 191-216.

Seale, Clive (1998): Constructing death: the sociology of dying and bereavement. Cambridge.

Strauss, Anselm/Fagerhaugh, S./Suczek, B./Wiener, C. (1985): Social organization of medical work. Chicago, London.

Timmermans, S. (2000): Technology and medical practice. In: Bird, C.E. et al. (eds.): Handbook of medical sociology 5. ed. Upper Saddle River, NJ, S. 309-321.

Walter, T. (1996): The eclipse of eternity. A sociology of the afterlife. Basingstoke.

Weber, Max (1968): Wissenschaft als Beruf. In: Ders., Gesammelte Aufsätze zur Wissenschaftslehre, 3. Aufl. Tübingen, S. 582-613.

Wolfram Backert

Kulturen des Scheiterns: Gesellschaftliche Bewertungsprozesse im internationalen Vergleich.

1. Scheitern – der soziale Tod in der entwickelten Moderne?

In meinem Beitrag möchte ich den Versuch unternehmen, mich den Folgen von Scheiternsprozessen für die jeweiligen Akteure und der gesellschaftlichen Bewertung dieser Prozesse in einer eher deskriptiven, essayistischen Manier zu nähern. Nach einer ersten analytischen Verknüpfung des Begriffs des Scheiterns mit dem aus der Ethnologie bekannten Phänomens des sozialen Todes, sollen verschiedene gesellschaftlich, graduell abgestufte und mit unterschiedlichen Handlungsoptionen versehene, Reaktionsmuster auf Scheiternserfahrungen beschrieben werden. Diese Beschreibungen erfolgen thesenartig entlang von Beispielen aus dem höheren Wirtschaftsmanagement der Länder Deutschland, Japan und den USA. Der Bereich der Wirtschaft erscheint mir besonders geeignet, da in diesem Sektor der Erfolg in besonders expliziter Weise das Maß aller Dinge ist und sich in direkter Form in den Erträgen der jeweiligen Unternehmen niederschlägt. Gerade im Zeitalter der Globalisierung und des Share-Holder-Kapitalismus, steht der Erfolg in direktem Gegensatz zu seinem finsteren Zwilling, dem Scheitern.

Prozesse des Scheiterns können sich jedoch, sowohl für Individuen als auch für Organisationen und Institutionen in den unterschiedlichsten Bereichen ergeben: eine Beziehung kann ebenso scheitern wie der Versuch ein nationales Mautsystem zu implementieren, Filme können an der Kasse floppen, wissenschaftliche Projekte im Sande verlaufen oder ein mehrgängiges Abendmenü an einem verkohlten Hauptgang scheitern. In jedem Versuch ist also sozusagen ein Element der Niederlage bereits eingebaut, Scheitern ist also nicht die Ausnahme, sondern nur einer der Optionen, die als potentieller Ausgang einer Handlung angelegt ist. Die Konsequenzen des Scheiterns erreichen jedoch vollkommen unterschiedliche Ausmaße: das verbrannte Abendessen kann zu leichten Verstimmungen in der Familie und zum Ordern einer Pizza führen, oder – wenn ein wichtiger Kunde oder der Chef zum Abendessen geladen war – zu größeren ökonomischen und beruflichen Verwerfungen beitragen, die Frage ist also immer in welchen Relevanzrahmen die Handlung erfolgt und welche Erfolgsaussichten oder Erwartungen mit ihr verknüpft sind. Um für diesen Beitrag die Möglichkeiten und Konsequenzen des Scheitern nicht ins Unendliche auszudehnen, bedarf es einer etwas analytischeren Herangehensweise: ich möchte im Folgenden Prozesse des Scheiterns im Spiegel der gesellschaftlichen Reaktionsformen auf das Scheitern beschreiben und idealtypische Muster des Verhaltens in Situationen des Scheiterns im Vergleich zwischen den USA, Japan und Deutschland aufzeigen. Als, wiederum idealtypisch aufzufassende Beispiele hierfür dienen mir Firmenkrisen und die Muster, mit denen die Verantwortung für das Scheitern zugeschrieben, negiert oder anderweitig verarbeitet werden. Es geht mir also letztendlich um die Frage „who is to blame" und welche Konsequenzen ergeben sich hieraus für den Schuldigen (vergleiche hierzu den Beitrag von Morgenroth und Schaller in diesem Band, insbesondere Tabelle 1), sofern einer gefunden werden kann und soll.

Für ein derartiges Vorhaben benötigt man allerdings ein begriffliches Analyseraster in dem sich die gesellschaftlichen Bewertungsmodi des Scheiterns abbilden lassen, mir erschien hierfür der auf den ersten Blick recht drastisch anmutende Begriff des „sozialen Todes" besonders geeignet. Diese Eignung zeigt sich nicht nur wegen der zugegebenermaßen dramatischen Konnotation des Begriffes „Tod" im Zusammenhang mit den als alltäglich angenommenen Prozessen des Scheiterns, sondern in einer modernisierten Form der Verwendung des aus der Ethnologie stammenden Begriffs, wie man sie z.B. bei Ronald Hitzler finden kann. Die Behandlung einer noch lebenden Person als physisch tot, so die Kernbedeutung des „sozialen Todes" in einfacheren Gesellschaftszusammenhängen, wird von Hitzler für moderne Gesellschaften als Metapher für etwas aufgefasst, dass ich als Scheitern bezeichnen würde: „Wenn wir dementsprechend heutzutage (überhaupt) noch vom „sozialen Tod" reden, dann verwenden wir den Begriff als Metapher – als Metapher für so etwas wie eine radikale Variante von Gesichts- bzw. Reputationsverlust. Wir meinen damit üblicherweise also solche (traumatischen) Ereignisse und Erlebnisse wie: sich unsäglich blamieren, vor relevanten Leuten bloßgestellt werden, sich irgendwo nicht mehr blicken lassen können, zu bestimmten Kreisen keinen Zutritt mehr haben, geschnitten werden, usw.." (Hitzler 2001: 1). In dieser Wendung führt der „soziale Tod" nicht zum physischen Tod, wie dies in einfachen Stammensgesellschaften der Fall war, sondern er führt zur Exklusion aus bestimmten sozialen Kreisen, zum Verlust sozialen Kapitals und schließt den oder die Betroffenen von persönlich relevanten Ressourcen ab. Das Scheitern wird damit nicht nur zu einem individuellen Gefühl des „Gescheitert-Seins", sondern bringt den gesellschaftlichen Aspekt ins Spiel: das Individuum wird von den anderen – und der signifikante Andere ist in meinen Beispielen unter anderem die Öffentlichkeit – als gescheitert erachtet und in seiner Funktion als Folge seines Misserfolgs dem „sozialen Tod" überantwortet.

Die Art dieses Todes, und dies stellt die zweite These meiner Argumentation dar, variiert jedoch je nach kulturellem Kontext, in dem sich der oder die Betroffenen befinden. Einfacher formuliert: es macht (oder machte) einen erheblichen Unterschied Akteur in einem Firmenskandal oder einer Firmenpleite zu sein, je nachdem ob ich mich in Japan, den USA oder der Bundesrepublik befinde. Die sich in Klammern befindliche Vergangenheitsform weist in Richtung der dritten These dieses Beitrags: im Zuge der Durchsetzung „globalisierter" Bewertungsmuster verschwinden diese kulturellen Differenzierungsmuster zusehends und werden von einer neuen „Moral" abgelöst, die keine gesellschaftsspezifische Prägung mehr aufweist.

2. Kulturen des Scheiterns?

Macht es tatsächlich Sinn, bei Misserfolgen, Firmenkrisen oder bei Scheitern im Allgemeinen nach kulturellen Differenzen zu suchen? In Anlehnung an Gertrude Steins Ausspruch „eine Rose ist eine Rose, ist eine Rose" könnten man sagen: „eine Pleite ist eine Pleite, ist eine Pleite", aber dennoch zeigen sich erkennbare Unterschiede in den Bewertungsmodi durch die Öffentlichkeit und in den Folgen, die sich daraus für die Akteure und deren zukünftige Handlungsspielräume ergeben. Bevor ich mich auf die deskriptive Ebene der Beispiele begebe, möchte ich die Grundprinzipien der Bewertung von Scheiternsprozessen in den drei Ländern kurz anreißen.

Das deutsche Modell des Scheitern stellt, analog zur immer unterstellten deutschen Gründlichkeit, auch das radikalste Modell dar: „Du hast einen Versuch, nutze Ihn oder Du verschwindest in der Versenkung". Der in Deutschland bestehende Grundkonsens läuft darauf hinaus, den Gescheiterten im wahrsten Sinne des Wortes zu diskreditieren: ihm wird in Zukunft kein Vertrauen mehr geschenkt, seine Glaub- und damit im weitesten Sinne auch Kreditwürdigkeit sind dahin und nur sehr schwer wieder herzustellen (als Beispiel mag an dieser Stelle der Brathendelkönig Jahn dienen).

Scheitern in Japan erfolgt auf der Ebene einer hochgradig organisierten Form der Unverantwortlichkeit: durch die starke Betonung der Organisation, die das Individuum in den Hintergrund stellt ist ein Scheitern eines Einzelnen im größeren Kontext gar nicht möglich, denn die Organisation ist quasi vorrangig (siehe hierzu z.B. Nakane 1985; Coulmas 1993). Dennoch muss im Krisenfall ein angebbares Individuum die „Opferrolle" übernehmen, diese Person tut dies jedoch zur Ehrenrettung der Organisation, erwirbt sich also – zumindest für die interne Logik der Organisation – damit eher einen Verdienst. Dies soll jedoch nicht verdecken, dass symbolisches Scheitern – in Form der Übernahme der Verantwortung nach außen – in Japan die härteste physische Konsequenz haben kann. Zwar begeht heute kein Manager mehr rituellen Sepuku, der Selbstmord als letzter Ausweg ist dennoch vergleichsweise keine Seltenheit. Für die Ebene des sozialen Todes dagegen, stellt die japanische Reaktionsform eine mildere Variante dar als die deutsche: im Eingeständnis des Scheiterns nach außen erwirbt sich der Scheiternde Reputation nach innen, er wird nicht völlig diskreditiert, sondern tritt nach einem kurzen Aufenthalt im Scheinwerferlicht der Öffentlichkeit entweder wieder in die Organisation zurück oder wird anderweitig von Netzwerken aufgefangen.

Die amerikanische Variante des Scheiterns wiederum legt den Focus auf den Prozess, wie es zum Scheitern kommen konnte. Die Gefahr für die soziale Reputation liegt also eher darin, sich nicht angestrengt zu haben und weniger auf dem Aspekt gescheitert zu sein. In der Niederlage steckt in den USA quasi die Chance es erneut und diesmal besser zu versuchen. Die Praxis bei der Bildung von neuen Teams ein Mitglied aufzunehmen, dass genau an diesem Punkt bereits gescheitert ist und somit Erfahrungen mit Niederlagen auf diesem Sektor vorweisen kann, erscheint aus deutscher Sicht vollkommen widersinnig, spiegelt jedoch die amerikanische Auffassung in exemplarischer Weise. Wer trotz Widrigkeiten immer wieder aufsteht ist ein Held, wer es gar nicht erst versucht ist dem sozialen Tod ausgeliefert.

2.1. Der soziale Tod des Akteurs: das deutsche Prinzip

Man sagt uns Deutschen immer Rationalität, Effizienz und Gründlichkeit nach, in Verbindung mit Fleiß und Pünktlichkeit hätten wir damit die Primärtugenden der Deutschen
erfasst, zwar ein Tugendsatz der insgesamt wenig sexy wirkt, aber immerhin die Basis des
deutschen Wirtschaftswunders der Nachkriegszeit bildete. Eine andere typisch deutsche
Eigenschaft ist der Umgang mit unseren Helden: entgegen der doch so kühl wirkenden
primären deutschen Tugendbündel erweist sich die Nation als erstaunlich begeisterungsfä-
hig für „ihre" Helden, sei es im Sport, im Show-Business und – als relativ neues und nicht
sehr dauerhaftes Phänomen – auch auf der Ebene der Wirtschaft. Stars werden bewundert
und auf ein Podest gehoben, man hängt an ihren Lippen, ihre Aktivitäten werden vom
Boulevard und von der Yellow-Press bis ins letzte unwesentliche Detail hinein verfolgt und
ausgeleuchtet. Sie wirken stilbildend, dienen als Vorbilder und befördern die Phantasie.
Man könnte nun sagen, dies sei im medialen Zeitalter kein besonderes Phänomen, die
Sensationsmaschine müsse nun einmal gefüttert werden und typisch deutsch sei dies nun
schon gar nicht, sondern lasse sich in allen Ländern finden. Dieser Einwand ist sicherlich
richtig, allerdings haben die Deutschen ein System im längerfristigen Umgang mit ihren
Stars entwickelt, das meiner Ansicht nach doch eine gewisse nationale Typik aufweist:
nach einer angemessenen Zeit der überbordenden Bewunderungen treten die ersten Kritiker
auf, die beginnen die Helden auf ihrem Postament mit Dreck und faulem Gemüse zu be-
werfen. Nach ersten leisen Protesten durch das Publikum beginnt schließlich die – meiner
Meinung nach typisch deutsche – Gegenbewegung einzusetzen. Der vormalige Held oder
die Heldin wird in zunehmend genussvoller Form demontiert und das Podest, auf das die
Person im Vorfeld gestellt wurde, wird bis aufs Fundament geschleift. Im Japanischen gibt
es das Sprichwort, dass der Nagel, der hervorsteht, eingeschlagen werden muss, ein
Sprichwort in dem die Tendenz zur Konformität zum Ausdruck gebracht werden soll. Die
deutsche Reaktion auf diesen herausstehenden Nagel wäre dann im übertragenen Sinne, ihn
erst voller Bewunderung zu feiern, um ihn nach einer gewissen Zeit mit einer besonders
großen Zange herauszuziehen und seine ehemals besonders abscheuliche Art des Heraus-
ragens zu diskutieren, bevor man den Nagel dem Altmetallhaufen hinzufügt, auf dem sich
die Helden – respektive Nägel – der vergangenen Jahre befinden. Der deutsche Umgang
mit Scheitern steht in engen Zusammenhang mit dem deutschen Umgang mit Erfolg: jeder
Erfolg wird erst bejubelt, um ihn anschließend kritisch zu beäugen, man achtet zunehmend
auf sich einstellenden Misserfolg, der Weg vom Helden zum geschmähten Buhmann ist
kurz und meist eine sehr, sehr abschüssige Einbahnstrasse. Während in den Vergleichslän-
dern USA und Japan Prozesse des Scheitern weniger endgültig Züge annehmen, neigen
die Deutschen, mit dem ihnen eigenen Hang zur Gründlichkeit, dazu gescheiterte Personen
(prominent oder nicht) in einem weitest gehenden Maße zu demontieren und diskreditieren.[1]

---

[1]   Ein für den „kleinen Maßstab" sehr anschauliches Beispiel bildet der Umgang mit über-
        schuldeten Haushalten in der Bundesrepublik: Überschuldete, die sich erst als „redlicher"
        Schuldner erweisen müssen, bis ihnen über eine Wohlverhaltensphase mit Bewährungscha-
        rakter der Rückweg in die Gesellschaft gewiesen wird (siehe hierzu auch ausführlich Ba-
        ckert/Lechner, 2000).

Als Beispiel hierfür möchte ich den Umgang mit dem ehemaligen Vorstandvorsitzenden der deutschen Telekom Ron Sommer anführen. Bei der Amtsübernahmen 1995 wurde er mit Vorschusslorbeeren überhäuft und als Lichtgestalt, Hoffnungsträger und Wunderkind (Business Week) stilisiert, als der Typus des Topmanagers schlechthin, wie man auch folgender Beschreibung unter www.positivenews.de (!) entnehmen kann: „Braungebrannt, charismatisches Auftreten, ein Symbol für Macht und Einfluss in der deutschen Wirtschaft". Man beachte die positiven Konnotationen, die neidlose Bewunderung und das Charisma, mit der ein Held der Wirtschaft versehen wurde. Unter der siebenjährigen Ägide von Ron Sommer wurde mit dem Börsengang der Telekom die erste „Volksaktie" geboren und ein Run auf die Börsen ausgelöst, der aus fast jedem deutschen Haushalt einen kleinen Börsensaal machte und die aktuellen Kursberichte von N-TV in jedem Wohnzimmer über den Bildschirm flackern ließ. Eine neue Welle auf wirtschaftlichem Sektor, die Erfolg und Wohlstand für jedermann versprach, war ausgelöst, mit ihrem Höchststand war die Aktie der Telekom immerhin fast 104 Euro wert. Das Ende dieser Erfolgsgeschichte ist uns allen bekannt, mit dem Platzen der Spekulationsblase endete der Hype an der Börse, die Aktie der Telekom hatte schlussendlich fast 90 % an Wert verloren und der Schuldige für dieses Desaster war ebenfalls identifiziert: nach längeren Querelen und dem drohenden Auswachsen der Affäre zum Politikum wurde Ron Sommer geschasst, nachdem die Bundesregierung (immerhin war Wahljahr) in die Belange des Unternehmens eingegriffen hatte.

Nach dem Herauswurf aus dem Unternehmen begann eine weitere Schlacht um die Abfindungszahlungen und die vereinbarten Bezüge aus der Vertragslaufzeit des ehemaligen Topmanagers, die seine Person und Reputation noch weiter in Mitleidenschaft zogen. Ron Sommer gelang es nicht mehr in Deutschland einen Fuß auf den Boden zu bekommen, tatsächlich heuerte er 2003 bei einem russischen Telekommunikationsunternehmen an (eine faktische und symbolische Verbannung nach Sibirien?). Ich kann und möchte an dieser Stelle nicht die Frage nach der tatsächlichen Schuld von Ron Sommer am Telekomdebakel stellen, hierzu fühle ich mich weder befähigt noch bemüßigt, interessant erscheint mir die soziale Form in der die Angelegenheit gehandhabt wird. Ein Beispiel für diese Form und für den noch immer aktuellen Umgang mit Ron Sommer kann der folgende Ausriss aus einem Beitrag von Klaus Boldt aus dem Manager Magazin Ausgabe 1, 2004 zeigen: „Die Vorgänge um seinen Rausschmiss haben den Mann verstummen lassen. Es ist jedoch nicht die Stille falscher Bescheidenheit oder echter Scham, die ihn umgibt, sondern das Schweigen einer beleidigten T-Wurst."

Auch fast zwei Jahre nach dem Ende der Ära Sommer überwiegt die Polemik: es ist nicht „die Stille falscher Bescheidenheit", sondern das Schweigen einer „beleidigten T-Wurst", die ihn umgibt, vom Wunderknaben des deutschen Managements führt die Beschreibung des gescheiterten Unternehmenslenkers hin zu einem billigen und nicht besonders hochwertigen Brotaufstrich. Auch „echte Scham" wird ihm nicht mehr zugestanden, obwohl er aus der Sicht des Autors des Managermagazins wohl jede Menge Grund dazu hätte. Ein Bewusstsein seines „Unrechts" wird Ron Sommer ebenso wenig gestattet, wie eine adäquate, situationsangemessene Büßerhaltung, er duldet nicht still und schämt sich, sondern ist eine „beleidigte T-Wurst". Kann es einer gescheiterten Person gelingen unter solchen Vorzeichen einen erfolgreichen neuen Start zu bewerkstelligen? Wohl eher nicht! Der deutsche Umgang mit Prozessen des Erfolgs und des Scheiterns gewährt im Regelfalle nur eine Chance und diese muss genutzt werden. So sehr in der Anfangseuphorie das Pendel in Richtung der Superlative der Erfolgsbeschreibung ausschlägt, so stark ist auch die Bewegung in die Gegenrichtung, oder, um erneut ein Sprichwort zu bemühen: wer hoch steigt, kann auch tief fallen. Nur scheinen die Folgen des Sturzes in der Bundesrepublik besonders nachhaltige zu sein: wer einmal gefallen ist, soll gefälligst liegen bleiben, wenn wir Deutsche scheitern, dann gefälligst ebenfalls gründlich. Den „Stehaufmännchen" in der Geschichte der Bundesrepublik – als prominentes Beispiel aus der Sphäre der Politik wäre Jürgen W. Möllemann zu nennen – haftete immer ein gewisser Geruch der Prinzipienlosigkeit an. Sie unterließen es liegen zu bleiben, dann konnten sie aber auch nicht beim Versuch ihr Bestes zu geben gefallen sein. In der weiteren Bewertung der Person als Akteur in der Öffentlichkeit, gerade wenn sich neuer Erfolg einstellt, wird immer auf den Makel des Scheiterns in der Vergangenheit hingewiesen werden. Dem ernsthaft und gründlich Gescheiterten gilt ein begrenztes Mitleid, der Person, die hartnäckig versucht wiederzukommen gilt Misstrauen. Die moderne Form des sozialen Todes, wie er bei Hitzler beschrieben wird, zeichnet sich durch das Element des „sich nicht mehr blicken lassen können" und zu „bestimmten Kreisen keinen Zugang mehr zu haben" aus und zeigt sich im bundesrepublikanischen Umgang mit dem Thema des Scheiterns in einer relativ ausgeprägten und klaren Form. Dabei erfolgt der Zuschnitt fast immer auf das konkrete einzelne Individuum hin: nicht die Telekom als Wirtschaftsunternehmen war und ist ein Flop, sondern Ron Sommer ist und bleibt der alleinige Schuldige für die Vernichtung von Aktionärsvermögen. Der Vertrauensvorschuss, der den Akteuren gewährt wird, ist in der Regel nur ausreichend für einen einzigen Versuch, scheitert dieser, wird der Kredit langfristig entzogen, das Individuum im Wortsinne diskreditiert und sollte sich an exponierter Position besser „nicht mehr blicken lassen": der soziale Tod für diesen Funktions- und Positionszusammenhang wird festgestellt und der für sozial tot erklärte sollte sich in seinem eigenen Interesse nicht als Wiedergänger erweisen. Einmal tot, immer tot.

2.2. Der vorgetäuschte Todesfall: rituelles Scheitern in Japan

Wie im vorausgegangen Kapitel deutlich wurde, basiert das deutsche Modell der Reaktionsform auf Scheiternsprozesse auf der individuellen Zurechnung der Schuld. Welche Form nimmt dieses Muster in einer Gesellschaft an, der viele ältere Veröffentlichungen (Benedict 1946; Nakane 1985) ein sehr gebrochenes Verhältnis zum Individuum unterstellen und die sich in Form der Nihonjin-ron Studien (Japan Studien) die „Eigenheit als Ideologie" (Coulmas 1993: 22) gesetzt hat?

Die Faszination, die von Japan ausgeht, fußt sehr häufig auf dem Gefühl der Fremdheit, das sich bei der Beschäftigung mit japanischen Herangehensweisen an bestimmte Problemstellungen und die Organisation des gesellschaftlichen Lebens im Allgemeinen einstellt. So spielten beispielsweise, wenn man den Autorinnen glauben will, Loyalitätsbeziehungen über das uns bekannte Maß hinaus eine entscheidende Rolle im japanischen Alltag (Benedict 1946) oder die ganze Gesellschaft konnte als auf der Familie basierendes Prinzip des „ie" (der Einheit der Familie) verstanden werden, ein Prinzip, das in Folge eine „unilaterale Gesellschaft" (Nakane 1985) produzierte, die von Loyalitätsprinzipien und Hierarchiebeziehungen geprägt war. Japan fasziniert durch seine Andersartigkeit, sowohl in der Eigenwahrnehmung als auch im Fremdbild. In der Betrachtung Japans schwingt neben dem Element der Andersartigkeit immer implizit auch das Begriffspaar „Tradition und Moderne" mit, aus dem sich diese Andersartigkeit soziologisch gehaltvoll erklären ließe, sei dies nun sinnvoll für die zu beantwortende Fragestellung oder nicht. Der vorliegende Beitrag möchte sich allerdings nicht an dieser Diskussion beteiligen, er kann auch keine Antwort auf die Frage geben, ob der Trend in die Richtung gehen wird, Japan als „normale" moderne Gesellschaft zu verstehen, oder ob es Sinn macht, die wohl real vorkommenden japanischen „Besonderheiten" auch in westlichen Gesellschaften zu suchen (Sugimoto 2002). Für mein Vorhaben erscheint es mir im Gegenteil sinnvoll, gerade die Unterschiede zu betonen, um die Besonderheit des Scheiterns auf „japanisch" herauszuarbeiten.

Unterstellt man japanischen Großkonzernen und Unternehmen die vielfach beschriebenen organisatorischen Muster des Unilateralismus, der Organisation nach dem „ie-Prinzip" (die Firma als Familie, mit klaren Hierarchien, die insbesondere mit dem Prinzip der Seniorität verknüpft sind) und des totalen Zugriffs des Unternehmens auf das Individuum, könnten Prozesse des Scheiterns in einem solchen Zusammenhang tatsächlich gravierende Folgen für das scheiternde Individuum zeitigen, da schließlich seine gesamte Person mit dem Unternehmen verwoben ist und der Fehlschlag des Unternehmens in aller Konsequenz auf das Individuum zurückfällt (ein Faktum, dass sich im Einzelfall mit teilweise dramatischen Konsequenzen auch einstellt). Durch das Prinzip des „uchi" und „soto", durch dass sich in Japan die Gestaltung der Organisation-Umwelt-Bezuges herstellt, wird jedoch genau dieser Punkt ausgehebelt: „uchi" und „soto" meint – verkürzt ausgedrückt – die Trennung von „drinnen" und „draußen", „wir und die", „wir gegen die anderen". Die Wahrnehmung zerfällt also quasi in Belange, die das Unternehmen, das „ie" im allgemeinen betreffen und Fragen, die den „Rest" (die Gesellschaft) betreffen und an dieser Stelle wird Scheitern für ein Organisationsmitglied faktisch unmöglich. Die Relevanzstrukturen innerhalb der Organisation betonen die Binnenkohäsion, die gesellschaftliche Umwelt – als „Richter" in Scheiternsprozessen – wird weitestgehend ausgeklammert und nur als störendes „Rauschen" empfunden. Es gilt für die Organisation das Gesicht nach außen zu wahren, eine personalisierte Form der Schuldzuweisung, die tatsächlich beim scheiternden Individuum ankommt, kann auf dieser Basis nicht entstehen.[2]

Verantwortung wird im japanischen Modell an so vielen Stellen verteilt, dass eine tatsächliche Lokalisierung der verantwortlichen Person nicht wirklich möglich ist: im Zweifelsfall übernimmt zwar die nominelle Spitze der Organisation nach außen hin die Pflicht der Entschuldigung, dies hat jedoch mehr einen rituellen Charakter, denn einen faktischen Verantwortungshintergrund. Florian Coulmas zeigt dies anhand des Umgangs mit den „Sokaya-Skandalen" bei Nomura, dem größten Börsenmakler Japans und der Dai-Ichi-Kangayo, der zweitgrößten Geschäftsbank des Landes. Die Leitung beider Unternehmen wurde angeklagt Milliardenbeträge an Yen an die Sokaya gezahlt zu haben. Sokayas sind professionelle Erpresser, die Aktien der betroffenen Unternehmen besitzen und damit berechtigt sind an der Aktionärsversammlung teilzunehmen. „Mit der Drohung, die Versammlung durch unwillkommene Fragen zu stören, erpressen sie von der Geschäftleitung Geld. Um das Image der Firma und ihre Posten besorgt, zahlen die Manager" (Coulmas

---

2   Diese spezifische Form gilt wohlgemerkt nur für das in Großorganisationen eingebundene Individuum. Die Erfahrungen wirtschaftlichen Scheiterns, von denen beispielsweise eine große Zahl an spekulierenden Hausfrauen nach dem Platzen der „bubble economy" betroffen waren, können auf der Ebene kleinerer wirtschaftlicher Einheiten einschneidende Folgen haben.

1998: 130). Pikanterweise wurden die Sokaya ursprünglich von den Aktiengesellschaften selbst benutzt, um Kleinaktionäre und Anteilseigner auf eben diesen Versammlungen einzuschüchtern und Störungen der Harmonie zu verhindern. Auch dies mag als Beispiel dafür dienen, dass die Binneninteressen der Organisation im Vordergrund stehen und Einflüsse und Einsichtnahme der „Umwelt" als schädlich empfunden werden. 1982 wurden – laut Coulmas – die Geschäfte mit den Sokaya verboten und die Firmen gelobten nach außen hin Besserung, intern wurden die üblichen Praktiken weitergeführt. Entscheidend im Hinblick auf die Frage des Scheiterns ist jedoch der Umgang mit solchen Skandalen, den Coulmas wie folgt schildert: „Wie es bei solchen Gelegenheiten üblich ist, verbeugten sich ihre Chefs reuevoll mit vielen Entschuldigungen vor der Presse und schworen Umkehr. Aber es blieb bei den frommen Worten. Die Verantwortlichen wurden ihrer leitenden Posten enthoben, nur um die Treppe hinaufbefördert und zu „Ehren-Beratern" gemacht zu werden, wie es bei solchen Gelegenheiten ebenfalls üblich ist" (Coulmas 1998: 131).[3]

Das Scheitern einer Firmenpolitik und die Verwicklung in kriminelle Aktivitäten hat für die „identifizierten" Schuldigen nach deren ritueller Entschuldigung keine faktische Konsequenz innerhalb der Organisation, sie werden nicht entlassen, sondern befördert. Das Scheitern, in diesem Falle bei einer unerlaubten Handlung erwischt worden zu sein und Geld in großem Stil veruntreut zu haben, wird in personalisierter Form eingestanden, während die Struktur selbst in gewohnter Handlungsroutine weiterverfährt. Man könnte an dieser Stelle die Argumentationsfigur der Scham- und Schuldkulturen wieder aus dem Keller holen und sie exakt auf diese Problematik anwenden, man würde jedoch genau damit am Kern der Frage vorbei argumentieren. Es geht hier nicht um die Verarbeitung von Schuld oder Scham, sondern darum, wie Verantwortung für Erfolg oder Misserfolg zugewiesen wird. An den oben angeführten Praktiken der Schmiergeldzahlung war eben nicht nur die Firmenspitze beteiligt, auch wenn sie davon gewusst hatte, die Verantwortung für diese Vorfälle ist im System der Organisation selbst angelegt und da es in der Binnenrationalität der Beteiligten darum geht, die Organisation von Einflüssen von außen abzuschotten, werden die Verantwortlichen aus der Schusslinie der Öffentlichkeit genommen, aber in der Organisation gehalten und mit ehrenvollen Posten belohnt. Die Reaktionsform der Öffentlichkeit und der Presse war Empörung, das Rechtssystem reagierte mit Strafverfolgung, aber auf der Binnenebene hat sich derjenige, der rituell die Verantwortung übernommen hat, ehrenvoll verhalten und wird eben nicht sanktioniert, sondern für das Eingeständnis des Scheiterns quasi geehrt. Es kann in diesem Kontext idealtypisch also nicht von einer persönlichen Verantwortung für das Scheitern gesprochen werden. Solange die Organisation, hinter die das Individuum zurücktritt, nicht im ganzen einem Scheiternsprozess unterworfen wird, bleibt das Versagen bzw. das Fehlverhalten individuell wirkungslos und wird innerhalb der Struktur aufgefangen und bleibt damit schlussendlich folgenlos. Der soziale Tod des Betroffenen mag also in der Öffentlichkeit festgestellt worden sein, für die faktisch relevante Primärgruppe kann nur eine Form von Scheintod festgestellt werden: eigentlich eröffnet dem „Ehren-Berater" das rituelle Scheitern in der Öffentlichkeit in

---

[3] Der Skandal um Nomura, Dai-Ichi-Kangyo, die folgenden Pleiten von Yamaichi und Takushoku zog weitere Kreise und führte bis ins Finanzministerium, vgl. hierzu und zum japanischen System von Filz und Korruption auch Coulmas, 1998: 131ff, in meiner Argumentation dient das oben angeführte Beispiel nur zur Veranschaulichung meiner Thesen.

übertragener Weise den Einstieg in die interne Riege der verehrenswerten Ahnen, der sozial Tote erfreut sich quasi bester Gesundheit.

2.3. Reanimation oder Scheitern als Chance: das amerikanische Modell

Einen völlig anderen Umgang mit Prozessen und Erfahrungen des Scheiterns stellt meiner Einschätzung nach das amerikanische Modell dar. Während, wie oben beschrieben, die Deutschen zur Personalisierung und Diskreditierung neigen, in Japan eine fast schon rituell geprägte Form der Übernahme der Verantwortung praktiziert wird, neigen die Amerikaner als „optimistische" Nation idealtypisch dazu, im Scheitern die Chance für den Neuanfang zu sehen. Auch die Bewertung des erfolgreichen Individuums, erfolgt nach anderen Maßstäben, wie sie z.B. Jonathan Cassell bei www.firstlist.com benennt: „In America, and particularly in Silicon Valley, the individual that strikes out and becomes successfull on his own is considered a hero." Das hervorstechende, erfolgreiche Individuum wird zum Helden, der Nagel muss nicht eingeschlagen und auch nicht mittelfristig entfernt werden. Das Individuum, das seine Chancen nutzt und damit zum Erfolg gelangt, kann sich hierbei auf die „Basisideologie" der Vereinigten Staaten stützen, den „American Creed", diese Grundüberzeugung oder amerikanische Ideologie umfasst nach Lipset „liberty", „egalitarianism", „indiviudualism", „populism", and „laissez-faire" (vergl. auch Lösche 1997: 74), die hier besonders zu beachtende Frage des „Egalitarism" beruht jedoch auf der Gleichheit der Chance, nicht auf der Gleichheit des Ergebnisses, wie man es aus deutscher Warte heraus vermuten würde:

„Wie überhaupt „Gleichheit"... nicht die angestrebte Gleichheit der Lebensverhältnisse oder Lebenslagen bedeutet, sondern immer nur die Chancengleichheit, nämlich die Möglichkeit, durch individuelle Leistung, durch individuelle Mobilität, durch individuellen Erfolg seinen Weg zu machen, nicht aber durch kollektive Aktion" (Lösche 1997: 59). Jeder soll also die Chance haben, um das schon etwas abgenutzt wirkende Beispiel zu verwenden, vom Tellerwäscher zum Millionär zu werden, was im Umkehrschluss aber beileibe nicht heißen soll, dass jeder Tellerwäscher auch Millionär wird. Die Idealform des erfolgreichen Amerikaners ist die Figur des Einzelnen, der etwas unternimmt, sich durchbeißt und am Ende sein Ziel erreicht und dem man, im Unterschied zu Deutschland seinen Erfolg auch gönnt, dessen Konturen nicht in der Gruppe verschwimmen, wie dies in Japan der Fall wäre. Diese Grundidee des sozialen Aufstieges durch die eigene Geschicklichkeit und durch eigener Hände Arbeit dient auch als Klammer über die ansonsten sehr heterogene amerikanische Gesellschaft:

„Dies ist ein eigenartiges Gemisch aus Politik, Religion und Moralismus, eine weltliche Religion. Sie verklammert und übergreift soziale Klassen und Schichten sowie Gruppen, die ansonsten nach ethnischen, rassischen, kulturellen, sprachlichen und religiösen Merkmalen voneinander geschieden sind. Die amerikanische Ideologie hat immer wieder eine ungeheuere Sogwirkung entfaltet, sie integriert sonst auseinanderstrebende gesellschaftliche Segmente, die Abertausend Inseln der Glückseligkeit und Unglückseligkeit" (Lösche 1997: 57).

In dieser Idealform des Erfolges, der Realisation des „American Dream" verbirgt sich einerseits die weiterhin prägende Idee der „Frontier", des Weiterschreitens zu neuen Horizonten und eines gewissen Optimismus, was die Erwartungen und Verheißungen der Zukunft anbelangt. In der Süddeutschen Zeitung vom 28.02.2004 bringt Gerhard Matzig diese Grundeinstellung entlang der unterschiedlichen Wortbedeutung von „Utopie" und „utopian" auf den zentralen Punkt:

> „Die Utopie, übersetzt das deutsche Wörterbuch, ist ein „unausführbarer Plan ohne reale Grundlage". Das amerikanische „utopian" dagegen bedeutet: „hoffnungsvoll", „optimistisch", ja „idealisitsch". Eine derartige Herangehensweise an die Frage der Zukunft beinhalte allerdings auch, sich nicht unnötig mit Gewesenem aufzuhalten (was einem, vielleicht nicht unberechtigt, den Vorwurf der Kulturlosigkeit einbringen kann), somit erscheint die Frage des Umgangs mit Scheitern und dessen Konsequenzen klar auf der Hand zu liegen: was interessiert der Misserfolg von Gestern, lass uns nach Morgen und zu neuen Chancen aufbrechen!

Anderseits schließt dieses Muster auch die Notwendigkeit des Versuchens mit ein: wer keine Anstrengung unternimmt kann auch keinen Erfolg haben. Dieser auf den ersten Blick nach einer ausgesprochenen Plattitüde klingende Satz hat jedoch eine tieferreichende Bedeutung. Nicht derjenige der Anstrengungen unternimmt und dabei scheitert ist zu tadeln, sondern derjenige der die Anstrengungen unterlässt: wer wagt kann gewinnen, wer nicht wagt hat schon verloren. Ein derartiges Credo lässt sich auch aus einem weiteren Zitat von Cassell ablesen: „Valley Culture doesn´t stigmatize those who have tried and failed in a start-up; everyone knows the risks are high. In the Silicon Valley, failure is success."

Scheitern ist Erfolg, zumindest im Silicon Valley! Auch wenn es übertrieben wäre, diese Aussage zu verallgemeinern enthält sie die Grundidee dennoch in exemplarischer Form: derjenige, der es, wenn auch erfolglos, versucht hat, wird nicht stigmatisiert oder diskreditiert, der Versuch zählt, nicht unbedingt das Ergebnis. Das Scheitern bei einem ernstzunehmenden Versuch wird als Erfahrung gewertet, erweitert quasi den Horizont und führt nicht zur Exklusion. Bei der Zusammensetzung von Managementteams für neue Start-Up-Unternehmen wurden beispielsweise bewusst Teammitglieder gesucht, die auf dem avisierten Geschäftsfeld bereits erfolglos agiert hatten. Ihre Fehler und ihre Erfahrung des Scheiterns wurden als Ressource nutzbar gemacht, um bei einem erneuten Versuch genau diese Fehlentscheidungen zu vermeiden und bereits im Vorfeld adäquat reagieren zu können. Das Scheitern als Stärke und als Chance zu betrachten und in zukünftigen geschäftlichen Erfolg umzumünzen, kann jedoch nur in einer kulturellen Umgebung erfolgen, die das gescheiterte Individuum nicht zum sozial Toten erklärt, sondern die „Vitalkräfte" die in Scheiternsprozessen stecken können, anerkennt und positiv zu nutzen weiß. Der Patient war zwar schon einmal auf der Intensivstation, eventuell geschäftlich klinisch tot, aber gerade diese Erfahrung macht den reanimierten Mitarbeiter so wertvoll und sichert ihm zusätzlich die Bewunderung seiner Umgebung. Der bekannte Immobilientycoon Donald Trump geriet beispielsweise Mitte der 90er Jahre mit seiner Firma in eine extreme finanzielle Schräglage und galt als wirtschaftlich erledigt. Es gelang ihm jedoch die Krise zu überwinden und wiedererstarkt erneut auf der Bildfläche zu erscheinen. Die Folge waren nicht etwa abfällige Bemerkungen über den „Beinnahe-Pleitier" sondern die Entstehung der Redewendung „Remember Donald Trump", die für ein Come-Back aus eher aussichtsloser Lage steht. Selbst wenn es Ron Sommer gelänge in seiner neuen Tätigkeit bei einer russischen Telekommunikationsfirma einen ähnlichen Erfolg zu erzielen, könnte er die einmal erfolgte Diskreditierung in Deutschland nicht mehr rückgängig machen, Donald

Trump dagegen wird in den USA nur wegen seiner Frisur Gegenstand des allgemeinen Gespötts, sein wirtschaftliches Scheitern in der Vergangenheit spielt jedoch für die Bewertung seiner Person keinerlei Rolle mehr.

Es soll an dieser Stelle nicht ausgeklammert werden, dass eine Kultur, die den Erfolg und das Streben nach Erfolg in den Mittelpunkt stellt, für diejenigen, die aus Unvermögen oder – schlimmer – aus mangelndem Interesse und Willen die Bereitschaft vermissen lassen, sich der allgemeinen Jagd nach dem Erfolg anzuschließen, nur wenig Verständnis aufbringt. Die populäre Idee des „Fresh Start" für den Gescheiterten, die sich bis in die Rechtspraxis des Umgangs mit bankrotten Haushalten hinein bemerkbar macht, gilt nur unter Vorbehalt und nur für diejenigen, die sich individuell mühen. Der soziale Tod in Form von Ausgrenzung und Perspektivlosigkeit ist für die Teile der Bevölkerung bestimmt, denen es nicht gelingt sich dieser normativen Vorgabe anzupassen. Lösche beschreibt dies in exemplarischer Form im Zusammenhang mit der Novellierung des Sozialhilfegesetztes, der „Welfare Bill", in der Ära Clinton: „Das neue Gesetz sieht vor, dass Sozialhilfe höchstens zwei Jahre hintereinander und insgesamt nicht mehr als fünf Jahre im Leben eines Menschen gezahlt wird, dass zudem Sozialhilfeempfänger in reguläre, ggf. staatlich geschaffene Arbeitsverhältnisse egal welcher Qualität überführt werden (sog. workfare). Clintons Argument bei der Unterzeichnung des Gesetzes war, dass der Empfang von Sozialhilfe nicht zu einem Lebensstil werden dürfe, sondern nur eine zweite Chance im Leben bieten solle" (Lösche 1997: 42).

Es sei zur Ehrenrettung von Bill Clinton darauf verwiesen, dass er sich zweimal weigerte dieses vom Kongress beschlossene Gesetz zu unterschreiben, er musste sich am Ende der Mehrheit (auch der demoskopischen Mehrheit!) beugen. Der „Fresh Start" gilt also am unteren Ende der Sozialstruktur nur noch in begrenzter Form. Das Scheitern der Armen und Unterprivilegierten – populär und umgangssprachlich übersetzt in die Metapher des „Nicht-Wollens – wird dann zu einem Stigma und führt zur sozialen Ausgrenzung und zum sozialen Tod, oder, wie Richard Sennett es formuliert: „In einer dynamischen Gesellschaft ist der Stillstand wie der Tod" (Sennett 2000: 116).

Diese Scheidung in „gutes" und „schlechtes" Scheitern im „American Dream" kann man als Nachhall der protestantisch-calvinistisch Ethik der Gründerväter verstehen: aus Sicht der Prädestinationslehre ist Erfolg ebenso wie das Streben nach diesem vorbestimmt, die Untätigkeit hingegen erfüllt das Kriterium der „Gottgefälligkeit" in dieser Sichtweise eben keineswegs (Weber 1972; Lösche 1997). Gleichzeitig dokumentiert diese Unterscheidung die sehr amerikanische Ablehnung von „Gleichmacherei" und „Staatsabhängigkeit", auch wenn die Konsequenzen hieraus ein hohe Armutsquote und die potentielle Verelendung ganzer Bevölkerungsteile sein können (siehe hierzu auch Münch 1993: 430).

Scheitern in den USA erweist sich also als zwiespältiger Prozess, während Scheitern und das anschließende Wiederaufstehen positiv konnotiert wird, ist der soziale Tod in einer fast schon wieder archaisch gewendeten Form (denn hier wird in Folge von extremer Armut eventuell die Ebene der physischen Existenz tangiert) für die Person bestimmt, die sich dem normativen Zwang des „Strebens" und „Bemühens" nicht unterwirft.

3. Scheitern und die „Mitte" der Gesellschaft.

Es spricht einiges für die These, dass es in den drei beschriebenen Gesellschaften, allesamt bis dato wirtschaftlich sehr erfolgreich und hochentwickelt, unterschiedliche Kulturen des Scheiterns gibt. Diese Kulturen, oder anders formuliert der gesellschaftlichen Konsens über den Umgang mit Scheiternsprozessen, differieren eigentlich nicht in der Bewertung des Scheiterns als Faktum – Misserfolg ist wohl nirgends wirklich wünschenswert und wird damit auch nicht die handlungsleitende Prämisse stellen – sondern in den Maßstäben, die für die Bewertung von Erfolg gesetzt werden. Während in Deutschland, überspitzt formuliert, Erfolg an sich Misstrauen erregt, gilt es in Japan innerhalb der eigenen Primärgruppe Erfolg zu haben, die Anbindung an größere gesellschaftliche Zusammenhänge hat eher sekundäre Bedeutung. In den USA wiederum scheint die persönlich eingenommene Haltung auf dem „pursuit for happiness" eine nicht unbedeutende Rolle zu spielen.

Hierbei gilt es allerdings zu bedenken, dass der Versuch Erfolg zu erlangen, im kleinen wie im großen, immer bedeutet, sich von den anderen, den Nicht-Erfolgreichen, Mässig-Erfolgreichen oder den Mit-Dem-Erreichten-Zufriedenen abzuheben. Alle drei Gesellschaften, die Gegenstand der Analyse waren, definieren sich im Selbstverständnis ihrer Bürger als Mittelstandsgesellschaften: zwar erodiert in den USA genau diese Mittelschicht zusehends (Ehrenreich 1994; Lösche 1997; Sennett 2000), besteht in Deutschland die Tendenz zur Individualisierung und der Auflösung von Klassen und Schichtzusammenhängen (Beck 1986) und leidet Japan unter den Problemen der Wirtschaftskrise und der Auflösung des originär japanischen gesellschaftlichen Selbstverständnisses und normativer Grundlagen (Coulmas 1993), dennoch sehen sich die Bürger der drei Nationen ungebrochen in ihrer Mehrzahl als Angehörige einer wie auch immer gearteten gesellschaftlichen Mitte. Erfolg wie Scheitern lösen die involvierten Individuen aus dieser geteilten Mitte heraus und bringen sie in eine mehr oder weniger exponierte Position, und der Umgang mit dieser Exponiertheit erzeugt die jeweiligen gesellschaftlichen Differenzen im Umgang mit dem Zwillingspaar Erfolg und Scheitern.

Dies hat für das Beispiel Deutschlands meines Erachtens weniger mit einer deutschen „Neidkultur" zu tun, sondern mit dem Drang im „Besonderen", mit dem Blick auf das exponierte Individuum auch sich selbst sehen zu können. Der Mensch hinter dem Erfolg ist von besonderem Interesse, wobei die Betrachtungsweise nicht in Form einer Suche nach dem „Übermenschen" im Erfolgreichen zu erfolgen hat – eine Betrachtungs- und Denkungsart , die im Hinblick auf die deutsche Geschichte sehr zu Recht desavouiert und diskreditiert ist – sondern das „allgemein menschelnde" zu finden sucht und dieses lässt sich eben nun einmal am besten über die Fehler der „Helden" herstellen. Erfolg wird in Deutschland quasi am besten über ein gewisses Element der Bodenständigkeit verkauft und genießt dann besonderes Ansehen, wenn das erfolgreiche Individuum „einer von uns" bleibt. Dieses Messen an der eigenen Person erzeugt im Umkehrschluss auch den eher negativen Umgang mit Prozessen des Scheiterns – im Gestrauchelten erkennt die Gesellschaft bis zu einem gewissen Grad auch sich selbst und genau diese Nähe erzeugt die relativ heftigen Absetzbewegungen, die weiter oben beschrieben wurden. Die Bindung an die Allgemeinheit impliziert einen gesellschaftlichen „One Best Way", auf dessen Pfaden zu agieren ist. Wer diesen verlässt und Erfolg damit hat, wird bestenfalls kritisch hinterfragt, wer scheitert wird für die Abweichung diskreditiert. Man könnte das deutsche Modell der Erfolgs- und Scheiternsbewertung vielleicht am ehesten mit den Begriffen „risiko-avers" und „mittezentriert" beschreiben, denn das Scheitern könnte sozial potentiell wirklich „tödlich" sein.

In der japanischen Gesellschaft, der ein besonderer Hang zu konformem Verhalten unterstellt wird, gilt dies idealtypisch nur auf der Ebene der Primärgruppen, in die das Individuum integriert ist. Damit soll nicht zum Ausdruck gebracht werden, dass die alltäglichen normativen Anforderungen, die an das Individuum herangetragen werden, keine Geltung hätten, die Ausgestaltung der gesellschaftlichen Mitte bleibt jedoch auf dem Bereich der Bewertung von Erfolg und Misserfolg weitestgehend diffus. Die Loyalität gilt eben nicht der „Mitte", sondern dem eigenen „ie" und kann damit nur partikular wirksam werden. Dies wirkt einerseits handlungsentlastend, denn wo die Verantwortung für den Erfolg auf so viele Schultern verteilt ist, bleibt für den Einzelnen im Falle des Scheiterns nur wenig Last zu tragen und es finden sich institutionelle Wege, die dem gescheiterten Mitglied des „ie" ein organisationsinternes „Weiterleben" ermöglichen. Problematisch wird diese Konstruktion allerdings an Punkten, an denen das Individuum aus diesen Zusammenhängen herausfällt, da es kein feststellbares gesellschaftliches Ganzes gibt, an das es sich um Hilfe wenden könnte.[4] Die Verteilung der Konsequenzen des Scheiterns, respektive die Negation von individueller Zurechnung auf dem institutionellen und organisatorischem Sektor, führt auf exakt diesem Gebiet zu starken Beharrungstendenzen. Dies mag für das Individuum erfreulich sein, steht jedoch organisatorischen Veränderungen als Hemmschuh entgegen. Die japanische Bewertung von Erfolg und Scheitern bleibt also, idealtypisch formuliert „partikular" und „gruppenzentriert", dem sozialen Tod nach außen steht ein Weiterleben im Innenbereich der Organisation entgegen, „tödliche" Konsequenzen hat nur das Herausfallen aus dem organisatorischen Kontext.

Für das Beispiel USA greift wiederum ein Bestandteil des „American Creed" für die Beschreibung des Umgangs mit Erfolg und Scheitern aus dem Blickwinkel der Mittel der Gesellschaft. Neben „Egalitarism", der Gleichheit der Chancen, ist „Individualism" ein weiterer Bestandteil des gesellschaftlichen Selbstverständnisses. Die quasi neidlose Anerkennung des individuellen Erfolges einer anderen Person, ebenso wie das Recht auf eigene Einzigartigkeit ist in der „Mitte" der Gesellschaft, bzw. in deren Selbstverständnis angelegt: gerade die Betonung der Eigenständigkeit des Erfolgs und dessen Annerkennung und Legitimität ist ein fundamentaler Bestandteil des „American Dream", die Bereitschaft Risiken einzugehen ein wesentlicher Bestandteil des „Frontier-Mythos". In den kritischen Focus der gesellschaftlichen Mitte geraten die Gruppen und Personen, die sich einerseits nicht genug mühen, am „Pursuit of Happiness" teilzunehmen, was den problematischen Umgang mit unterprivilegierten Bevölkerungsteilen und der Armutsfrage erklären mag, und zunehmend diejenigen, die sich nicht an die Spielregeln halten, bzw. ihre eigenen Spielregeln aufstellen. Die Angst der Mitte vor dem Absturz, wie sie Barbara Ehrenreich (1994) oder

---

[4]   Ein drastisches Beispiel hierfür liefern die Bewohner von Pappkartonsiedlungen in den japanischen Städten. Arbeits- und in Folge davon wohnungslos gewordene japanische Arbeitnehmer führen hier ein Leben, dass bei allen erkennbaren Aspekten der gesellschaftlichen Exklusion noch irritierende Merkmale alltäglicher normativer Integration aufweist – z.B. den eigenen Wohnkarton nur in Hausschuhen zu betreten – aber durch den Ausschluss aus den eigentlichen Bezugsgruppen keinen wirklichen Kontakt mehr zur Gesellschaft als Ganzem herstellen können.

Richard Sennett (2000) beschreiben, besteht eventuell in dem diffusen Gefühl trotz aller Anstrengungen keinen Erfolg mehr zu haben, bzw. im Fall des Scheiterns keine „Second Chance" mehr zu erhalten. Trotz dieser einsetzenden Erosionsprozesse kann dennoch, zumindest für diesen Beitrag, das amerikanische Umgangsmuster mit Erfolg und Misserfolg als „individualistisch" und „risikoaffin" beschrieben werden: der soziale Tod trifft den, der sich nicht bemüht und der nicht wagt.

Abschließend soll noch einmal der Bogen zum Wirtschaftsleben und den neuen „Helden" auf diesem Handlungsfeld geschlagen werden. In Zeiten der Globalisierung steht zu vermuten, dass sich die Rückführung von Verantwortung auf einzelne Personen und Akteure immer mehr als ein Ding der Unmöglichkeit erweist. Einerseits können immer der „Markt" bzw. die Globalisierung der Wirtschaft an sich als geeignete Erklärungs- und Entschuldigungsmechanismen herangezogen werden: nicht individuelles Versagen sondern die unberechenbaren Marktkräfte sind für das Scheitern verantwortlich zu machen, anderseits bewegen sich die neuen Manager immer weiter aus dem gesellschaftlichen Konsens der „Mitte" heraus und handeln in einer Sphäre, die sich nicht mehr unbedingt deckungsgleich mit den jeweiligen einzelgesellschaftlichen Bewertungsmustern sein muss (ohne gleich die Geltung eines übergeordneten „Empire" im Stile von Hardt und Negri zu unterstellen), die spektakulären Umstände des Enron Skandals oder die deutsche Diskussion um die Personen Esser oder Ackermann mögen an dieser Stelle als Beispiele genügen. Der „soziale Tod", den ich als wie auch immer taugliche Klammer für meine Argumentation verwandt habe, kann seine Wirkung nur entfalten, wenn die Individuen, denen diese ultimative Sanktion gilt, sich selbst auch noch als integrierte Mitglieder der jeweiligen Gesellschaften verstehen. Postulieren sie für sich die Geltung einer anderen, sei es nun wirtschaftswissenschaftlich oder global verfassten Ordnung, verliert der Tod quasi seinen Stachel, die Sanktion greift ins Leere, der Zurechnungsmodus des Sozialen im „sozialen Tod" geht verloren.

Literatur

Backert, Wolfram/Lechner, Götz (2000): ...und befreie uns von unseren Gläubigern. Baden Baden.

Backert, Wolfram (2003): Leben im modernen Schuldturm. Frankfurt a.M.

Beck, Ulrich (1986): Risikogesellschaft. Frankfurt a.M.

Benedict, Ruth (1946): The Chrysanthemum and the Sword. Cambridge.

Coulmas, Florian (1993): Das Land der rituellen Harmonie. Japan: Gesellschaft mit beschränkter Haftung. Frankfurt a.M.

Coulmas, Florian (1998): Japan außer Kontrolle. Vom Musterknaben zum Problemkind. Darmstadt.

Ehrenreich, Barbara (1994): Angst vor dem Absturz. Das Dilemma der Mittelklasse. Reinbeck.

Hitzler, Ronald (2001): Forever Young? Über das Altern als Dilemma postmoderner Existenz. Vortragsmanuskript. Dortmund.

Hane, Mikiso (1982): Peasants, Rebels and Outcastes: The Underside of Modern Japan. New York.

Lipset, Seymour Martin (1996): American Exceptionalism. A Double-Edged Sword. New York.

Lösche, Peter (1997): Die vereinigten Staaten. Innenansichten. Hannover.

Münch, Richard (1993): Die Kultur der Moderne. Band 1. Ihre Grundlagen und ihre Entwicklung in England und Amerika. Frankfurt a. M.

Nakane, Chie (1985): Die Struktur der japanischen Gesellschaft. Frankfurt a. M.

Seifert, Wolfgang; Weber Claudia (Hg.) (2002): Japan im Vergleich. Bamberg.

Sennett, Richard (2000): Der flexible Mensch. Die Kultur des neuen Kapitalismus. Berlin.

Singer, Kurt (1991): Spiegel, Schwert und Edelstein. Strukturen des japanischen Lebens. Frankfurt a.M.

Sugimoto, Yoshio (2002): Japan in Comparison. Stocktacking and Future Agenda. In: Seifert, Wolfgang; Weber Claudia (Hg.): Japan im Vergleich, S.23-30. Bamberg.

Sullivan, Teresa A.; Warren, Elisabeth; Westbrook, Lawrence Jay (1989): As We Forgive Our Debtors. Bankruptcy and Consumer Credit in America. New York.

Weber, Max (1972): Wirtschaft und Gesellschaft. Tübingen.

Annette Spellerberg

Lebensstile von Gescheiterten oder gescheiterte Lebensstile? Empirische Informationen zum Zusammenhang von Lebensstilen, sozialer Schicht und Anomiesymptomen

Einleitung

Lebensstile in einen Zusammenhang mit Scheitern zu stellen, erscheint zunächst einmal paradox, denn ein Zuwachs an Ressourcen und Handlungsspielräumen hat das Lebensstilthema populär werden lassen. In der Lebensstildiskussion werden gestiegene Wahlfreiheiten bei der Verfolgung individueller Lebensziele, beim Konsum, der Freizeitgestaltung, der kulturellen Möglichkeiten, der freien Zeit, etc. auf breiter Basis ausgemacht. Damit überwiegen auch auf gesellschaftlicher Ebene die positiven Vorzeichen, denn es ist bei einem Wohlstandszuwachs zugleich eine stärkere Ausdifferenzierung des sozialen und kulturellen Bereichs festzustellen. Das Prinzip der Freiwilligkeit bei der Wahl eines Lebensstils lässt das Thema Scheitern ebenfalls abwegig erscheinen. Die Vorstellung individuell gestaltbarer Lebensläufe bis hin zu selbst gewählten Erlebnisorientierungen scheinen ein Scheitern als Möglichkeit auf den ersten Blick auszuschließen. Schließlich entfällt gesellschaftlicher Zwang, bestimmte Lebenswege gehen zu müssen. Was bedeutet also Scheitern in der Lebensstildebatte?

Scheitern kann verstanden werden als ein Verlust an Handlungsspielräumen (vgl. Junge i.d.Bd), weil ein Fortgang eines bestimmten Handlungsvollzugs sinnlos geworden ist. Ein „So-weiter-machen" lohnt sich nicht, auch wenn dies vom Akteur nicht notwendigerweise erkannt wird. Ein Ziel kann nicht erreicht werden, weil beispielsweise die vorgegebene Zeit abgelaufen ist, Mitspieler nicht ergebnisorientiert kooperieren, technische Artefakte oder Ressourcen unzureichend sind, sich Rahmenbedingungen geändert haben oder gesellschaftliche Gegenkräfte existieren. Unter Scheitern wird hier eine mangelnde Übereinstimmung zwischen Handlungszielen und Erreichtem verstanden, sei es auf individueller oder kollektiver Ebene. Beispiele mit unterschiedlich harten Konsequenzen für die Betroffenen sind z.B. Kinderlosigkeit bei Kinderwunsch, Einsamkeit bei Partnerwunsch, Karriereblockaden, Gewichtsreduktion bei Übergewicht, nicht zu rauchen, einen Marathon laufen zu können, ein Haus erworben zu haben, den Wohnort zu wechseln, etc.. Scheitern muss nicht dauerhaft sein. Ändern sich Bedingungen auf der individuellen Seite (Hilfsangebote, Ressourcenzuwachs, Mobilität, psychische Stabilisierung, ...) oder auf gesellschaftlicher Seite (Austausch von Akteuren, technischer oder sozialer Fortschritt, Arbeitsplatzangebote ...) können neue Anläufe genommen werden, die die Situation des Scheiterns aufheben. Es ist dabei anzunehmen, dass das Bewusstwerden eines endgültigen Scheiterns in seiner Unveränderbarkeit größere persönliche Verarbeitungsschwierigkeiten bereitet als die Vorstellung eines vorübergehenden Status. Für die soziologische Theorie ist Scheitern kein neuer, aber m.W. auch kein ausformulierter Forschungsgegenstand. Die soziologischen Klassiker geben erste Hinweise auf das Phänomen Scheitern. In der Studie zum Selbstmord (Durkheim 1999 (1897)) wird ausgeführt, in welchen Formen das „gesellschaftliche Band" zwischen Person und sozialen Verhältnissen zerreißen kann, so dass nur noch der Selbstmord als letzte bewusste Handlung in Betracht kommt. Dieses Scheitern ist definitiv unumkehrbar. Durkheim ermittelt verschiedene Formen des Selbstmords mit den Haupttypen egoistisch, anomisch und altruistisch. Während beim egoistischen Selbstmord eine übermäßige Vereinzelung und beim anomischen Selbstmord eine gefühlsmäßige Überreizung die Ursachen sind, so ist die mangelhaft ausgebildete Individualität und eine zu starke Gruppenidentifikation die Hauptursache für den altruistischen Selbstmord. Die Formen des egoistischen und des anomischen Selbstmords haben als Varianten des Scheiterns den stärksten Bezug zum Lebensstilthema: „Die Betroffenen beider Selbstmordtypen leiden unter etwas, das man gelegentlich als das Leiden am Unendlichen bezeichnet hat. Aber es erscheint bei beiden Arten nicht unter der gleichen Form. Im einen Fall ist die Denkfähigkeit in Mitleidenschaft gezogen, die über ihre Grenzen hinausgeht; im anderen ist das Gefühlsleben überreizt und gestört. Beim einen hat der Gedanke kein Ziel mehr, weil er sich ganz nach innen kehrt, beim anderen hat die Begierde kein Ziel mehr, weil sie keine Begrenzung mehr anerkennt. Der eine verliert sich in der Unendlichkeit der Traumwelt, der andere in der Unendlichkeit des Verlangens." (Durkheim 1999: 331).

Auch Georg Simmel sieht Scheitern als eine notwendige Erscheinung in entwickelten Gesellschaften, denn die hervorgebrachten kulturellen Güter übersteigen, seinen Ausführungen entsprechend, die Verarbeitungsfähigkeit des Einzelnen (Simmel 1996). Eine Orientierung liefert der Preis der Güter oder aber die Mode, eine kulturelle Entfaltung entsteht auf diese Weise jedoch nicht und geht trotz der Vielfalt an Möglichkeiten verloren. Max Weber kann mehrfach angeführt werden, erwähnt werden soll der Prozess der sozialen Schließung, der es verhindert, dass rationale Kriterien bei der Auswahl z.B. von Arbeitskräften zur Geltung kommen. Kulturelle und soziale Mechanismen wie die Homophilie befördern die Ausbildung von homogenen Subkulturen, die Güter monopolisieren und anderen Menschen den Zugang versperren (Weber 1972). Karl Marx (1977) geht von der Notwendigkeit aus, Waren zu mindestens durchschnittlichen Bedingungen zu produzieren, um am Markt bestehen können. Anderenfalls sind die Güter unverkäuflich und besitzen keinen Wert. Für die Menschen als Ware Arbeitskraft bedeutet dies, sich in durchschnittlicher Weise zu erhalten und zu qualifizieren. Ein Scheitern liegt z.B. in zu geringer (Schul-) Ausbildung und auch darin, sich unterhalb eines gewissen durchschnittlichen gesellschaftlichen Standards zu präsentieren, denn wir müssen „unsere Haut zu Markte tragen" (MEW 23: 191). Eine unterdurchschnittliche Entlohnung oder Arbeitslosigkeit könnte die Folge sein. Diese Gedanken der Klassiker bieten Anknüpfungspunkte auch für die Lebensstildiskussion, Überreizung bzw. Vereinsamung, ein fehlender Überblick und Modeabhängigkeit, soziale Schließung durch Stilfragen oder Ausschluss durch mangelnde Qualifikation zur Präsentation. Die konzeptionellen Ansätze der Lebensstilforschung geben weitere Hinweise auf den Zusammenhang von Scheitern und Lebensstilen, der in zwei Richtungen inter-

pretiert werden kann, als ein Scheitern bei der Ausbildung von Lebensstilen oder aber als
Lebensstile von Gescheiterten.

1. Scheitern in der Lebensstildiskussion: Theoretische Anknüpfungspunkte

1.1 Das Lebensstilkonzept

Hans-Peter Müller hat 1992 (374f.) herausgearbeitet, dass das Lebensstilkonzept auf fünf
grundsätzlichen Merkmalen beruht: Freiwilligkeit, Ganzheitlichkeit, Charakter, Verteilung
von Stilisierungschancen und Verteilung von Stilisierungsneigungen. Widersprechen nicht
einige dieser grundlegenden Eigenschaften der Möglichkeit eines Scheiterns?

Wenn *Freiwilligkeit* von vorneherein postuliert wird, kann ein Scheitern nur im
Zwang bestehen, der aber im theoretischen Modell im Grunde nicht vorgesehen ist. So
werden aus traditionellen oder religiösen Gründen vorgeschriebene Stilisierungsweisen in
der Regel nicht mit dem Lebensstilthema in Verbindung gebracht (Priester, Klosterangehö-
rige, bäuerliche Trachten), obwohl sie in einem ausgesprochen engen Zusammenhang mit
sonstigen Alltagsaktivitäten stehen. Im Sinne der Ausführungen von Matthias Junge (i.d.
Band) könnte als graduelles Scheitern ein Übergewicht des Zwangs im Vergleich zu frei-
willigen Verhaltens- und Stilisierungsweisen benannt werden. Mangelnde Ressourcen
könnten die Ursache sein, d.h. finanzielle Mittel, Bildung und fehlende soziale Beziehungen sind derart knapp bemessen, dass von Wahlmöglichkeiten kaum gesprochen werden
kann. Aus dieser Perspektive kommt die Variante „Lebensstile von Gescheiterten" am
ehesten in Betracht.

Das Merkmal *Ganzheitlichkeit* verweist auf die Kohäsionswirkungen eines Lebensstils und die Notwendigkeit, Homologien (Bourdieu 1987) in den unzähligen einzelnen
Stilmitteln erkennen und kombinieren zu können. Eine Facette beim Scheitern kann darin
liegen, sich in der Vielfalt der Stilmittel zu verlieren und keine erkennbare Einheit aufbau-
en zu können. Das Merkmal *Charakter* bezieht sich auf die Eigenart und Besonderheit von
Lebensstilen, die als solche zu identifizieren sein müssen. Bei einem zu großen Mix an
Stilelementen und einem fehlenden Charakter kann von gescheiterten Lebensstilen und
fraglichen Identitäten gesprochen werden.

Die folgenden beiden Punkte beziehen sich auf gesellschaftliche Prozesse, die die
Ausbildung von Lebensstilen fördern oder behindern. Zum einen werden die *Chancen zur
Lebensstilbildung* erhöht bei steigendem Reichtum von Waren, Kompetenzen und sonsti-
gen Ressourcen, an denen möglichst alle gesellschaftlichen Gruppen partizipieren sollten.
Zum anderen geht das Verblassen von Normen, Werten und Richtlinien für individuelles
Handeln mit einer Pluralisierung von Lebensstilen einher. Mit diesem Punkt rückt die
Gesellschaft oder die Kultur (Werte und Normen) in den Mittelpunkt, bei der von einem
Scheitern gesprochen werden kann, wenn Handlungsalternativen eingeschränkt oder ver-
nichtet werden. Wirtschaftliche Rückschritte, wachsende Armutspopulationen, mangelnde
Vorsorge für Bildungsmöglichkeiten aller Bevölkerungsmitglieder oder Verluste an Tole-

ranz und demokratischen Entscheidungen können die Entwicklung von Lebensstilen so weit einschränken, dass es keinen Sinn mehr macht, das Konzept anzuwenden. Die Entfaltung unterschiedlicher Lebensstile in einer Gesellschaft könnte demnach scheitern.

Mit dem fünften Merkmal der *unterschiedlich verteilten Stilisierungsneigungen* sind ebenfalls gesellschaftliche Verhältnisse und Institutionen angesprochen, denn der Lebenslauf lässt unterschiedlich große Spielräume, sich mit Stilisierungen zu befassen. Stilisierungsneigungen haben im Kinder- und Jugendalter enorm zugenommen, sind bei jungen Erwachsenen stark ausgeprägt, werden im Erwachsenenalter weiter ausgedehnt – andererseits durch Verpflichtungen im Erwerbs- und Familienbereich möglicherweise auch eingeschränkt – und treten teilweise, vor allem im hohen Alter, in ihrer Bedeutung ganz zurück, z.B. bei starken gesundheitlichen Beeinträchtigungen. Die ungleichmäßige Verteilung von Stilisierungsneigungen im Lebensverlauf deutet auf unterschiedliche Freiheitsgrade und Restriktionen hin. Da die Ausbildung von Lebensstilen von der Ressourcenausstattung beeinflusst ist, variieren die Stilisierungsneigungen auch mit der Position im sozialen Ungleichheitsgefüge. Bei einer eindeutigen Zuordnung von Lebensstilen zu sozialen Klassen wäre das Konzept in Frage zu stellen, denn es hätte seine Eigenständigkeit und das Merkmal von Freiwilligkeit verloren (vgl. das Beispiel der Stände).

Ergänzend hierzu lassen sich die Funktionen von Lebensstilen heranziehen, um Varianten des Scheiterns näher zu kommen. Lebensstilen kommen verschiedene Funktionen zu, a) eine Routine in das Alltagsleben zu bringen, so dass Entscheidungen und Handlungsabläufe vollzogen werden können. Eine Einschränkung der Wahlalternativen erscheint für die Ausbildung und Sicherung von Identität und einen kohärenten Lebensstil unabdingbar. Wie oben erwähnt könnte eine Möglichkeit des Scheiterns darin bestehen, keine Identität und keinen kohärenten Lebensstil ausbilden zu können. Scheitern vollzieht sich auf der individuellen Ebene.

Eine zweite Funktion besteht darin, dass b) typische Verhaltensmuster identifiziert werden können und damit soziale Zugehörigkeiten und Identifikationen zum Ausdruck gebracht werden. Eine Variante des Scheiterns besteht darin, dass Lebensstile geformt werden, die keinen Gruppenbezug erkennen lassen. Damit ist die soziale Einbettung eines Individuums in Frage gestellt. Es kann in diesen Fällen von einem Scheitern bei der sozialen Integration gesprochen werden.

Eine dritte Funktion von Lebensstilen besteht darin, soziale Grenzen zu markieren und sich von anderen Lebensstilen und Lebensstilgruppen zu unterscheiden. Da die Differenz mit Ungleichheiten und Wertungen einhergeht, sind Lebensstile im Feld von sozialer Schließung und sozialer Distinktion angesiedelt. Eine dritte Ebene des Scheiterns liegt darin, von anderen Personen keine Anerkennung in seinem Lebensstil zu erfahren, d.h. in der sozialen Stufenleiter weit unten zu stehen. Es bleibt hier zunächst ungeklärt, ob es sich um klassen- oder schichtspezifische Unterschiede handelt, oder ob Abwertungen vor dem Hintergrund der eigenen Lebensphilosophie stattfinden (das Beispiel der Langeweiler für das Erlebnismilieu bei Gerhard Schulze 1992). Diese dritte Ebene des Scheiterns liegt auf der Ebene sozialer Anerkennung.

1.2. Scheitern bei zwei kontrastierenden theoretischen Richtungen in der Lebensstilforschung

Lebensstile dienen, wie zuvor ausgeführt, der Identitätssicherung, der sozialen Integration und dem Distinktionsstreben. Die Distinktion, der statusbetonende Aspekt von Lebensstilen steht im Vordergrund der vielleicht bekanntesten Strömung in der Lebensstilforschung, der entsprechend Lebensstile Ausdruck und Reproduktionsmittel von Klassen sind. Hierzu zählen zum einen das berühmte frühe Werk von Thorstein Veblen (USA 1899) „Theorie der feinen Leute" und das in Deutschland weniger bekannte von Edmond Goblot (Frankreich 1925) „Klasse und Differenz". Der wichtigste und zugleich komplexeste Theorieansatz unserer Zeit stammt von Pierre Bourdieu (Frankreich 1979) „Die feinen Unterschiede".

Die drei Autoren gehen von einer allgemeinen Konkurrenz um die jeweiligen Plätze in einer für alle verbindlichen gesellschaftlichen Hierarchie aus, die als symbolische Ordnung auftritt und daher auch mit ästhetischen und kulturellen Mitteln ausgetragen wird. Es geht im wechselseitigen Konkurrenzkampf darum, festzulegen, welche Verhaltensweisen und Einstellungen als distinguiert (verfeinert) bzw. als gewöhnlich (naturhaft) klassifiziert werden. Die Zurschaustellung von Reichtum in seinen verschiedenen Ausprägungen erscheint notwendig, um die soziale Rangordnung zu stabilisieren und Privilegien zu sichern. Insbesondere Goblot und Bourdieu verweisen darauf, dass im alltäglichen Umgang die legitimen Präferenzen und Verhaltensweisen als persönliche Charaktereigenschaften erscheinen. Sie vertreten das Anliegen, Lebensstile zu entmystifizieren und sie als eigentliches Kampffeld um soziale Herrschaft zu identifizieren. Betont wird die Funktion der Distinktion von Lebensstilen, also der Abgrenzung gegenüber „dem Volk", die allein mit symbolischen Mitteln zu erreichen ist. Als Stilmittel zur Darstellung von Vornehmheit fungiert vor allem die bürgerliche Kulturtradition, die finanzielle Mittel und zumeist langjährige Bildung zu ihrem Genuss verlangt. Dazu zählen die musikalischen Formen der Oper und der klassischen Konzerte, Museumsbesuche sowie die Lektüre anspruchsvollerer Romane und Gedichte. Um Sicherheit in den Umgangsformen zu erwerben ist eine Zugehörigkeit von mindestens zwei Generationen in der Oberschicht erforderlich, d.h., dass die gesamte Familie in den Aufstieg (bzw. Abstieg) einbezogen ist. Es handelt sich bei sozialer Mobilität um eine Mehrpersonen-Unternehmung.

Bourdieu legt besonderen Wert auf a) das vorbewusste und mystifizierende Moment von Geschmack, Einstellungen und Verhalten, auf b) klar abgrenzbare Klassen und c) verschiedene Distinktionsstrategien in verschiedenen sozialen Feldern. Seine Ausführungen unterscheiden sich auch deutlich von denjenigen Goblots, der Klasse nicht direkt an die Kapitalausstattung bindet, sondern von einer Verselbständigung der symbolischen Ebene ausgeht. Klasse ist ein reines Werturteil, das bestimmte Bildungsentscheidungen und Berufswahlen aufnötigt, die erst in Folge die Klassenzugehörigkeit festigen und untermauern. Festzuhalten ist, dass Lebensstile diesen Ansätzen entsprechend als Ausdruck (bei Goblot Ursache) der Klassenlage fungieren. Sie beeinflussen damit auch Freundschafts- und Partnerwahlen bis hin zur Homogamie und sozialen Schließung in exklusiven Zirkeln. Distinktive Lebensstile haben u.a. die positive Wirkung, vergleichsweise rücksichtsvollen und höflichen Umgang hervorzurufen und bevorzugt behandelt zu werden. In gehobene berufliche Positionen ist ohne ein gewisses Mindestmaß an Eloquenz, Manieren und Umgangsformen der Oberschicht nicht zu gelangen. Auf diese Weise schließt sich der

Kreis und vorteilhafte Lebenschancen, finanzielle Ressourcen und Bildungsvorteile werden mit bestimmten Lebensstilen verknüpft. Ein Scheitern bedeutet bei diesem Ansatz, einer unteren sozialen Klasse mit entsprechenden Lebensstilen anzugehören, die keine soziale Anerkennung erfährt. Ein sozialer Abstieg mit dem Zwang zur Lebensstilanpassung kann ebenfalls als Scheitern interpretiert werden. „Lebensstile von Gescheiterten" wäre der entsprechende Forschungsgegenstand.

Bei dem kontrastierenden Ansatz von Gerhard Schulze „Die Erlebnisgesellschaft" (1992) wird davon ausgegangen, dass die Menschen versuchen, Situationen herzustellen, die ihnen Erlebnisse vermitteln. Die Angebote für Erlebnisse sind gestiegen, die Nachfragekapazitäten gewachsen und die Zugänglichkeit stellt kein Problem dar. Es habe aufgrund dieser Entwicklungen einen Wandel der Lebensauffassungen von einer außen- zu einer innengeleiteten Orientierung gegeben. Auf der individuellen Ebene zeigt sich die Ausrichtung als „Projekt des schönen Lebens" (Schulze 1992: 35). Das alltägliche Leben ist nach dem Prinzip größtmöglichen Genusses organisiert. Diese Ausrichtung erstreckt sich auf immer größere Bevölkerungsteile, größere individuelle Zeitanteile und immer mehr Lebensbereiche.

Zu Erlebnissen kommt es erst, wenn die Bedeutungen der verwendeten Symbole erschlossen werden, so dass ein Stil der Erlebnissicherung dient. Stil umfasst als mehrschichtiger Begriff drei Ebenen, die relativ unabhängig voneinander sind: Genuss als individuelles, positives, psycho-physisches Erlebnis, Distinktion als Zuordnungs- und Abgrenzungskriterium und Lebensphilosophie als grundlegende Wert- und Sinnvorstellungen. Menschen finden zueinander durch ihre gemeinsame Erlebnisorientierung. Es stellt sich die Frage, wie sie ihre Ähnlichkeit erkennen. Als entscheidende Kriterien gelten Stil, Alter und Bildung: Alter wird als zusammenfassende Größe aus der Stellung im Lebenslauf und dem biologischen Alter begriffen. Die prinzipielle Ausrichtung des Lebens ist Grundlage der Namensgebung der verschiedenen Milieus: Niveau, Integration, Harmonie, Selbstverwirklichung und Unterhaltung.

Milieus mit den dazugehörenden Lebensstilen bilden sich entlang der zwei Dimensionen Denken und Handeln, die durch die Pole „Einfachheit – Komplexität" (kognitive Differenziertheit) und „Ordnung – Spontaneität" (Reguliertheit) gekennzeichnet sind. Der Genuss von Komplexität besteht in dem Gefühl der Kontrolle der äußeren Lebensbedingungen, während der Genuss von einfachen Kulturprodukten dem Ansatz Schulzes entsprechend in dem Gefühl der Entlastung besteht: „Kontrolle ist ein Gefühl des Sieges über Schwierigkeiten, Entlastung ein Gefühl des Davonkommens." (Schulze 1992: 342). Ordnung vermittelt Sicherheit, indem man sich im legitimen und gewünschten Rahmen bewegt, während Spontaneität das Erleben individueller Freiheit und das Überschreiten von Grenzen beinhaltet. Die unterschiedlichen Lebensvorstellungen kommen in der Ablehnung anderer Ausrichtungen, d.h., der Distanz der Milieus untereinander zum Ausdruck: Das Niveaumilieu lehnt Formen des Unterhaltungsmilieus als primitiv ab, während umgekehrt das Etikett „eingebildet" verwendet wird. Das Harmoniemilieu ist dem Selbstverwirklichungsmilieu entgegengesetzt, aus der Sicht des Harmoniestrebens werden „Selbsverwirklicher" als Ruhestörung und umgekehrt „Harmoniesuchende" als Spießer wahrgenommen.

Scheitern nach Schulze bedeutet neben einer Vernachlässigung von Personengruppen mit sehr eingeschränkten Wahlmöglichkeiten vor allem das Auftreten von Erlebnissucht und Desorientierungen. Gesellschaftliche Erscheinungen, die außerhalb der Problemdefinition „Erlebnisorientierung" liegen, wie Armut, Krieg oder Krankheit haben nach Schulze kaum noch eine Chance, öffentlich in Erscheinung zu treten – es sei denn in ästhetisierter Form. Die Vermehrung der Möglichkeiten habe ferner dazu geführt, dass von den drei möglichen Handlungsalternativen *Einwirken* (Bearbeiten), *Symbolisieren* (Zeichen setzen) und *Wählen* die letztere bei weitem dominiert. Mit der vergleichsweise oberflächlichen Handlungsweise „Wählen" und der beständigen Suche nach neuen Erlebnissen gingen die sich wechselseitig verstärkenden Ängste *Unsicherheit* und *Enttäuschung* einher. Der Sinn des Lebens werde am zweifelhaften Kriterium des Erlebnisreichtums gemessen. „... auch die ruhigeren sozialen Milieus haben die Unruhen des Abwechselns und Auswechselns habitualisiert." (Schulze 1992: 69). Vielfältige Handlungsmöglichkeiten bergen neben der Vernachlässigung von Problemgruppen und Sinnkrisen die Gefahr der Desorientierung in sich.

Die Positionen von Bourdieu und Schulze sind damit auch den zwei Seiten des Scheiterns zuzuordnen. Während Bourdieus Interesse auf die Lebensstile von Gescheiterten abzielt, verweist die Theorie Schulzes auf die Möglichkeit des Scheiterns einzelner Grundorientierungen und damit Lebensstiltypen. Das Problem mangelnder Akzeptanz bei Bourdieu wird zum Vernachlässigen ganzer Bevölkerungsgruppen bei Schulze. Im nächsten Abschnitt soll den Varianten des Scheiterns anhand empirischer Daten nachgegangen werden: Es wird überprüft,

a)   ob die unteren sozialen Schichten spezifische Lebensstile aufweisen;

b)   ob ein breiter gefasstes Konzept vom Scheitern im Zusammenhang zu Lebensstilen steht. Scheitern kann sich auf alle Lebensbereiche beziehen, nicht nur auf den sozialen Status, auf das Familienleben und die Partnerschaft, Bildungsaspirationen, Wohnverhältnisse, Freizeitgestaltung oder soziales Engagement. Lebensstilspezifische Formen des Scheiterns stehen hier im Mittelpunkt des Interesses.

c)   Es wird anhand von Anomieindikatoren der Versuch unternommen, der Frage mangelnder gesellschaftlicher Bindungen einzelner Lebensstilgruppen nachzugehen.

2. Datenbasis und Empirische Ergebnisse

Als Datenbasis wird eine repräsentative Befragung in einem innerstädtischen und teilweise problembehafteten Wohngebiet in Kaiserslautern herangezogen, die im Frühling 2003 im Rahmen einer Voruntersuchung im Bund-Länder-Programm „Soziale Stadt" von der Verfasserin durchgeführt wurde. Von den dort lebenden etwa 4000 Personen konnten 429 befragt werden. Es handelt sich um mündliche, standardisierte Interviews von durchschnittlich 50 Minuten Dauer, die von Studierenden der TU Kaiserslautern durchgeführt wurden. Neben Wohnverhältnissen und Wohnwünschen wurden Sozialstrukturdaten, Lebensstile und auch Fragen zur Anomie, zur Zufriedenheit mit im Leben Erreichtem und die Einstufung in eine „oben-unten-Skala" erhoben.

Das Wohngebiet hat bei einem Teil der Kaiserslauterer Bevölkerung ein schlechtes Image wegen der Vernachlässigung der öffentlichen Räume. Hieraus resultieren Probleme mit Schmutz und Anwesenheit von Alkoholkranken und Drogenabhängigen. Zugleich ist in dem Gebiet eine sehr breite Bevölkerungsmischung anzutreffen, die auf Gründerzeitvillen am (ungepflegten) Stadtpark, in denen häufig Freiberufler ansässig sind, sowie Universitäts- und Fachhochschulnähe mit entsprechend junger Bevölkerung und hoher Fluktuation zurückgeht. In einem Gebiet, das in das Programm „Soziale Stadt" aufgenommen wurde, dürfte die Wahrscheinlichkeit, „Lebensstile von Gescheiterten" ermitteln zu können, vergleichsweise hoch sein, so dass hier von einer geeigneten Datenbasis ausgegangen wird.

•In dieser Studie werden wie bei vorhergehenden (Spellerberg 1996, Schneider/Spellerberg 1999) konkrete Verhaltensweisen und Lebensziele – als Handlungsorientierungen – in den Mittelpunkt der Operationalisierung von Lebensstilen gestellt. Im Fragebogen haben wir Freizeitverhalten, kultureller Geschmack (Musikvorlieben, Fernsehinteressen, Einrichtungsstil) und Lebensziele erhoben, um Lebensstile identifizieren zu können. Insgesamt konnten in der Bürgerbefragung 42 Einzelmerkmale erhoben werden[1].

3.1 Lebensstile von sozial schlechter Gestellten

Zunächst werden die Daten im Hinblick auf die Frage analysiert, ob die unteren sozialen Schichten spezifische Lebensstile aufweisen. In einem ersten Schritt werden hierzu die Angaben auf der 10-stufigen Skala unten - oben dahingehend zusammengefasst, dass die Befragten, die den Wert 1 bis einschließlich Wert 4 ankreuzen (11 % der Befragten), der unteren Schicht zugeordnet werden. Die Angaben auf die einzelnen Lebensstilmerkmale dieser Gruppe wurden mit denjenigen der übrigen Befragten verglichen. Es zeigen sich dabei entgegen der Bourdieuschen These kaum signifikante Unterschiede. Die Mittelwerte der einzelnen Items variieren nur unwesentlich nach der subjektiven Einordnung. Signifikante Unterschiede sind festzustellen bei einem der zwölf vorgegebenen Lebensziele, und zwar „eine Familie haben" (3.51 zu 3.39), einem TV-Angebot (Familien- und Unterhaltungsserien: 3.20 zu 2.77), einer Musikrichtung (klassische Musik: 2.31 zu 2.78), einer Freizeitaktivität (Musik hören: 4.00 zu 4.54) sowie den Einrichtungskriterien (preiswert:

---

[1] *Lebensziele*: Liebe und Zuneigung, Für andere da sein, Eine Familie haben, Nach Sicherheit und Geborgenheit streben, Erfolg im Beruf, Hohes Einkommen, Sparsam sein, Anerkennung durch andere, Ein aufregendes und abwechslungsreiches Leben führen, Gutes, attraktives Aussehen, Führungspositionen übernehmen, Sich politisch, gesellschaftlich einsetzen,
Musikgeschmack: Rock-Popmusik, Klassische Musik, Deutsche Schlager, Deutsche Volksmusik,
TV-Interessen: Sportsendungen, Shows und Quizsendungen, Heimatfilme, Kunst- und Kultursendungen, Sportsendungen, Actionfilme, Familien- und Unterhaltungsserien,
Einrichtungsstil: Meine Persönlichkeit zum Ausdruck bringen, Exklusiv, Ruhe, Wärme und Gemütlichkeit ausstrahlen, Preiswert, Praktisch, Zweckmäßig und pflegeleicht;
Freizeitaktivitäten: Freunde treffen, ins Theater, Konzert gehen, Kurse besuchen sich privat weiterbilden, Mit der Familie beschäftigen, Mit den Kindern beschäftigen, Fernsehen, Videos schauen, Spazieren gehen, wandern, Ausflüge machen, Musik hören, Im Garten arbeiten, Künstlerische Tätigkeiten, Computer, Essen oder trinken gehen, Aktive sportliche Betätigung, Kirchgang religiöse Veranstaltungen.

3.31 zu 2.96 und Ruhe, Wärme, Gemütlichkeit ausstrahlen 3.28 zu 3.52). Die Tendenzen entsprechen zwar den Erwartungen, nach denen sozial schlechter Gestellte eine größere Distanz zur Hochkultur aufweisen, aber die Gemeinsamkeiten der Antworten von sich als „unten" Einordnende und höheren Schichten überwiegen bei weitem.

In einem weiteren Analyseschritt wurde eine Lebensstiltypologie gebildet. Mit dem statistischen Verfahren der iterativen Clusteranalyse wurden auf Basis der 42 Einzelmerkmale (Faktorwerte) insgesamt sechs Lebensstilgruppen identifiziert, die in sich homogen sind und sich zugleich deutlich von anderen unterscheiden. In einem zweiten Schritt wurden sie mit sozialstrukturellen Merkmalen in Zusammenhang gestellt. Dieses Vorgehen erlaubt, den Zusammenhang mit der sozialen Lage anhand einer größeren Bandbreite von Ungleichheitsindikatoren zu überprüfen.

Tabelle 1: Prozentuale Häufigkeit von Lebensstilen

1: Niveauorientierter Typ:	19 %
2: Spannungs- und leistungsorientierter Typ	25 %
3: Familienorientierter, häuslicher Typ	18 %
4: Kulturell interessierter, harmonieorientierter Typ	14 %
5: Distanzierter Typ	8 %
6: Jugendlich familienorientierter Typ	17 %

Niveauorientierter Typ

Diese Gruppe übt vor allem hochkulturelle Aktivitäten wie Theater- und Konzertbesuche und eigene künstlerische Betätigungen überdurchschnittlich häufig aus. Bevorzugt wird eindeutig die klassische Musik, auch Rock- und Popmusik wird gehört, aber volkstümliche Musik wird abgelehnt. Bei den Fernsehinteressen fallen ebenfalls Kunst- und Kultursendungen aus dem hochkulturellen Segment auf, während Action- und Heimatfilme ebenso wie Serien und Shows kein Interesse finden. Beim Einrichtungsstil wird die Vorgabe „die Persönlichkeit zum Ausdruck bringen" als wichtiges Kriterium genannt. Die Freizeit verbringt diese Gruppe häufig mit Musik hören und familiären Beschäftigungen. Auch Gartenarbeit ebenso wie Kirchbesuche finden häufiger als im Durchschnitt statt, wohingegen fern sehen, Cafés, Kneipen und auch Sportveranstaltungen eher unwichtig sind. Die Lebensziele heben sich im Allgemeinen nicht vom Durchschnitt ab, mit Ausnahme von Sparsamkeit – in negativer Hinsicht – und politisches bzw. soziales Engagement – in positiver Hinsicht.

Das Durchschnittsalter dieser mittelalten Gruppe ist 47 Jahre. Vier von zehn leben mit Kindern im Haushalt, allein leben vergleichsweise wenige (22 %). Qualifizierte Berufe sind deutlich in der Mehrheit. Die Bildungsabschlüsse liegen ebenfalls weit über dem Durchschnitt, 56 % haben das (Fach-)Abitur erreicht und 27 % die mittlere Reife. Von dem Drittel, das nicht (mehr) arbeitet, sind die meisten Rentner. Das Einkommen liegt etwa 300 € pro Person höher als im Durchschnitt und ist damit das höchste aller sechs Gruppen.

Spannungs- und leistungsorientierter Typ

Unterschiedliche Lebensziele werden typischerweise für wichtig erachtet: ein abwechslungsreiches Leben führen und beruflicher Erfolg. Für andere da sein, eine Familie haben, Sicherheit und Sparsamkeit spielen hingegen nur eine untergeordnete Rolle. Die Gruppe des spannungs- und leistungsorientierten Typs hört in der Freizeit gern Musik (insbesondere Rock und Pop), beschäftigt sich mit dem Computer, sieht fern, am liebsten Actionfilme und Sportsendungen, trifft Freunde, bildet sich weiter und ist auch außerhäuslich aktiv, beim Sport treiben sowie dem Besuch von Sportveranstaltungen oder von Cafés, Kneipen und Restaurants. Klassik und Volksmusik werden abgelehnt.

Diese jüngste Gruppe ist im Durchschnitt 27 Jahre alt, 90 % sind jünger als 36. Sechs von zehn wohnen allein und lediglich 15 % als Familie mit Kindern. Männer sind mit 57 % leicht überrepräsentiert. Das Einkommen entspricht mit 960 € pro Person in etwa dem Mittelwert. 70 % haben das (Fach-)Abitur erreicht, mehr als die Hälfte der Gruppe studiert zum Befragungszeitpunkt und ein weiteres Drittel ist Vollzeiterwerbstätig. Es handelt sich damit um die Gruppe mit dem höchsten Bildungsniveau.

Familienorientierter, häuslicher Typ

In der Freizeit sieht diese Gruppe in erster Linie fern und beschäftigt sich mit den Familienmitgliedern. Die Lebensziele richten sich auf die Familie, Fürsorge, materielle Sicherheit, auch beruflichen Erfolg und hohes Einkommen. Möbel sollen Ruhe, Wärme und Gemütlichkeit ausstrahlen sowie pflegeleicht und preiswert sein. Deutsche Schlager werden gemocht, Volksmusik rückt auf einen vorderen Platz und Rockmusik fällt im Vergleich zur Gesamtstichprobe deutlich ab. Bei den Fernsehinteressen sind entsprechend Shows, Heimatfilme und Familien- bzw. Unterhaltungsserien höher bewertet als üblich. Kunst und Computer spielen in der Freizeit nur selten eine Rolle. Auch Sport wird nur von einer Minderheit betrieben und Veranstaltungen, sei es von Theater, Sport oder auch Kirchen werden so gut wie nicht besucht.

Mit durchschnittlich 54 Jahren handelt es sich hier um eine mittelalte Gruppe, wobei die Altersangaben sehr weit streuen. Die Hälfte dieser Befragten lebt mit Kindern und ein weiteres Drittel wohnt als Paar, wahrscheinlich nach dem Auszug der Kinder aus dem Elternhaus, zusammen. Zwei Drittel sind verheiratet. Zwei Drittel verfügen maximal über den Hauptschulabschluss, lediglich 10 % haben das Abitur. Un- und angelernte Arbeiterberufe sowie einfache Angestelltentätigkeiten sind verbreitet. Das Einkommen pro Kopf befindet sich mit 920€ pro Person im mittleren Bereich. Bei den 56 %, die nicht (mehr) arbeiten, handelt es sich um Rentner und Hausfrauen.

Kulturell interessierter, harmonieorientierter Typ

Diese Gruppe zeigt ausgeprägte kulturelle Vorlieben. Deutsche Schlager, Volksmusik und klassische Musik stehen hoch im Kurs, während Rock- und Popmusik abgelehnt werden. Bei den Fernsehinteressen wiederholt sich die Vorliebe für das triviale und zudem anspruchsvollere Segment: Bis auf Actionfilme erhalten die aufgeführten Genres weit überdurchschnittliche Noten (Heimatfilme, Shows, Serien, Kunst- und Kultursendungen). Auch die stärker herausgehobenen Einrichtungsstile finden Beachtung (Persönlichkeit zum Ausdruck bringen, Exklusivität, Gemütlichkeit). In der Freizeit sieht man fern und beschäftigt sich mit den Familienangehörigen. Daneben sind insbesondere Kirchbesuche, Freunde treffen und Spazierengehen/Wandern wichtige Aktivitäten. Die Lebensziele richten sich auf traditionelle Werte, Familie, Geborgenheit und Hilfsbereitschaft. Diese Gruppe ist mit 67 Jahren die älteste Gruppe. Entsprechend des Alters zeigen sich typische Verteilungen bei den Haushaltsformen, den Bildungsabschlüssen und Statusgruppen. Mehr als die Hälfte lebt als Paar zusammen, 32 % leben allein, 15 % mit Kindern. Mehr als ein Viertel ist bereits verwitwet. Der Frauenanteil ist mit 67 % in dieser Gruppe am höchsten. Acht von zehn haben maximal den Hauptschulabschluss und der gleiche Anteil arbeitet nicht mehr. Das Einkommen liegt etwa 100 € pro Person unter dem Durchschnitt.

Distanzierter Typ

Hochkulturelle Tätigkeiten spielen kaum eine Rolle und auffälligerweise finden auch soziale Aktivitäten mit der Familie, Kindern und Freunden nur selten statt. Die Lebensziele werden durchgehend für eher unwichtig gehalten, ein knappes Drittel hält auch Liebe und Zuneigung für unwichtig (1 % - 3 % in den anderen Gruppen). Zwei Drittel aller Befragten erachten dieses letztgenannte Ziel für sehr wichtig, während es bei diesem Typ lediglich 6 % sind. Eine Familie halten im Durchschnitt 57 % für sehr wichtig, in dieser Gruppe liegt der Wert bei 13 %. Kein Genre im Fernsehen findet besonderes Interesse und auch die Musikrichtungen finden kein ausgeprägtes Interesse. Möbel sollen vor allem praktisch, pflegeleicht und preiswert sein. Das Merkmal „gemütlich" ist zwar relevanter, erfährt jedoch im Vergleich ebenfalls nur unterdurchschnittliche Beachtung. Exklusivität und „Persönlichkeit zum Ausdruck bringen" sind völlig unbedeutende Kriterien für diese Gruppe.

Das Alter ist in dieser Gruppe sehr breit gestreut, das Durchschnittsalter ist 51 Jahre. Auffällig ist, dass jeweils zwei Drittel ledig sind und allein wohnen (ein Drittel im Durchschnitt); nur bei 12 % leben Kinder im Haushalt (32 % insgesamt). Männer sind mit 62 % überrepräsentiert. Das Einkommen pro Kopf befindet sich im mittleren Bereich und die Bildungsabschlüsse streuen ebenfalls entsprechend der Stichprobe.

Jugendlich familienorientierter Typ

Rock- und Popmusik findet Interesse, während volkstümliche Musik kaum Wertschätzung erfährt. Die Fernsehinteressen liegen generell über dem Durchschnitt mit besonderer Vorliebe für Shows und Quizsendungen, Sportsendungen, Actionfilme und Serien. Die Freizeit verbringt diese Gruppe überdurchschnittlich häufig mit Freunden, mit der Familie, mit Fernsehen und Computer, Musik hören, beim Besuch von Sportveranstaltungen, Café- und Kneipenbesuchen und auch Sport. Die verschiedenen Lebensziele sind ebenfalls wichtig für diese Gruppe, sei es materielle Sicherheit, soziale Integration durch die Familie, persönliche Attraktivität und Anerkennung durch andere oder auch der berufliche Erfolg. Diese Gruppe ist im Schnitt 36 Jahre alt und wohnt häufig als Familie zusammen (59 %), wobei 44 % verheiratet sind und 11 % bereits geschieden. Der Anteil an Studierenden ist mit 18 % in dieser Altersstruktur relativ gering. Hier ist mit 47 % ein hoher Anteil Vollzeit-Beschäftigter anzutreffen, weitere 16 % arbeiten in Teilzeit bzw. geringfügig und 36 % sind nicht erwerbstätig. In Anbetracht des jungen Alters handelt es sich um eine Gruppe mit eher geringem Bildungsniveau: 29 % haben das Abitur, 31 % die mittlere Reife und 32 % den Hauptschulabschluss. Weitere 10 % gehen noch zur Schule. Das Einkommen liegt wegen der hohen Personenanzahl im Haushalt knapp 200€ pro Kopf unter dem üblichen Wert in der Stichprobe, ist als Haushaltsnettoeinkommen insgesamt jedoch vergleichsweise hoch (2020 € im Vergleich zu 1880 €). Der Anteil von 24 % Migranten liegt weit über dem Durchschnitt.

In Kaiserslautern Innenstadt-West können damit zwei eher traditionell ausgerichtete Lebensstilgruppen identifiziert werden, eine eher häusliche, stärker materiell orientierte und eine kulturell stärker interessierte Gruppe. Auch bei den jugendlichen Aktionsformen finden sich zwei Ausprägungen. Sie unterscheiden sich vor allem anhand der Stellung im Lebenszyklus. Eine Gruppe umfasst einen Großteil der ungebundenen Studierenden und die andere setzt sich zusammen aus jungen Erwachsenen, die häufig schon eine Familie gegründet haben und entsprechend einige Lebensstilmerkmale abgestreift und andere hinzugewonnen haben. Eine weitere Gruppe kann als bildungsbürgerliche, etablierte und in jeder Hinsicht gut ausgestattete Gruppe gelten, und eine sehr kleine Gruppe zeichnet sich durch soziale Distanz zu Mitmenschen und Gegebenheiten aus.
   Es zeigt sich, dass die Differenzierung nach der oben-unten-Skala nicht in einem signifikanten Zusammenhang zur Lebensstiltypologie steht. Auch wenn die Mittelwerte von 5.9 in Gruppe 4 und 5 bis hin zu 6.7 beim hochkulturell orientierten Niveautyp reichen. Die sozialstrukturellen Merkmale weisen zugleich darauf hin, dass sich das Einkommen, die Bildung und die beruflichen Positionen, als klassische Schichtindikatoren nach Lebensstilen unterscheiden.
   Mit Hilfe von Diskriminanzanalysen wurde geprüft, welche der soziodemographischen Variablen die entscheidenden sind, um Lebensstile zu unterscheiden. Wie in den bisherigen Studien auch, so zeigt sich, dass Alter, Bildung und das Vorhandensein von Kindern entscheidend die Zugehörigkeit zu Lebensstilgruppen prägen (Spellerberg 1996; Georg 1998; Schulze 1992). Das Einkommen oder die soziale Schicht sind weniger relevant als die mit dem Lebenslauf verbundenen Indikatoren und das kulturelle Kapital.
   Schulische und berufliche Bildung vermitteln kulturelle Kompetenzen, damit Neigungen zu bestimmten kulturellen Formen und bilden die Grundlage für soziale Netzwerke. Lebensstile von vergleichsweise Gebildeten, durchschnittlich und weniger Gebildeten schotten sich offensichtlich weiter voneinander ab (vgl. Spellerberg 2002). Auf Heranwachsenden liegt nicht nur der enorme Druck, mit individueller Bildung einen Berufseinstieg zu schaffen und damit einen zukünftigen sozialen Status zu sichern, sondern auch kulturelle und soziale Fertigkeiten zu erlernen, um Zugangschancen und Wahlmöglichkeiten im Freizeitbereich zu schaffen. Die starke Prägung von Lebensstilen durch den formalen Bildungsabschluss verweist somit auf eine gewisse Festigkeit bei der Lebensstilzugehörigkeit. Durch den frühen Abschluss der Bildungszeiten ist bei der Dimension Bildung ein Lebensstilwechsel im Lebensverlauf kaum gegeben. Die Gefahr sozialer Schließung scheint bei steigenden Wahlmöglichkeiten zu wachsen. Durch die wachsende Bedeutung des individuellen Bildungserfolgs werden zudem gesellschaftliche Deutungsmuster verstärkt, die Ursachenzuschreibungen auf die Subjekte verlagern. Lebensstile mit eher gerin-

gerem Handlungspotential und häufiger versperrten Zugangschancen mögen in diesem Prozess zwar selbstbewusster werden, strukturelle Ungleichheiten laufen jedoch Gefahr, aus dem Blickfeld zu geraten. Ein deutsch-amerikanischer Vergleich von Lebensstilen junger Erwachsener (Spellerberg 2003) unterstützt die herausragende Rolle der Bildung in Deutschland. In der Bundesrepublik sind die Variablen, die am deutlichsten von akzeptierten sozialen Positionen ausschließen, zugleich die wichtigsten zur Bestimmung der Lebensstilgruppen (arbeitslos sein, höchstens Hauptschulabschluss). In den USA waren die Vollzeitbeschäftigung und verheiratet zu sein die entscheidenden Faktoren, also der „volle Erwachsenenstatus". Für den Zusammenhang von Lebensstilen und Scheitern bedeutet dies, in der Bundesrepublik vor allem die weniger Gebildeten und die vom Arbeitsmarkt Ausgeschlossenen zu beachten.

3.2 Scheitern in verschiedenen Lebensbereichen

Scheitern ist ein Begriff, der sich auf unterschiedliche Lebensziele und Lebensbereiche richten kann. In der Kaiserslauterer Studie ist eine Frage aufgenommen worden, die sich explizit auf eine Bilanzierung bezieht: „Gibt es etwas, das Sie in Ihrem Leben sehr gerne erreicht oder erlebt hätten und das Sie nicht verwirklichen konnten?" Die Befragten sollten beantworten, ob Sie mit ihrem Schulabschluss, Beruf, Familienleben, Wohnung, Wohnviertel, finanzieller Situation, Freundschaften, Freizeitbeschäftigungen und sozialem Engagement zufrieden sind. Die Frage wird im Hinblick auf Scheitern herangezogen, obwohl sie nur bedingt aussagekräftig ist. Sowohl das Wohnviertel, das Freizeitverhalten oder Familienleben können immer verbessert werden. Unzufriedenheiten sind darüber hinaus an die Lebensphase gebunden. In der Phase der Familiengründung genügen die Wohnverhältnisse nicht den Ansprüchen und die finanziellen Mittel sind ebenso wie Freizeit knapp.

Tabelle 2: Negative Bilanz in Lebensbreichen nach Lebensstilen

	Bildung	Familien-leben	Wohnung	Wohn-viertel	Finanziel-le Lage
	Unzufrieden in %				
Niveauorientierte	8	10	15	28	35
Spannungs- und Leistungsorientierte	8	28	27	40	54
Familienorientierte häusliche	20	12	21	26	36
Kulturell Interesierte harmonieorientierte	15	12	10	17	19
Distanzierte	24	36	22	22	48
Jugendliche familienorientierte	15	15	36	39	34
Insgesamt	13	18	22	30	38

Datenbasis: Bürgerbefragung Kaiserslautern Innenstadt-West, 2003; eigene Berechnung

Nahezu vier von zehn der Befragten sind mit ihrer finanziellen Situation nicht zufrieden. Ein knappes Viertel ist mit dem Beruf unzufrieden und 13 % bewerten ihren Schulabschluss als zu niedrig. Eine vergleichbare Verteilung trifft auf das gesellschaftliche Engagement und den Freizeitbereich zu (Unzufriedene: 36 % und 25 %). Das Wohnviertel schätzen drei von zehn Befragten nicht und auch zwei von zehn nicht die eigene Wohnung. Freundschaften pflegen die meisten Befragten in ausreichender Anzahl und Güte (12 % nicht). Immerhin 18 % sind mit dem Familienleben unzufrieden.

Werden die Angaben kumuliert, so zeigt sich, dass lediglich 27 % in allen Bereichen mit dem Erreichten zufrieden sind, 21 % sind einmal, 32 % zwei- bis dreimal und weitere 21 % mindestens in vier Bereichen unzufrieden. Es sind die jüngeren Gruppen, die in ihrer beruflichen, familiären oder wohnungsbezogenen Biographie noch nicht den Höhepunkt erreicht haben und entsprechend häufiger negativ urteilen. Bei den Lebensstilgruppen sind dies entsprechend die jungen Familienorientierten und der Selbstverwirklichungstyp. Umgekehrt weist der traditionellere, kulturell interessierte Typ in vier von zehn Fällen keinerlei Unzufriedenheiten auf – obwohl die materiellen und kulturellen Ressourcen nur unterdurchschnittlich vorhanden sind. Signifikante Unterschiede sind in erster Linie bei den materiellen Aspekten zu finden (vgl. Tabelle 2).

Die gut gestellten Niveauorientierten sind seltener unzufrieden, sie erreichen bei den Items Wohnviertel und finanzielle Lage jedoch nur knapp den Durchschnittswert. Die ebenfalls ressourcenstarken jungen Spannungs- und Leistungsorientierten bekunden relativ häufig in vier der fünf Lebensbereiche Defizite (Ausnahme: Bildung). Die Werte beim Wohnen erklären die häufig bekundete Mobilitätsbereitschaft – die bei Vollzug ein Scheitern der Wohnvorstellungen verhindert. Die jugendlichen Familienorientierten zeigen sich eher positiv gegenüber der Familie, jedoch häufiger negativ gegenüber der Wohnung und dem Quartier. Die finanzielle Situation wird vor allem bei den sozial Distanzierten unzureichend eingeschätzt, bei einem durchschnittlichen Einkommen. Die hohen Werte bei dem Aspekt Familienleben sind wenig überraschend, weil sehr viele dieser Gruppe allein leben. Die schlechter gestellten kulturell interessierten Harmonieorientierten sind mit Ausnahme des erreichten Schulabschlusses deutlich seltener unzufrieden als der Durchschnitt. Es lassen sich Tendenzen erkennen, die teilweise mit dem Lebensstil in Verbindung stehen, wie z.B. die als unzureichend erlebte familiäre Integration des distanzierten Typs oder die Wohnsituation des spannungs- und leistungsorientierten Typs. Unterschiedliche Anspruchsniveaus sind darin zu erkennen, dass die vergleichsweise schlecht gestellten kulturell interessierten Älteren nur selten unzufrieden sind, während der junge, gut ausgestattete Selbstverwirklichungstyp das erreichte Niveau beklagt. Eine Verfestigung der Situation im Hinblick auf Wohnen, Einkommen und Familie könnte einem Scheitern gleichkommen.

Im Ergebnis zeigt sich zwischen sozialer Lage, Lebensstil und Scheitern ein eher loser Zusammenhang. Lebensstile von Gescheiterten können nicht unmittelbar identifiziert werden. Der soziale Status hat zwar einen Einfluss auf die Lebensstilzugehörigkeit, aber nicht den entscheidenden, da Alter, Lebensphase und Bildung wichtigere Faktoren sind. Die im Lebensverlauf kaum veränderbaren Bildungsabschlüsse gewähren oder aber verwehren den Zugang zu bestimmten kulturellen Angeboten. Im Hinblick auf den sozialen Status verläuft eine Ausgrenzung und Abwertung von Lebensstilen daher zunächst einmal an Bildungsgrenzen und orientiert sich weniger am Einkommen oder der beruflichen

Position. Eine negative Bilanz in einzelnen Lebensbereichen stimmt zudem nicht unbedingt mit den objektiven Ressourcen überein, da verschiedene Anspruchsniveaus intervenieren. Auch hier sind bei der Bildung – die nicht mehr zu verändern ist – die Verbindungen vergleichsweise klar zu erkennen.

3.3 Anomiesymptome nach Lebensstilen

Im letzten Abschnitt wird überprüft, ob sich Lebensstile identifizieren lassen, die mit hohen Anomiesymptomen einhergehen. Anomie gilt hier als Indikator für ein gestörtes Band zwischen Individuum und Gesellschaft, das auf ein Scheitern des Lebensstils zurückschließen lässt. Zudem wird wie im ersten Unterabschnitt analysiert, inwieweit eine hohe Beeinträchtigung durch Anomiesymptome mit einzelnen Lebensstilmerkmalen in Verbindung steht. Die Anomieindikatoren entstammen der bundesdeutschen Wohlfahrtsforschung, sind u.a. in den Wohlfahrtssurveys enthalten und im Datenreport (Statistisches Bundesamt in Kooperation mit dem Wissenschaftszentrum Berlin und ZUMA) präsentiert.

Werden die Zustimmung zu den hier aufgenommenen Indikatoren[2] kumuliert[3], so haben jeweils 37 % kein bzw. ein Anomiesymptom und 25 % zwei und mehr Beeinträchtigungen. Werden diese Angaben mit den einzelnen Lebensstilmerkmalen korreliert – unter Kontrolle des Alters – so ergeben sich die erwarteten Zusammenhänge, dass außerhäusliche und hochkulturelle Aktivitäten von Personen mit Anomiesymptomen häufiger gemieden werden (Theaterbesuche, Computerbeschäftigungen, Sport treiben, politischer Einsatz), während Fernsehangebote wie Heimatfilme und Serien häufiger Interesse finden. Es ist also durchaus ein Zusammenhang zwischen Anomie und Lebensstilindikatoren zu erkennen.

Das Alter hat einen sehr starken Effekt, der in einem r^2 von .11 in einer Regression auf die Anzahl von Symptomen zum Tragen kommt. Da auch Lebensstile sich stark nach dem Lebensalter unterscheiden, sind unterschiedliche Grade an Beeinträchtigungen durch Anomie nach Lebensstilen zu erwarten. Die umseitige Tabelle drei zeigt die Anomieindikatoren für einzelne Lebensstilgruppen.

Der etablierte Niveautyp im mittleren Alter schätzt vor allem seine Gestaltungsmöglichkeiten häufiger als positiv ein. Die ebenfalls mittelalten Gruppen der familienorientierten Häuslichen und sozial Distanzierten weisen höhere Werte bei den Anomiesymptomen auf. Die Familienorientierten sehen sehr häufig keine Eingriffsmöglichkeiten in gesellschaftliche Prozesse, fühlen sich häufiger orientierungslos und sind häufiger nicht zuversichtlich bei der Zukunftseinschätzung. Die Distanzierten heben vor allem die mangelnde Arbeitsfreude hervor. Der älteste Typ der kulturell interessierten Harmonieorientierten hat bei jedem Item überdurchschnittliche Werte, insbesondere bei mangelnden Gestaltungs-

---

[2] *Indikatoren*: Ich kann an den meisten unserer heutigen Schwierigkeiten nicht viel ändern. Ich fühle mich oft einsam. Meine Arbeit macht mir eigentlich keine Freude. Das Leben ist heute so kompliziert geworden, dass ich mich fast nicht mehr zurechtfinde. Wenn ich an die Zukunft denke, bin ich nicht sehr zuversichtlich.

[3] Beim ersten und vierten Item wurde nur die höchste Zustimmung: stimmt ganz und gar, bei den übrigen Items zudem die Zustimmung „stimmt eher" einbezogen.

möglichkeiten, Zukunftspessimismus und Orientierungslosigkeit. 43 % dieser Gruppe weisen zwei oder mehr Symptome auf. Während die jüngste Gruppe positiv vom Durchschnitt abweicht, sind die jugendlichen Familienorientierten von mangelnder Arbeitsfreude und Pessimismus häufiger betroffen. Nicht nur Alterseffekte, sondern auch Effekte des Lebensstils kommen hier zum Ausdruck. Es sind zugleich keine Verteilungen zu ermitteln, die es rechtfertigen würden, vom Scheitern eines bestimmten Lebensstils zu sprechen. Die dargelegten Belastungen können darüber hinaus vor allem in jüngeren Jahren temporärer Natur sein.

Tabelle 3: Anomie nach Lebensstilen

	Keine Gestaltungs-möglich-keiten	Oft Einsam	Keine Arbeits-freude	Orientie-rungslos	Pessimis-tisch für Zukunft
	stimmt voll und ganz	stimmt voll und ganz und stimmt eher			
		in %			
Niveauorientierte	15	14	17	15	33
Spannungs- und Leistungsorientierte	9	11	11	9	28
Familienorientierte häusliche	46	17	18	20	42
Kulturell Interessierte harmonie orientierte	48	22	19	28	53
Distanzierte	30	19	26	19	36
Jugendliche familienorientierte	16	17	21	13	42
Insgesamt	25	16	17	16	38

Datenbasis: Bürgerbefragung Kaiserslautern Innenstadt-West, 2003; eigene Berechnung

Fazit

In diesem Beitrag wurde der Zusammenhang von Lebensstilen und Scheitern diskutiert. Da Lebensstile im Kontext zunehmender Optionen diskutiert werden, ist der generelle Tenor der Debatte ein Fortschritt für die Entwicklung von Individualität wie auch gesellschaftlicher Modernisierung. Scheitern kann im Kontext von Lebensstilen begriffen werden als Lebensstile von Gescheiterten oder aber als gescheiterter Lebensstil. Die erste Interpretation bezieht sich vor allem auf den sozialen Status und knüpft an die Debatte um mangelnde

Anerkennung unterer sozialer Schichten im Lebensstilgefüge an. Die zweite Richtung verweist auf die zunehmende Optionenvielfalt und damit verbundene Herausforderungen an das Individuum, sich orientieren zu müssen und einen kohärenten Lebensstil zu entwickeln. Vor allem die letztgenannte Interpretation wird durch die breitere Diskussion um Flexibilitätsanforderungen und Identitätsprobleme gestützt.

Im empirischen Teil wurden die Hypothesen geprüft, dass Lebensstile von Gescheiterten zu identifizieren sind, dass es einen Zusammenhang von Lebensstilen und lebensbereichsspezifischen Unzufriedenheiten gibt und dass unterschiedliche Lebensstilgruppen in unterschiedlicher Weise von Anomiesymptomen betroffen sind. Eine repräsentative Stichprobe in einem Kaiserslauterer innerstädtischen Gebiet bildet die Datengrundlage.

Der soziale Status spielt zwar eine Rolle für die Lebensstilzugehörigkeit, führt jedoch nicht dazu, dass Lebensstile von Gescheiterten identifiziert werden können. Eine besondere Rolle kommt hier den Schulabschlüssen zu, die Lebensstile, Zugehörigkeiten und Chancen wesentlich bestimmen und im Lebenslauf kaum mehr veränderbar sind. Eine tiefergehende Analyse von Lebensstilen gering Qualifizierter könnte hier weiteren Aufschluss geben. Auch geschiterte Lebensstile können anhand der Daten nicht eindeutig ermittelt werden. Wird das Alter als entscheidende Variable außer Acht gelassen, so zeigen sich lebensstilspezifische Tendenzen: Eine sozial distanzierte Gruppe weist neben mangelnder Integration häufiger keine Arbeitsfreude auf, eine jugendliche familienorientierte Gruppe ist wenig zukunftszuversichtlich und ein häuslich familienorientierter Typ hat Schwierigkeiten, sich zurecht zu finden. Von einem Scheitern – vor allem einem endgültigen Scheitern – kann bei den ermittelten Lebensstilgruppen jedoch nicht ausgegangen werden.

Literatur

Bourdieu, Pierre (1987 [1979]): Die feinen Unterschiede. Frankfurt/Main: Suhrkamp.

Durkheim (1999 [1897]): Der Selbstmord. Frankfurt/Main: Suhrkamp.

Georg, Werner (1998): Soziale Lage und Lebensstil. Eine Typologie. Opladen: Leske + Budrich.

Goblot, Edmond (1993 [1925]): Klasse und Differenz. Soziologische Studie zur modernen französischen Bourgeoisie.

Junge, Matthias (2004): Scheitern: Ein unausgearbeitetes Konzept soziologischer Theoriebildung und ein Vorschlag zu seiner Konzeptualisierung. I.d. Bd.

Marx, Karl (1977 [1867]): Das Kapital. Kritik der politischen Ökonomie. 1. Bd. Marx-Engels-Werke, Band. 23. Berlin/Ost: Dietz.

Müller, Hans-Peter (1992): Sozialstruktur und Lebensstile. Frankfurt/Main: Suhrkamp.

Schneider, Nicole/Spellerberg, Annette (1999): Lebensstile, Wohnbedürfnisse und räumliche Mobilität. Opladen: Leske + Budrich.

Schulze, Gerhard (1992): Die Erlebnisgesellschaft. Frankfurt: Campus.

Simmel, Georg (1996 [1907]): Die Philosophie des Geldes. Georg Simmel Gesamtausgabe, Bd. 6. Herausgegeben von Ottheim Rammstedt. Frankfurt/Main: Suhrkamp.

Spellerberg, Annette (1996): Soziale Differenzierung durch Lebensstile. Eine empirische Untersuchung zur Lebensqualität in West- und Ostdeutschland. Berlin: edition sigma.

Spellerberg, Annette (2002): Gesellschaftliche Dauerbeobachtung anhand von Lebensstil-indikatoren In: Wolfgang Glatzer/Roland Habich/Karl-Ulrich Mayer (Hg.): Sozialer Wandel und Gesellschaftliche Dauerbeobachtung. Festschrift für Wolfgang Zapf. Opladen: Leske + Budrich, Frühjahr, S. 297-316.

Spellerberg, Annette (2003): Leisure activities and cultural consumption of young adults. A comparison between Germany and the United States. Eingereicht beim American Behavioral Scientist; im Begutachtungsverfahren.

Veblen, Thorstein (1997 [1899]): Theorie der feinen Leute. Frankfurt/Main: Fischer.

Weber, Max (1972 [1922]): Wirtschaft und Gesellschaft. Grundriss einer verstehenden Soziologie. Tübingen: Mohr.

Heike Solga

Das Scheitern gering qualifizierter Jugendlicher an den Normalisierungspflichten moderner Bildungsgesellschaften

> Lebenschancen sind keine Attribute von Individuen (...), aber ihr Leben ist eine Antwort auf diese Chancen. (Dahrendorf 1979: 49)

> Für viele von ihnen ist die Eingliederung keine Etappe mehr, sie ist zu einem Zustand geworden. (Castel 2000: 376)

1. Einleitung

Die Terminologie *gering qualifizierte Jugendliche* klingt umständlich. Aus dem Alltagssprachgebrauch wie auch der Wissenschaft kennen wir eher solche Begriffe wie *Benachteiligte, Ungelernte, Unqualifizierte*, teilweise sogar *Lernbeeinträchtigte* und ähnliche: Sie werden als Personen charakterisiert, „die nicht behindert sind, die aber dennoch Handikaps mitbringen, seien es individuelle Beeinträchtigungen: lernbeeinträchtigte Jugendliche, z.B. ohne Hauptschul-Abschluss, Sonderschulabgänger, mit schwerwiegenden Bildungsdefiziten; psychischen und physischen Handikaps [oder] soziale Benachteiligungen: sozial benachteiligte Jugendliche, z.B. verhaltensgestörte, drogenkranke/-abhängige Jugendliche, Strafentlassene/-gefangene, Jugendliche mit Migrationshintergrund, alleinerziehende junge Frauen." (BIBB 2002: 1, Einfügung von H.S.)

Mit dieser Begriffsbestimmung kommen allerdings nicht die „gesellschaftlichen Verwerfungen in den Blick – wie beabsichtigt –, sondern mit ihnen sind auch Diskriminierungen und negative Zuschreibungen, Ausgrenzungen verbunden" (Rützel 1997: 82). Sie beinhaltet und fördert eine Gleichsetzung und Interpretation des *Bildungsversagens* dieser Jugendlichen als *deren individuelles Scheitern* im Bildungssystem an der Normalitätsvorstellung und -pflicht des Erwerbs eines (höheren) Sekundarschulabschlusses.

Mit dem Begriff *gering qualifizierte Jugendliche* wird im Unterschied dazu versucht, auf die *gesellschaftliche Produktion* dieser Personengruppe hinzuweisen. Er kennzeichnet damit nicht Personen mit geringer Qualifikation, sondern Personen, die vom Bildungssystem zu wenig qualifiziert und/oder ohne Zertifikat entlassen wurden. Statt der Markierung eines individuellen Leistungsdefizits kann das *Bildungsversagen* dieser Jugendlichen dadurch als *institutionell definiertes und damit sozial konstituiertes* Merkmal betrachtet werden.

Ziel des vorliegenden Beitrages ist es, die *institutionellen* Ursachen des Scheiterns dieser Jugendlichen im Bildungssystem, die damit verbundene institutionelle ‚Identitätsbeschädigung' dieser Jugendlichen sowie ihr Identitätsmanagement (d.h. den ‚strategischen' Umgang mit dieser zugeschriebenen Identität im Kontext von Bildung und Arbeitsmarkt) darzustellen.

2. „Abkühlende" Bildungslaufbahnen, Identitätszuschreibungen und Identitätsmanagement

Schulen haben in modernen Gesellschaften einen mehrfachen Bildungsauftrag zu erfüllen. Es geht unter anderem um die Herausbildung eines mündigen (demokratiefähigen), eines die gesellschaftlichen Normen akzeptierenden und eines (akademisch) gebildeten Individuums. Nicht zuletzt deshalb haben Bildungsprozesse in diesen Gesellschaften den Charakter einer Laufbahnlogik (*career tracking*) – z.B. in Form von altershomogenen Klassenstufen, Kurssystemen und ihren Eingangsvoraussetzungen, Schulwechseln beim Übergang in die Sekundarstufe I oder II sowie in Form von Übergangsregeln in berufliche Aus- und Hochschulbildung (vgl. Fend et al. 1976: 10; Friedeburg 1986: 176; Bowles/Gintis 1976; DeLuca/Rosenbaum 2000: 1). Das Definitionskriterium für das Passieren dieser Laufbahnstufen bestimmt sich aus der Vermittlung des so genannten *Leistungsprinzips*: Es ist der akademische Erfolg von Kindern und Jugendlichen in der Schule, gemessen anhand von *genormten* Leistungen durch Schulnoten oder Leistungstests (vgl. Blaug 2001: 45). Über diese Laufbahnlogik erfolgt die sozialisatorische Einbindung der nachwachsenden Generation in normative Erwartungskontexte, unter anderem in die individualistische Wettbewerbskultur von *Bildungsgesellschaften*[1] (Jones et al. 1984: 208; Bowles/Gintis 1976; Shavit/Müller 2000): „The coin of status in the classroom is good grades." (Gerard 1983: 872)

Von allen Kindern wird das erfolgreiche Absolvieren dieser Bildungslaufbahnen erwartet, daran werden sie gemessen. Sie lernen dabei zugleich, wer sie – gemessen an der Erfüllung dieser Erwartungen und Anforderungen in der Schule – im Vergleich (bzw. im Wettbewerb) zu ihren Altersgenossen sind. Der hierarchischen Leistungsmessung im Schulalltag (von sehr gut bis sehr schlecht, von leistungsstark bis leistungsschwach) sind damit jedoch Möglichkeiten einer *vertikalen Kategorisierung* von Schülern und Schülerinnen in Bezug auf ihr Lern- und Klassenraumverhalten inhärent:

„Die Gesellschaft schafft die Mittel zur Kategorisierung von Personen und den kompletten Satz von Attributen, die man für die Mitglieder jeder dieser Kategorien als gewöhnlich und natürlich empfindet." (Goffman 1974: 9f.)

---

[1]   Zur zugrunde liegenden Begriffsbestimmung der Bildungsgesellschaft siehe Solga (2003a).

Mittels der hier verwendeten formalen und normierten Bewertungsverfahren werden ‚Abweichungen' nach unten *konstituiert*.[2] Insofern „ist abweichendes Verhalten keine Qualität der Handlung, die eine Person begeht, sondern vielmehr eine Konsequenz der Anwendung von Regeln durch andere" (Becker 1981: 8). Dabei werden diese Abweichungen häufig in einem Prozess der ‚Personalisierung' mit solch ontologisch naturalisierenden – der Wettbewerbsidee zwar widersprechenden, aber dennoch individualisierenden – Definitionen wie *Begabungs*mangel, *Intelligenz*defizit, Verhaltens- und Lernprobleme (‚*Lernbehinderte'*) versehen. Dies kann einerseits bei den so Klassifizierten zu verringerten Leistungsaspirationen und geringeren Leistungsanstrengungen beitragen. So hat die international vergleichende TIMSS-Studie unter anderem (für Australien, Kanada, Island, Irland, Japan, Neuseeland, Portugal und den USA) gezeigt, dass Jugendliche der 8. Klasse, die natürliche Begabungen für gute Mathematikleistungen für wichtig halten, deutlich geringere Testergebnisse erreichten im Vergleich zu Jugendlichen, die diese Meinung nicht teilen (OECD 2000: 318).[3]

Andererseits werden ‚Abweichungen' darüber öffentlich gemacht, so dass sie sowohl für Lehrer und Lehrerinnen als auch für Mitschüler und -schülerinnen wahrnehmbar sind und auf der Basis ihrer damit einhergehenden antizipatorischen Erwartungen deren Verhalten gegenüber den so etikettierten Schülern und Schülerinnen mitbestimmen: „Was zunächst bloße Etikettierung war, wird nun von Dritten als Persönlichkeitsmerkmal verstanden" (Ulrich 2003: 30) und droht auf Grund des psychologischen Halo-Effekts mit weiteren negativen Zuschreibungen und Identitätszumutungen einherzugehen (Secord/Backman 1977: 420). Hinsichtlich der Lehrer und Lehrerinnen besteht hierbei die „Gefahr eines pädagogischen Pessimismus", dessen Folge geringe(re) Leistungserwartungen und -anforderungen sowie verzerrte Leistungsbewertungen sind (bzw. sein können) (Fend et al. 1976: 105; Fend 2001: 347). Hinsichtlich der Mitschüler und Mitschülerinnen besteht die Gefahr, dass die so etikettierten Kinder inner- *und* außerhalb des Unterrichts ständig auf diesen ‚Makel' festgelegt werden.[4]

---

[2]   Natürlich werden damit auch ‚Abweichungen' nach oben konstituiert, die häufig seitens der Mitschüler und -schülerinnen mit dem negativ konnotierten Label des Strebertums versehen werden. Die Identitätsbildungsprozesse der so etikettierten Kinder und Jugendlichen sollen hier jedoch – da sie wohl nur selten als ein ‚Scheitern' interpretiert werden – nicht behandelt werden.

[3]   Für Deutschland liegen keine Angaben vor.

[4]   Insbesondere in Schulsystemen mit separaten Förderklassen oder gar -schulen werden die Schwächen dieser Schüler ins Rampenlicht gerückt und öffentlich bekannt gemacht (Blaug 2001: 45). Diese Separation kann zwar ‚entlastend' für diese Kinder hinsichtlich des unmittelbaren Unterrichtsgeschehens sein (siehe *big-fish-little-pond*-Effekt von Marsh/Craven 1998) – wobei auch hier in Rechnung zu stellen ist, dass sich auch in diesen Klassen und Schulen ein schülergruppenspezifisches, wiederum hierarchisches System der Leistungsbewertung (wenn auch auf niedrigerem Niveau) herstellt (vgl. Gerard 1983: 871). Zudem sind diese Kinder und Jugendlichen dadurch weder vor Etikettierungsprozessen in Interaktionen mit Gleichaltrigen außerhalb der Klasse bzw. der Schule noch in Interaktionen nach Beendigung der Schule geschützt: „Such schools [and classes] are a dumping group for ‚bad' students and symbolize the failure [in] the regular system" (Rumberger 2001: 27; Einfügung von H.S.).

Von ihnen wird nun verlangt, dass sie bessere Schulleistungen und eine darüber definierte „Normalität unter den Bedingungen der Ausgrenzung und Diskriminierung, verbunden mit der Verheißung von Integration und gesellschaftlicher Teilhabe, (herstellen)" (Warzecha 2001: 71; vgl. auch Bourdieu et al. 1997: 527ff.; Stauber/Walther 2000). Für viele dieser Kinder und Jugendlichen gestaltet sich der Schulalltag mithin als ein Wechselspiel von *Feedback-loops* des Scheiterns und „Abkühlungseffekten" (Clark 1960; Goffman 1952; Stauber/Walther 1999: 50). Resultat derartiger Prozesse von Ablehnung oder Zurückweisung können Schulangst, Anomie (Gefühl der Machtlosigkeit) sowie Entfremdung und Distanzierung leistungsschwacher Schüler vom Lernprozess sein.[5] Ausdruck dafür sind unter anderem die hohen Schulabbruchs- und Schulverweigerungsquoten in Europa, den USA, Australien und Neuseeland (Blaug 2001: 45; Smyth 1999: 496; Forum Bildung 2001: 42f.). Sie liegt im OECD-Durchschnitt bei 5 %. Die Wahrscheinlichkeit des ‚Fehlens in der Schule' ist – so konnte basierend auf den Ergebnissen der TIMSS-Studie gezeigt werden – um so höher, je geringer die Leistung der Schüler sowie je geringer der Leistungsdurchschnitt der Schule ist (OECD 2000: 239f.).

Eine Untersuchung von Schulverweigerung in Köln konnte diesbezüglich zeigen, dass der Anteil an Haupt- und Sonderschülern mit ‚häufigem' Schulschwänzen oder gänzlichem Fernbleiben vom Unterricht am höchsten ist (15 % bzw. 13 %). Dieser Anteil ist in Realschulen und Gymnasien deutlich niedriger (6 % bzw. 5 %t) (Schreiber-Kittl/Schröpfer 2002: 53).[6] Dieser Befund wurde auch durch andere regionale Studien bestätigt (dargestellt in Schreiber-Kittl/Schröpfer 2002). Als Gründe für das Schulschwänzen wurden vor allem ein negatives Verhältnis zu Lehrern sowie zu Mitschülern genannt (Schreiber-Kittl/Schröpfer 2002: 100). Zudem waren unter den Schulschwänzern und -verweigerern in hohem Maße Jugendliche, die ein- und mehrmals eine Klasse wiederholen mussten:

„Die befragten Schülerinnen und Schüler empfanden ‚Sitzenbleiben' durchweg als Makel, als eine soziale Diskriminierung: In ihren eigenen Augen und denen der anderen hatten sie versagt. Sie mussten die vertraute Gruppe verlassen und fanden sich in fremden Lerngruppen und zwischen jüngeren Schülern wieder" (Schreiber-Kittl/Schröpfer 2002: 160).

Im Folgenden soll kurz dargestellt werden, welche Interaktions- und Identitätsbildungsmuster diesen *Abkühlungs*prozessen zugrunde liegen. In ihren sozialen Interaktionen im Schulalltag bewerten Kinder das Verhalten ihres Gegenübers und erfahren zugleich die Bewertung und Beurteilung ihres eigenen Verhaltens durch ihre Mitschüler und -schülerinnen sowie ihre Lehrer und Lehrerinnen. Konstitutiv für diese Bewertungen und ihre Interpretation sind Typisierungen und Kategorisierungen sozialen Verhaltens: Zum einen als sozialpsychologischer Prozess der Informationsverarbeitung (Fiske 1998: 375; Jones et al. 1984: 155f.) und zum anderen als Vergesellschaftungsprozess, durch den sie über Gruppenzugehörigkeiten definieren lernen, wer sie sind, um aufeinander bezogen sozial handlungsfähig zu werden bzw. zu sein:

---

[5]   Vgl. Fend et al. (1976: 145), Steele (1997: 623), DeLuca/Rosenbaum (2000: 1, 6), Smyth (1999: 492) sowie Entwisle et al. (1997), Fine (1991), Turner (1964).

[6]   Der Anteil bei den Haupt- und Sonderschülern ist real wahrscheinlich noch höher, da es hier zahlreichere Befragungsausfälle durch das Fehlen am Tag der Befragung gab.

„Um den Menschen zu erkennen, sehen wir ihn nicht nach seiner reinen Individualität, sondern getragen, erhoben oder auch erniedrigt durch den allgemeinen Typus, unter den wir ihn rechnen (S. 24) (...) Die Bewusstseinsprozesse, mit denen sich Vergesellschaftung vollzieht: die Einheit aus Vielen, die gegenseitige Bestimmung der Einzelnen, die Wechselbeziehung der Einzelnen für die Totalität der anderen und dieser Totalität für den Einzelnen – verlaufen unter dieser ganz prinzipiellen, nicht abstrakt bewussten, aber in der Realität der Praxis sich ausdrückenden Voraussetzung: daß die Individualität des Einzelnen in der Struktur der Allgemeinheit eine Stelle findet." (Simmel 1908/1958: 30)

Für diese Bewertungen und Kategorisierungen verwenden sie *signifikante Symbole*, die in gemeinsam geteilter Bedeutung Auskunft über die Handlungskonsequenzen ihres Verhaltens in Interaktionszusammenhängen geben. Zu einem der wichtigsten signifikanten Symbole im Schulalltag gehört die Leistungsbewertung in Form von Lehrerurteilen im Unterricht, Noten, Testergebnissen und schließlich Bildungsabschlüssen, da sie – gemäß einer neo-institutionalistischen Perspektive (March/Olsen 1984: 741; Hasse/Krücken 1999: 10)[7] – für selbstverständlich gehalten werden und (legitimierte) Maßstäbe für die Beurteilung angemessenen Verhaltens in der Schule moderner Gesellschaften darstellen. Als sozial anerkannte Definition von Anforderungen und Pflichten werden sie zu einem intersubjektiven Interpretationsfilter, der in Form einer – aus den gezeigten Schulleistungen abgeleiteten – *Bildungskategorisierung* nicht nur Informationen über das Handeln des Gegenübers in den vielfältigen Situationen im Schulalltag liefert, sondern zugleich auch die Selbstwahrnehmung der Schüler und Schülerinnen hinsichtlich ihrer Leistung im Vergleich zu und in Reaktion auf die anderen formt:

„Segmenting the world into a manageable number of categories does not just help us to simplify and make sense of it, it also serves one other very important function – that of defining who we are." (Brown 1996: 546)

Ganz im Sinne Meads (1968) handelt es sich damit um die Herausbildung einer sozialen Identität („Me"), als „meiner Vorstellung von dem Bild, das der andere von mir hat, bzw. auf primitiverer Stufe meiner Verinnerlichung seiner Erwartungen an mich" (Joas 2002: 176). Die in der Schule vermittelten Fremdbilder in Form von leistungsdefinierten Schülerkategorien führen in ihrer Verallgemeinerung als ‚normkonformes' oder ‚abweichendes' Verhalten zugleich zu Etikettierungen, durch die sich die Kinder und Jugendlichen wie durch ein „looking glass self" (Cooley 1992) aus der Perspektive der anderen betrachten und ihr Leistungs- wie auch Sozialverhalten daran ausrichten:

„Category labels make a difference, because once a label is applied, *further information* processing is guided by its connotation." (Jones et al. 1984: 6; Hervorhebung durch H.S.)

---

[7] Dieser Bezug zur neo-institutionalistisch erklärten Verselbstständigung von symbolischen Strukturen (wie z.B. von Klassifikationssystemen) und Regeln ist notwendig, da weder die sozialpsychologischen Theorien sozialer Kategorisierung noch der symbolische Interaktionismus erklären können, *welche* Kategorien reproduzierbar, situationsübergreifend und intersubjektiv in Interaktionen angewendet werden. Beide thematisieren, *warum* Kategorisierungen notwendig sind und *wie* sie Interaktionen und soziales Handeln beeinflussen.

Als individuelle Reflexionsleistung (wenn auch sozial vorstrukturiert und durch institutionalisierte symbolische Strukturen gestützt; vgl. Bourdieu 1982: 246) und zunehmende soziale Integration der nachwachsenden Generation beinhaltet diese Identitätsbildung über Schulleistungen nicht nur die Reflexion der Erwartungen eines anderen (*significant other*), sondern die eines – in der Abstraktion aller bedeutsamen Anderen – „generalisierten Anderen" (*generalized other*). *Schlechte Schulleistungen* werden in der Schule durch diesen *generalized other* in dreierlei Hinsicht als ‚Abweichung' von der sozialen – von der Mehrheit der Gesellschaft formell oder informell getragenen – Norm der Leistungserbringung und damit als *individuelles Scheitern* vermittelt: *Erstens* als Verstoß gegen gesellschaftlich vorherrschende Bildungsstandards mit dem Verweis auf zukünftige Restriktionen im Erwerbsleben (hier kommt es unter anderem zum Verweis auf körperlich schwere oder ‚abstoßende' Berufe, wie Müllkutscher, Straßenfeger etc., oder auf drohende Arbeitslosigkeit), *zweitens* als *Dead-end*-Erklärung hinsichtlich der intellektuellen Fähigkeiten dieser Schüler und Schülerinnen im Sinne von „Was Hänschen nicht lernt, lernt Hans nimmermehr", und/oder *drittens* als soziale Verantwortungslosigkeit, da sie ihren Beitrag zum Gemeinwohl in Form guter Schulleistungen scheinbar nicht erbringen wollen (vgl. Jones et al. 1984: 208).

Ihre schlecht(er)en Schulleistungen werden diesen Schülern und Schülerinnen sowohl von den Lehrern und Lehrerinnen als auch von ihren besseren Mitschülern und Mitschülerinnen als ‚abweichendes' Verhalten durch Reaktionen der Ignoranz, Ablehnung, Erniedrigung oder Verurteilung ihres Verhaltens gespiegelt:

„Social identities are fundamentally relational and comparative: they define the individual as similar to or different from, *as better or worse than*, members of other groups." (Crocker et al. 1998: 526; Hervorhebung durch H.S.)

In einem sozialisatorischen Prozess der Rollenübernahme (*role-taking*) – des Sich-Sehens aus der Perspektive der anderen und der Beachtung dieses (vorgestellten) Fremdbildes im eigenen Handeln – haben sie stets erneut ablehnende Reaktionen und negative Fremdzuschreibungen zu verarbeiten und lernen dabei zugleich, wie sich andere Personen verhalten, wenn sie von ihren schlechten Schulleistungen erfahren und sie als Mitglieder der *Gruppe* schlechter Schüler und Schülerinnen identifizieren (Crocker et al. 1998: 505; Roos 1999: 27):

„Die Natur eines Individuums, wie es sich und wir sie ihm zuschreiben, wird durch die Natur seiner *Gruppenanschlüsse* erzeugt." (Goffman 1974: 141; Hervorhebung durch H.S.)

Dabei lernen sie zum einen, dass es sich bei *Schulleistungen* um von anderen Personen wahrnehmbare, gesellschaftlich hochbewertete sowie als ‚zuverlässig' bewertete Zeichen zur Charakterisierung von Personen (wenn auch als Gruppenmitglieder) handelt.[8] Gerade die „Zuweisung eines Devianzstatus durch öffentliche Definitionsinstanzen [wie die Schule] greift (...) so massiv in die Lebenswelt des Einzelnen ein, dass er an der Identitätsfrage: ‚Wie sehen mich die anderen – wie sehe ich mich selbst?' gar nicht vorbei-

---

[8]   Dies ist unter anderem der Tatsache geschuldet, dass Schulleistungen eine relativ deutliche und eindeutige Unterscheidung zwischen Angehörigen und Nichtangehörigen von Bildungskategorien erlauben (vgl. Brown 1996: 544).

kommt" (Frey 1987: 179). Zum anderen lernen sie mit dieser (zugeschriebenen) sozialen Identität der ‚Leistungsschwäche' (und ihrer Interpretation als in der Regel selbstverschuldet infolge ihres ‚abweichenden' Schul- und Lernverhaltens) umzugehen.[9] Im Umgang mit dieser – im Bildungssystem und seiner hierarchischen Bildungskategorisierung angelegten – ‚institutionalisierten Identitätsbeschädigung' stehen diesen als leistungsschwach etikettierten Schülern und Schülerinnen Handlungsweisen zwischen den folgenden beiden Polen zur Verfügung: eine ‚Verdopplung' ihrer Anstrengungen als Rebellion und Protest *oder* ein Sich-Fügen als Anpassung an das Fremdbild (mit oder ohne Korrektur des individuellen Selbstbildes) (vgl. Schumann et al. 1991: 39).

Beide sind auf Grund der relativen Autonomie der persönlichen oder Ich-Identität gegenüber der sozialen Identität möglich (Krappmann 1971). Dadurch wird dem Individuum eine *Identitäts*interpretation (*role-making*[10]) erlaubt, die selbst bei ‚beschädigter' sozialer Identität nicht zu einem Verlust an persönlicher Identität führen muss, sondern im Gegenteil ihre Aufrechterhaltung durch die Trennung von sozialer und individueller Ebene ermöglicht (vgl. Brewer/Brown 1998: 560; Schumann et al. 1991: 33). Und in der Tat gibt es Personen, die nach dem ersten Muster – der Erhöhung ihrer Anstrengungen – verfahren (Crocker et al. 1998: 530).[11] Doch selbst ihre Anstrengungen drohen immer wieder an dem (institutionalisierten) Fremdbild ihrer Altersgenossen und Lehrer/innen zu scheitern, denn deren stereotype Sichtweise begrenzen den Handlungsspielraum dieser Jugendlichen (Fiske 1998: 370; Jones et al. 1984: 207).[12]

Die oben genannten Befunde zu Schulverweigerung und Lernzurückhaltung leistungsschwacher Schüler und Schülerinnen signalisieren daher für viele dieser Jugendlichen eher ein Identitätsmanagement der zweiten Variante, den ‚Rückzug' bzw. das *Spannungs*management. Dabei handelt es sich seitens dieser Jugendlichen nicht unbedingt um eine passive *Anpassung*, sondern eher um eine *Bewahrung* eines Stücks persönlicher Identität (Goffman 1977: 602). Das heißt, die ‚sorgsame' Selbstselektion der Felder bzw. Situationen, die sie

---

[9] Die Schulzeit ist – wie sozialpsychologische Untersuchungen gezeigt haben – dabei besonders relevant: „The age at which this awareness (of the negative connotations of their social identity in the eyes of others) develops is not always clear, but it is likely to be well established by adolescence." (Crocker et al. 1998: 517) Sowie „Failures undermine it (the belief in one's personal efficacy), especially if failures occur before a sense of efficacy is firmly established." (Bandura 1995: 3)

[10] „Wenn wir der Reflexion fähig sind, dann sind wir das, was wir sind und im Verlauf unserer Lebensgeschichte werden, aber immer auch ein Stück durch uns selbst." (Ritsert 2001: 110)

[11] Wer sie sind und warum sie es sind, gehört zu den Forschungsdesideraten soziologischer wie sozialpsychologischer Forschung (vgl. Crocker et al. 1998: 530).

[12] Hier ist wohl generell in Rechnung zu stellen, dass die relative Autonomie des „I" gegenüber den sozialen Zuschreibungen für Personen, die von positiven Zuschreibungen betroffen sind, höher ist als für Personen, die sich negativen Zuschreibungen zu widersetzen haben. Während Erstere leichter mal ‚verstoßen' können, *ohne* dass es ihnen gleich zur *Regel* gemacht wird, bedarf es bei Letzteren besonderer Anstrengungen, um (a) den zugeschriebenen (zugestandenen) Handlungsspielraum verlassen zu können und (b) zu erreichen, dass ein solch ‚unerwartetes' Verhalten nicht *nur* als eine *Ausnahme* bewertet wird.

eher aufsuchen und die sie meiden, verschafft ihnen eine gewisse Souveränität (Geulen 2000: 198f.; Jones et al. 1984: 196):

„Each decision to connect with the social world will involve a special effort, a conscious decision of whether the contact is worth the possible humiliation and further negative reaction." (Jones et al. 1984: 111)

Zudem teilen sie – infolge ihrer Sozialisation im Bildungssystem – häufig das Bewertungssystem nach Leistung, da es ihnen einerseits die (wenn auch vage) Chance lässt, es doch noch zu schaffen, und da es andererseits über gemeinschaftliche Interaktionen im Lauf der Zeit zu einer *Normierung* der Bedeutung von (wie es im symbolischen Interaktionismus bezeichnet wird) ‚Dingen' – hier von Leistung – kommt. Dafür werden sowohl eigene Interaktionserfahrungen als auch beobachtete Erfahrungen verarbeitet:

„[Marked] individuals may anticipate negative outcomes in certain social contexts or domains of life because *they are aware that members of their group often experience negative outcomes in those domains or contexts,* or because they believe that a person or situation is biased against them." (Crocker et al. 1998: 529; Einfügung und Hervorhebung von H.S.)

Als empirische Beispiele für derartige Selbstselektion und negative Selbsttypisierungsprozesse seien folgende genannt: Einer EMNID-Untersuchung von 20- bis 24-jährigen westdeutschen Jugendlichen im Jahr 1990 zufolge haben sich 70 % der Sonderschulabsolventen und 67 % der Hauptschüler ohne Abschluss, die ohne Ausbildungsabschluss waren, *nie* um eine Ausbildung beworben (Beinke 1992: 50). Als Gründe für den Ausbildungsverzicht werden immer häufiger ihre mangelnde schulische Vorbildung, ihre Resignation auf Grund von antizipierten Problemen bei der Ausbildungssuche, Motivationsprobleme, ihre ungenügende berufliche Orientierung und Beratung genannt (BIBB/EMNID 1999: 44; Davids 1994: 10; Twardy 1992: 8). D.h., viele dieser Jugendlichen sehen sich chancenlos, sind schulmüde und wollen, wenn sie die Schule verlassen, Geld verdienen.[13]

Diese Selbstselektionsprozesse sind unter anderem der Angst vor ‚Entdeckung' ihrer fehlenden Schulleistungen geschuldet (Jones et al. 1984: 30). Sie kennzeichnen jedoch nicht nur ein Spannungsmanagement im Sinne eines „defensiven Sich-Verkriechens" (Goffman 1974: 27), sondern in gewisser Weise auch ein aktives Management, mit dem letztlich sie entscheiden, wann sie welche (diskreditierenden) Informationen über sich selbst preisgeben (wollen) (Goffman 1974: 57; Geulen 2000: 199). Dabei besteht jedoch die *Gefahr* einer „normativen Misere" (Goffman 1974: 159), d.h. dass sie sich mit dieser Strategie der Selbstselektion – als Umgang mit der Nichterfüllung der in der Bildungsgesellschaft hoch bewerteten Leistungsnorm – von der Gesellschaft entfremden bzw. zu ‚Außenseitern' werden (Becker 1963):

---

[13]   Die BIBB/EMNID-Untersuchung im Jahr 1998 – in der 20- bis 29-jährige junge Erwachsene ohne Berufsabschluss befragt wurden – bestätigte diese Größenordnung und Gründe für den ‚Ausbildungsverzicht' (BIBB/EMNID 1999: 42ff.).

„Indeed, early *academic deficiency* is one of the leading *predictors* of aggressive life-styles and participation in antisocial activities." (Bandura 1995: 19; Hervorhebung durch H.S.)

Dies ist häufig das Ergebnis eines Teufelskreises, in dem sich diese Kinder und Jugendlichen befinden. Etikettierungsprozesse auf Grund fehlender Schulleistungen sowie eine fehlende bzw. unzureichende Förderung in der Schule können zu einem schulischen *Disengagement* führen, welches dann wiederum eine weitere Verschlechterung ihrer Schulleistungen zur Folge hat, so dass in späteren Interaktionszusammenhängen ihre Interaktionspartner (zunächst) auf eine geringere individuelle Leistungsfähigkeit rekurrieren und blockierte Gelegenheiten unberücksichtigt lassen. Die Folge ist ein erneutes *Disengagement* auch in diesen Kontexten und damit wiederum der Verlust von Gelegenheiten zum Kompetenzerwerb:

„A vicious cycle may occur in which discrimination and blocked opportunities in a particular domain lead to *devaluing of that domain to protect self-esteem*, which in turn produces decreased motivations to achieve in that domain. Lack of achievement in that domain is then erroneously interpreted by others as reflecting lack of ability, rather than blocked opportunities." (Crocker et al. 1998: 530, Hervorhebung durch H.S.) [14]

Damit wird zugleich die „Anpassung an das aktuell Mögliche zu ihrem dominanten Interpretationsmuster der Alltagsbewältigung" (Stauber/Walther 1999: 55; vgl. auch Boudon 1986: 173; Tepperman/Djao 1990: 56). Eine kurzfristige Situationsbewältigung erhält damit den Vorrang vor langfristigen Zielen. Ihre oft kürzere Zeitperspektive ist damit „nicht nur Handlungsfolge, sondern auch Handlungsdeterminante", die zugleich „verhindert, daß der Spielraum genutzt wird, der selbst in stagnierenden Lebensverhältnissen vorhanden ist" (Kohli 1978: 26; vgl. auch Mannheim 1940: 56, 104-106, 181; Wilensky 1960: 555).

In historischen und sozialen Kontexten, wo eine geringe(re) Leistungserbringung zur *moralischen Defizit*-Charakterisierung von Personen verwendet wird und die soziale Identität(sbeschädigung) gering qualifizierter Jugendlicher – im Sinne Goffmans – einen „master status" in ihren Interaktionen mit der Umwelt erhält, kann aus dieser negativen Zuschreibung sogar ein *soziales Stigma* werden. Ob und wann ihre ‚geringe Bildung' ein *soziales Stigma* in modernen Bildungsgesellschaften darstellt, hängt damit vom jeweiligen Referenzsystem ‚Bildungserfolg' ab. Dieses stellt das Bezugssystem dar, das den jeweiligen Normalitätserwartungen und -pflichten hinsichtlich des Bildungserwerbs und des zu erbringenden Bildungserfolgs zugrunde liegt.

---

[14] Eine geringe Identifikation mit Schule und Leistung generell kann sie vor einem Verlust an Selbstwertgefühl schützen und ihnen ermöglichen, eine relativ hohe Zufriedenheit mit ihrem Leben aufrechtzuerhalten: „Although disidentification can have positive implications for self-esteem, this strategy can be costly. (...) research, conducted over a time span of more than 20 years, leads to the surprising conclusion that prejudice against members of stigmatized and oppressed groups generally does not result in lowered self-esteem for members of those groups, (...) on average, (they) are not particularly dissatisfied with their lives". (Crocker et al. 1998: 530f.)

3. „Achtung: Stigmatisierungsgefahr!"

Bevor diese Überlegungen genauer ausgeführt werden, ist es zunächst sinnvoll, kurz zu definieren, was unter einem ‚sozialen Stigma' zu verstehen ist. Stigmatisierung ist die Extremform einer negativen Identitätszuschreibung bzw. Etikettierung in Bezug auf Verhalten *und* Charakter (Goffman 1974: 68). Es handelt sich damit auch bei der Stigmatisierung nicht um die Etikettierung *einzelner* Individuen, sondern um die Etikettierung von Individuen als *Gruppen*mitglieder. Das mit diesem Gruppenmerkmal bzw. ‚-etikett' (Stigma-Symbol) in Verbindung gebrachte Verhalten wird nicht ‚nur' als negativ abweichend bewertet, sondern geht mit einer sehr extensiv diskreditierenden Wirkung einher, die in vielfältigen Situationen und Kontexten von den etikettierten Personen erlebt wird (Goffman 1974: 11; Jones et al. 1984: 295). Mit dieser allgegenwärtigen *Defizit*-Charakterisierung von Personen und der damit verbundenen Gefahr, dass es Bestandteil ihres Selbstkonzeptes wird (Crocker et al. 1998: 508f.; Jones et al. 1984: 124), erhalten Stigma-Symbole einen – wie Goffman (1974) in seinem Buch *Stigma: Über Techniken der Bewältigung beschädigter Identität* ausweist – ‚Masterstatus' in den Interaktionen der so etikettierten Personen in den verschiedenen Lebensbereichen.

Goffman (1974: 12f.) unterscheidet drei Typen von Merkmalen, die über den Prozess sozialer Sinndeutungen als Stigma-Symbole sozial bedeutsam werden können: (1) Abscheulichkeiten des Körpers, (2) Stigmata, die als individuelle Charakterfehler interpretiert werden (wie Arbeitslosigkeit), und (3) phylogenetische Stigmata (Rasse, Religion, Nation, Klasse). Eine zutiefst diskreditierende und allgegenwärtige Wirkung erlangen diese Attribute (Stigma-Symbole) als Indikator für Normabweichung in Interaktionen dadurch:[15]

– dass sie die Beschaffenheit haben, kontinuierlich für die Wahrnehmung erreichbar zu sein (Goffman 1974: 127; Crocker et al. 1998: 507; Jones et al. 1984: 34),

– dass sie nicht nur sichtbar, sondern auch ‚eindeutig' (evident) sind und so vermeintlich ‚unfehlbare' Bewertungen ermöglichen (Goffman 1974: 64; Crocker et al. 1998: 505),

– dass sie in einer Gesellschaft als ‚erworbene' und individuell ‚kontrollierbare' Merkmale gelten, so dass ihre Existenz als das Ergebnis ‚unzureichender' individueller Anstrengungen hinsichtlich der erwarteten und teilweise geforderten ‚Behebung' gewertet wird (Jones et al. 1984: 40, 56, 208),

und/oder

---

[15]   Ferner trägt eine *angespannte ökonomische Situation* zu einer erhöhten Stigmatisierungsgefahr der so definierten Minoritäten bei, da diese ökonomische Unsicherheit Verunsicherungen hinsichtlich der sozialen Ordnung mit sich bringt. Diese Verunsicherungen führen – mit dem Ziel des Positionserhalts – zu verstärkten Abgrenzungsprozessen zwischen Gruppen sowie zu einer veränderten Haltung gegenüber den von der Gesellschaft aufzubringenden Kosten für ‚deviante Personen' (Biermann/Rützel 1991: 414; Goffman 1974: 171; Jones et al. 1984: 99ff.).

– dass sie nicht zu ‚korrigieren' sind, da die Korrektur dieses zur Stigmatisierung verwendeten Merkmals nicht zur völligen ‚Normalisierung' der Person führt, sondern nur
   eine „Transformation eines Ich mit einem bestimmten Makel zu einem Ich mit dem
   Kennzeichen, ein bestimmtes Makel korrigiert zu haben", darstellt (z.B. bei Alkoholkranken) (Goffman 1974: 18; Jones et al. 1984: 40).

Dabei kommt der jeweiligen Gruppengröße eine besondere Bedeutung zu. Umso kleiner sie ist, desto höher ist die Gefahr von Stigmatisierungsprozessen. Wieso? Sozialpsychologische Untersuchungen konnten nachweisen, dass die Stigmatisierungsgefahr bei
einem negativ bewerteten Gruppenmerkmal umso geringer ist, je häufiger es auftritt (d.h. je
‚gewöhnlicher' es ist), und dass sie umgekehrt umso höher ist, je ‚seltener' (‚ungewöhnli-
cher') es ist (Jones et al. 1984: 92). Darüber hinaus haben sie als ‚normabweichende Minderheit' eine geringere Definitionsmacht in Aushandlungsprozessen (Jones et al. 1984:
304; Reskin 2000: 323). Zudem ist bei kleiner Gruppengröße eine höhere soziale Homoge-
nität der Gruppe leistungsschwacher Schüler und Schülerinnen hinsichtlich einer eher
bildungsfernen Familie und *Peer group* wahrscheinlich. Damit stehen ihnen weniger
„high-status link persons" (Jones et al. 1984: 197) zur ‚normalen' Welt zur Verfügung; es
gibt weniger ‚Widerspruch' aus der eigenen sozialen Gruppe hinsichtlich bildungsferner
Verhaltensweisen; und es gibt vermehrt Prozesse einer ‚doppelten negativen Kategorisierung' durch ihre Umwelt – nämlich ‚leistungs- *und* sozial schwach' (Jones et al. 1984:
304).

Welche Schlussfolgerungen lassen sich hinsichtlich dieser Dimensionen sozialer
Stigmatisierung angesichts der Bildungsexpansion und der heutzutage erhöhten Arbeits-
marktkonkurrenz für die Konsequenzen einer ‚geringen Bildung' ableiten? Inwiefern kann
davon ausgegangen werden, dass die institutionelle Identitätsschädigung gering qualifizierter Jugendlicher mit fortschreitender Entwicklung der Bildungsgesellschaft eine stigmatisierende Qualität erhält? Die Beantwortung dieser Fragen soll thesenartig erfolgen.

Eine stark wachsende Bildungsbeteiligung der Mehrheit erhöht die Diskreditierungsgefahr
gegenüber gering qualifizierten Jugendlichen und verstärkt ‚beschädigende' Selbsttypisie-
rungsprozesse.

Mit der Bildungsexpansion hat sich in vielen westlichen Gesellschaften der Anteil gering qualifizierter Personen drastisch verringert. ‚Geringe Bildung' verwandelte sich damit
von einem Massen- in ein ‚Randgruppen'-phänomen. Da die Gruppengröße – auf Grund
der „power inherent in signifcant numbers" (Jones et al. 1984: 315) – Auskunft darüber
gibt, wie ‚abweichend' ein Verhalten bzw., im hier diskutierten Zusammenhang, wie
‚abweichend' nur eine geringe Bildungsleistung ist, stellen gering qualifizierte Personen
heute mehr als früher eine *normabweichende* Minderheit dar (Jones et al. 1984: 315ff.).
Dadurch erhöht sich die Gefahr, dass das Merkmal ‚geringe Bildung' verstärkt die Sinn-
deutung eines ‚individuellen Charakterfehlers' – dem zweiten Stigma-Typus von Goffman
– erhält:

„Die heutigen gering Qualifizierten befinden sich in einer grundlegend anderen Situation als ihre Eltern. Diese hatten die Arbeitswelt nach Abschluss der Pflichtschule betreten,
während die heutigen gering Qualifizierten trotz einer bisweilen beachtlichen Zahl absol-
vierter Schuljahre Schulversager sind." (CEDEFOP 1999: 14; Hervorhebung durch H.S.)

Zudem erhöht sich die Gefahr, dass heutige als ‚leistungsschwach' etikettierte Schüler und Schülerinnen diese Diskreditierung mit dem Verbleib in den unteren Kursstufen oder unteren Schultypen – die von immer weniger Schülern und Schülerinnen besucht werden – noch *stärker* in ihrem Schulalltag erfahren als ‚leistungsschwache' (aber zahlenmäßig stärker vertretene) Schüler und Schülerinnen früherer Generationen. Insbesondere in Gesellschaften mit stark *linear* konzipierten Bildungs- und Qualifikationslaufbahnen – wie in Deutschland – kann die erhöhte Bildungsbeteiligung dazu führen, dass eine mit ‚Leistungsschwäche bzw. -defiziten' verbundene soziale Marginalisierung frühzeitiger stattfindet, da ein *langfristig* abweichendes Bildungsverhalten bereits bei der *ersten selektiven* Laufbahnstufe antizipiert wird (vgl. Chisholm 1996: 32).

Diese verstärkt diskreditierende Wirkung geringer Bildung in Bezug auf Fremd- und Selbsttypisierungsprozesse wurde – wie im Folgenden diskutiert wird – mit der Bildungsexpansion von Prozessen einer erhöhten Wahrnehmbarkeit, ‚Evidenz', ‚Korrekturpflicht' sowie durch zunehmend ‚stigmatisierungsgefährdende' Verkehrskreise begleitet.

Eine erhöhte Aufmerksamkeit gegenüber dem Bildungserfolg und den Bildungszertifikaten führte zu einer erhöhten Wahrnehmbarkeit (Visibilität) von ‚geringer Bildung'.

Mit der Bildungsexpansion hat sich nicht nur die Bildungsbeteiligung erhöht. Verändert haben sich auch die Zustandsdefinitionen von Bildungserfolg und -misserfolg[16], die Regelungsdichte der Zertifizierung von Bildungsleistungen sowie die Alterskriterien und lebenszeitlichen Fristen, bis zu denen bestimme Bildungsleistungen zu erbringen sind (vgl. Featherman 1989: 62; Kohli 1990: 15; Klemm 1991: 887; Mayer 1991: 672). *Bildung* wird als Kontinuitätsbedingung in dieser Welt, in der die Anzahl der Übergangs- und Marktsituationen im (Aus-)Bildungs- und Erwerbssystem zugenommen haben, immer bedeutsamer (vgl. Hiller 1996: 23; Plath 2000: 589). Eine höhere Sekundarbildung und – in Ländern mit einem ausgeprägten beruflichen Bildungssystem, wie z.B. Deutschland, der Schweiz, Österreich, Norwegen und Dänemark – eine berufliche Ausbildung werden in Gesellschaften mit einer stark gestiegenen Bildungsbeteiligung als *obligatorischer* Standard für den Arbeitsmarktzugang gesellschaftlich erwartet (Solga 2003: Kap. 11).

Sowohl institutionell als auch normativ wurde dies von einer zunehmenden „chronologischen Normalisierung von Verhaltensabläufen" begleitet (Kohli 1994: 220). Die Anzahl und alterstypische Standardisierung der segmentierten Stufen der Bildungsverläufe und Übergangsarrangements in den Arbeitsmarkt haben zugenommen (Featherman 1989: 69; Mayer/Müller 1989: 58; Modell et al. 1976: 22). Dies resultierte in einer stärkeren Verpflichtung aller Gesellschaftsmitglieder auf die so genannte *Normalbiografie* – bestehend aus erfolgreichem Schulbesuch, abgeschlossener Berufs- oder Hochschulausbildung und kontinuierlicher (Voll- bzw. bei Frauen Teilzeit-)Erwerbstätigkeit –, da sie sowohl im Hinblick auf normative, wertbezogene Normalität als auch im Hinblick auf deskriptiv-statistische Normalität (Stichwort: erhöhte Bildungsbeteiligung) über regelhafte Übergänge und deren Machbarkeit Auskunft gibt (Mayer/ Müller 1989: 58). Diese ‚Normalisierung' verschärfte die Differenzierungslinie zwischen ‚regelhaft' und ‚abweichend' (Kohli 1978:

---

[16]   So hat z.B. in Deutschland der Hauptschulabschluss seine Funktion und Wahrnehmung als Regelschulabschluss verloren.

22; 1990: 15) und erhöhte das Stigma des Atypischen für all jene, die diese *Normalbiogra-fie* nicht aufweisen bzw. auf Grund ihrer niedrigen, wenn nicht gar fehlenden Bildungszer-tifikate nicht *aus*weisen können. Insofern sind – trotz aller Individualisierungs- und Destandardisierungsdiskurse[17] – *Abweichungen* heute leichter als in der Vergangenheit beobachtbar und definierbar. Abweichungen von der *Normalbiografie* durch gering quali-fizierte Jugendliche können daher heute mit erhöhten Ausgrenzungsrisiken – Stigmatisie-rungsgefahren – infolge diskreditierender Fremdtypisierungen und selbstselektiver Ver-meidungsstrategien seitens der diskreditierbaren bzw. diskreditierten Personen einhergehen (vgl. Stauber/ Walther 2000: 16).

,Geringe Bildung' in Zeiten einer stark erhöhten Bildungsbeteiligung läuft Gefahr, als eine von individuellen – und nicht mehr von sozialen – Faktoren gesteuerte Permeabilität von Bildungsgruppenzugehörigkeiten gewertet und verstärkt mit Interpretationen der Selbst-verschuldung verknüpft zu werden.

Die *Verantwortung* (!) einer erfolgreichen und fristgemäßen Absolvierung dieser ,Karriere'-stufen der *Normalbiografie* wurde immer mehr in die Hände der Individuen gelegt (vgl. Elias 1939/1969; Heinz 1996; Kohli 1994; Mayer 1991). Mit der höheren Bildungsbeteiligung der Mehrheit ist der Makel, nur über eine Schulpflichtausbildung zu verfügen und diese gar ohne Abschluss zu beenden, größer geworden (Mayer 1991: 673):

„Der Begriff ,gering Qualifizierte' impliziert einen Mangel an etwas, dass die Gesellschaft im allgemeinen als positiv wünschenswert ansieht und impliziert daher für die solcherma-ßen Bezeichneten, dass sie in irgendeiner Weise unzulänglich sind." (CEDEFOP 1999: 20)

Obgleich gering qualifizierte Jugendliche heute über ein höheres Wissen als gering Qualifizierte in der Vergangenheit verfügen, wird ,geringe Bildung' „historisch in die Nähe zum Analphabetentum gerückt" (Beck 1986: 245f.; 1985: 319; siehe z.B. Artelt et al. 2001: 70). Eine höhere Bildung scheint – mit der Verlängerung der staatlich finanzierten Schulpflicht und der Öffnung der höheren Bildungseinrichtungen nun auch für Kinder unterer Schichten – ein leicht(er) *erwerbbares* Gut geworden zu sein. Die Durchlässigkeit der Grenzen zu den höheren Bildungskategorien hat sich erhöht, wodurch der Verbleib in der unteren Bildungskategorie als ,selbstverschuldet' und ,abwendbar' gedeutet wird (vgl. Brewer/Brown 1998: 571; Rützel 1997: 82). Damit erhöht sich die Gefahr, dass die sozia-len Gelegenheitsstrukturen des Bildungs- und Kompetenzerwerbs in der Schule, im Fami-lien- und Bekanntenkreis ignoriert werden (d.h. ,Chancengleichheit' als Realität interpre-tiert wird) und die ,verbliebenen' gering qualifizierten Jugendlichen vermehrt als entweder ,zu dumm' oder ,zu faul' wahrgenommen werden bzw. als ,lernunzugänglich' oder ,lern-

---

[17]   In den wissenschaftlichen wie politischen Diskursen der letzten Jahrzehnte haben solche Begriffe wie Individualisierung, Destandardisierung, Bastelbiografie, aber auch ,Ich-AG' sowie alle möglichen Kombinationen mit dem Präfix ,Selbst' einen festen Platz gefunden. Abweichungen von der ,Normalbiografie' werden damit paradoxerweise als *Normalität* ausgewiesen (vgl. z.B. Beck 1986; Beck-Gernsheim 1994; Berger 1990), obgleich diese Normalbiografie als Bewertungsmaßstab ungemindert den institutionellen (und insbesonde-re bildungs-, sozial- und arbeitsrechtlichen) Regelungen zugrunde liegt.

ungewohnt' stigmatisiert werden (vgl. Dobischat et al. 2002: 30). Ein Beispiel für eine derartige – auch in der Wissenschaft gängige – Interpretation ist:

„In more prosperous states fewer students are likely to leave school because of family financial pressure – further *reducing the noise* in the relationship between ability and schooling." (Weiss 1995: 143; Hervorhebung durch H.S.)

Ihre Schwierigkeiten in der Schule und beim Übergang ins Erwerbsleben werden vor allem als in ihren Persönlichkeitseigenschaften zu suchende Leistungs- und Motivationsdefizite definiert, so dass sie institutioneller *Sonder*bedingungen bedürfen, die ihnen *individuelle Normalisierung*sprozesse für eine Anpassung *ihrerseits* an die herrschende Bildungsnorm ermöglichen (vgl. Waldschmidt 1998: 17):

„Wenn also die Scheinwerfer auf die persönlichen Voraussetzungen der Jugendlichen gerichtet werden, dann geht es weniger um die Einlösung des Postulats der Chancengleichheit durch Strukturveränderungen in der Bildungs- und Erwerbslandschaft, sondern um die Forderung, *individuelle Leistungsbereitschaft* zu demonstrieren, die notfalls durch staatliche Fördermaßnahmen gestützt wird." (Heinz 1996: 155; Hervorhebung durch H.S.)

Die schulischen und beruflichen Misserfolge gering qualifizierter Jugendlicher werden ihnen damit in den Interaktionen mit Lehrern/Lehrerinnen, Mitschülern/Mitschülerinnen, Mitarbeitern der Arbeitsämter sowie Akteuren auf dem Ausbildungs- und Arbeitsmarkt als „eine Serie persönlicher Niederlagen" gespiegelt (Heinz 1996: 152), wodurch sich die Gefahr erhöht, dass sie als solche sich schließlich auch im Selbstkonzept der Betroffenen festsetzen (Heinz 1996: 154). Dies kann dazu führen, dass ein erhöhter Anteil an gering qualifizierten Jugendlichen auf ein dem Stigma-Management geschuldetes *Disengagement* zurückgreift, dass ihre ‚Interaktionsfähigkeit' (den Umgang mit Kollegen, Klienten/Kunden usw.) sowie ihr Engagement in der Arbeit, ihre Zuverlässigkeit und Lernmotivation mehr als in der Vergangenheit beeinträchtigt (Preiß 2003: 59; Pfahl 2003).

‚Geringe Bildung' als Minderheitenstatus bewegt sich immer stärker im Spannungsfeld von Korrekturnotwendigkeit und -unmöglichkeit.

Mit der gestiegenen Bildungsbeteiligung wird von Jugendlichen, die die Schule ‚zu gering qualifiziert' verlassen, erwartet, dass sie *ihre* Leistungsdefizite nachträglich korrigieren. Dies ist zum einen der Tatsache geschuldet, dass sich gesellschaftlich die *Interpretation* einer wirtschaftlichen und kompetitiven Notwendigkeit einer höheren Bildung stärker durchgesetzt hat:

„This belief in the importance of education and training for making a better world is based on faith and is not based on an empirically well established fact." (Sørensen 1994, o.S.)

Zum anderen wird eine ‚Korrektur' erwartet, d.h., ohne ‚weitere' Bildungsanstrengungen ist der Einstieg ins Berufsleben immer schwieriger möglich. Diese Korrektur*pflicht* resultiert auch aus der Annahme, dass es sich bei ‚geringer Bildung' angesichts der Öffnung des Bildungssystems eher um individuelle ‚Charakterfehler' und Persönlichkeitseigenschaften zu handeln scheint, die mit Bezug auf die soziale Verantwortung eines jeden Einzelnen zu beseitigen sind. Dies wird unter anderem daran deutlich, dass die Hilfsangebote für gering qualifizierte Jugendliche „nach wie vor auf der Annahme eines weitgehend intakten Arbeitsmarktes und eines weiterhin für alle als erreichbar gedachten, durchschnittlichen lohnarbeitzentrierten Lebensentwurfes, basieren" (Krafeld 2000: 41). Die ‚Fehler' werden also *primär* bei den gering qualifizierten Jugendlichen gesucht, da – so die Interpretation – sie auf Grund *ihrer* (zu) geringen Bildungsleistungen nicht konkurrenzfähig und angesichts der modernen Berufswelt ‚nicht berufsreif' sind (siehe auch die BIBB-Begriffsdefinition zu Beginn dieses Beitrages).

In vielen Gesellschaften wird ihnen in Form von Sonderprogrammen der Berufsbildung und/oder arbeitsmarktpolitischen Maßnahmen eine ‚zweite Chance' gegeben, die sie nicht nur nutzen dürfen, sondern zumeist (um beispielsweise für Sozialtransfers anspruchsberechtigt zu sein) nutzen *müssen*.[18] Es handelt sich damit um ‚Maßnahmen', die auch diese von der Normalbiografie abweichenden Übergänge ins Erwerbsleben und diskontinuierlichen Erwerbsbiografien *kontinuierlich institutionalisieren* (vgl. Kohli 1994: 229). Mit dieser Institutionalisierung einer *Normalisierungspflicht* erhöht sich jedoch die Gefahr, dass das Absolvieren einer solchen Maßnahme bzw. ‚zweiten Chance' nicht als ein *Signal* für ihre Ausbildungs- und Lernbereitschaft gedeutet wird, sondern sowohl stigmatisierende Fremd- als auch Selbsttypisierungsprozesse in Gang setzt.[19] Gründe dafür sind, (a) dass jede ‚Sonderbehandlung' – in Bezug auf Fremdtypisierungsprozesse – zugleich ein weiteres, auch wahrnehmbares Zeichen für ‚Abweichung' darstellt, und (b) dass diese ‚Sonderbehandlung' – in Bezug auf Selbsttypisierungsprozesse – erneut mit Misserfolgserlebnissen und Selektionserfahrungen verbunden ist.

Ad a) Jede helfende Intervention hat nicht nur eine integrierende, sondern – mit ihren *Zielgruppen*definitionen – auch eine etikettierende Wirkung, da sie auf ‚abweichende' Gruppenzugehörigkeiten, ‚Mängel' und ‚Defizite' hinweist (Steele 1997: 625; Stauber/Walther 2000: 16). Diese erneute Etikettierungsgefahr besteht insbesondere dann, wenn ‚Sondermaßnahmen' als ungeeignet bzw. ineffektiv angesehen werden, Leistungsdefizite abzubauen (Jones et al. 1984: 45). Davon sind vor allem jene ‚Maßnahmen' betroffen, die in erster Linie arbeitsmarktpolitische – statt bildungspolitische – Ziele verfolgen (wie z.B. eine Verringerung von Jugendarbeitslosigkeit).[20] Zudem sind diese Jugendlichen in diesen ‚Sondermaßnahmen' – ähnlich wie in den unteren Kurssystemen oder Schultypen – wieder *unter sich*. Neben dem ‚amtlichen Stempel des Defizitären' fehlen also auch hier positive Vorbilder durch andere Teilnehmer/innen, so dass der Anregungsgehalt zum Erwerb personaler und sozialer Kompetenzen (wie z.B. Selbstbewusstsein, Verantwortungsbewusstsein, Anpassungsfähigkeit, Neugier, Offenheit, Urteilsvermögen, sprachliche Ausdrucksfähigkeit) – die als integrale Bestandteile von Qualifikation definiert werden – eher gering ist:

„Man könnte in den Worten Peter Bergers und Thomas Luckmanns sagen, dass [diese] Eingliederung tendenziell eine ‚sekundäre Sozialisation' bewirkt, also dem Individuum

---

[18]   Vgl. Flitner et al. (1999: 60), Planas (1999: 69), OECD (1999a: 26; 1999b: 37), Eurydice (1997).

[19]   Vgl. auch Friebel et al. (2000: 35), Marquart (1975: 1), Postel (1990: 36) und Strikker (1991: 36).

[20]   Vgl. Friebel et al. (2000: 81), Stöcker (1990: 16), Strikker (1991: 35), Wiethold (1981: 720).

‚institutionelle oder in Institutionalisierung gründende *Subwelten'* internalisiert." (Castel 2000: 377)

Ihre ‚Integration' über diese Sondermaßnahmen stellt für viele von ihnen eine Verlängerung ihrer ‚institutionellen Aussonderung' in der Schule dar. Sie konstituiert mit diesen „spezifischen Routen des Scheiterns" eine individuelle Konstanz in ihrem Lebenslauf (Stauber/Walther 1999: 50; vgl. auch Weymann et al. 1980: 85). Mit ihrer Verpflichtung auf die *Normalbiografie*, bestehend aus Schule – Ausbildung – kontinuierlicher Vollzeiterwerbstätigkeit, wird das Modell der *Kumulation* im Lebensverlauf verallgemeinert und somit das Modell der *Kompensation* im späteren Lebensverlauf, das fast allen *Aktivierungs*maßnahmen für gering qualifizierte Personen zugrunde liegt, von vornherein verneint. Zudem führte diese Verallgemeinerung historisch gesehen zu *längeren Aufenthalten* ihrerseits in den einzelnen Durchlaufstationen – Schule, Berufsschule, arbeitsmarktpolitische Maßnahmen –, die auf Grund ihrer dennoch fehlenden Schul- und überproportional häufig fehlenden Ausbildungsabschlüsse eine *zusätzliche Dimension* ihres Scheiterns im Bildungs- und Ausbildungssystem definieren (Solga 2003c).

Ad b) Landen gering qualifizierte Jugendliche bei den Arbeitsämtern, wird ihnen zuerst erneut vermittelt, dass sie derzeit weder für eine reguläre Ausbildung noch für eine Beschäftigung geeignet sind. Berechtigt durch die Definition ihrer geringen Bildung als *individuelle* Leistungs- und Motivationsdefizite, werden sie – wie in (a) dargelegt – in ein „Parallelsystem ergänzender Angebote" der Ausbildungs- und Berufsvorbereitung (Braun 2002: 768; Stauber/Walther 2000: 12) kanalisiert. Um jedoch an diesen ‚Maßnahmen' teilnehmen zu können, müssen sie ihren fehlenden Schulabschluss als ein „Zeichen ihrer Unfähigkeit" (Castel 2000: 411) für eine gleichberechtigte Beteiligung am Ausbildungsmarkt vorweisen und sich damit quasi einem Prozess der Selbststigmatisierung aussetzen.

Für gering qualifizierte Jugendliche beginnt der Start in den Beruf mit diesen ‚Maßnahmen' heute zumeist nicht nur mit erneuten Misserfolgserlebnissen und Selektionserfahrungen. Mit der zweiten, dritten, vierten ... Chance verlängert sich ihre ‚Versagensgeschichte' in eine „irreversibel werdende Ausgrenzungsgeschichte aus Ressourcenverlust, Sanktionsbetroffenheit und Stigmaantizipation" (Bude 1998: 377; Planas 1999: 69). Für sie gestaltet sich der Berufseinstieg daher mit diesen eher kurzfristigen – da nicht bildungs-, sondern arbeitsmarktpolitisch intendierten – Hilfsangeboten nicht als eine klar definierte, verlässliche Abfolge von Qualifikationsschritten, sondern als ein „diffuses Arrangement sich bietender Gelegenheiten" (Heinz 1995: 157). Dies verringert ihre Chancen hinsichtlich einer kontinuierlichen beruflichen Lebensplanung und beeinträchtigt in neuer Qualität ihr Selbstvertrauen sowie den Aufbau einer zukunftsorientierten Identität (Heinz 1995: 158). Viele dieser Jugendlichen bzw. jungen Erwachsenen fühlen sich durch diese ‚Chancen' stigmatisiert und nehmen ihre berufsbezogenen Ansprüche und Motivationen zurück (Stauber/Walther 1999: 21, 55; vgl. auch Tepperman/Djao 1990: 56).

Zusammengefasst lässt sich festhalten, dass die Korrektur des Makels ‚geringe Bildung' durch den nachträglichen Erwerb eines höheren Schul- und/oder Ausbildungsabschlusses mit fortschreitender Bildungsbeteiligung erwartet wird, zugleich jedoch ein nahezu unmögliches Unterfangen darstellt – sei es, weil diese Korrekturanstrengungen dauerhaft als ‚Abweichung' von der Normalbiografie identifizierbar werden; sei es, weil die an *individuellen Defiziten* orientierten ‚Integrations'-angebote bzw. -pflichten einen solchen nachträglichen Erwerb erschweren sowie erneute Situationen des Scheiterns („Momente der Wahrheit"; Goffman 1974: 47) definieren, denen sich gering Qualifizierte bei wiederholtem Misserfolg ‚entziehen' (können). Die Vergangenheit gewinnt bei ihnen die Oberhand über die Gegenwart und Zukunft – und dies mit der Folge, dass sie zu einer eher ‚unerwünschten', da Benachteiligungen fortschreibenden *individuellen Konstanz* im Lebenslauf führen (Weymann et al. 1980: 85).

4. Zusammenfassung: Das „Scheitern" gering qualifizierter Jugendlicher an der *Normalbiografie* und dessen Konsequenzen

Mit der Abnahme des relativen Anteils an gering qualifizierten Jugendlichen hat sowohl die Sichtbarkeit ihres Scheiterns im Bildungssystem als auch die Gefahr seiner Interpretation als ‚selbstverschuldetes' abweichendes Verhalten zugenommen. Ihre ‚geringe Bildung' in ihrer Verknüpfung mit einer verstärkt sozial schwachen (eventuell auch nachteiligen ethnisch-kulturellen) Herkunft wurde so zu einem *Stigma*-Symbol, das in Interaktionen im Bildungs- und Erwerbssystem sowie anderen Lebenszusammenhängen nur noch schwer zu ‚verheimlichen' ist. Mit jeder neuen Interaktion können sich Überforderungen ergeben sowie Ängste der ‚Entdeckung' und Diskreditierungserfahrungen einhergehen. Damit wächst die Gefahr, dass sich gering qualifizierte Jugendliche, die diese Normalitätsnormen und -pflichten nicht erfüllen können, von der *Bildungsgesellschaft* entfremden.

Als Resultat dieser „normativen Misere" (Goffman 1974: 160) bzw. „quasi permanenten Krisensituation latenter oder manifester Art" (Plath 2000: 590) erwächst im Zusammenspiel von Fremd- und Selbsttypisierung eine „stabilisierte Benachteiligung" (Kohli 1978: 17), die sie selbst bei vermehrten (nachträglichen) Bildungsanstrengungen immer weniger aufbrechen können (Solga 2002; 2003c). Mehr als in der Vergangenheit müssen sich gering qualifizierte Jugendliche und Erwachsene – angesichts der gestiegenen Bildungsnorm, insbesondere bei einer Arbeitsplatzknappheit – der „Optionslogik des Arbeitsmarktes beugen" (Heinz 1996: 152). Diese Options- bzw. Situationslogik erschwert jedoch eine fernzielorientierte, antizipative Lebensplanung. Dabei fehlt es ihnen und ihren ‚Qualifizierungslaufbahnen' weder an Linearität, Kontinuität, Sequenzialität noch Biografizität (vgl. Kohli 1994: 220). Im Gegenteil, diese haben in den letzten Jahrzehnten mit den ‚Maßnahmekarrieren' eher zu- als abgenommen, allerdings mit der fatalen Folge eines ‚kontinuierlichen Weges ins diskontinuierliche Aus' (Solga 2003b; 2003c). Ihre vermehrt lückenlosen Lebensläufe des ‚Scheiterns' im Bildungs- wie nun auch im Ausbildungs- und Erwerbssystem sind Grundlage für eine verstärkt diskreditierende Fremdtypisierung seitens der Arbeitgeber, gelten sie ihnen doch als ein Beleg dafür, dass sich heutige gering qualifizierte Jugendliche nicht – im Vergleich zur nun überwiegenden Mehrheit ihrer höher qualifizierter Altersgenossen – „den Forderungen der wirtschaftlichen Rationalität unterzogen" haben (Kohli 1985: 15). Zum anderen führen die zur herangetragenen Korrektur*pflichten* und ihre gleichzeitig vermehrten Anstrengungen der Vermeidung von Entdeckungs- und Diskreditierungsinteraktionen zu einem weitgehend situationsorientierten und damit vorwiegend außengesteuerten Bewältigungsstil (Plath 2000: 589).

Aus *Diskreditierung* im Schulalltag und auf dem Ausbildungs- sowie Arbeitsmarkt und einer – diese Diskreditierung mit einem *Stigma-Management* ‚beantwortenden' – Identitätsbeschädigung kann so für gering qualifizierte Jugendliche häufiger als früher ein Teufelskreis entstehen: Diskreditierung und verengte Gelegenheitsstrukturen können die Motivation und Anstrengungen bei der Suche nach einem Ausbildungs- und (qualifizierten) Arbeitsplatz verringern. Diese geringe(re)n Anstrengungen werden seitens der *Gatekeepers* im Berufsbildungssystem sowie der Beschäftiger als ein ‚Mangel' an Leistungswillen, -motivation und -fähigkeit gewertet und können so zu einer Perpetuierung blockierter Gelegenheiten führen (vgl. Blossfeld/Mayer 1988: 265; Crocker et al. 1998. S. 530; Tilly 1998: 99).

Doch nicht nur auf dem Arbeitsmarkt lässt sich eine Radikalisierung der Benachteiligung von gering qualifizierten Jugendlichen beobachten. Auch auf dem *Heiratsmarkt* zeigt sich eine Verschlechterung ihrer Heiratschancen (vgl. z.B. Huinink 1987; 1990; Papastefanou 1990). Stärker als in früheren Geburtskohorten heiraten sie heute deutlich seltener als ihre höher qualifizierten Altersgenossen. Des Weiteren zeigen Analysen, dass, selbst wenn sie heiraten, sie dies deutlich früher als höher Qualifizierte tun und zugleich ein erhöhtes Scheidungsrisiko tragen (Huinink 1995; Wagner 1997). Verantwortlich dafür sind unter anderem die verringerten Erwerbschancen gering qualifizierter Männer. Infolge der Verschlechterung ihrer Arbeitsmarktintegration haben ihre Möglichkeiten, den Lebensunterhalt für eine Familie zu verdienen, abgenommen (vgl. Wilson 1990). Damit ist auch die ‚Heiratsfähigkeit' (als ökonomische Verantwortung) sowie die ‚Heiratsneigung' (als langfristiges *Commitment*) dieser jungen Männer zurückgegangen. Ferner gibt es bei ihnen einerseits häufiger Kinderlosigkeit als bei höher gebildeten Personen und andererseits sehr frühe Geburten (so genannte *teenage births*) (Furstenberg 1976; Huinink 1987; 1995; Papastefanou 1990; Wilson 1990). In der Geburtskohorte 1967 bis 1972 waren 10 % der Frauen ohne einen höheren Sekundarschulabschluss bei der Geburt ihres ersten Kindes maximal 19 Jahre alt. Gegenüber den Frauen mit einem höheren Sekundarschulabschluss hatten sie damit eine 3,2-mal so hohe Wahrscheinlichkeit einer *teenage*-Geburt. In der 10-Jahre-älteren Geburtskohorte (1957 bis 1962) lag dieser Anteil zwar noch bei 14 %, doch der Abstand zu den Frauen mit höherem Sekundarschulabschluss war damals deutlich geringer (‚nur' 2-mal so hoch).[21] Die Mutterschaft – als eine akzeptierte soziale Rolle – stellt für gering qualifizierte Frauen (wenn auch nun häufiger ohne ‚Legalisierung' durch Heirat) sowohl eine Identifikations- als auch ‚Rückzugs'-Möglichkeit vom Arbeitsmarkt dar (Hakim 1996).

All dies verdeutlicht, dass *geringe Bildung* und das damit in Gang gesetzte Scheitern an der *Normalbiografie* zunehmend einen ‚Masterstatus' im Leben dieser Personen erhalten, der die Interaktionen und Chancenstrukturen in den vielfältigen Situationen des Lebens beeinflusst (vgl. auch Schroer 2001: 34).

---

[21] Quelle: Fertility and Familiy Survey, Online: www.unece.org/ead/pau/ffs/ger/nt17.pdf (Download: 1.8.2003).

Literatur

Artelt, Cordula/Stanat, Petra/Scheider, Wolfgang/Schiefele, Ulrich (2001): Lesekompetenz: *Testkonzeption und Ergebnisse*. In: Deutsches PISA Konsortium (Hg.), *PISA 2000*. Opladen: Leske + Budrich, S. 69-137.

Bandura, Albert (1995): *Self-efficacy in Changing Societies*. Cambridge, UK: Cambridge University Press.

Beck, Ulrich (1985): Ausbildung ohne Beschäftigung. Zum Strukturwandel des Bildungssystems im Strukturwandel der Arbeitsgesellschaft. In: Stefan Hradil (Hg.), *Sozialstruktur im Umbruch*. Opladen: Leske + Budrich, S. 305-321.

Beck, Ulrich (1986): *Risikogesellschaft: Auf dem Weg in eine andere Moderne*. Frankfurt/Main: Suhrkamp.

Becker, Howard S. (1963): *Outsiders: Studies in the Sociology of Deviance*. New York, NY: Free Press of Glencoe.

Beck-Gernsheim, Elisabeth (1994): Individualisierungstheorie: Veränderungen des Lebenslaufs in der Moderne. In: Heiner Keupp (Hg.), *Zugänge zum Subjekt*, Frankfurt/Main: Suhrkamp, S. 125-146.

Beinke, Lothar (1992): Chancen Lernbehinderter in der Berufsausbildung. *Arbeit und Sozialpolitik* 11/12, S. 50-54.

Berger, Peter A. (1990): Ungleichheitsphasen: Stabilität und Instabilität als Aspekte ungleicher Lebenslagen. In: Peter A. Berger/Stefan Hradil (Hg.), *Lebenslagen, Lebensläufe, Lebensstile*. Göttingen: Schwartz, S. 319-350.

BIBB (=Bundesinstitut für Berufsbildung) (2002): *Förderung von Benachteiligten in der Berufsbildung*. Bonn: Bundesinstitut für Berufsbildung (Online: http://www.bibb.de/ aufgaben/arbfeld/benachteiligt/be-nachteiligt2.htm, Download: 17.09.2002).

BIBB/EMNID (1999): *Jugendliche ohne Ausbildung. Eine BIBB/EMNID-Untersuchung*. Bonn: Bundesministerium für Bildung und Forschung.

Biermann, Horst/Rützel, Josef (1991): Benachteiligung in der Beruflichen Bildung – eine alte Gruppe mit neuen Risiken? *Berufsbildung* 45 (11/12), S. 414-421.

Blaug, Mark (2001): Was tun mit Schülern, die die Schule vorzeitig abbrechen? – Eine Stellungnahme. *Europäische Zeitschrift Berufsbildung* Nr. 22, S. 45 – 52.

Blossfeld, Hans-Peter/Mayer, Karl Ulrich (1988): Arbeitsmarktsegmentation in der Bundesrepublik Deutschland. *Kölner Zeitschrift für Soziologie und Sozialpsychologie* 40 (2), S. 262-283.

Boudon, Raymond (1986): The Logic of Relative Frustration. In: Jon Elster (Hg.), *Rational Choice*. Oxford, UK: Basil Blackwell, S. 171-196.

Bourdieu, Pierre (1982): *Die feinen Unterschiede*. Frankfurt/Main: Suhrkamp.

Bourdieu, Pierre et al. (1997): *Das Elend der Welt*. Konstanz: UVK Universitätsverlag.

Bowles, Samuel S./Gintis, Herbert (1976): *Schooling in Capitalist America*. London, UK: Roudledge & Kegan Paul.

Braun, Frank (2002): Jugendarbeitslosigkeit und Benachteiligtenförderung. In: Rudolf Tippelt (Hg.), *Handbuch Bildungsforschung*. Opladen: Leske + Budrich, S. 761-774.

Brewer, Marilynn B./Brown, Rupert J. (1998): Intergroup Relations. In: Daniel T. Gilbert/Susan T. Fiske/Gardner Lindzey (Hg.), *The Handbook of Social Psychology* (4. Aufl.). Boston, MA: McGraw-Hill, S. 554-594.

Brown, Rupert J. (1996): Intergroup Relations. In: Miles Hewstone/Wolfgang Stroebe/Goeffrey M. Stephenson (Hg.), *Introduction to Social Psychology. A European Perspective*. Oxford, UK: Blackwell, S. 530-561.

Bude, Heinz (1998): Die Überflüssigen als transversale Kategorie. In: Peter A. Berger/ Michael Vester (Hg.), *Alte Ungleichheiten – Neue Spaltungen*. Opladen: Leske + Budrich, S. 363-379.

Castel, Robert (2000): *Die Metamorphosen der sozialen Frage. Eine Chronik der Lohnarbeit*. Konstanz: UVK Universitätsverlag.

Chisholm, Lynne (1996): Jugend und Bildung in Europa: Soziale Ungleichheiten in der zweiten Moderne. In: Axel Bolder/Walter R. Heinz/Klaus Rodax (Hg.), *Jahrbuch „Bildung und Arbeit"*. Opladen: Leske + Budrich, S. 20-35.

Clark, Burton R. (1960): The ‚Cooling-out' Function of Higher Education. *American Journal of Sociology* 65 (6), S. 569-576.

Cooley, Charles Horton (1992): *Human nature and the social order* (2. Aufl.). New Brunswick, NJ: Transaction Publications.

Crocker, Jennifer/Major, Brenda/Steele, Claude (1998): Social Stigma. In: Daniel T. Gilbert/Susan T. Fiske/Gardner Lindzey (Hg.), *The Handbook of Social Psychology* (4. Aufl.). Boston, MA: McGraw-Hill, S. 504-553.

Dahrendorf, Ralf (1979): *Lebenschancen*. Frankfurt/Main: Suhrkamp.

Davids, Sabine (1994): Junge Erwachsene ohne anerkannte Berufsausbildung in den alten und neuen Bundesländern. In: BIBB (Hg.), *Berufsausbildung nachholen, Wege zum nachträglichen Berufsabschluß für ungelernte (junge) Erwachsene*. Bonn: Bundesinstitut für Berufsbildung, S. 7-24.

DeLuca, Stefanie/Rosenbaum, James E. (2000): *Are Dropout Decisions Related to Safety Concerns, Social Isolation, and Teacher Disparagement?* (Online: http://www.civilrightsproject.harvard.edu/research/dropouts/deluca.pdf, Download: 12.02.2003).

Dobischat, Rolf/Seifert, Helmut/Ahlene, Eva (2002): Betrieblich-berufliche Weiterbildung von Geringqualifizierten – Ein Politikfeld mit wachsendem Handlungsbedarf. *WSI Mitteilungen* 55 (1), S. 25-31.

Elias, Norbert (1939/1969): *Über den Prozeß der Zivilisation* (2. Aufl.). Bern: Francke.

Entwisle, Doris R./Alexander, Karl Len/Olson, Linda Steffel (1997): *Children, schools, and inequality*. Boulder, CO: Westview.

Eurydice (1997): *Studie zu den Maßnahmen der Mitgliedsstaaten der Europäischen Union für Jugendliche, die das Bildungssystem ohne Qualifikation verlassen haben*. Brüssel: Europäische Eurydice-Informationsstelle (Informationsnetz zum Bildungswesen in Europa):

Featherman, David L. (1989): Gesellschaftlicher Strukturwandel, soziale Mobilität und Lebenslauf. In: Ansgar Weymann (Hg.), *Handlungsspielräume. Untersuchungen zur Individualisierung und Institutionalisierung von Lebensverläufen in der Moderne*. Stuttgart: Enke, S. 61-75.

Fend, Helmut (2001): *Qualität im Bildungswesen: Schulforschung zu Systembedingungen, Schulprofilen und Lehrerleistung* (2. Aufl.). Weinheim: Juventa.

Fend, Helmut/Knörzer, Wolfgang/Nagl, Willibald/Specht, Werner/Väth-Szusdziara, Roswitha (1976): *Gesamtschule und dreigliedriges Schulsystem – eine Vergleichsstudie*

über Chancengleichheit und Durchlässigkeit. Gutachten und Studien der Bildungs-
kommission, Bd. 55. Stuttgart: Klett.

Fine, Michelle (1991): *Framing Dropouts.* Albany, NY: State University of New York
Press.

Fiske, Susan T. (1998): Stereotyping, prejudice, and discrimination. In: Daniel T. Gilbert/
Susan T. Fiske/Gardner Lindzey (Hg.), *Handbook of social psychology* (4. Aufl.).
New York, NY: McGraw-Hill, S. 357-411.

Flitner, Andreas/Petry, Christian/Richter, Ingor (Hg.) (1999): *Wege aus der Ausbildung-
skrise. Memorandum des Forums „Jugend - Bildung – Arbeit" mit Untersuchungser-
gebnissen des Instituts für Arbeitsmarkt- und Berufsforschung der Bundesanstalt für
Arbeit.* Opladen: Leske + Budrich.

Forum Bildung (2001): Förderung von Chancengleichheit – Bericht der Expertengruppe
des Forum Bildung. Bonn: BLK für Bildungsplanung und Forschungsförderung.

Friebel, Harry/Epskamp, Heinrich/Knobloch, Brigitte/Montag, Stefanie/Toth, Stephan
(2000): *Bildungsbeteiligung: Chancen und Risiken.* Opladen: Leske + Budrich.

Friedeburg, Ludwig v. (1986): Bildung als Instrument etatistischer Gesellschaftsorganisati-
on. Notizen zur Geschichte des deutschen Bildungssystems. *Zeitschrift für Sozialisationsforschung und Erziehungssoziologie* 6 (2), S. 173-191.

Furstenberg, Frank F. Jr. (1976): *Unplanned Parenthood. The Social Consequences of
Teenage Childbearing.* New York, NY: The Free Press.

Gerard, Harold B. (1983): School Desegregation. *American Psychologist* 38, S. 869-877.

Geulen, Dieter (2000): Zur Konzeptualisierung des Verhältnisses von externen und inter-
nen Bedingungen im Prozeß lebenslanger Sozialisation. In: Erika M. Hoerning (Hg.),
Biographische Sozialisation. Stuttgart: Lucius & Lucius, S. 209-225.

Goffman, Erving (1952): On Cooling the Mark Out: Some Aspects of Adaptation and
Failure. *Psychiatry: Journal of Interpersonal Relations* 15 (4), S. 451-463.

Goffman, Erving (1974): *Stigma: Über Techniken der Bewältigung beschädigter Identität.*
Frankfurt/Main: Suhrkamp.

Goffman, Erving (1977): *Rahmen-Analyse. Ein Versuch über die Organisation von All-
tagserfahrungen.* Frankfurt/Main: Suhrkamp.

Hakim, Catherine (1996): *Key Issues in Women's Work: Female Heterogeneity and the
Polarisation of Women's Employment.* London: Athlone.

Hasse, Raimund/Krücken, Georg (1999): *Neo-Institutionalismus.* Bielefeld: transcript-
Verlag.

Heinz, Walter R. (1995): *Arbeit, Beruf und Lebenslauf.* Weinheim: Juventa.

Heinz, Walter R. (1996): Soziale Benachteiligung und berufliche Förderung Jugendlicher
im regionalen und internationalen Vergleich. *Zeitschrift für Berufs- und Wirtschafts-
pädagogik* 92 (2), S. 151-161.

Hiller, Gotthilf Gerhard (1996): Chancen stiften statt ausgrenzen. *Berufliche Rehabilitation*
10 (1), S. 22-43.

Huinink, Johannes (1987): Soziale Herkunft, Bildung und das Alter bei Geburt des ersten
Kindes. *Zeitschrift für Soziologie* 16 (5), S. 367-384.

Huinink, Johannes (1990): Familie und Geburtenentwicklung. In: Karl Ulrich Mayer (Hg.),
Lebensverläufe und sozialer Wandel. Opladen: Westdeutscher Verlag, S. 239-271.

Huinink, Johannes (1995): *Warum noch Familie? Zur Attraktivität von Partnerschaft und
Elternschaft in unserer Gesellschaft.* Frankfurt/Main: Campus.

Joas, Hans (2002): George Herbert Mead (1963 – 1931). In: Dirk Kaesler (Hg.), *Klassiker der Soziologie. Von Auguste Comte bis Norbert Elias.* Bd. 1. München: Verlag C.H. Beck, S. 171-189.

Jones, Edward E./Farina, Amerigo/Hastorf, Albert H./Markus, Hazel/Miller, Dale T./Scott, Robert (1984): *Social Stigma: The Psychology of Marked Relationships.* New York, NY: W.H. Freeman.

Klemm, Klaus (1991): Jugendliche ohne Ausbildung. Die „Kellerkinder" der Bildungsexpansion. *Zeitschrift für Pädagogik* 37 (6), S. 887-898.

Kohli, Martin (1978): Erwartungen an eine Soziologie des Lebenslaufs. In: Martin Kohli (Hg.), *Soziologie des Lebenslaufs.* Darmstadt/Neuwied: Luchterhand, S. 9-31.

Kohli, Martin (1985): Die Institutionalisierung des Lebenslaufs. *Kölner Zeitschrift für Soziologie und Sozialpsychologie* 37 (1), S. 1-29.

Kohli, Martin (1990): Lebenslauf und Lebensalter als gesellschaftliche Konstruktionen. In: Georg Elwert/Martin Kohli/Harald K. Müller (Hg.), *Im Lauf der Zeit. Ethnographische Studien zur gesellschaftlichen Konstruktion von Lebensaltern.* Saarbrücken: Breitenbach, S. 11-32.

Kohli, Martin (1994): Institutionalisierung und Individualisierung der Erwerbsbiographie. In: Ulrich Beck/Elisabeth Beck-Gernsheim (Hg.), *Riskante Freiheiten. Individualisierung in modernen Gesellschaften.* Frankfurt/Main: Suhrkamp, S. 219-244.

Krafeld, Franz Josef (2000): *Die überflüssige Jugend der Arbeitsgesellschaft. Eine Herausforderung an die Pädagogik.* Opladen: Leske + Budrich.

Krappmann, Lothar (1971): *Soziologische Dimensionen der Identität: Strukturelle Bedingungen für die Teilnahme an Interaktionsprozessen.* Stuttgart: Klett.

Mannheim, Karl (1940): *Man and Society in an Age Reconstruction.* New York, NY: Harcourt Brace & Co.

March, James G. und Johan P. Olsen (1984): The New-Institutionalism: Organizational Factors in Political Life. *American Political Science Review* 78 (3), S. 734-749.

Marquart, Regine (1975): *Sonderschule – und was dann? Zur Situation von Sonderschülern auf dem Arbeitsmarkt und im Beruf.* Frankfurt/Main: aspekte Verlag.

Marsh, Herbert W./Craven, Rhonda G. (1998): The Big Fish Little Pond Effect, Optical Illusions and Misinterpretations: A Response to Gross. *Australasian Journal of Gifted Education* 7 (1), S. 16-28.

Mayer, Karl Ulrich (1991): Soziale Ungleichheit und die Differenzierung von Lebensverläufen. In: Wolfgang Zapf (Hg.), *Die Modernisierung moderner Gesellschaften.* Frankfurt/Main: Campus, S. 667-687.

Mayer, Karl Ulrich/Müller, Walter (1989): Lebensverläufe im Wohlfahrtsstaat. In: Ansgar Weymann (Hg.), *Handlungsspielräume.* Stuttgart: Enke, S. 41-60.

Mead, George Herbert (1968): *Geist, Identität und Gesellschaft aus Sicht des Sozialbehaviorismus* (hrsg. v. Charles Morris): Frankfurt/Main: Suhrkamp.

Modell, John/Furstenberg, Frank F. (Jr.)/Hershberg, Theodore (1976): Social Change and Transition to Adulthood in Historical Perspective. *Journal of Family History* 1 (1), S. 7-32.

Moss, Philip/Tilly, Chris (1995): Skills and Race in Hiring: Quantitative Findings from Face-to-Face Interviews. *Eastern Economic Journal* 21 (3), S. 357-374.

OECD (1999a): *Thematic Review of the Transition from Initial Education to Working Life: United States of Sweden.* Paris: OECD.

OECD (1999b): *Thematic Review of the Transition From Initial Education to Working Life: Denmark. Country Notes.* Paris: OECD.

OECD (2000): *Education at Glance. OECD Indicators.* Paris: OECD.

Papastefanou, Georgios (1990): *Familiengründung und Lebenslauf* (Studien und Berichte Bd. 50). Berlin: Max-Planck-Institut für Bildungsforschung.

Pfahl, Lisa (2003): *Stigmamanagement und Jobcoaching.* Diplomarbeit. Berlin: Freie Universität, Institut für Soziologie.

Planas, Jordi (1999): Strategien und Optionen für eine allgemeine Mindestlernplattform: Welche Pflichtschule mit welchen Lehrplänen benötigen wir? Der Weg zu einer allgemeinen Mindestlernplattform. In: CEDEFOP (Hg.), *Agora – IV: Gering qualifizierte Personen am Arbeitsmarkt. Ausblick und politische Optionen.* Thessaloniki: CEDEFOP, S. 67-73.

Plath, Hans-Eberhard (2000): Arbeitsanforderungen im Wandel, Kompetenzen für die Zukunft. *Mitteilungen aus der Arbeitsmarkt- und Berufsforschung* 33 (4), S. 583-593.

Postel, Christian (1990): Statement. In: Henning Schierholz (Hg.), *Berufsausbildung für lernbeeinträchtigte und sozial benachteiligte Jugendliche.* Loccumer Protokoll 17. Rehburg-Loccum: Evangelische Akademie, S. 33-38.

Reskin, Barbara F. (2000): The Proximate Causes of Employment Discrimination. *American Sociological Review* 29 (2), S. 319-328.

Ritsert, Jürgen (2001): *Soziologie des Individuums. Eine Einführung.* Darmstadt: Wissenschaftliche Buchgesellschaft.

Roos, Patricia A. (1999): Revisiting Inequality (Book Review: Durable Inequality by Charles Tilly): *Contemporary Sociology* 28 (1), S. 26-29.

Rumberger, Russell W. (2001): Why Students Drop Out of School and What Can be Done. Harvard Civil Rights Project (Online: http://www.civilrightsproject.harvard.edu /research/dropouts/rumberger.pdf, Download: 20.11.2002).

Rützel, Josef (1997): Berufliche Bildung und Benachteiligte – Strukturelle Entwicklungen und Perspektiven der Förderung. In: Werner Stark/Thilo Fitzner/Christoph Schubert (Hg.), *Lernschwächere Jugendliche im Übergang zum Beruf.* Stuttgart: Klett, S. 72-88.

Schreiber-Kittl, Maria/Schröpfer, Haike (2002): *Abgeschrieben? Ergebnisse einer empirischen Untersuchung über Schulverweigerer.* München: Verlag Deutsches Jugendinstitut.

Schroer, Makus (2001): Die im Dunkeln sieht man doch. Inklusion, Exklusion und die Entdeckung der Überflüssigen. *Mittelweg 36* 19 (5), S. 33-48.

Schumann, Karl F./Gerken, Jutta/Seus, Lydia (1991): *„Ich wußt' ja selber, daß ich nicht grad der Beste bin ... "* Zur Abkühlungsproblematik bei Mißerfolg im schulischen und beruflichen Bildungssystem. Arbeitspapier 12 des SFB 186 „Statuspassagen und Risikolagen im Lebensverlauf". Bremen: Universität Bremen.

Shavit, Yossi/Müller, Walter (2000): Vocational secondary education. Where diversion and where safety net? *European Societies* 2 (1), S. 29-50.

Simmel, Georg (1908/1958): *Soziologie. Über die Formen der Vergesellschaftung* (Gesammelte Werke, Bd. 2, 4. Aufl.). Berlin: Duncker & Humblot.

Smyth, Emer (1999): Pupil Performance, Absenteeism and School Drop-out: A Multidimensional Analysis. *School Effectiveness and School Improvement* 10 (4): 480-502.

Solga, Heike (2002): „Ausbildungslosigkeit" als soziales Stigma in Bildungsgesellschaften. *Kölner Zeitschrift für Soziologie und Sozialpsychologie* 54 (3), S. 476-505.

Solga, Heike (2003a): *Ohne Abschluss in die Bildungsgesellschaft. Die Erwerbschancen gering qualifizierter Personen aus ökonomischer und soziologischer Perspektive*. Habilitationsschrift. Berlin: Freie Universität, Fachbereich Politik- und Sozialwissenschaften.

Solga, Heike (2003b): Ausgrenzungserfahrungen trotz Integration – Die Übergangsbiografien von Jugendlichen ohne Schulabschluss. In: Steffen Hillmert/Karl Ulrich Mayer (Hg.), *Geboren 1964 und 1971 – Neuere Untersuchungen zu Ausbildungs- und Berufschancen in der Bundesrepublik Deutschland*. Wiesbaden: VS Verlag für Sozialwissenschaften (im Erscheinen).

Solga, Heike (2003c): Ein Leben ohne Schulabschluss – Das ständige Scheitern an der Normalbiographie. In: Jutta Allmendinger (Hg.), *Entstaatlichung und soziale Sicherheit*. Verhandlungen des 31. Kongresses der Deutschen Gesellschaft für Soziologie in Leipzig 2002 (Band 1): Opladen: Leske + Budrich.

Sørensen, Aage B. (1994): *The Effect of Opportunities and Training on Careers*. Paper presented at the workshop of „Network on Transitions in Youth", Seelisberg/Schweiz, 16.-19. September 1994 (Manuskript).

Stauber, Barbara/Walther, Andreas (1999): *Institutionelle Risiken sozialer Ausgrenzung im deutschen Übergangssystem*. Nationaler Bericht für Deutschland zum TSER-Projekt „Misleading Trajectories". Tübingen: IRIS e.V. (Online: http://www.iris-egris.de/pdfs/tser-bericht-deutschland.pdf, Download: 30.09.2002).

Stauber, Barbara/Walther, Andreas (2000): *Avoiding Misleading Trajectories: Transition Dilemmas of Young Adults in Europe*. Tübingen: IRIS e.V. (Online: http://www.nuff.ox.ac.uk/projects/UWWCLUS/Papers/papers.htm, Download: 30.09.2002).

Steele, Claude M. (1997): How Stereotypes Shape Intellectual Identity and Performance. *American Psychologist* 52 (6), S. 613-629.

Stöcker, Fritz (1990): Entwicklungstendenzen im System der Berufsausbildung unter besonderer Berücksichtigung ihrer Auswirkungen auf lernbeeinträchtigte und sozial benachteiligte Jugendliche. In: Henning Schierholz (Hg.), *Berufsausbildung für lernbeeinträchtigte und sozial benachteiligte Jugendliche*. Loccumer Protokoll 17. Rehburg-Loccum: Evangelische Akademie, S. 8-19.

Strikker, Frank (1991): *Benachteiligte im Berufsbildungssystem – Strukturen, Ursachen, künftige Entwicklung und Maßnahmen*. Diskussionspapiere der Enquete-Kommission „Zukünftige Bildungspolitik – Bildung 2000" des 11. Deutschen Bundestages. Bonn: Ausschuss für Bildung und Wissenschaft des Deutschen Bundestages.

Tepperman, Lorne/Djao, Angela (1990): *Choices and Chances*. New York, NY: Harcourt Brace Jovanovich.

Tilly, Charles (1998): *Durable Inequality*. Berkeley, CA: University of California Press.

Turner, Ralph H. (1964): *The Social Context of Ambition*. San Francisco, CA: Chandler.

Twardy, Martin (Hg.) (1992): Neue Ausbildungskonzepte im Handwerk. Erster Zwischenbericht des Modellversuchs zur Ausbildung Jugendlicher ohne Hauptschulabschluß. Köln: Kommissionsverlag Adalbert Carl.

Wagner, Michael (1997): *Scheidung in Ost- und Westdeutschland: Zum Verhältnis von Ehestabilität und Sozialstruktur seit den 30er Jahren*. Frankfurt/Main: Campus.

Waldschmidt, Anne (1998): Flexible Normalisierung oder stabile Ausgrenzung. *Soziale Probleme* 9 (1/2), S. 3-25.

Warzecha, Birgit (2001): Normalität und Geschlecht in der Verhaltensdiagnostik. In: Ulrike Schildmann (Hg.), *Normalität, Behinderung und Geschlecht. Ansätze und Perspektiven der Forschung*. Opladen: Leske + Budrich, S. 63-75.

Weiss, Andrew (1995): Human Capital vs. Signalling Explanations of Wages. *Journal of Economic Perspectives* 9 (4), S. 133-154.

Weymann, Ansgar/Mader, Wilhelm/Dieterich, Ingeborg/Dahms, Wilhelm (1980): *Der Hauptschulabschluß in der Weiterbildung*. Paderborn: Schöningh.

Wiethold, Franziska (1981): Sinn und Unsinn von Berufsvorbereitungsmaßnahmen. *WSI Mitteilungen* 34 (12), S. 717-726.

Wilensky, Harold L. (1960): Work, Careers, and Social Integration. *International Social Science Journal* 12 (4), S. 543-560.

Wilson, William Julius (1990): *The Truly Disadvantaged. The Inner City, the Underclass, and Public Policy*. Chicago, IL: The University of Chicago Press.

Corinna Onnen-Isemann

Ungewollte Kinderlosigkeit als Krise – Reproduktionsmedizin als Hilfe?

Der Begriff der Krise ist eng verknüpft mit modernisierungstheoretischen Diskussionen und gilt häufig als strukturelles Merkmal der Neuzeit. Er bezeichnet eine scheinbar ausweglose Problemlage, eine Entscheidungssituation, die eine grundlegende Veränderung hervorruft (Steil 1993: 10). Die damit einhergehenden Belastungen sind als Krisenfolgeerscheinungen und damit verbundenem Stress von Bedeutung.

Im Hinblick auf die familiale Entwicklung stellen „die Übergänge zwischen zwei aufeinanderfolgenden Familienstufen ... und zum andern vom ‚normalen' Familienlebenszyklus abweichende Einflüsse von unterschiedlicher zeitlicher Erstreckung ... besondere Belastungen für das Familiensystem" (Schneewind 1991: 115) dar.

Inwieweit nun die Problematik, die Stufe von der Paarbeziehung zur Eltern-Kind-Beziehung zu bewältigen, als stressbeladen und spezifische Bewältigungsstrategien herausfordernd empfunden wird, also ob die ungewollte Kinderlosigkeit als Krise erlebt wird, soll Gegenstand dieses Beitrags sein.

1. Einleitung

Seit Ende des vorigen Jahrhunderts steigt der Anteil kinderloser Ehen in fast allen Industriestaaten kontinuierlich, vor allem jedoch in der Bundesrepublik Deutschland: 1989 blieben 8,4 % der Ehen kinderlos; heute sind es 18 %. Nach Modellrechnungen wird für die nach 1970 geschlossenen Ehen in Deutschland sogar mit einem Anteil von 20 % endgültig kinderlos bleibender Ehen gerechnet. Die ansteigende Kinderlosigkeit lässt sich noch deutlicher bei kohortenspezifischen Betrachtungen aller Frauen erkennen: Während von den Frauen des Geburtsjahrganges 1935 in Deutschland nur 9 % kinderlos blieben, gilt dieser Sachverhalt für 20,5 % der 1955 Geborenen und für ca. 25 % der Geburtskohorte 1961 mit weiterhin steigender Tendenz. Berücksichtigt man, dass die Zahl der tatsächlichen Behandlungen in den letzten Jahrzehnten angestiegen ist, muss betont werden, dass ohne die medizinischen Reproduktionstechniken der Anteil kinderloser Ehen noch höher wäre.

Obwohl Kinderlosigkeit in einer Ehe schon immer ein Problem darstellte, begann durch das Entstehen und die ständige Weiterentwicklung der medizinischen Reproduktionstechniken ein sozialer Prozess, dessen Ende bis heute noch nicht absehbar ist: Öffentliche ebenso wie wissenschaftliche Diskussionen über den „Nutzen" dieser medizinischen Entwicklung werden seit ihrem Beginn vehement geführt, was die Meinung der betroffenen Paare nur unterstützt, dass ihnen mit Hilfe der reproduktionsmedizinischen Behandlungen ihr bislang unerfüllter Kinderwunsch (endlich) erfüllt wird. Die Reproduktionsmedizin scheint somit die einzige Möglichkeit für ungewollt kinderlose Paare zu sein, das kulturell vorgegebene Ziel einer Familie mit leiblichen Kindern zu erreichen.

Sozialwissenschaftliche Aspekte der medizinischen Reproduktionstechnologien wurden in diesen Diskussionen erst relativ spät berücksichtigt – die ersten Beiträge sind erst in der zweiten Hälfte der 80er Jahre veröffentlicht worden. Aber Untersuchungen, die sich mit den konkreten Auswirkungen der Reproduktionsbehandlungen seitens der betroffenen Paare befassen, gab es in Deutschland nicht. Mit unserer Studie betraten wir insofern Neuland, als dass wir nicht nur explorativ Grundlagen erhoben, sondern auch ein Modell der Stressverarbeitung empirisch entwickelten und testeten, welches im Folgenden vorgestellt wird.

2. Erhebung

Die Grundlage der folgenden Ausarbeitung bilden die erhobenen Daten aus der Studie „Reproduktionsmedizin aus soziologischer Sicht". Dieses Forschungsprojekt führten wir von Mai 1993 bis Dezember 1995 an der Carl von Ossietzky Universität Oldenburg durch (Nave-Herz/Onnen-Isemann/Oßwald 1996). Im Rahmen dieser Studie erhoben wir u.a. Daten von Kinderwunsch-Paaren in einem zweistufigen Verfahren. Zunächst wurden retrospektive leitfadenorientierte narrative Interviews mit Frauen und Männern, die sich einer oder mehrerer reproduktionsmedizinischer Behandlungen unterziehen oder unterzogen hatten, durchgeführt und nach der inhaltsanalytischen Auswertung der überwiegenden Anzahl eine schriftliche Befragung angeschlossen.

2.1 Erhebungsmethode

Die Methode des offenen Verfahrens bei der Datenerhebung wurde zu explorativen Zwecken gewählt, weil diese sich am ehesten eignet, die Differenziertheit sozialer Wirklichkeit zu erfassen und die prozessualen Entscheidungsvorgänge evident zu machen, da sie den Befragten mehr Raum für die Darstellung belässt als das standardisierte Verfahren. Vor allem sollte mit der Hilfe des narrativen Interviews der Entscheidungsprozess zur medizinischen Reproduktionsbehandlung und seine Auswirkungen erfasst werden. Ebenso konnten hierdurch bislang unbekannte Entscheidungsgründe für eine Behandlung oder deren Abbruch, unterschiedliche Motive zu ihrer Anwendung und eheliche Machtstrukturen sowie die bisher unbekannten Folgen einer reproduktionsmedizinischen Therapie erkannt werden; stressrelevante Merkmale würden deshalb „wie von selbst" erscheinen und deren – zumeist unbewusste – Bewältigung aufgedeckt werden können.

Da eine medizinische Reproduktionsbehandlung aufgrund der Gesetzeslage in Deutschland nur bei verheirateten Frauen durchgeführt werden kann (§27 Abs. 1, Satz 3, SGB; vgl. Exkurs), musste es sich in unserem Sample um verheiratete Ehepartner handeln. Dabei sollte wegen der Erfassung der Auswirkungen auch auf die ehelichen Beziehungen nur jeweils ein Partner allein (d. h. nicht im Beisein seines Ehepartners) interviewt werden. Dies ließ sich jedoch nicht immer realisieren, da in einigen Fällen der Ehemann auf Wunsch der befragten Frau anwesend sein sollte. In diesen Fällen führten wir Paarinterviews durch. Im Verlauf der Interviews konnten ausnahmslos etwaige Bedenken der Paare hinsichtlich der Interviewsituation überwunden werden, so dass sich diese Paarinterviews als erfolgreich, gerade auch im Hinblick auf die ehelichen Macht- und Entscheidungsstrukturen und das dyadische Coping-Verhalten, erwiesen.

Ebenfalls griffen wir in sieben Fällen auf Telefoninterviews zurück, da sich aufgrund eines Aufrufes in einer Frauenzeitschrift Frauen aus allen Teilen der Bundesrepublik meldeten, von denen einige mündlich befragt werden wollten, die aber wegen der räumlichen Entfernung jedoch nicht persönlich aufgesucht werden konnten. Telefonische Befragungen werden in Deutschland hauptsächlich in der Umfrageforschung eingesetzt und ersetzen dort standardisierte, persönliche Interviews (vgl. Brückner/Hormuth/Sagawe 1982; Reuband/Blasius 1996). Wir führten die Patientinnen-Telefoninterviews mit demselben Leitfaden wie die anderen narrativen Interviews in den Abendstunden durch und zeichneten das Gespräch ebenfalls auf. Ihre Analyse zeigte keinen Unterschied in der „Offenheit" der Erzählungen im Vergleich zu den persönlichen face-to-face Interviews; es ergaben sich weder Probleme hinsichtlich der Vertrauenszusicherung seitens der Interviewerin noch im Hinblick auf die angesprochenen, teilweise sehr intimen Fragenkomplexe. Entgegen der vielfach in der Literatur geäußerten Kritik hinsichtlich der zu erwartenden Offenheit in Telefoninterviews aufgrund der nur knappen zur Verfügung stehenden Zeit (vgl. Frey/Kunz/Lüschen 1990) erklären wir die hohe und anonyme Interviewbereitschaft damit, dass diesen Frauen vielfach kein anderer Gesprächspartner während ihrer Behandlung zur Verfügung stand – wir waren scheinbar die einzigen, mit denen überhaupt darüber geredet werden konnte.

Nach der inhaltsanalytischen Auswertung dieser Interviews wurden anhand dieser Ergebnisse Items entwickelt, die die Grundlage für eine schriftliche halbstandardisierte, Befragung bildeten, um die Validität der Ergebnisse der ersten Erhebungsphase zu überprüfen. Ziel dieser zweiten Erhebungsphase war es, die Stabilität und Genauigkeit der Untersuchungsergebnisse aus der ersten Phase durch eine höhere Stichprobenzahl zu prüfen, um darüber hinaus statistisch gesicherte Ergebnisse zu erhalten.

2.2 Sample

Das Sample der qualitativen Phase des Projektes umfasst insgesamt 52 narrative Interviews mit Frauen und Männern, die sich einem oder mehreren Verfahren der medizinisch assistierten Reproduktionsbehandlung im Laufe ihres Lebens unterzogen haben, um ihren bislang unerfüllten Kinderwunsch einzulösen, davon waren 30 face-to-face Einzelinterviews mit Frauen und 15 Paarinterviews; hinzu kamen die bereits erwähnten 7 Telefoninterviews mit Frauen. Sämtliche Interviews wurden im Zeitraum von November 1993 bis Juni 1995 erhoben.

Man könnte annehmen, dass Frauen, die sich einer reproduktionsmedizinischen Behandlung unterziehen bzw. unterzogen haben, alle zum Behandlungsbeginn ungewollt kinderlos sind. Entgegen dieser Vermutung lassen sich jedoch die Frauen, die sich einer reproduktionsmedizinischen Therapie unterziehen, in zwei Gruppen untergliedern:

–   die „primär-kinderlosen" – hierzu zählen wir diejenigen Frauen, die bis zum Behand-
    lungsbeginn noch nie ein Kind bekommen haben, und

–   die „sekundär-kinderlosen" – hierzu zählen diejenigen, die bereits ein Kind oder
    mehrere Kinder aufgrund „natürlicher" Zeugung geboren haben und bei denen sich
    die Einlösung eines weiteren Kinderwunsches nicht realisieren lässt.[1]

Nach dieser Definition waren in dem narrativen Sample acht „sekundär-kinderlose" Frauen
und 44 „primär-kinderlose" Frauen, von denen jedoch zum Zeitpunkt der Befragung elf
Befragte durch die Behandlung bereits ein Kind geboren hatten.
    Die schriftliche Befragung wurde von Mai 1994 bis Dezember 1995 durchgeführt;
insgesamt liegen 273 auswertbare Fragebögen vor. Fast die Hälfte der in dieser Phase
Befragten befand sich zum Erhebungszeitpunkt in reproduktionsmedizinischer Behandlung
(N = 130); ca. ¼ hat diese erfolglos abgebrochen oder beendet (N = 66). Insgesamt ¼ hat
eine Behandlung mit Erfolg abgeschlossen, d. h. die Interviewpartnerin war schwanger
oder hatte bereits ein Kind geboren (N = 51), die restlichen Befragten standen noch am
Anfang der Behandlung. Alle Bildungsabschlüsse sind im Sample vertreten; die höheren
Schulabschlüsse überwiegen leicht.

2.3 Auswertungsmethode

Im Rahmen dieser Arbeit fand das Verfahren der Triangulation von Daten aus mehreren
Erhebungsphasen Anwendung. Hierbei wurden in einem ersten Schritt die qualitativen
Interviews inhaltsanalytisch ausgewertet. Da es bislang an allgemein anerkannten und
somit methodisch-systematisch überprüfbaren Kriterien der Interpretationsverfahren und -
regeln für transkribierte Interviews mangelt, wurden hier verschiedene „erprobte" Verfahren angewendet und miteinander kombiniert. Als Auswertungsverfahren der offenen Interviews wählte ich deshalb einerseits einen phänomenologischen Ansatz, die materiale
Analyse von Deutungsmustern (Kade 1983: 112ff). Aufbauend auf den drei Ebenen im
Rahmen von Erkenntnisprozessen bei Husserl, berücksichtigt diese Interpretationsform nur
die konkreten Lebenswelten und daraus resultierenden Handlungsopportunitäten der Individuen – die Deutungen der Individuen und nicht die relative Weltauffassung ist somit
Gegenstand der Interpretation. Andererseits fanden die sechs Schritte zur „Auswertung

---

[1]   Im Gegensatz zu dieser Definition unterscheiden Mediziner „primäre Sterilität", „Infertili-
       tät" und „sekundäre Sterilität" voneinander. „Primäre Sterilität" bedeutet, dass bei der Frau
       keine Befruchtung eintreten kann (unabhängig davon, ob die Ursache dafür bei ihr oder bei
       ihrem Mann liegt), „Infertilität" dagegen bezeichnet die Unfähigkeit eine Schwangerschaft
       auszutragen und „sekundäre Sterilität" das Nicht-Eintreten einer weiteren Befruchtung nach
       einer früheren Konzeption (Stauber 1993:55). Die „Hauptnutzerinnen" der reproduktions-
       medizinischen Behandlungen gehören danach zu 60,6 % zur ersten Gruppe der „primären
       Sterilität". In der durch die Autorin definierten Gruppe der „primär-Kinderlosen" können
       sich demnach Frauen befinden, die nach medizinischer Diagnose entweder selbst infertil
       oder steril bzw. deren Ehemänner steril sind; in der Gruppe der „sekundär"-Kinderlosen
       sind auch Frauen, die bereits durch medizinisch assistierte Zeugung ein Kind oder mehrere
       Kinder bekommen haben.

autobiographischer Stegreiferzählungen" nach F. Schütze (1983: 286f.) Anwendung. Hierbei handelt es sich um

1. die formale Textanalyse, in der die nicht-narrativen Elemente des Textes eliminiert werden,

2. die strukturelle inhaltliche Beschreibung der Darstellungsstücke,

3. die abstrakte Analyse der strukturell inhaltlichen Beschreibung,

4. die Wissensanalyse, in der auf der Basis der gewonnenen Erkenntnisse bezüglich des wesentlichen Ereignisablaufs und der abstrakten Analyse eine dominante Prozessstruktur herausgearbeitet wird,

5. kontrastive Vergleiche, bei denen verschiedene ähnlich gelagerte Fälle miteinander verglichen werden, um mit den maximal kontrastierenden Unterschieden mögliche und theoretisch denkbare Strukturen alternativer Handlungsoptionen der Befragten herauszuarbeiten, und schließlich

6. die Konstruktion eines theoretischen Modells, um die vorangegangenen Auswertungsschritte systematisch analytisch miteinander zu verbinden (vgl. Sander 1997: 70ff)

Die mit diesen beschriebenen Methoden gewonnenen Ergebnisse wurden dann anhand des quantitativen Datenmaterials der zweiten Erhebungsphase mit Konfigurationsfrequenzanalysen überprüft und anschließend wieder am qualitativen Material „gespiegelt", indem in einem dritten Schritt Einzelfallanalysen durchgeführt wurden, um die Komplexität des ganzen Falles, die Zusammenhänge der Funktions- und Lebensbereiche in der Ganzheit der befragten Person aufzudecken. Auf diese Weise konnten relevante Einflussfaktoren der Stressverarbeitungsproblematik gefunden werden, die bei der Interpretation von Lebenslaufzusammenhängen hilfreich sein können (vgl. Mayring 1988; 1993: 27).

Das quantitativ erhobene Material wurde hauptsächlich zur Testung des theoretisch entwickelten Modells der Stressverarbeitung interpretiert.

Die theoretischen Überlegungen zur Ausdifferenzierung der relevanten Abschnitte während des Stressverlaufs von der Diagnosestellung bis zum Behandlungsbeginn erfolgten vor der Durchführung narrativer Interviews. Im Rahmen der anschließenden Interviews lenkten wir den Fokus explizit auf die individuell empfundenen Stressereignisse einerseits, andererseits konfrontierten wir die Befragten mit einem Verlaufsschema, das die theoretischen Überlegungen zum Stressverlauf in Form von Statements beinhaltete. Die Frauen und Männer wurden über die Entstehung dieses Schemas aufgeklärt und gebeten, zu jedem einzelnen Punkt Stellung zu nehmen. Diese Vorgehensweise hatte den Vorteil, dass sich einerseits während des Interviews die Befragten zu ihren individuell empfundenen Belastungen äußerten – sei es vor der Diagnosestellung oder danach – und im Anschluss an das Interview durch die Vorlage des Ablaufschemas nochmals konkret mit dem Verlauf der Belastungen nach der Diagnosestellung auseinandersetzen konnten. Das Ablaufschema erfüllte somit eine doppelte Funktion, da es zum einen während des Interviews nicht angesprochene Themen ergänzte und zum anderen angesprochene Themenkomplexe „kontrollierte" (vgl. Überblick 1):

Überblick 1: Verlaufsschema der Stressverarbeitung[2]

1. Ich war völlig schockiert, als ich von der bleibenden Unfruchtbarkeit erfahren habe. (Phase 1)

2. Mein Selbstbewusstsein litt und ich begann neue medizinische Untersuchungen mit der Hoffnung, endlich schwanger zu werden. (Phase 2)

3. Ich war ärgerlich und wütend über mein „Nicht-Schwanger-Werden". (Phase 3)

4. Wir hielten uns von anderen Paaren mit Kindern fern, weil sie uns immer daran erinnerten, was uns noch fehlte. (Phase 5)

5. Wir schoben uns gegenseitig die Schuld für das „Nicht-Schwanger-Werden" zu und suchten vor allem in der Vergangenheit nach Ursachen dafür. (Phase 4)

6. Wir sprachen im Freundes- und Familienkreis ständig über unsere Kinderlosigkeit und verloren deshalb völlig den Kontakt zu unseren Freunden und zu unseren Familien. (Phase 5)

7. Ich interessierte mich nur noch für mich und die ausbleibende Schwangerschaft. Ich hatte zu nichts mehr Lust, konnte nicht mehr richtig schlafen und war ständig schlecht gelaunt. Schließlich wurde ich dann auch noch krank. (Phase 6)

8. Ich war sehr traurig und musste mich von einem Traum trennen und über meine Zukunftspläne völlig neu nachdenken. (Phase 7)

9. Wir haben uns auch mit dem Gedanken auseinandergesetzt, dass wir nie eigene Kinder haben werden. (Phase 8)

10. Wir haben unsere Kinderlosigkeit voll und ganz akzeptiert und entdeckten sogar positive Seiten daran. Erst dann konnten wir mit einer Behandlung beginnen. (Phase 8)

3. Ergebnisse

Bereits die Daten der qualitativen Erhebungsphase zeigen zunächst, dass die befragten Paare mit unerfülltem Kinderwunsch sich von anderen Ehepaaren hinsichtlich des Anlasses für ihre Eheschließung nicht unterscheiden, denn alle Befragten nannten als Heiratsgrund

---

[2]   In Klammern stehen die korrespondierenden Phasen des Modells

einen Kinderwunsch – die wenigsten Paare wussten also schon bei ihrer Heirat, dass ihre Ehe kinderlos bleiben würde. Die konkrete Einlösung ihres Kinderwunsches schoben sie dann aber erst einmal hinaus: Von den in der quantitativen Erhebung befragten Frauen, die sich einer reproduktionsmedizinischen Behandlung unterzogen, haben nämlich 62 % ihren Kinderwunsch in dieser Partnerschaft jahrelang verschoben und sich dann, bei Entscheidung für ein Kind, überwiegend in einem Lebensalter mit geringerer Konzeptionsfähigkeit befunden.

Die Ehedauer zum Zeitpunkt der Befragung betrug durchschnittlich 6,5 Jahre, die Hälfte der Befragten war bis zu 5 Jahren verheiratet, ¾ bis zu 8 Jahren. Den Kinderwunsch bei Ehebeginn verschoben zu haben, geben 61,4 % (N = 272) der befragten Frauen an.

Die Tatsache, dass so viel mehr Frauen zu Ehebeginn ihren Kinderwunsch verschoben haben und dann letztendlich Patientinnen der Reproduktionsmedizin wurden, lässt die Vermutung zu, dass sie dieses bereits vor dem Hintergrund des Wissens um die Existenz der Medizintechnik getan haben. Ihre genannten Gründe für den Aufschub eines Kinderwunsches erscheinen vielfältig, wie die folgende Tabelle zeigt:

Tabelle 1: Gründe für die Schwangerschaftsverhütung bei Ehebeginn

Gründe	in %
Berufliche Gründe	60,5
Partner wollte noch keine Kinder	36,1
Der Verantwortung nicht gewachsen	27,4
Kinder schränken persönliche Freiheit ein	24,6
In Ausbildung/Umschulung; keine finanzielle Sicherheit	8,6
Partnerschaft ist noch zu jung	4,9
Ökonomische Basis muss noch geschaffen werden	3,7
Zu jung für Kinder	3,7
Ehebeziehung könnte leiden	2,9
Mehrfach-N. =	162

Die Interviews mit den Patientinnen der Reproduktionsmedizin zeigen, dass viele von ihnen ein Mutter- und Familienrollenkonzept internalisiert haben, das in direktem Widerspruch zu ihrer Erwerbsorientierung steht und welches eine zentrale Bedeutung für ihre Lebensplanung zu haben scheint: alle unsere Interviewten äußerten sich ohne direkte Nachfrage stets zusammenhängend über mütterliche Erwerbstätigkeit bzw. über eine Vereinbarkeit von Beruf und Familie (vgl. Nave-Herz 1988). Gefragt nach der Vorstellung eines zukünftigen Lebens im Jugendalter geben alle unsere Interviewpartnerinnen an, bereits im Jugendalter einen Kinderwunsch gehabt zu haben. Damals und auch noch zum Zeitpunkt der Eheschließung haben sie sich offenbar an der „weiblichen Normalbiographie" orientiert: die Eheschließung gilt hierbei als zwingende Voraussetzung für die spätere Geburt von Kindern, die wiederum eine ganze oder zumindest teilweise Berufsunterbrechung der Mutter auslöst (vgl. z. B. Levy 1977: 44).

Die gewählte befristete Kinderlosigkeit kann dann aber durch zwischenzeitliche gynäkologische oder andrologische Veränderungen, z. B. durch Krankheit (die eigene oder die des Partners), durch das Lebensalter oder auch psychosomatisch bedingt, zu einer ungewollten Kinderlosigkeit führen, wie es bei 62 % der befragten Frauen der Fall war, die sich daraufhin in eine reproduktionsmedizinische Behandlung begeben haben. Die Reproduktionsmedizin hat somit einen paradoxen Effekt unterstützt: Sie hat durch die Mithilfe bei der Entwicklung der modernen Kontrazeptiva zunächst die Möglichkeit der zuverlässigen Verhinderung einer Schwangerschaft geboten, aber bei einem Teil der Frauen um den Preis, dass nunmehr wieder nur mit medizinischer Hilfe die inzwischen eingetretene Zeugungs- und Konzeptionsunfähigkeit aufgehoben werden kann.

Mit enormer persönlicher Belastung strebten die Befragten also nach einer Korrektur: Ihr Wunsch bezog sich auf die Gründung einer „Normalfamilie" mit eigenem leiblichen Kind. Selten wurde eine Adoption ins Auge gefasst.

Durch das neue Angebot „Reproduktionsmedizin" wird möglicherweise eine sinkende Bereitschaft ungewollt kinderloser Paare zur Adoption plausibel: wenn das leibliche Kind zum Normalitätsmuster einer Ehe gehört, sich diese Leiblichkeit biologisch aber nicht einrichten lässt, dann wird auf andere Weise versucht, dem Normalitätsmuster zu entsprechen. Noch vor ca. 20 Jahren musste im Falle ungewollter Kinderlosigkeit von der Leiblichkeit Abstand genommen werden und auf das Erleben einer Schwangerschaft verzichtet werden – die einzige Chance der ungewollt Kinderlosen auf ein Kind „zur Verwirklichung des Familienkonzeptes" (Hoffmann-Riem 1989: 35) bestand in der Adoption. Die fortschreitende Entwicklung der Reproduktionsmedizin könnte heute eine Vorverlagerung der Kontrolle von Familienbildungsprozessen begünstigen, um eine gewisse „Normalität" in die Phase der Zeugung hinein zu erreichen. Damit könnte – aus Sicht der von Kinderlosigkeit Betroffenen – der „Natürlichkeit" des Kinderwunsches Vorschub geleistet und der „normalen Familie" am ehesten entsprochen werden.

Wie stark bei aller Pluralität von praktizierten Lebensformen in unserer Gesellschaft die „Kernfamilie" (Eltern mit leiblichen Kindern) als Ideal auch heute noch gelten und die Mutterrolle Priorität besitzen kann, wird also besonders deutlich bei den Patientinnen der Reproduktionsmedizin. Es ist im übrigen der Kinderwunsch der Frauen, der als „Motor" des Behandlungswunsches der Kinderlosigkeit wirkt, denn die Initiative zur Teilnahme an einer reproduktionsmedizinischen Behandlung ging in 35 % der Fälle von der Ehefrau allein aus und nur in 3 % vom Ehemann. 53 % der Befragten betonten die Übereinstimmung in der Stärke des Kinderwunsches mit ihrem Partner. Dennoch kann nicht vom Paar als Motor gesprochen werden, da auf die Frage, wer sich als erstes für die IVF-Behandlung interessiert und den anderen Partner überzeugt hätte, nur sehr wenige Männer den „aktiven Part" übernommen haben, aber über ⅓ der Ehefrauen. Vor allem die Frauen in den höheren Altersgruppen wollten nicht mehr länger warten und ergriffen selbst die Initiative. Mehr junge Paare und jene mit geringerem Bildungsniveau dagegen betonten die gemeinsame Entscheidung (vgl. Rauchfuß 1998: 229).

3.1 Coping-Strategien bei ungewollt kinderlosen Ehepaaren

Bereits die qualitativ erhobenen Daten bestätigen den Befund anderer Untersuchungen: Die hochtechnisierte Reproduktionsmedizin ist ein stressverursachendes und -produzierendes Lebensereignis für die betroffenen Frauen (van Balen/Naaktgeboren/Trimbos-Kemper 1996; vgl. zusammenfassend Onnen-Isemann 2000). Die Belastungen der IVF-Behandlungen können auf mehreren Ebenen liegen: Während auf der individuellen Ebene die Patientin vor dem Hintergrund eines sehr wahrscheinlichen Misserfolgs – nur max. 26,8 % der IVF-Patientinnen konnten 2002 mit einem Therapieerfolg rechnen (Felberbaum et al. 2002:6ff) – z.B. die direkten körperlichen Auswirkungen der medizinischen Behandlung kompensieren und gleichzeitig einen hohen zeitlichen und organisatorischen Aufwand zur Aufrechterhaltung der Behandlung betreiben muss, können auf der Paarebene z. B. konkrete Auswirkungen auf die Partnerbeziehung eintreten. Auf der Ebene der sozialen Beziehungen müssen möglicherweise zusätzlich die Reaktionen z. B. von Familienmitgliedern, Freunden und Bekannten verarbeitet werden.

Die Belastungen im Rahmen der Behandlungen lassen sich in objektive und subjektive einteilen. Die objektiven Belastungen, denen die Paare während der Durchführung eines Reproduktionsprogrammes ausgesetzt sind, bestehen in einem hohen zeitlichen und organisatorischen Aufwand. Er beginnt mit dem terminlich fest definiertem Zeugungsakt, gynäkologischen Untersuchungen und Blutabnahmen, die mit dem Praxisablauf und den Erwerbsarbeitszeiten koordiniert werden müssen. Häufig nehmen berufstätige Frauen den Jahresurlaub in Anspruch, um nicht durch zu häufige Fehlzeiten den Arbeitsplatz zu gefährden. Die subjektiven Belastungen während und durch die reproduktionstechnische Behandlung scheinen noch um ein Vielfaches unangenehmer zu sein: Die Auswirkungen nicht nur auf die emotionale Beziehung der Partner zueinander, eine übersteigerte Wertigkeit der einzelnen Behandlungsschritte bis hin zur völligen Aufgabe persönlicher Interessen sind nur einige Effekte der Behandlungen (vgl. Schuhrke 1993: 252ff).

Zusätzlich zu diesen Belastungen kommen die strukturellen Belastungen durch die Form der medizinischen Intervention, da jeder Teilschritt der Behandlung mit erneuter Ungewissheit seitens der Paare, aber hauptsächlich auch mit Unvorhersagbarkeit seitens der Ärzte und Ärztinnen verknüpft ist. Vor allem der subjektive psychische Stress, den die Paare empfinden, geht aus den qualitativen Interviews hervor, insbesondere die Hilflosigkeit während und nach der Behandlungszeit.

Angesichts dieses Drucks stellt sich deshalb die Frage nach den Strategien der Belastungsverarbeitung der betroffenen Ehepaare, denn die objektive Feststellung der eigenen Unfähigkeit zur Fortpflanzung bedeutet für die meisten Paare ein Anwachsen der psychischen Probleme, die sie zu bewältigen haben. Hierbei kann angenommen werden, dass zu unterschiedlichen Zeitpunkten im Verlauf einer „Kinderwunschgeschichte" eines Paares Stressereignisse unterschiedlich wahrgenommen werden. Die Daten zeigen, dass der Eintritt in den Prozess einer reproduktionsmedizinischen Behandlung in gleichem Maße eine logische Folge des Wunsches nach einer Schwangerschaft, wie auch ein folgenreicher Schritt in die Zukunft für die Paare in dieser Lebenssituation ist.

Die Belastungen können vor dem Eintritt in eine Reproduktionsbehandlung liegen und den Zeitraum bis zur Feststellung des Ausbleibens der Schwangerschaft umfassen und deshalb diese Behandlungen bedingen. Eine qualitativ andere Belastungsphase liegt in der Zeit während der gesamten Behandlung bis zu deren Ende.

Die befragten Frauen, die Patientinnen der Reproduktionsmedizin wurden, warteten zum Teil schon sehr lange auf ihr Wunschkind. Bevor sie die Entscheidung für eine Behandlung der Kinderlosigkeit trafen, haben sie mehrere Schritte bereits „durchstanden": Zunächst das Erhoffen einer Schwangerschaft, schließlich das Erkennen einer vorliegenden Konzeptions- oder Zeugungsunfähigkeit und ferner das Auslösen eines psychischen Reaktionsmusters, welches die Kinderlosigkeit nicht als Schicksal oder als Anlass zur Veränderung der Lebensorientierung begreift. Von besonderem Interesse im Rahmen dieses Prozesses ist die Wirkung dieser Wahrnehmung sowohl in ihrer Intensität als auch in ihrem Einfluss auf den Behandlungsverlauf, auf die Wahrnehmung der zukünftigen Stressereignisse und evtl. auch auf den Ehepartner und dessen Umgang mit dem Kinderwunsch.

Um auf eine soziale Situation – hier die Diagnosestellung „Infertilität" bzw. „Sterilität" – reagieren zu können, durchläuft ein Individuum in der Regel mehr oder weniger unbewusst einen Prozess aufeinander aufbauender Stadien der Verarbeitung (vgl. Hurrelmann 1988). Die wenigen Untersuchungen, die sich mit psychischen Problemen unfreiwillig Kinderloser befassen, beschreiben diese auf vielfältige Weise: Erschöpfung, Gereiztheit, Unsicherheit in Bezug auf die Zukunft, die Notwendigkeit der Mobilisierung von Reserven zum Aufbau von Durchsetzungskraft im Hinblick auf die Fortsetzung weiterer gynäkologischer Untersuchungen und zum Aufbau von Optimismus, Hoffnung auf Erfolg etc. (vgl. Guttormsen 1992). Bei diesem theoretischen Modell handelt es sich um einige wenige „Handlungsstationen", die – wie im Folgenden gezeigt wird – monodirektional ausgerichtet sind:

Der erste Schritt der Verarbeitung, nachdem die Partner durch ihren behandelnden Arzt von ihrer Unfruchtbarkeit erfahren haben, wird als Schock erlebt. Die Partner sehen den (endgültigen) Verlust ihrer Möglichkeit, ein Kind zu bekommen, und stellen fest, dass sie auf ein bisher geplantes Leben mit Kindern verzichten müssen; Gefühle wie Verzweiflung und Hoffnungslosigkeit bestimmen ihre Reaktionen. Danach beginnt die Phase der Verneinung, in der die Diagnose verdrängt wird. Das Selbstbewusstsein und das Selbstbild werden in Frage gestellt und immer neue medizinische Untersuchungen begonnen mit dem Ziel, die bestehende Diagnose revidieren zu können. Die nächste Phase wird von Ärger und Wut beherrscht. Frustrationen, die durch die Erfahrungen bei den Arztbesuchen, medizinischen Behandlungen usw. ausgelöst werden, lösen sich ab mit Aggressionen, z.B. gegen Paare mit Kindern. Die eigene vermeintliche Unzulänglichkeit kann also irrationale Reaktionen gegen das gesamte soziale Umfeld der Paare auslösen. In der nächsten Phase von Schuld- und Schamgefühlen suchen viele Paare in der Vergangenheit nach Ursachen für ihr Defizit. Früherer Gebrauch von Kontrazeptiva oder evtl. frühere Abtreibungen ebenso wie Flucht, z.B. in religiöse Vorstellungen, scheinen vielen Paaren Erklärungen für ihre Infertilität oder Sterilität zu bieten. Ebenso können sich die unterschiedlichen Reaktionen der Partner auch gegeneinander richten. In der Phase der Isolierung zieht sich das Paar nahezu vollständig von allen sozialen Kontakten zurück, in denen Kinder unmittelbar oder unmittelbar beteiligt sind, und erleben schließlich in der nächsten Phase vielfältige Formen von Depressionen. Schließlich beginnt die Phase der Trauer. Die lähmenden Depressionen werden abgelöst durch Trauergefühle, durch die ein Verarbeitungsprozess in Gang gesetzt wird. Es kann z.B. begonnen werden, über die Zukunftspläne neu nachzudenken oder sich mit dem Gedanken auseinanderzusetzen, niemals eigene Kinder zu haben. Schließlich kann in der letzten Phase die Diagnosestellung „Infertilität bzw. Sterilität" akzeptiert werden und die Lethargie der vorangegangenen Zeit löst sich auf. Erst jetzt, nach der vollständigen

Durchlebung dieses Prozesses, kann das Paar gemeinsam wichtige Entscheidungen für ein gemeinsames Leben in der Zukunft treffen und sich z.B. für den Beginn einer medizinischen Reproduktionsbehandlung entscheiden.

Dieser Ablauf sieht vor, dass in jedem Fall *alle* Phasen zur Verarbeitung eines stressrelevanten Ereignisses psychisch „durchstanden" werden müssen, bevor das Individuum konkrete Maßnahmen ergreifen kann, um die Folgen dieses Ereignisses zu beeinflussen. Mit anderen Worten: Alle Stufen der Verarbeitung sollten also vor dem Beginn einer medizinischen Behandlung „absolviert" worden sein, so dass von den Betroffenen mehrere Entscheidungsmöglichkeiten wahrgenommen werden, von denen nur eine mögliche der Eintritt in ein reproduktionsmedizinisches Programm ist. Die Verarbeitung der ungewollten Kinderlosigkeit erfolgt somit in jenen Fällen dann parallel zur Behandlung. Und hier liegt eine besondere Gefahr: wenn nämlich die gesamte Hoffnung auf ein Kind in die medizinischen Therapien gelegt wird und die bewusste Bewältigung der eigenen Unzulänglichkeit dadurch immer weiter verzögert wird, erscheint ein Leben ohne Kind unvorstellbar – andere Alternativen stehen dann als Optionen nicht mehr zur Verfügung.

Aufgrund dieser Erkenntnisse wurde das aus der Literatur entwickelte theoretische Modell zunächst um die tatsächlich aufgetretenen Phasenabläufe ergänzt und um zwei Optionen erweitert: 1. um die Option „Adoption/Pflegschaften" und 2. um die Option „Leben ohne Kind", wie die Abbildung veranschaulicht.

Diese Stufen im Verarbeitungsprozess sind nicht aufeinander aufbauend und jede einzelne für sich betrachtet nicht zwingend notwendig. Dennoch – so zeigten unsere Daten – sind sie nicht umkehrbar, weder im qualitativen noch im quantitativen Datensatz. Anhand der einfachen Häufigkeitsverteilung wird deutlich, dass die Befragten nach gewissen Mustern ihre Antworten geben und die einzelnen Individuen in ihren Verarbeitungsstrategien variieren. Angesichts des recht umfangreichen zu testenden Verlaufs über acht Modellstufen, lag die Vermutung nahe, dass bei einer quantitativen Testung anhand der 273 Fälle ebenso viele individuell verschiedene Verarbeitungsmuster existieren, wie Personen befragt wurden. Obwohl diese – für statistische Analysen relativ geringe Fallzahl – gegeben war, gibt es lediglich 67 verschiedene Konfigurationen, durchschnittlich haben also 4 Personen dieselben Coping-Strategien entwickelt.

Abbildung 1: Modell der Stressverarbeitung bei kinderlosen Paaren

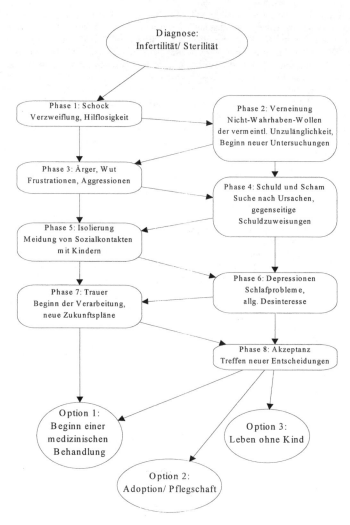

Die Frage stellte sich daher, ob es eine typische Abfolge von Stressverarbeitungsstufen gibt. Hierzu wurden Konfigurationsfrequenzanalysen, Interaktionsstrukturanalysen und

Prädiktions-Konfigurationsfrequenzanalysen gerechnet. Diese konnten statistische Beweise für das Vorliegen bestimmter Antwortmuster, die zur Bildung von Typen führten, liefern. Auf diese Weise konnten zwei statistische Typen der Stressverarbeitung ermittelt werden:

Typ 1:   Er hat das Konfigurationsmuster „Schock", „Verneinung", „Ärger, Wut", „Isolierung", „Depression".

Typ 2:   Er beinhaltet die Antwortmuster „Schock", „Ärger, Wut", „Isolierung", „Depression", „Akzeptanz".

Durch Triangulation des erhobenen Materials konnten diese Typen schließlich empirisch abgesichert werden.

Angesichts der Vielfältigkeit der beschriebenen Belastungen stellt sich die Frage nach der Bewältigung des Behandlungsstresses bzw. danach, warum die Frauen und Männer aufgrund dieser Belastungen die Behandlungen nicht abbrechen? Gibt es möglicherweise noch relevante Dritte, die die Entscheidung des Paares, an einer reproduktionsmedizinischen Behandlung teilzunehmen, beeinflussen?

Unterstützt fühlten sich die Frauen auf ihrem „Weg" in die reproduktionsmedizinische Behandlung vor allem durch ihre Ehemänner (84 %). Obwohl zwar in 16 % der Fälle die Partner der Behandlung gegenüber nur distanziert oder tolerierend gegenüberstehen, geben immerhin 96 % aller Frauen ihren Ehemann in bezug auf dieses Thema als den engsten Gesprächspartner an, also noch weit vor den Gynäkologen bzw. Gynäkologinnen (65 %). Betont wird von 92 % der Ehefrauen die positive Reaktion ihrer Ehemänner zur Therapie, die sie zu 80 % als überaus und weiterhin zu 14 % als sehr unterstützend definieren. Aber auch die Gynäkologen und Gynäkologinnen unterstützen die Paare, die Behandlung trotz der Belastungen fortzuführen.

Insbesondere die Zuversicht der Ärzte wurde bei einem hohen Anteil unserer befragten Frauen, wie sie selbst betonten, als große Hilfe wahrgenommen (84 %). 60 % von ihnen gaben an, sie hätten keine weiteren Versuche unternommen, wenn nicht der behandelnde Arzt bzw. die Ärztin ihnen soviel Mut gemacht hätte (60 %). Nur einige wenige der Befragten fühlen sich durch sog. „externe Quellen" unterstützt, z.B. durch Medienberichte.

Es ließe sich nun die Vermutung aufstellen, dass bei der Frage zur Entscheidung für eine reproduktionsmedizinische Behandlung der eigenen Herkunftsfamilie eine übergeordnete Bedeutung zukommt, zumal die kinderlosen Frauen und Männer gerade auch durch diese Diskriminierungen erfahren haben. Stattdessen zeigen aber unsere Daten, dass die eigene Familie kaum eine Rolle spielt und wenn überhaupt, dann eher noch die weibliche Verwandtschaftslinie erwähnt wird. Dagegen werden häufiger noch die eigenen Freunde und Bekannten um Rat gefragt.

Unter familiensoziologischem Aspekt erscheint dieses Verhalten plausibel, denn gerade innerhalb der Familie werden sexuelle Fragen und Probleme ihrer Mitglieder meistens tabuisiert und verdrängt. „Die Behandlung wird als Eingriff in intimste Sphären so kränkend erlebt, dass die meisten Paare ängstlich bemüht sind, Störung und Behandlung vor der Umwelt zu verbergen" (Brähler 1995: 182). Zusammenfassend könnte man sagen, dass außer mit dem Ehemann und dem Gynäkologen bzw. der Gynäkologin ca. 32 % unserer befragten Frauen mit niemandem über die reproduktionsmedizinische Behandlung gesprochen haben. Wenn man bedenkt, dass unsere Interviewpartnerinnen aufgrund der Stichprobenrekrutierung – sie waren alle Selbstmelderinnen – als gesprächsbereit im Hinblick auf die medizinische Behandlung einzustufen sind, wird in der Realität das Schweigen über die Anwendung der Reproduktionsmethoden noch viel verbreiteter sein als unsere Daten diesen Sachverhalt ausweisen.

Warum – so ist aufgrund der großen psychischen und körperlichen Belastungen für die Betroffenen zu fragen – schließen die Paare auch nach erfolgloser erster Behandlung eine zweite, dritte und sogar noch eine vierte an?

An Gründen für die Fortsetzung der Behandlungen nennen unsere befragten Frauen selbst insbesondere die Angst vor späteren Selbstvorwürfen; im Fragebogen bejahten 79 % (N = 187) der Frauen das Statement: „Obwohl es mir während der einzelnen Behandlungsphasen nicht sehr gut geht, werde ich die Behandlung vor Ablauf der möglichen Versuche nicht abbrechen, um mir später keine Vorwürfe zu machen." Dadurch kann die Behandlung auch einen „Suchtcharakter" erhalten (Brähler 1985: 183). Beck-Gernsheim schreibt: „...Diejenigen, die aufgeben, bevor sie nicht noch die neueste und allerneueste Methode versucht haben (ein Kreislauf ohne Ende), sind nun ‚selber schuld'. Sie hätten es ja noch weiter versuchen können... So wird aus der Fortpflanzungstechnologie die Fortpflanzungsideologie." (1991: 55).

Die „Kosten-Nutzen-Bilanz" zwischen dem Abwägen eines Behandlungsabbruches oder ihres Neubeginns bei ausbleibender Schwangerschaft scheint durch die Angst einer möglichen zukünftigen Reue und die übersteigerte Hoffnung auf Erfolg beeinflusst zu sein. Der „Nutzen" – d.h. endlich schwanger zu werden – wird offenbar immer erstrebenswerter, je mehr „Kosten" investiert wurden – also je mehr sich das Paar den organisatorischen und strukturellen Zwängen unterworfen hat. Vermutlich bejahten deshalb 77 % der befragten Frauen das Statement: „Aus jedem einzelnen Schritt (im Behandlungszyklus) schöpfe ich neuen Mut für den nächsten". Hier wird eine Hoffnung geäußert, die an die Glückserwartung bei einer Lotterie erinnert, wenn auch mit etwas höheren „Gewinnchancen". Denn die Erfolgsquoten der hochtechnisierten Reproduktionsmedizin zur Behandlung von Kinderlosigkeit sind insgesamt sehr gering: Die „Baby-take-home"-Rate lag im Jahr 2001 nach einer IVF-Behandlung bei 15,7 % (Felberbaum et al. 2002:14). Trotzdem bleibt die traditionelle Familienbildung mit der leiblichen Mutter offenbar ein kulturelles Ziel mit hoher Priorität. Die Wege zur Familienbildung in der Vergangenheit – Adoption von (nichtehelichen) Kindern, Weggabe von Kindern aus ärmeren, kinderreichen an vermögende kinderlose Verwandte – sind heute kaum noch „gangbar"; die Adoptionsmöglichkeiten haben radikal abgenommen; werden aber auch – wie die Pflegekinder – von vielen nicht als Substitut für „eigene" Kinder angesehen. Nur ein Viertel der Befragten zieht eine Adoption in Betracht – und dieses erst nach erfolglosen reproduktionsmedizinischen Behandlungen! Insofern wird erklärlich, dass die Reproduktionsmedizin vielfach als die einzige verbleibende Anpassungsform an das kulturell vorgegebene Ziel „Familienbildung/ Elternschaft" gesehen wird, jedenfalls solange dieses nicht selbst in Frage gestellt wird.

4.   Diskussion

Stress in einem System kann aus zwei Richtungen kommen: entweder entsteht er außerhalb des Paarsystems und dringt dann in die Partnerschaft ein oder er wird innerhalb des Systems erzeugt. Je nach den individuell vorhandenen Coping-Ressourcen und -Strategien kann dieser Stress kompensiert werden und wirkt entweder systemstabilisierend oder auf- lösend. Der Stress durch die ungewollte Kinderlosigkeit hat auch für das Ehesystem eine besondere Bedeutung aufgrund seiner Verknüpfung mit der intimen Privatsphäre des Paares. Da – wie oben ausgeführt – die Ursachen der ungewollten Kinderlosigkeit in den meisten Fällen beim Individuum bzw. beim Paar liegen, ist der aus der ungewollten Kin- derlosigkeit entstehende Stress – zumindest am Anfang – ein innerhalb des Systems er- zeugter Stress. Erst die möglichen Reaktionen des sozialen Beziehungsgefüges der Partner lassen darüber hinaus ebenfalls Stress von außen ins Paarsystem kommen.

Die Studie hat gezeigt, dass am Individuum orientierte Stress- und Coping-Theorien sich durchaus auf Paarbeziehungen übertragen lassen. Es wurde gefragt, welche Coping- Ressourcen und -Strategien die kinderlosen Paare in ihrer speziellen Stresssituation über- haupt haben. Unterscheiden sich die Partner voneinander in ihren Reaktionen auf den Stress, finden sie gar eine gemeinsame Verarbeitungsstrategie ihres „gemeinsamen" Prob- lems, bzw. sind Anzeichen für ein dyadisches Coping nach Bodenmann (1995) zu erken- nen? Oder lässt sich ein individuelles Coping nach Wolf (1987) feststellen, d. h. verarbeitet jeder Partner für sich die Belastung, die durch die ungewollte Kinderlosigkeit und deren Behandlung entsteht? Gilt letzteres, so ist zu fragen, ob die Ergebnisse dieser beiden Be- wältigungen einheitlich sind, so dass schließlich doch noch von einer „gemeinsamen" Problemverarbeitung gesprochen werden kann.

Meine These, dass die Belastungen im Rahmen einer reproduktionsmedizinischen Be- handlung für ungewollt kinderlose Paare extreme Auswirkungen auf ihre Lebensqualität haben, werden durch die empirischen Daten bestätigt: zu nennen sind hier nicht nur die durch eine Teilnahme an einer IVF-Behandlung hervorgerufenen physischen, sondern darüber hinaus die viel stärker empfundenen psychischen Belastungen. Insbesondere für Frauen erwies sich die „Kinderwunschbehandlung" als stressbeladen. Die soziale Unter- stützung des Paares und die von ihnen mobilisierten Verarbeitungsstrategien erleichtern jedoch den individuellen Umgang mit der Behandlung. Ferner konnte gezeigt werden, dass durch das Eintreten in die Therapie eine Auseinandersetzung mit der eigenen Sterilität bzw. Infertilität oder der des Partners, aufgeschoben wird – in den meisten Fällen bis nach dem Ende der Therapie.

Das im Rahmen der vorliegenden Studie entwickelte Phasenmodell der Stressverar- beitung sowie dessen praktische Umsetzung wird mehreren Funktionen gerecht:

Einerseits kann ein entwickeltes Modell dazu beitragen, kinderlose Paare in die ver- schiedenen Stufen im Verarbeitungsprozess einzuordnen. Diese Vorgehensweise wäre am Individuum orientiert und würde aber gleichzeitig die den Handlungen zugrunde liegenden strukturellen Implikationen berücksichtigen und somit als therapeutische Hilfe in der Betreuung akut Betroffener Anwendung finden können.

Darüber hinaus lässt sich das Modell auch auf andere familiale Verarbeitungssituatio- nen übertragen, weil es so konzipiert ist, dass die einzelnen Phasen jeweils allgemeine psychische Merkmale vertreten. Bei einer Übertragung auf andere Stresssituationen müss- ten jedoch die (folgenden) impliziten Modellmerkmale erfüllt sein, also

–   die Verletzung gesellschaftlicher Normen,

–   die hohe subjektive Bedeutung des angestrebten Ziels, und

–   die große psychische und physische Bedrohung bei Nichterreichung des Ziels.

Mit diesen Voraussetzungen würde dieses Modell gängige psychologische Vorgehensweisen bei der Behandlung physischer Erkrankungen, wie z. B. konkrete bedrohliche Krankheiten (Herzinfarkte, Schlaganfälle, Erkrankungen, die Organimplantationen zur Folge haben), ergänzen. Darüber hinaus scheint es vor allem anwendbar zu sein auf soziale „Defekte", die psychosoziale Belastungen hervorrufen, z. B. Stress aufgrund der finanziellen Situation der Familie, der Wohnsituation, der Schule oder aber auch im Falle z. B. der Pflegebedürftigkeit eines ihrer Mitglieder.

In beiden Fällen kann die Anwendung der Konfigurationsfrequenzanalyse mit ihren eindeutigen Vorzügen hinsichtlich der Möglichkeit der Betrachtung des Individualfalles in seinem Verlauf große Dienste leisten, wird es doch erst durch die Konfigurationsfrequenzanalyse möglich, auf der Basis nominalskalierter Datenstrukturen den statistischen Nachweis für diese Ergebnisse zu erbringen.

Angesichts der geringen Erfolgsquoten müssen sich jedoch die meisten ungewollt kinderlosen Paare, trotz durchgeführter Behandlung mit ihren enormen psychischen und physischen Belastungen, dennoch auf ein Leben ohne leibliche Kinder einstellen. Durch die Existenz der Reproduktionstechnologien wird somit ein Wandel hinsichtlich einer Akzeptanz von Lebensereignissen, die einer rationalen Entscheidung enthoben sind, und die die eigene Lebensform beeinflussen, für beide Ehepartner stark erschwert.

Literatur

Beck-Gernsheim, Elisabeth (1991): Technik, Markt und Moral – Über die Reproduktionsmedizin und Gentechnologie. Frankfurt/Main: Fischer Taschenbuch Verlag.

Bodenmann, Guy/Perrez, Meinrad (1993): Stress- und Copingdiagnostik in Partnerschaft und Familie. In: Zeitschrift für Familienforschung, 5 (3), S. 177-214.

Brähler, Christa (1995): Fertilitätsstörung – Kränkung und Herausforderung. In: Elmar Brähler (Hrsg.), Körpererleben: ein subjektiver Ausdruck von Körper und Seele. Beiträge zur psychosomatischen Medizin. 2. Aufl. Gießen: Psychosozial-Verlag, S. 181-186.

Brückner, Erika/Hormuth, Stefan/Sagawe, Helmuth (1982): Telefoninterviews – Ein alternatives Erhebungsverfahren? Ergebnisse einer Pilotstudie. In: ZUMA Nachrichten, 11, S. 9-36.

Callan, Victor J./Hennessey, John F. (1989): Strategies for coping with infertility. In: The British Journal of Medical Psychology, 62 (4), S. 343- 354.

Felberbaum, Ricardo et al. (2002): Deutsches IVF-Register. Ergebnisse der Datenerhebung für das Jahr 2002.

Frey, James H./Kunz, Gerhard/Lüschen, Günther (1990): Telefonumfragen in der Sozialforschung. Opladen: Westdeutscher Verlag.

Guttormsen, Gro (1992): Unfreiwillige Kinderlosigkeit: ein Familienproblem. In: Praxis der Kinderpsychologie und Kinderpsychiatrie, 41 (7), S. 247-252.

Hoffmann-Riem, Christa (1989): Das adoptierte Kind: Familienleben mit doppelter Elternschaft. 3. Aufl. München: Fink.

Hölzle, Christine (1988): Probleme des unerfüllten Kinderwunsches und seiner medizinischen Behandlung. In: Gertrude Pauritsch/Beate Frankele/Elisabeth List (Hrsg.): Kinder machen. Strategien der Kontrolle weiblicher Fruchtbarkeit. Bd. 6. Wien: Wiener Frauenverlag. S. 10-21.

Hurrelmann, Klaus (1988): Sozialisation und Gesundheit. Somatische, psychische und soziale Risikofaktoren im Lebenslauf. Weinheim, München: Juventa.

Kade, Sylvia (1983): Methoden des Fremdverstehens. Ein Zugang zu Theorie und Praxis des Fremdverstehens. Bad Heilbronn: Klinkhardt.

Levy, Rene (1977): Der Lebenslauf als Statusbiographie. Stuttgart: Enke.

Mayring, Philipp (1988): Qualitative Auswertung im Rahmen des Belastungs-Bewältigungs-Paradigmas. In: Leokadia Brüderl (Hrsg.): Theorien und Methoden der Bewältigungsforschung. Weinheim, München: Juventa, S. 200-207.

Mayring, Philipp (1993): Einführung in die qualitative Sozialforschung. 2. Aufl. Weinheim: Beltz Verlag.

Nave-Herz, Rosemarie (1988): Kinderlose Ehen – eine empirische Studie über die Lebenssituation kinderloser Ehepaare und die Gründe für ihre Kinderlosigkeit. Weinheim, München: Juventa.

Nave-Herz, Rosemarie/Onnen-Isemann, Corinna/Oßwald, Ursula (1996): Die hochtechnisierte Reproduktionsmedizin - Strukturelle Ursachen ihrer Verbreitung und Anwendungsinteressen der beteiligten Akteure. Bielefeld: Kleine.

Onnen-Isemann, Corinna (1996a): Handlungsorientierungen ungewollt kinderloser Frauen und reproduktionsmedizinische Behandlung. In: Hans Peter Buba/Norbert F. Schneider (Hrsg.): Familie - Zwischen gesellschaftlicher Prägung und individuellem Design. Opladen: Westdeutscher Verlag, S. 261-272.

Onnen-Isemann, Corinna (1996b): Ungewollte Kinderlosigkeit und ihre Auswirkungen auf die Ehebeziehung. In: Friedrich W. Busch/Rosemarie Nave-Herz (Hrsg): Ehe und Familie in Krisensituationen. Oldenburg: Holzberg, S. 117-136.

Onnen-Isemann, Corinna (2000). Wenn der Familienbildungsprozess stockt... Eine empirische Studie über Stress und Coping-Strategien reproduktionsmedizinisch behandelter Partner, Heidelberg: Springer Verlag.

Rauchfuß, Martina (1998): Die Kinderwunschpatientin? Das Kinderwunschpaar! In: psychomed, 10 (4), S. 229-235.

Reuband, Karl-Heinz/Blasius, Jörg (1996): Face-to-face, telefonische und postalische Befragung. Ausschöpfungsquoten und Antwortmuster in einer Großstadtstudie. In: Kölner Zeitschrift für Soziologie und Sozialpsychologie, 48 (2), S. 296-318.

Sander, Dirk (1997): Warum (noch) ledig? Warum nicht Ehe? Bielefeld: Kleine.

Schneewind, Klaus A. (1991): Familienpsychologie, Stuttgart, Berlin, Köln: Kohlhammer

Schuhrke, Bettina (1993): Psychische Probleme bei der medizinischen Unfruchtbarkeitsbehandlung und ihre Bewältigung: Ein Überblick. In: Verhaltensmodifikation und Verhaltensmedizin, 14 (3), S. 244-270.

Schütze, Fritz (1983): Biographieforschung und narratives Interview. In: Neue Praxis, S. 283-295.

Stauber, Manfred (1993): Psychosomatik der ungewollten Kinderlosigkeit. 3. Aufl. Berlin: Berliner Medizinische Verlagsanstalt.

Steil, A. (1993). Krisen-Semantik. Wissenssoziologische Untersuchungen, Opladen: Westdeutscher Verlag.

Strauß, Bernhard/Argiriou, Christos/Buck, Sybille/Mettler, Lieselotte (1991): Die In-vitro-Fertilisation im Rückblick: Subjektives Erleben und psychische Folgen im Urteil betroffener Paare. In: Elmar Brähler/Annelore Meyer (Hrsg.): Jahrbuch der medizinischen Psychologie. Bd.5. Berlin, Heidelberg: Springer Verlag, S. 89-109.

Van Balen, Frank/Trimbos-Kemper, Trudy C. M. (1993): Long-term infertile couples: a study of their well-being. In: Journal of Psychosom. Obstet. Gynecol., 14, S. 53-60.

Van Balen, Frank/Trimbos-Kemper, Trudy C. M. (1995): Involuntary childless couples. their desire to have children and their motives. In: Journal of Psychosom. Obstet. Gynecol., 16, S. 137-144.

Van Balen, Frank/Naaktgeboren, Nico/Trimbos-Kemper, Trudy C. M. (1996): In-vito fertilization: the experience of treatment, pregnancy and delivery. In: Human Reproduction, 11 (1), S. 95-98.

Volker H. Schmidt

Tragisches „Scheitern": Behandlungsausschlüsse in der Transplantationsmedizin

I

Scheitern kann man an vielem – an großen wie an kleinen Dingen, an eigenen Zielen, Hoffnungen, Wünschen oder an den Erwartungen anderer, und die Folgen können von vernachlässigbar gering bis gravierend sein. Stets stellt sich ein Verlustgefühl ein. Man hat etwas nicht geschafft oder erreicht, das man hätte schaffen oder erreichen sollen bzw. wollen, und muss sich dann damit arrangieren. Geht es um wenig, fällt das meist leicht. Geht es um viel, kann man noch einmal scheitern: bei der dann fälligen Notwendigkeit, das Scheitern zu bewältigen.

Wer in der Transplantationsmedizin scheitert, für den geht es (jedenfalls als Klient, nicht unbedingt dagegen auch als Leistungserbringer) fast immer um viel; oft buchstäblich ums nackte (Über-)Leben, mindestens jedoch um erhebliche Einbußen an Lebensqualität. Und wenn soviel auf dem Spiel steht, dann ist das Scheitern natürlich besonders tragisch; für einen selbst, aber auch für die Angehörigen, die dann gleichfalls damit fertig werden müssen. Aber wie „scheitert" man eigentlich in der Transplantationsmedizin? An wem oder was wird da gescheitert, auf welche Weise und aus welchen Gründen?

Die Transplantationsmedizin bietet „Ersatz" für Körperteile, die irreversibel funktionsuntüchtig sind. Aber nicht für jede oder jeden. Sondern nur für diejenigen, die etwas damit „anfangen" können bzw. die, in den Worten eines Psychologen vom Universitätsklinikum Hamburg-Eppendorf, einer solchen „bevorzugten Behandlung" für „Wert befunden" werden.[1] Wer diese Bedingungen nicht erfüllt, der scheitert – an medizinischen, an psychischen oder an sozialen Hürden, die vor der Transplantation aufgerichtet werden und die überwunden werden müssen, wenn es damit klappen soll. Manches davon lässt sich durch eigenes Zutun beeinflussen, anderes nicht.

Medizinisch kann man scheitern, (1), wenn die Indikation für eine Transplantation trotz Ausfall der betreffenden Körperfunktionen nicht gegeben ist, z.B. weil die Grunderkrankung so weit fortgeschritten und der Organismus bereits so stark geschädigt oder geschwächt ist, dass der angestrebte Behandlungserfolg realistisch nicht erreicht werden kann; (2), wenn Kontraindikationen, also z.B. Nebenerkrankungen, vorliegen, die zum gleichen Ergebnis führen würden; (3), wenn ein passender Ersatz, d.h. ein entsprechendes Organ oder ein entsprechender Spender, nicht rechtzeitig gefunden wird; und schließlich

---

[1]   Karl-Heinz Schulz im Interview mit der *Münchener Medizinischen Wochenschrift* 8/99, 26.02.1999.

(4), wenn die Abwehrkräfte des Empfängerorganismus die ihm transplantierte Fremdsubstanz unkontrollierbar abstoßen, also zerstören. In allen solchen Fällen scheitern die Betroffenen, weil ihnen medizinisch mit einer Transplantation nicht zu helfen ist oder war. Sie müssen dann entweder sterben oder mit weniger optimalen Behandlungsmethoden vorlieb nehmen (z.B. mit der Dialyse in der Nierenersatztherapie).

Psychisch kann man scheitern, wenn man es als tatsächlicher oder potentieller Empfänger fremder Körpersubstanzen nicht schafft, diese „anzunehmen", sie sich nicht nur physiologisch, sondern auch mental zu „inkorporieren". Dieses Problem betrifft vor allem lebenswichtige Organe wie Nieren, Herzen oder Lebern, die von menschlichen Spendern oder von eigens dafür gezüchteten, gentechnisch manipulierten Tieren stammen. Die Verpflanzung letzterer ist medizinisch noch keine realistische Option. Gleichwohl gibt es schon jetzt eine lebhafte Debatte über die ethischen und psychischen Folgen, die zu bewältigen sind, wenn bzw. sobald das medizinisch möglich wird (zum Stand der Diskussion vgl. Blumer 2003). Bereits lange möglich sind dagegen, jedenfalls bei bestimmten Organen und Geweben, Lebendspenden von Menschen. In der Anfangsphase der modernen Transplantationsmedizin waren Lebendspenden (von eineiigen Zwillingen in der Nierentransplantation) sogar die einzige Möglichkeit, überhaupt lebenswichtige Organe zu verpflanzen. Seit den 1970er Jahren ist es durch eine Reihe von medizinischen und pharmakologischen Durchbrüchen aber möglich geworden, auch Organe von verstorbenen nichtverwandten Spendern zu verwenden. Erst seit dieser Zeit finden Transplantationen in nennenswertem Umfang statt. Allerdings sind Spender knapp, so dass das Angebot an Leichenorganen nicht annähernd ausreicht, um den Bedarf zu decken. U.a. aus diesem Grund[2] wird auch heute noch – in den letzten Jahren sogar wieder verstärkt – auf Lebendspender zurückgegriffen. Für diese ist der Eingriff nicht ganz risikofrei, aber kalkulierbar. Die Empfänger hingegen sollten eigentlich uneingeschränkt profitieren. In vielen Fällen tun sie das auch. Gerade die Lebendspende ist indes auch mit vielen Unwägbarkeiten verbunden, die die Beziehung zwischen Spender und Empfänger nachhaltig belasten können und deren wichtigste – als Unmöglichkeit des Empfängers, die sonst für Gabentausch geltende Reziprozitätsnorm einzuhalten – dem „gift of life" zuweilen eine nachgerade „tyrannische", auf jeden Fall asymmetrieerzeugende Qualität verleihen (Fox/Swazey 1978); weshalb es auch wiederholt zu Ablehnungen entsprechender Angebote kommt (wodurch die Spendewilligen – meist enge Angehörige – sich dann teilweise ihrerseits zurückgesetzt fühlen).[3] Und es gibt auch Patienten, denen das Leben mit den Organen verstorbener Spender erhebliche Schwierigkeiten bereitet. Das gilt speziell für Herzpatienten, von denen manche durch die Annahme dieses symbolisch hoch besetzten Organs in eine tiefe Identitätskrise gestürzt werden. Darüber hinaus sind Schuldgefühle gegenüber den Spendern verbreitet, die sich negativ auf das postoperative „Coping" auswirken können und in manchen Fällen suizidale Tendenzen auslösen (vgl. Frick/Storkebaum 2003). Solche Tendenzen sind auch vor der Transplantation (und keineswegs auf Herzkandidaten beschränkt) schon verbreitet, nämlich während der oft als extrem belastend empfundenen Wartezeit auf ein passendes Spenderorgan. Wer diesen und anderen Belastungen nicht gewachsen ist, der scheitert

---

2   Ein weiterer Grund ist, dass solche Organe erfahrungsgemäß besser funktionieren als Leichenorgane (vgl. dazu Land 2003).

3   Die neuere psychologische Forschung kommt hier allerdings zu etwas optimistischeren Befunden und Einschätzungen (vgl. dazu Schneewind 2003).

letztlich an sich selbst – oder an mangelnder Unterstützung durch Dritte, die Hilfe leisten könnten, aber nicht leisten.
     Sozial scheitert schließlich, wem die Transplantation verwehrt wird, weil er unter der Bedingung chronischer Ressourcenknappheit trotz bestehender medizinischer Indikation als nicht hinreichend behandlungswürdig eingestuft wird. Der Organmangel macht Auswahl- und Zuteilungsentscheidungen unausweichlich. Medizinisch sind die Entscheidungen, wer versorgt werden und wer leer ausgehen soll, aber nicht oder nur sehr bedingt festgelegt – die Medizin belässt hier große Ermessensspielräume. Und natürlich ist auch die Entscheidung, sie nach Maßgabe sozialer bzw. sozialmoralischer Statuskriterien zu treffen, medizinisch kontingent (sowie darüber hinaus rechtlich mehr als fragwürdig; dazu statt vieler Gutmann et al. 2003). In der Wirklichkeit medizinischer Alltagstriage ist dergleichen aber keine Seltenheit.
     Die folgenden Ausführungen konzentrieren sich auf solche sozialen Aspekte des Scheiterns in (und in gewisser Weise auch an) der Transplantationsmedizin – zum einen, weil sich letztlich nur dazu soziologisch Gehaltvolles sagen lässt, zum anderen aber auch deshalb, weil es starke Anhaltspunkte dafür gibt, dass das Gros der Patienten mit Organversagen an dieser Schwelle einer sozial exkludierend wirkenden Alltagsmoral scheitert.

II

Wie angedeutet, wird sozial vor allem aus Knappheitsgründen gescheitert – sprich: exkludiert. Daraus folgt im Umkehrschluss, dass medizinisch einer Transplantation der Betroffenen nichts im Wege stünde; herrschte kein Mangel an transplantationsfähigem Körpermaterial, dann würden sie auch transplantiert. Aber es herrscht nun einmal Mangel, und zwar weitaus größerer Mangel, als der ahnungslose Blick auf die einschlägigen Statistiken vermuten ließe. Denn diese Statistiken geben das tatsächliche Ausmaß der Knappheit nur sehr eingeschränkt wieder; sie reflektieren lediglich das Missverhältnis zwischen zur Transplantation gemeldeten Empfängerkandidaten und den in einem gegebenen Zeitraum durchgeführten Transplantationen. In Deutschland betrug dieses Missverhältnis in der Nierentransplantation 1999 ungefähr 1 : 4,5, d.h. auf etwas mehr als 9.500 Wartende kamen rund 2.000 durchgeführte (Leichenorgan-)Transplantationen. In der Herz- und Lebertransplantation schien die Situation dagegen etwas günstiger, weil die Zahl der Wartenden diejenige der Transplantationen (ca. 550 resp. 750) nur geringfügig überstieg. Aber dieser Schein trügt. Denn wie bei der Nierentransplantation, so gilt auch hier: Das Gros der Selektion findet nicht bei der Endauswahl der Empfänger unter den auf einer Warteliste geführten Kandidaten statt, sondern bereits eine Stufe früher, bei der Regelung des Zugangs zu den Wartelisten, und der dabei „künstlich" herausgefilterte Bedarf schlägt sich in keiner Transplantationsstatistik nieder.
     Über dessen Umfang kann nur spekuliert werden. Die wichtigsten Hinweise darauf, dass er beträchtlich ist, liefert aber die Transplantationsmedizin selbst. So könnten nach vorsichtigen Schätzungen in Deutschland z.B. jährlich rund 9.000 Patienten mit Leber-

zirrhose medizinisch von einer Transplantation profitieren (vgl. Henne-Bruns 1995).[4] Zur Transplantation gemeldet werden aber Jahr für Jahr nur weniger als 1.000 solcher Patienten. Mit anderen Worten: Nur ein Bruchteil derer, die medizinisch gesehen für eine Transplantation in Frage käme, gelangt jemals auf eine Warteliste. Den Übrigen wird (rechtswidrig!) die Chance vorenthalten, am eigentlichen Verteilungsverfahren überhaupt nur teilzunehmen.[5] Ähnliches gilt vermutlich für die Herztransplantation (obwohl hier neuerdings auch vermehrt Warnungen vor zu frühen Transplantationen laut werden) und definitiv für die Nierentransplantation, wo 1999 von 45.000 Dialysepflichtigen nur die erwähnten 9.500 Patienten auf der Warteliste standen, obwohl zwei Drittel bis drei Viertel von ihnen als gut transplantabel gelten. Auch hier bleibt also ein Großteil des Bedarfs unregistriert.

Die Aufnahme oder Ablehnung möglicher Transplantationskandidaten erfolgt bei der Indikationsstellung. Deren Funktion besteht nominell allein in der Eignungsbestimmung. Faktisch geht sie aber oft weit darüber hinaus und fließt, wie der Leiter eines Transplantationszentrums es dem Verfasser gegenüber ausdrückte, auch in sie schon „ein gewisses Selektionsprinzip" mit ein, welches bewirkt, dass wesentlich weniger Patienten in die Wartelisten aufgenommen werden, „als wir es medizinisch tun könnten". Man prüft also gar nicht nur, ob jemand wirklich geeignet ist – das sind viel zu viele –, sondern man erwägt gleich mit, ob man die Betreffenden unter den gegebenen Knappheitsbedingungen auch tatsächlich würde transplantieren wollen, und dabei werden auch eventuelle Opportunitätskosten mitbedacht. In den Worten des zitierten Klinikdirektors: „Die Beschränkung der Behandlungsmöglichkeiten macht's eben erforderlich, dass man bei der Indikationsstellung sehr auch an andere Patienten denkt" (vgl. Schmidt 1996a).[6]

Da es medizinische Gründe, die den Behandlungsausschluss medizinisch geeigneter Patienten rechtfertigen könnten, nicht gibt, muss in Fällen an sich gegebener Behandlungsindikation zwangsläufig auf Nicht-Medizinisches zurückgegriffen werden. Ein Teil der nicht-medizinisch begründeten Ausschlüsse resultiert aus Selbstselektionen von Patienten, die sich aus eigenem Entschluss gegen eine Transplantation entscheiden,[7] den Rest besorgen Ärzte, die auf unterschiedlichen Versorgungsstufen in das Verfahren involviert sind. Sie stützen sich vor allem auf Sozialmoralisches: auf Urteile über den relativen Wert bzw. die relative Behandlungswürdigkeit unterschiedlicher sozialer Kategorien.

---

[4]   Der bereits zitierte (vgl. Fn 1) Hamburger Psychologe und Arzt Karl-Heinz Schulz meint sogar, von geschätzten 275.000 Alkoholikern mit Leberzirrhose in Deutschland wären etwa 100.000 für eine Transplantation geeignet. Somatisch gesehen sei bei ihnen „die Indikation selbstverständlich gegeben". Da die Organe sehr knapp seien, nähmen allerdings „viele Hausärzte hier eine Präselektion" vor, d.h. überwiesen sie die Betreffenden gar nicht erst an ein Transplantationszentrum.

[5]   Nach den Bestimmungen des Transplantationsgesetzes von 1997 haben alle medizinisch geeigneten und daran interessierten Kranken einen Rechtsanspruch auf Listung zur Transplantation.

[6]   Dort auch Belege für die weiteren in diesem Text aufgestellten Behauptungen zur sozialen Auswahlpraxis in der Transplantationsmedizin.

[7]   Auch wenn die Transplantation heute für viele Kranke als Therapie der Wahl gilt, ist sie (nicht zuletzt aufgrund der zahlreichen und teilweise starken Nebenwirkungen der lebenslang erforderlichen Immunsuppression) zuweilen alles andere als ein Segen.

Beispiele für „sozial" Kontraindizierte[8] sind u.a. ältere Patienten, Alleinstehende, straffällig Gewordene oder sonst wie sozial Randständige (Drogensüchtige, Homosexuelle, Prostituierte, Obdachlose usw.), der Landessprache Unkundige, Raucher, Alkoholiker und HIV-Infizierte. Nicht immer ist deren Ausschluss „rein" sozialmoralisch motiviert; vielmehr fallen viele der Betreffenden in einen Überschneidungsbereich von Moral und Medizin, der eine Berufung auf Medizinisches zumindest im Einzelfall durchaus plausibel macht – z.B. weil mit wachsendem Alter vermehrt Begleiterkrankungen oder sonstige Komplikationen auftreten, die eine Transplantation erschweren können, weil bestimmte Formen des Lebenswandels oder der Lebensführung mit einer erhöhten Inzidenz von Non-Compliance korrelieren, weil, wiederum zur Sicherung der Compliance, eine Verständigungsmöglichkeit mit den Patienten unverzichtbar ist, weil die Transplantation bei manchen Rauchern, Alkoholikern, HIV-Infizierten tatsächlich keinen Sinn hat. Aber eben nicht bei allen, und schon gar nicht bei allen Älteren,[9] die vielmehr mehrheitlich gut transplantabel sind. Die Einschätzung der Compliance ist notorisch unsicher, so dass es dabei wiederholt zu Überraschungen kommt – manche Patienten kooperieren viel besser als erwartet, andere unerwartet schlecht –, und für die Überwindung von Sprachbarrieren gibt es Dolmetscher. Die Risiken sind bei manchen Patientengruppen unzweifelhaft größer, aber die in unzähligen Fachpublikationen reichhaltig dokumentierte Erfahrung zeigt auch, dass sie sich oft bewältigen lassen, und insgesamt haben sich die Erfolgsquoten für Risikopatienten laufend verbessert.

Andererseits symbolisieren viele Risikofaktoren zugleich soziale Kategorien, Lebensstile und Verhaltensweisen, die weithin auf Missbilligung oder Geringschätzung stoßen – in der Ärzteschaft nicht weniger als in anderen Teilen der Bevölkerung. Man denke nur an die Probleme des Alkoholismus oder auch von Aids. Bei den Älteren liegt der Fall etwas anders. Hier verbinden sich Vorstellungen einer verringerten Lebensqualität oder gar eines minderen Lebenswerts mit intuitiven Gerechtigkeitsurteilen („die haben ihr Leben schon weitgehend hinter sich") und dem besonderen emotionalen Appellcharakter von Jugend zu der nicht selten auch so geäußerten Erwartung, dass sie in Konkurrenzsituationen Jüngeren den Vortritt zu lassen hätten.[10] Auf solcherart Sozialmoralisches wird man das „Scheitern" potentieller Transplantatsanwärter zurückführen müssen, für deren Exklusion genuin medizinische Gründe nicht in Anschlag zu bringen sind, weil medizinisch in ihrem Fall nichts gegen, sondern alles für eine Transplantation spricht.

---

[8]   So die Wortwahl eines weiteren im Rahmen der oben angeführten Untersuchung (Schmidt 1996a) befragten Transplantationsarztes.

[9]   "Älter" heißt in der Transplantationsmedizin: 55 Jahre und mehr. Bis vor etwa zwei Jahrzehnten gab es in vielen Bereichen der Transplantationsmedizin strikte Alterszugangsgrenzen. Inzwischen wurden diese meist gelockert. In Singapur wird jenseits der 60 auch heute noch grundsätzlich nicht mehr transplantiert – wegen der dort besonders großen Organknappheit, nicht weil man eventueller medizinischer Probleme nicht Herr werden könnte. Dazu ausführlicher Schmidt/Lim 2003.

[10]   Auf ähnliche Rationalisierungen stößt man auch in vielen anderen Zuteilungssituationen, z. B. bei der Besetzung von Arbeitsplätzen unter Bedingungen des Personalabbaus (vgl. dazu die entsprechenden Ausführungen bei Schmidt/Hartmann 1997).

146   Tragisches „Scheitern": Behandlungsausschlüsse in der Transplantationsmedizin

Natürlich wird das nur selten offen eingestanden[11] – aber manchmal auch nur notdürftig verborgen. Ein neueres Beispiel (dazu ausführlich Schmidt 2002) für letzteres ist die Erstfassung eines Entwurfs für Richtlinien, die eine Kommission der Bundesärztekammer Ende 1999 zur Umsetzung der Bestimmungen des Transplantationsgesetzes von 1997 zur Organverteilung vorgelegt hat. Danach sollten HIV-Infizierte pauschal von allen Zweigen der Transplantation sowie Raucher und Alkoholiker von der Herz- bzw. Lebertransplantation ausgeschlossen werden. Zur Begründung hieß es, „internationale Untersuchungen" hätten diese Gruppen zweifelsfrei als kontraindiziert erwiesen. Davon konnte jedoch keine Rede sein. Die tatsächliche Forschungslage war weitaus differenzierter, und statt Belege für ihre Behauptungen beizubringen, sah die Kommission sich bald mit Hinweisen auf eine Fülle von Studien konfrontiert, die zeigten, dass viele der zur Exklusion Bestimmten sehr wohl transplantabel wären. Nach massiver öffentlicher Kritik blieb der Kommission keine andere Wahl, als den Rückzug anzutreten. In der zweiten und dann auch verabschiedeten Fassung ihres Richtlinienentwurfs ist von Pauschalausschlüssen der genannten Gruppen keine Rede mehr; vielmehr soll nun in jedem Einzelfall geprüft werden, ob ein Risikopatient transplantabel ist oder nicht.

Der Fall ist vor allem deshalb instruktiv, weil er zeigt, wie man es heute nicht mehr machen kann: *Kategoriale* Ausschlüsse sind, es sei denn, sie hätten (was in der Medizin selten ist) eine zwingende sachliche Grundlage, schwer zu rechtfertigen. Es wäre freilich naiv, daraus zu folgern, sie kämen auch praktisch nicht mehr vor. Sie sind im Gegenteil, jedenfalls dort, wo das Gesundheitswesen Knappheiten zu verwalten hat, durchaus verbreitet. Aber sie bedienen sich im Allgemeinen einer *individualisierenden* Rationalisierungssemantik, die den Anschein sozial unzulässiger Diskriminierung vermeidet (bzw. die entsprechende Praxis verschleiert), indem sie für jeden vorgenommenen Ausschluss besondere, in der Person des je einzelnen Falles liegende *medizinische* Gründe anführt. Tatsächlich sind viele dieser „Gründe" nur vorgeschoben. Aber sie verschaffen der Medizin eine Legitimationsgrundlage, die anders nicht zu vertretende Ausschlüsse sozial abnahmefähig machen – auch für die Betroffenen selbst. Aus medizinischen Gründen stirbt es sich leichter als aus Gründen kontingenter Mittelknappheit.

Was bei der Indikationsstellung in großem Stil und, wie erwähnt, streng genommen gegen geltendes Recht geschieht, wiederholt sich in kleinerem Maßstab sowie mit voller rechtlicher Rückendeckung[12] auf der nächsthöheren und letzten Auswahlstufe, also bei der Vergabe konkret verfügbarer Spenderorgane an zur Transplantation gelistete Empfängerkandidaten. Wiederum wird nominell allein nach medizinischen Gesichtspunkten entschieden, wer mit einem Organ bedacht wird und wer nicht. Oder, in der hier gewählten Terminologie, wer Erfolg hat und wer „scheitert". Folgt man der Selbstbeschreibung der Transplantationsmedizin, dann gibt es nur medizinische Scheiternsgründe.

Die einschlägige Forschung hat diese Selbstdarstellung längst als Mythos entlarvt (vgl. statt vieler nur Wiesing 1991; Schmidt 1996a und b; Gutmann/Land 2000) – was als

[11] In der Frühphase der Transplantation und auch in den ersten Jahren der Dialysebehandlung (in den 1960er und 1970er Jahren) war man diesbezüglich noch sehr viel freimütiger (vgl. dazu Schmidt 1996b).
[12] Das deutsche Transplantationsgesetz schreibt vor, Spenderorgane allein nach Regeln zu vergeben, "die dem Stand der medizinischen Wissenschaft entsprechen" (TPG § 12 Absatz 3).

medizinisch begründete Zuteilungskriterien ausgegeben wird, sind tatsächlich über weite Strecken nur medizinische Operationalisierungen allerlei ethisch und interessenrational motivierter Faktoren, deren Übersetzung in die Sprache der Medizin allfällige Legitimationskosten senkt, aber nicht darüber hinwegtäuschen kann, dass die betreffenden Kriterien letzlich keine Grundlage im medizinischen Wissen haben. Wenn dennoch vorzugsweise auf Medizinisches rekurriert wird, so hat das neben der Senkung der Legitimationskosten noch einen weiteren Aspekt, zu dessen Verständnis einige systemtheoretische Überlegungen den Schlüssel bieten. Qua Zugehörigkeit zur Medizin reicht die Kompetenz der Transplantationsmedizin nämlich immer nur soweit, wie die Grenzen der medizinischen Rationalität reichen. Wie jede andere gesellschaftliche Teilrationalität auch, erstreckt diese sich auf einen bestimmten Kreis von Problemen, den sie unter dem für sie typischen Gesichtspunkt, also selektiv, ins Visier nimmt und bearbeitet. Ebenfalls wie andere Teilrationalitäten hat sie allerdings die Tendenz, ihren angestammten Einflussbereich laufend auszuweiten; ein Sachverhalt, der in den Sozialwissenschaften bekanntlich unter Stichworten wie Verrechtlichung, Politisierung, Ökonomisierung oder, im vorliegenden Fall, Medikalisierung behandelt wird. Gleichzeitig unterteilt die Gesellschaft selbst sich intern in Subsysteme, in denen jeweils eine dieser Teilrationalitäten vorherrscht oder wenigstens vorzuherrschen beansprucht. Das für die medizinische Rationalität maßgebliche Subsystem ist „die Medizin" oder das Gesundheitswesen.

Nun fallen aber in den verschiedenen Subsystemen regelmäßig Probleme an, die sich einer Bearbeitung durch die betreffenden Teilrationalitäten entziehen bzw. die mit deren Mitteln allein nicht angemessen zu lösen sind (dazu ausführlicher Schmidt 1999). Die Empfängerauswahl ist ein Beispiel für ein solches Problem in der (Transplantations-)Medizin. Das Problem hat zweifellos eine medizinische Komponente, für die medizinisches Wissen unverzichtbar ist. Ein medizinisches *Problem* ist es gleichwohl nicht. Denn das medizinische Wissen ist außerstande, die Frage zu beantworten, wer von medizinischen Behandlungsmöglichkeiten profitieren soll, die knappheitsbedingt nicht allen Behandlungsfähigen angeboten werden können. Dieses Problem ist ein Verteilungsproblem. Und für Verteilungsprobleme gibt das medizinische Wissen nichts her. Es vermag allenfalls zu sagen, wie gegebene Verteilungsziele bestmöglich zu erreichen wären; die Ziele selbst lassen sich mit seinen Mitteln aber nicht bestimmen.

Eine Rationalisierung des Verteilungsgeschehens – und damit auch des hier interessierenden „Scheiterns" bei der Empfängerauswahl – in der Sprache medizinischer Begriffe verdeckt das. Sie suggeriert nicht nur eine gewisse sachliche Zwangsläufigkeit dieses Geschehens, sondern sie immunisiert es auch gegen Kritik; das war der Aspekt der Legitimationskostensenkung. Darüber hinaus sichert sie, solange sie nicht in Frage gestellt wird, der Ärzteschaft das Entscheidungsprärogativ, das ihr verloren ginge, würde das Problem als Nicht-Medizinisches (an-)erkannt. Die Kompetenz der Ärzte erstreckt sich auf die Reichweite ihrer fachlichen Expertise. Wo die Grenzen dieser Expertise überschritten sind, verlieren ihre Sichtweisen den professionellen Sonderstatus und schrumpfen sie zu bloßen Meinungsbekundungen, zu denen Ärzte zwar genauso berechtigt sind wie andere Bürger auch, die aber deren Urteilen an Autorität und Gültigkeit nichts voraus haben.

In der Schweiz ist der Gesetzgeber für ein dort erst noch zu verabschiedendes Transplantationsgesetz dieser Einsicht gefolgt und hat daraus die notwendigen Konsequenzen gezogen. Anders als in Deutschland, wo die Bundesärztekammer mit der Lösung der zentralen Fragen betraut wurde, schiebt er das Problem der Empfängerauswahl nicht auf eine ärztliche Standesorganisation ab, sondern nimmt seine Regulierung weitgehend selbst in die Hand. Das ist zweifellos ein Gewinn an intellektueller Redlichkeit. Politisch ist es jedoch ein durchaus zweischneidiges Schwert. Denn damit übernimmt der Staat auch die Verantwortung für die Kriterien, die künftig über Erfolg und „Scheitern" entscheiden werden. Das mag aus juristischer Sicht (vgl. Gutmann/Fateh-Moghadam 2002) begrüsst werden, verlangt aber auch allen Beteiligten ein hohes Maß an Kontingenz- und Aufklärungstoleranz ab, indem es verbreiteten Neigungen zum Selbstbetrug gleichsam den Boden entzieht. Und damit macht man sich selbst außerhalb der Medizin keineswegs nur Freunde. In Deutschland beispielsweise reklamierten noch vor wenigen Jahren Mitglieder von Patientengruppen ein „Recht auf Nichtwissen" (Kracht/Trapp 1997) über die wahren Verteilungsgründe und -kriterien, die sie lieber im Dunkeln belassen wollten. Der Mythos der medizinischen Determination erspart nämlich den glücklichen Empfängern eines der knappen Transplantate auch ein schlechtes Gewissen gegenüber ihren weniger glücklichen Konkurrenten, das sonst leicht aufkommen kann. Transparenz schützt zwar vor ärztlicher Willkür und Selbstherrlichkeit, hat aber auch ihren Preis.

III

Gescheitert wird heute in der Transplantationsmedizin vor allem sozial: Angesichts situativ nicht behebbarer Ressourcenknappheit entscheiden die auf unterschiedlichen Versorgungsstufen involvierten Ärzte nach Maßgabe oft unartikuliert und auch unbewusst bleibender alltagsmoralischer Vorstellungen über den Wert unterschiedlicher Patientenkategorien, wer es „verdient", mit einem der kostbaren Organe versorgt zu werden und wer nicht, bei wem sich die Behandlung „lohnt" und bei wem nicht usw. Aber Sozialmoralisches hat in der Medizin keine Legitimationsgrundlage. Also wird es konsequent medikalisiert und damit invisibilisiert, in seiner sozialen Qualität unkenntlich gemacht – nicht nur für das Publikum, sondern oft genug auch für die Leistungserbringer (und Mythenproduzenten) selbst, die primär in medizinischen Begriffen zu denken gewohnt sind und deshalb das, was in der Medizin anfällt und geschieht, auch für Medizinisches halten. Dergleichen ist zwar keineswegs auf die Medizin beschränkt, sondern wird in analoger Weise auch in vielen anderen Teilsystemen der Gesellschaft beobachtet. Aber in der Medizin kann es besonders tragische Konsequenzen haben. Man darf vermuten, dass die Anstrengungen, es unbemerkt bleiben zu lassen, deshalb hier besonders stark ausfallen.

Die Soziologie kann darüber aufklären und findet genau darin (auch als Medizinsoziologie, die sich selbst missverstünde, beschränkte sie sich auf bloße Zubringerdienste für die Medizin) einen guten Teil ihrer Berechtigung. Aber sie sollte sich keinen Illusionen hingeben. Ihre Aufklärungserfolge werden in aller Regel punktuell bleiben und auch nur sehr begrenzte Wirkung haben. Denn die Versuchungen der Mythenbildung (wie des Glaubens an dieselben) und die Pressionen zu funktionssytemkonformen Selbstbeschreibungen sind zu stark, als dass sich realistischerweise erwarten ließe, man könnte dem breitenwirksam Einhalt gebieten.

Literatur

Blumer, Karin (2003): Ethische Aspekte der Xenotransplantation. In: Fuat S. Oduncu/Ulrich Schroth/Wilhelm Vossenkuhl (Hg.): Transplantation. Organgewinnung und -allokation. Göttingen: Vandenhoeck & Ruprecht, S. 312-332.

Fox, Reneé C./Swazey, Judith R. (1978): The Courage to Fail. A Social View of Organ Transplantation and Dialysis. Chicago: University of Chicago Press.

Frick, Eckhard/Storkenbaum, Sibylle (2003): Leben mit einem fremden Herzen. Psychosomatische Aspekte des Transplantationsprozesses. In: Fuat S. Oduncu/Ulrich Schroth/Wilhelm Vossenkuhl (Hg.): Transplantation. Organgewinnung und -allokation. Göttingen: Vandenhoeck & Ruprecht, S. 84-101.

Gutmann, Thomas/Land, Walter (2000): Ethische und rechtliche Fragen der Organverteilung: Der Stand der Debatte. In: Kurt Seelmann/Gerd Brudermüller (Hg.): Organtransplantation. Würzburg: Königshausen & Neumann, S. 87-137.

Gutmann, Thomas/Fateh-Moghadam, Bijan (2002): Rechtsfragen der Organverteilung. In: Neue Juristische Wochenschrift 102: S. 3365-3372.

Gutmann, Thomas/Schneewind, Klaus A/Schroth, Ulrich/Schmidt, Volker H./Elsässer, Antonellus/Land, Walter/Hillebrand, Günther F. (2003): Grundlagen einer gerechten Organverteilung. Medizin, Psychologie, Recht, Ethik, Soziologie. Berlin: Springer.

Kracht, Monika/Trapp, Burkhard (1997): Allokationsprobleme aus der Sicht der Patienten. In: Rolf Lachmann/Norbert Meuter (Hg.): Zur Gerechtigkeit der Organverteilung. Ein Problem der Transplantationsmedizin aus interdisziplinärer Sicht. Stuttgart: G. Fischer, S. 39-47.

Henne-Bruns, Doris (1995): Onkologie und Transplantationsmedizin. Stellenwert des Sterbens in der modernen Medizin. In: Die Medizinische Welt 46: S. 514-518.

Land, Walter (2003): Verwandte und nichtverwandte Lebendspende-Nierentransplantation. Klinische Ergebnisse. In: Fuat S. Oduncu/Ulrich Schroth/Wilhelm Vossenkuhl (Hg.): Transplantation. Organgewinnung und -allokation. Göttingen: Vandenhoeck & Ruprecht, S. 211-221.

Schmidt, Volker H. (1996a): Politik der Organverteilung. Eine Untersuchung über Empfängerauswahl in der Transplantationsmedizin. Baden-Baden: Nomos.

Schmidt, Volker H. (1996b): Veralltäglichung der Triage. In: Zeitschrift für Soziologie 25: S. 419-437.

Schmidt, Volker H. (1999): Integration durch Moral? In: Kölner Zeitschrift für Soziologie und Sozialpsychologie, Sonderheft 39: S. 66-84.

Schmidt, Volker H. (2002): Neues zur Organverteilung: Das Transplantationsgesetz und die Folgen. In: Zeitschrift für Gesundheitswissenschaften 10: S. 252-275.

Schmidt, Volker H./Hartmann, Brigitte K. (1997): Lokale Gerechtigkeit in Deutschland. Studien zur Verteilung von Bildungs-, Arbeits- und Gesundheitsgütern. Opladen: Westdeutscher Verlag.

Schmidt, Volker H./Lim, Chee Han (2003): Organ Transplantation in Singapore: History, Problems, and Policies. Working Paper No. 166, Department of Sociology: National University of Singapore.

Schneewind, Klaus A. (2003): Ist die Lebendspende von Nieren psychologisch verantwortbar? In: Fuat S. Oduncu/Ulrich Schroth/Wilhelm Vossenkuhl (Hg.): Transplantation. Organgewinnung und -allokation. Göttingen: Vandenhoeck & Ruprecht, S. 222-231.

Wiesing, Urban (1991): Anmerkungen zur Frage, welche Rolle medizinische Kriterien und ethische Prinzipien bei der Zuteilung begrenzt verfügbarer Organe spielen. In: Richard Toellner (Hg.): Organtransplantation – Beiträge zu ethischen und juristischen Fragen. Stuttgart: G. Fischer, S. 109-111.

Andrea D. Bührmann

Scheitern am Erfolg?
Reflexionen zur Polyvalenz sozialer Kämpfe

Michel Foucault wirft an einer aufschlussreichen, aber zumeist wenig beachteten Passage im ersten Band seiner Trilogie der „Wille zum Wissen" (1977) die Frage des Erfolgs bzw. Scheiterns diskursiver Strategien auf. Er betrachtet das Sprechen ebenso wie das Schweigen als ein ambivalentes „Spiel, in dem der Diskurs gleichzeitig Machtinstrument und e-ffekt (...), aber auch Hindernis, Gegenlager, Widerstandspunkt und Ausgangspunkt für eine entgegengesetzte Strategie" (Foucault 1977: 122) sein könne.

In meinem Beitrag gehe ich diesen Ambivalenzen am historisch konkreten Beispiel des Scheiterns der alten Frauenbewegung im Kampf um eine ‚weibliche Individualität' in Deutschland an der Wende vom 19. zum 20. Jahrhundert nach. Dabei mache ich deutlich, dass sich Foucaults materialreiche Studien zur Genese moderner Subjektivierungsweisen[1] auch als ein Beitrag zu einer ‚Soziologie des Scheiterns' verstehen lassen. Denn Foucault nimmt in diesen Studien explizit die Frage nach der gesellschaftlichen Bedeutung des Scheiterns auf und reflektiert ihre zeitdiagnostischen und sozialtheoretischen Konsequenzen. Beginnen möchte ich meinen Beitrag mit Foucaults Überlegungen zur Polyvalenz der Kämpfe.

1. Die Polyvalenz der Kämpfe

Im Kontext der schon erwähnten Textpassage in „Der Wille zum Wissen" verdeutlicht Foucault, dass Diskurse eingebunden sind in ein komplexes und bisweilen widersprüchli-ches Wechselspiel zwischen Macht und Widerstand. Dabei betont er, dass das Gesagte wie das Verschwiegene nicht als einfache Projektionen gesellschaftlicher Machtmechanismen betrachtet werden dürfen und ihre taktischen Funktionen gerade weder einheitlich noch stabil sind. Denn Diskurse können nicht entweder als legitime oder verbotene, hegemoniale oder marginalisierte klassifiziert werden. Vielmehr können Diskurse auf der einen Seite bestimmte Machtformationen verstärken, aber auf der anderen Seite können sie diese auch unterminieren. Zugleich kann das Schweigen einerseits bestimmte Machtformationen ab-

---

[1] Ich verwende diesen Begriff, um auf die grundsätzliche Kontingenz historisch konkreter Formen der Subjektivierung hinzuweisen.

sichern und andererseits aber ebenso Spielräume gegen die Macht eröffnen.[2] Foucault geht davon aus, dass Diskurse als „taktische Elemente oder Blöcke im Feld der Kräfteverhältnisse" zu verstehen sind. Deshalb kann es „innerhalb einer Strategie verschiedene und sogar gegensätzliche Diskurse geben; sie können aber auch zwischen entgegengesetzten Strategien zirkulieren, ohne ihre Form zu ändern" (Foucault 1977: 123).

Foucault beschreibt diese unterschiedlichen Funktionen, die das Gesagte und Verschwiegene im Rahmen eines Diskurses spielen können, anhand der Geschichte der ‚großen Sünde wider die Natur', der Sodomie, die später zur Homosexualität avanciert.[3] Seiner Ansicht nach erfüllt das Schweigen über die Sodomie im 18. Jahrhundert gleich zwei Funktionen: Erstens die Durchsetzung eines strengen Verbots und zweitens die Eröffnung von Spielräumen für das Ausleben gewisser Praktiken der Sodomie. Mit der Entstehung psychiatrischer, juristischer und literarischer Diskurse über homosexuelle Praktiken im 19. Jahrhundert kommt es zwar zu einer Ausweitung der sozialen Kontrollen gegenüber jenen Praktiken. Diese Diskurse jedoch ermöglichen auch die Konstitution eines Gegen-Diskurses. Die Homosexuellen beginnen nämlich von sich selbst zu sprechen, begreifen sich als homosexuelle Naturen und pochen auf die Legitimität ihrer Existenz. Dabei bedienen sie sich häufig gerade derjenigen Kategorien und Begrifflichkeiten, die ihre Gegner benutzen, um sie zu diskriminieren. Das bedeutet: Es macht keinen Sinn ein für allemal von einem Diskurs der Macht und einem Diskurs, der gegen diesen opponiert, zu sprechen. Vielmehr wechseln die diskursiven Funktionen im Spiel der gesellschaftlichen Machtverhältnisse. Aus diesem Grunde, so erläutert Foucault (1977: 124), sind Diskurse in erster Linie danach zu befragen, „welche Wechselwirkungen von Macht und Wissen sie gewährleisten" und „welche Konjunktur und welches Kräfteverhältnis ihren Einsatz in dieser oder jener Episode der verschiedenen Konfrontationen notwendig macht".

Betrachtet man nun die Werkgeschichte Foucaults nicht – wie verschiedentlich geschehen[4] – als eine Geschichte des Scheiterns, – nach der er nach einem ‚Missglücken' seiner Genealogie der Macht einen radikalen ‚Bruch' vollziehe, der als eine ‚Rückkehr' zum ‚existentialistischen Frühwerk' Foucaults bzw. zu ‚subjekttheoretischen Fragestellungen' interpretiert wird –, sondern vielmehr als eine Erfolgsgeschichte, dann erscheinen die hier von Foucault aufgeworfenen Fragen zum Reden oder Schweigen als Kondensation oder besser als Extraktion seines Projektes einer kritischen Ontologie der Gegenwart.

Dieses Projekt ist dadurch charakterisiert, dass es die Gegenwart in ihrer spezifischen Differenz, die Begrenzungen der Subjektivierungen und ihre historischen Bedingungen der Möglichkeit analysieren will. Seine leitende analytische Fragestellung lautet: Wie, weshalb und über welche Praktiken formieren bzw. transformieren sich welche moderne Subjektivierungsweisen in bestimmten historisch konkreten Macht-Wissen-Konstellationen. Dabei besteht das Ziel darin, „das vermeintlich Allgemeine oder Vernünftige *selbst anders wahrzunehmen*, nämlich so, daß es als singulär, kontingent und zwanghaft erscheint, das heißt, daß diese Eigenschaften *in* ihm, als wesentliches Moment seiner selbst aufgezeigt werden" (Schäfer 1995: 26). In dieser Perspektive verschiebt sich der Ansatzpunkt kritischer Wissenschaft: Denn im Horizont dieser kritischen Ontologie kann Kritik nur noch auf der Grundlage einer reflektierten Option, nicht aber im Rückgriff auf universelle Wahrheiten

---

2   Vgl. Foucault 1977: 122/123.
3   Vgl. Foucault 1977: 123.
4   Vgl. etwa Honneth 1994; Schroer 2000.

geäußert werden. Foucault praktiziert demnach eine Form der Kritik, „die die Grenzen der Erkenntnis als historische Grenzen unseres geschichtlichen Seins begreift. Es handelt sich nicht mehr um eine negative Kritik, die sich an der (theoretischen) Frage orientiert, welche Grenzen die Erkenntnis nicht überschreiten darf, sondern um eine positive Kritik, die die (politische) Frage der Macht artikuliert, indem sie das Singuläre und Kontingente in dem aufzeigt, was als universell und notwendig auftritt und damit zugleich die Möglichkeit anderer historischer Formen erscheinen läßt" (Lemke 1997: 354).

Im Rahmen dieses Kritikverständnisses unterstellt Foucault erstens, dass Forschende immer schon Bestandteil eines historisch-konkreten Macht-Wissen-Komplexes sind und ihre Forschungsbemühungen und gleichzeitig auch ihre Forschungsergebnisse immer schon perspektivisch sind. Damit wendet sich Foucault gegen Vorstellungen eines neutralen, objektiven Blickes von wissenschaftlich Forschenden auf die soziale Welt. Wissenschaftliche Erkenntnis soll nicht mehr von einem sozialen Ort außerhalb der Gesellschaft her gedacht werden, wie ihn etwa Karl Mannheim mit seiner Figur des ‚freischwebenden Intellektuellen' bezeichnet hat. Foucault, wie im Übrigen auch Pierre Bourdieu,[5] geht es darum, das wissenschaftliche Denken an jenen sozialen Ort zurück zu binden, an dem es hervorgebracht wird. Er bringt die wissenschaftliche Erkenntnis zurück in die soziale Welt, indem er die Wahrnehmungs-, Bewertungs- sowie Machtstrukturen analysiert, in denen Forschende mit ihren Beobachtungen verstrickt sind.

Zweitens geht Foucault davon aus, dass jede Form von Subjektivierung als Aktualisierung eines bestimmten möglichen Selbstverhältnisses des Menschen in einem spezifischen Macht-Wissen-Komplex zu betrachten ist. Er fordert dazu auf, zu analysieren, wie sich ausgehend von der Vielfältigkeit der Körper, Kräfte, Materien, Wünsche, Gedanken usw. Subjekte konstituieren. Insofern existiert für Foucault keine Form von Subjektivierung, die nicht das Resultat historisch kontingenter Konstitutionsbedingungen ist. Vielmehr stellen Subjektivierungsweisen für Foucault das materiell existierende Produkt diskursiver und nicht-diskursiver Praktiken dar.

Zur Analyse dieses historisch konkreten Zusammenspiels diskursiver und nicht-diskursiver Praktiken führt Foucault den Begriff Dispositiv ein. Unter einem Dispositiv versteht er das Zusammenspiel diskursiver und nicht-diskursiver Praktiken im Kontext gesellschaftlicher Machtverhältnisse, das sich aus höchst heterogenen Elementen – wie beispielsweise „Diskursen, Institutionen, architekturalen Einrichtungen, reglementierenden Entscheidungen, Gesetzen, administrativen Maßnahmen, wissenschaftlichen Aussagen, philosophischen, moralischen oder philanthropischen Lehrsätzen, kurz: Gesagtem ebensowohl, wie Ungesagtem (...)" (Foucault 1978: 119) – zusammensetzt. Der Begriff Dispositiv beschreibt insofern ein bestimmtes Verhältnis zwischen Diskursivem und Nicht-Diskursivem im Kontext historisch konkreter Machtverhältnisse. In einem Dispositiv, so formuliert Foucault (1978: 123), verknüpfen sich diskursive und nicht-diskursive Elemente zu „Strategien von Kräfteverhältnissen, die Typen von Wissen stützen und von diesen gestützt werden". Die zentrale strategische Funktion eines Dispositivs besteht für Foucault (1978: 119) darin, „zu einem gegebenen historischen Zeitpunkt (...) auf einen Notstand zu antworten". Er führt also den Begriff des Dispositivs ein, um die Natur der Verbindung, die sich zwischen diesen heterogenen Elementen herstellen kann, zu analysieren. Die Funktionsweise der Dispositive selbst beschreibt Foucault als wesentlich produktiv: In ihnen

---

[5]   Vgl. etwa Bourdieu 1993: 93.

werden gemäß der jeweiligen historisch-strategischen Erfordernisse über spezifische Diskurs- und Machttechniken bestimmte Subjektivierungsweisen hervorgebracht, deren materielle Existenzweise Foucault verschiedentlich betont. Das Ziel der Dispositivanalysen besteht demnach darin zu zeigen, dass es sich bei den spezifisch modernen Formen von Subjektivität um singuläre und begrenzte Erfahrungen handelt, die von bestimmten historischen Bedingungen der Möglichkeit, wie spezifischen diskursiven und nicht-diskursiven Praktiken, abhängig sind.

Eine systematische Rekonstruktion, wie Foucault in seinen Analysen moderner Subjektivierungsweisen die Methode der Machtanalyse mit der der Diskursanalyse verknüpft, zeigt, dass Foucault dabei insbesondere den folgenden Fragen nachgeht: [6]

– Welcher Wissensgegenstand bzw. Erkenntnisbereich wird diskursiv hervorgebracht?

– Nach welcher Logik werden die Begrifflichkeiten konstruiert?

– Wer ist autorisiert, über den Gegenstand zu reden?

– Welche strategischen Ziele werden in dieser diskursiven Praxis verfolgt?

Diese Fragen nach den diskursiven Praktiken verbindet Foucault mit einer weiteren Serie von Fragen, bei denen es ihm um die Analyse nicht-diskursiver Praktiken geht. Dabei unterstellt Foucault (1977: 123) ein immanentes Verhältnis zwischen Macht und Diskurs. Deshalb geht es ihm auch darum, die folgenden Fragen zu untersuchen:

– Über welche Instanzen werden bestimmte Menschen autorisiert, im Diskurs zu sprechen?

– Welche Machttechniken stützen diese diskursiven Praktiken?

– Welches Feld von Machtverhältnissen wird gestützt bzw. unterminiert?

– Welchen machtstrategischen Zielen dient ein Diskurs?

Ausgehend von der Vielfältigkeit von Kräfteverhältnissen und Aussagen tritt also bei Foucault neben die Analyse von Diskursbeziehungen eine Analyse der Machtbeziehungen und eine Analyse ihres Zusammenspiels in Gestalt von Diskursformationen und Machtformationen. Dieses Verfahren bezeichne ich als Dispositivanalyse. Will man also das Scheitern und/oder den Erfolg bestimmter historisch-konkreter Praktiken nachgehen, geht es also darum, diese hier aufgeworfenen Fragen zu klären.

Zusammenfassend möchte ich zunächst festhalten: Im Rekurs auf Foucaults archäologischen und genealogischen Überlegungen zur Polyvalenz der Kämpfe lassen sich diskursive und nicht-diskursive Praktiken als taktische Elemente im Feld der gesellschaftlichen Kräfteverhältnisse verstehen. Zu befragen sind jene Praktiken nicht nur darauf hin, welche

---

[6]   Aus Platzgründen erspare ich mir hier eine werkimmanente Rekonstruktion dieser Fragestellungen. Diese habe ich im Rahmen meiner Habilitationsschrift „Der Kampf um weibliche Individualität. Ein Beitrag zur Analyse des (Trans-)Formierungsgeschehens moderner Subjektivierungsweisen im Deutschland der Jahrhundertwende" (2002) vorgenommen.

Wechselwirkungen von Wissen und Macht sie befördern, sondern auch welchen taktischen Erfordernissen sie dienen können. Die Frage nach den taktischen Erfordernissen verweist zudem auf die Frage nach dem Erfolg bzw. dem Scheitern spezifischer historischer Praktiken. Schließlich stellt sich die Frage, aus welcher Perspektive es sich für wen oder was im Hinblick auf welches Ziel um einen Erfolg oder um ein Scheitern handelt.

Besonders virulent werden m.E. diese Fragen im Hinblick auf die Frage der taktischen Polyvalenz von Kämpfen sozialer Bewegungen: Was bedeutet ihr Scheitern für den Erfolg anderer Strategien? Ermöglicht ihr Scheitern den Erfolg oder Misserfolg anderer sozialer Bewegungen? Oder aber ermöglicht erst der Erfolg widerständiger Praktiken den Erfolg oder das Scheitern zum Beispiel staatlicher Gegenmaßnahmen?

Diesen Fragen werde ich nun anhand des historisch konkreten Beispiels des Scheiterns der alten Frauenbewegung im Kampf um eine ‚weibliche Individualität' in Deutschland an der Wende vom 19. zum 20. Jahrhundert nachgehen. Zuvor gilt es allerdings das foucaultsche Verfahren der Dispositivanalyse gesellschaftstheoretisch zu fundieren.

Denn ausgehend von den Ergebnissen der hier skizzierten Rekonstruktion der foucaultschen Dispositivanalyse ergibt sich ein Problem: Wie bereits erwähnt, geht es Foucault bei seinem Projekt der kritischen Ontologie der Gegenwart darum, den gewohnten Blick auf die Gegenwart zu verändern. Dabei dient Foucault die Dispositivanalyse als ein methodisches Instrumentarium, um die diskursiven und nicht-diskursiven Praktiken zur Formierung bzw. Transformierung moderner Subjektivierungsweisen analytisch zu erfassen. In seinen gegenstandsbezogenen Studien nimmt Foucault allerdings eine mikroprozessurale Perspektive ein. Diese wiederum versteht er als eine paradigmatische Analyse makrostruktuturaler Phänomene. Das heißt, Foucault deutet die Ergebnisse seiner Dispositivanalysen zwar im Kontext von Modernisierungsprozessen, analysiert diese aber nicht gesellschaftstheoretisch. Dieses Vorgehen führt u.a. dazu, dass Foucault, wie unterschiedlichste Studien aus der Frauen- bzw. Geschlechterforschung gezeigt haben,[7] die Kategorie Geschlecht systematisch ausblendet und bestimmte Weisen der männlichen Subjektivierung verabsolutiert. So blendet er etwa Probleme sozialer Ungleichheitslagen im Geschlechterverhältnis, Fragen der asymmetrischen Positionierung von Männern und Frauen im System der Zweigeschlechtlichkeit und ihre sozialstrukturellen Auswirkungen sowie die Frage einer widersprüchlichen Vergesellschaftung von Frauen aus.

Damit aber stellt sich die Frage nach der gesellschaftstheoretischen Einordnung seiner dispositivanalytischen Forschungsergebnisse. Mit Blick auf das von mir gewählte Beispiel des Scheiterns der alten Frauenbewegung im Kampf um ‚weibliche Individualität' ist diese Frage dahingehend zuzuspitzen: Wie ist das foucaultsche Verfahren der Dispositivanalyse zu modifizieren, um die Strukturkategorie Geschlecht einzubinden?

Ich werde bei meinem Vorschlag zur systematischen Einbindung der Kategorie Geschlecht in den foucaultschen Forschungsansatz von Regina Becker-Schmidts Entwurf einer Theorie des Geschlechterverhältnisses ausgehen.[8] Um das Geschlechterverhältnis in

---

[7]	Vgl. u.a. Becker-Schmidt 2000; Bührmann 1995a, 1995b; Diamond/Quinby 1998; Duden 1991; Knapp 1992; Kögler 1990; Landweer 1990; Lorey 1996; Maihofer 1994, 1995; McNay 1992; Nicholson 1990; Sawicki 1991, 1994; Treusch-Dieter 1990.

[8]	Sie bezeichnet mit dem Begriff Geschlechterverhältnis das Gesamt institutionalisierter Gegebenheiten sowie normativer Regelungen, über die zu einem bestimmten historischen Zeitpunkt in einer spezifischen Kultur die Genus-Gruppen gesellschaftlich zueinander ins

einer Epoche und in einer Kultur zu bestimmen, ist zu klären, „welche Positionen die Genus-Gruppen in den gesellschaftlichen Hierarchien einnehmen und welche Legitimationsmuster es für geschlechtliche Rangordnungen gibt" (Becker-Schmidt/Knapp 1995: 18). Ausgehend davon stellt sich also für die Analyse des Formierungs- bzw. Transformierungsgeschehens moderner geschlechtlicher Subjektivierungsweisen die Frage: Über welche Mechanismen reproduzieren sich Über- und Unterordnungsverhältnisse zwischen den Genus-Gruppen und wo existieren Bruchstellen und Verschiebungen, an denen sich Tendenzen zur Veränderung in Bezug auf das Geschlechterverhältnis abzeichnen?

Ein Weg zur Beantwortung dieser Frage besteht darin, den Blick auf die Widersprüchlichkeiten der gesellschaftlichen Machtverhältnisse selbst zu lenken. In dieser Perspektive geht es dann darum, die Verschränkungen männlicher Subjektivierungsweisen und weiblicher Subjektivierungsweisen mit den gesellschaftlichen Macht- bzw. Geschlechterverhältnissen nachzuzeichnen. Damit verschiebt sich der Blick von bruchlosen und kontinuierlichen Entwicklungstendenzen, – die Foucault in seinen dispositivanalytische Studien immer wieder nahezulegen scheint, obwohl er stets auf der Bedeutung von Brüchen und Diskontinuitäten beharrt –, auf die konflikthaften und widersprüchlichen Konstellationen im gesellschaftlichen Ganzen. Darüber hinaus wird so deutlich, dass Familie, Militär, Kirche, Erwerbssphäre usw. in modernen Gesellschaften – also für Foucault die Orte mikroprozessualer Disziplinierungen und Normalisierungen – nicht nur einzelne gesellschaftliche Sphären sind, die nebeneinander existieren. Vielmehr müssen sie als hierarchisch zusammengeschlossen gedacht werden.[9]

In dieser Perspektive wird also Foucaults Modell der Normalisierungsgesellschaft um ein Konzept ergänzt, das dezidiert[10] die Komplexität des hierarchischen Geschlechterverhältnisses problematisiert und damit den Blick auf die Über- und Unterordnungsverhältnisse lenkt, in die die Menschen hineingenommen werden. Auf diese Weise lässt sich nachzeichnen, wie Frauen und Männer in hierarchischer, konflikthafter Art und Weise in einen widersprüchlichen gesellschaftlichen Zusammenhang eingebunden werden. Darüber hinaus kann erforscht werden, über welche spezifischen geschlechtlichen Subjektivierungsweisen sie unterschiedliche und widersprüchliche Formen der Vergesellschaftung erfahren, die bis in ihre Persönlichkeitsstrukturen hineinreichen. Eine solche Beleuchtung der widersprüch-

---

Verhältnis gesetzt werden. Vgl. Becker-Schmidt 1991: 392; Becker-Schmidt/Knapp 1995: 18.

[9]   Regina Becker-Schmidt und Gudrun-Axeli Knapp führen dazu für die Sphäre der Erwerbsarbeit und der Hausarbeit aus: „Da Erwerbsarbeit höher bewertet wird als Hausarbeit, desweiteren Männerarbeit ausschließlich Erwerbsarbeit meint, Hausarbeit dagegen als Frauensache gilt, ergeben sich Hierarchien im Geschlechterverhältnis. Der Mann dominiert sowohl die Erwerbssphäre als auch in der Familie, weil in beiden Sphären seine berufliche Arbeit die Verhältnisse und Beziehungen zwischen den Geschlechtern mitbestimmt. Die Minderbewertung der Hausarbeit gegenüber jeder wie auch immer professionalisierten Tätigkeit setzt sich fort in der Abwertung typischer Frauenlohnarbeit – diese wird in der Regel schlechter honoriert, weniger gefördert und gewerkschaftlich weniger geschützt" (Becker-Schmidt/Knapp 1995: 10).

[10]   Dass Foucault diese Dimension andeutet, darauf verweist Waldschmidt (1996: 28): „Die Produktionsverhältnisse und Arbeitsbedingungen, die in unserer Gesellschaft widersprüchlich und hierarchisch strukturiert sind, scheinen im foucaultschen Machtkonzept mitzuschwingen. Klare Aussagen hierzu finden sich jedoch bei Foucault nicht".

lichen und konflikthaften männlichen und weiblichen Subjektivierungsweisen, ausgehend von der Kategorie Geschlecht als Strukturkategorie, ermöglicht es dann, diejenigen Verabsolutierungen, die Foucault in seinen unterschiedlichen Studien zur Formierung bzw. Transformierung moderner Subjektivierungsweisen gerade durch die Ausblendung der Kategorie Geschlecht unterlaufen, produktiv zu überwinden.

Dies bedeutet für das Verfahren der Dispositivanalyse, dass die unterschiedlichen Fragestellungen im Hinblick auf die Sozialstrukturkategorie Geschlecht zu untersuchen sind. Darüber hinaus muss auch eine Historisierung und Kontextualisierung eines historisch-spezifischen Dispositivs mit Blick auf die Komplexität des je spezifischen hierarchischen Geschlechterverhältnisses erfolgen.

2. Der Kampf um eine ‚weibliche Individualität'

Im Anschluss an diese Überlegungen werde ich nun – wie bereits erwähnt – am Beispiel des Kampfes um ‚weibliche Individualität' illustrieren, dass und inwiefern das Verfahren der gesellschaftstheoretisch fundierten Dispositivanalyse systematisch den Forschungsblick für die Polyvalenz gesellschaftlicher Kämpfe öffnet.

Die Analyse der diskursiven und nicht-diskursiven Praktiken im Kampf der an der Wende des 19. zum 20. Jahrhundert erstarkenden Frauenbewegung und einer sich formierenden kulturwissenschaftlichen Frauenforschung um ‚weibliche Individualität' zeigt zunächst Folgendes: Frauen kämpfen mit dem strategischen Ziel einer Enthierarchisierung der Geschlechterverhältnisse gegen die bestehende hegemoniale Subjektivierungsweise der Frau als Gattungswesen für ihre Subjektivierung im Sinne einer ‚weiblichen Individualität'. Damit wenden sich Frauen gegen das hegemoniale moderne Geschlechterdispositiv.[11]

Dieses Dispositiv formiert sich seit der Mitte des 18. Jahrhunderts und wird bis zum Ende des 19. Jahrhunderts in bürgerlichen Schichten hegemonial.[12] Über dieses Dispositiv werden geschlechtliche Subjektivierungsweisen hervorgebracht, die Menschen zu Männern oder Frauen machen, so dass sie glauben, über ein eindeutiges, natürliches und unveränderbares entweder weibliches oder männliches Körpergeschlecht zu verfügen, von dem sie bestimmte geschlechtliche Identität, versehen mit bestimmten als adäquat betrachteten Verhaltens- und Empfindungsweisen bzw. -fähigkeiten, ableiten. Über spezifische kulturelle Praktiken werden sie in ein bestimmtes geschlechtsspezifisches Verhältnis zu sich selbst und zu anderen gesetzt und damit normierend subjektiviert. Während der Mann als Individuum zum Vertreter des Allgemein-Menschlichen avanciert, werden Frauen als ‚Besondere', ‚Andere' und ‚Abweichende' zum Gattungswesen degradiert.

---

[11]   Vgl. dazu ausführlich Bührmann 2002.

[12]   Ein Geschlechterdispositiv bezeichne ich als hegemonial, wenn die in diesem Dispositiv sanktionierte Art und Weise, Geschlecht zu denken, zu fühlen, zu handeln und wahrzunehmen und die in ihm formulierten Normen, Werte und Verhaltensstandards gesellschaftlich dominant sind, d.h. dass durch dieses Dispositiv das Denken, Handeln und Fühlen der Menschen weitgehend strukturiert wird.

Die Mehrheit der politisch engagierten und wissenschaftlich tätigen Frauen setzt sich in ihrem Kampf um ,weibliche Individualität' für deren Realisierung als geistige Mütterlichkeit ein: Frauen, insbesondere aber Frauen aus bürgerlichen Schichten, sollen sich nun im Sinne einer geistigen Mütterlichkeit subjektivieren. Diese Konzeption, deren bekannteste Protagonistinnen Helene Lange, Gertrud Bäumer, Marianne Weber und Alice Salomon sind, knüpft an die hegemoniale Konzeption weiblicher Subjektivierung an. Jedoch privilegiert sie die Mutterschaft gegenüber der Hausfrauen- und Gattinnenschaft und entsexualisiert die Mutterschaft. Dabei wird Mütterlichkeit nicht mit biologischer Mutterschaft gleichgesetzt: Denn es ist entsprechend dieser Konzeption möglich, dass Frauen ihrer ,wahren weiblichen Berufung' auch nachkommen, ohne selbst biologische Mutter zu werden und ohne auf eine heterosexuelle Beziehung verwiesen zu sein.[13] Frauen können diese geistige Mütterlichkeit nämlich entweder als Sorge um eigene Kinder, also als biologische Mutterschaft, oder aber als Sorge um andere Personen, als pädagogische Mutterschaft verwirklichen. Damit werden hier Frauen zumindest nicht mehr grundsätzlich auf ihre generativen Aufgaben im Rahmen ehelicher Beziehungen, auf ein ,Dasein für andere', reduziert. Denn sie melden ihren Anspruch ,auf ein Stück eigenes Leben' als Voraussetzung für ,wahre' Fürsorge von Frauen an. Diese Konzeption von ,weiblicher Individualität' entsteht ob der folgenden Diagnose wissenschaftlich tätiger Frauen: Viele bürgerliche Frauen sind angesichts eines numerischen Männermangels und einer abnehmenden ,Neigung' bürgerlicher Männer zu heiraten sowie einer zunehmenden Funktionsentleerung des bürgerlichen Haushalts doppelt ,unterversorgt'. Demgegenüber gelten Frauen aus proletarischen Schichten als doppelt ,belastet'. Von ihnen wird zunehmend erwartet, dass sie Familie und Erwerbstätigkeit miteinander verbinden sollen.

Eine sich formierende kulturwissenschaftliche Frauenforschung legitimiert den Kampf der Frauenbewegung für eine weibliche Individualität im Sinne geistiger Mütterlichkeit mit dem Hinweis auf die grundsätzliche Transformierbarkeit historisch konkreter geschlechtlicher Subjektivierungsweisen. Dabei stellen wissenschaftlich tätige Frauen die seit der Mitte des 19. Jahrhunderts vorherrschende Annahme in Frage, die Geschlechtskörper prägten die geschlechtlichen Identitäten. Dieses strikt somato-mimetische Ableitungsverhältnis zwischen biologischem und sozialem Geschlecht ersetzen die Theoretikerinnen einer geistigen Mütterlichkeit durch ein reproduktiv-mimetisches Ableitungsverhältnis.[14]

---

[13]   Insofern versuchen Frauen damit auch den Status der 'Dividualität' zu überwinden, den Landwer (1990:133) als Relation der Frau zum Mann bzw. zum Kind definiert.

[14]   Das heißt genauer: Ausgehend von der Annahme zweier grundsätzlich verschiedener Geschlechtskörper wird hier ein strikt somato-mimetisches Ableitungsverhältnis zwischen biologischem und sozialem Geschlecht unterstellt, insofern von den Geschlechtskörpern jeweils ihrer Biologie geschuldete ,natürliche' polare ,Geschlechtscharaktere' abgeleitet werden: So erscheint die geschlechtliche Identität als ,Nachahmung' somatischer Gegebenheiten. Im Mittelpunkt dieser somato-mimetischen Ableitungslogik steht jedoch die Legitimierung moderner geschlechtlicher Subjektivierungsweisen, die über entsprechende geschlechtsadäquate Normalisierungspraktiken durchgesetzt werden sollen. Entsprechend der Normen von ,echter' Weiblichkeit und Männlichkeit und der Behauptung, der männliche Körper verkörpere den allgemein-menschlichen Körper, kommen so etwa Theorien zur Erziehung des männlichen Geschlechts ohne Bezug zum männlichen Körper aus, während Erziehungstheorien zum weiblichen Körper weitgehend auf Deutungen des weiblichen Körpers basieren.

Sie begreifen das Verhältnis zwischen Natürlichkeit und Sozialität als Wechselverhältnis, in dem die Möglichkeit der reziproken Einwirkung bzw. Einschreibung angelegt ist. Das bedeutet, Frauen machen sowohl Umwelt als auch Erziehung für die jeweilige hegemoniale historisch konkrete Erscheinungsform der geschlechtlichen Identität verantwortlich. Sie führen die an der Wende vom 19. zum 20. Jahrhundert hegemoniale weibliche Subjektivierungsweise damit erst auf die Unterdrückung bzw. Deformierung ‚wahrer' Weiblichkeit zurück. Durch unterschiedliche Deformierungsprozesse, so postulieren Forscherinnen, werden Frauen zum sexualisierten Gattungswesen degradiert. In dieser Perspektive avanciert Erziehung zum zentralen Instrument, um die jeweils geschichtlich konkrete Ausprägung der hegemonialen weiblichen Subjektivierungsweise zu überwinden.

Allerdings konstatiert das Gros der Forscherinnen eine grundsätzliche und folgenreiche Differenz zwischen den Genus-Gruppen. Diese Differenz lokalisieren sie in der potenziellen weiblichen Gebärfähigkeit. Die dahinter stehende Vorstellung lautet: Die natürliche Geschlechterdifferenz bildet die Basis der geschlechtlichen Identität, die historisch konkreten Ausprägungen der geschlechtlichen Identität stellen eine Elaboration dieser natürlichen Geschlechterdifferenz dar. Von diesem Potenzial, aber auch von der damit verbundenen gattungsgeschichtlichen Funktion des Gebärens wird dann für die um 1900 in Deutschland erreichte Kulturstufe eine spezifische weibliche psychische Disposition abgeleitet, nämlich die geistige Mütterlichkeit.

Damit stellt sich die Frage, wie eben jene angestrebte geistige Mütterlichkeit ausgebildet werden kann oder soll. In diesem Kontext verweist das Gros der Frauenforscherinnen implizit aber auch explizit auf die pädagogischen Vorstellungen Fröbels zur ‚naturgemäßen' Erziehung, speziell aber auf die Bedeutung des Fröbelschen Tätigkeitstriebes und seine Rolle für die Ausbildung einer kulturgeschichtlich angemessenen ‚normalen' Weiblichkeit.

Ausgehend von diesen Überlegungen schalten Frauenforscherinnen zwischen Körpergeschlecht und geschlechtlicher Identität im Rekurs auf Fröbel einen Tätigkeitstrieb. Sie postulieren, dass erst eine ‚adäquate' Ausbildung dieses Tätigkeitstriebes[15] zur Ausbildung einer adäquaten weiblichen Identität – also zur geistigen Mütterlichkeit – führe. Auf diese Weise können Forscherinnen erklären, weshalb viele Frauen nicht dem Ideal geistiger Mütterlichkeit entsprechen: Denn ihr Tätigkeitstrieb ist nicht ausreichend entwickelt, ausgebildet oder kontrolliert worden. Gleichzeitig aber stellen sie eine Möglichkeit bereit, eben dieses Ideal für alle Frauen zu erreichen, insofern nämlich potenziell alle Frauen diesen Tätigkeitstrieb ‚adäquat' ausbilden können. Und schließlich können Frauenforscherinnen, nun davon ausgehend, dass die geistige Mütterlichkeit quasi das ‚natürliche' Resultat einer ‚adäquaten' Ausbildung des Tätigkeitstriebes darstellt, gerade die ‚Normalität' der geistigen Mütterlichkeit behaupten. Das bedeutet aber gleichzeitig auch: Die hegemoniale weibliche Subjektivierungsweise kann als nicht ‚angemessene' oder nicht mehr ‚angemessene' Form weiblicher Subjektivierung abgelehnt werden. Mit Blick auf die reproduktiv-

---

[15] Interessant ist an dieser Stelle, dass hier den kleinsten Tätigkeiten oder Unterlassungen weitreichende Folgen für den erwachsenen Menschen zugesprochen werden. Ähnlich argumentiert laut Foucault (1977) der psychoanalytische Diskurs, insofern hier selbst kleinsten sexuellen Träumereien oder Taten gravierende Konsequenzen nachgesagt werden.

mimetische Ableitungslogik erscheint nämlich so die hegemoniale weibliche Subjektivierungsweise als Relikt einer vorangegangenen Kulturstufe.[16]

Die Vertreterinnen einer reproduktiv-mimetischen Ableitungslogik fordern – ausgehend von der Überlegung, dass Erziehung als zentrales Instrument zur Transformierung der hegemonialen weiblichen Subjektivierungsweise zu verstehen ist – eine Abkehr von dem alten ,zwanghaften Konzept' häuslich familiärer Mädchenerziehung und eine Reform der literarisch-ästhetischen (Schul-)Ausbildung von Mädchen bzw. jungen Frauen. Dabei soll die Erziehung von Mädchen bzw. jungen Frauen aus bürgerlichen Schichten gerade nicht mehr – wie noch im hegemonialen Geschlechterdispositiv – in Ergänzung der familiären Erziehung zur Ausbildung als Hausfrau, Gattin und Mutter fungieren. Gleichwohl erstrecken sich diese Kämpfe um eine weibliche Individualität im Sinne der geistigen Mütterlichkeit nicht nur auf eine Reform des bürgerlichen Ehe- und Familienrechts, eine Ausweitung der Berufs- bzw. Erwerbsmöglichkeiten von Frauen sowie eine Erweiterung der politischen Partizipation von Frauen. Vielmehr streben Frauen darüber hinaus eine Verlängerung der Erziehungsphase für Mädchen und junge Frauen an und fordern für sie eine qualifizierende Aus-, Fort- bzw. Weiterbildung, um sie auf eine mögliche bzw. notwendige Erwerbsarbeit vorzubereiten. Gleichzeitig soll die weibliche Erziehung auch außerhalb der Familie stattfinden. Darüber hinaus streben Frauen eine Intensivierung der Erziehung von Mädchen bzw. jungen Frauen an. Denn sie gehen von einer ,adäquateren' Erziehung von Mädchen und jungen Frauen durch Frauen aus. Schließlich wollen sie aber nicht zuletzt das Ziel weiblicher Erziehung verändern: Junge Frauen und Mädchen sollen in den Projekten der Frauenbewegung nicht mehr zu einem vom Sexuellen durchdrungenen Gattungswesen, sondern zur ,weiblichen Individualität' im Sinne einer geistigen Mütterlichkeit erzogen werden.

Diese Erziehung wird in Projekten der Frauenbewegung zur Aus-, Fort- und Weiterbildung von Frauen institutionalisiert. Im Mittelpunkt steht dabei die soziale ,Hilfsthätigkeit'. Hier geht es darum, den Tätigkeitstrieb von Frauen entsprechend eines unterstellten adäquaten kultur-historischen Standes auszubilden. Allerdings wird damit auch ein hierarchisches Verhältnis zwischen Frauen aus bürgerlichen und proletarischen Schichten etabliert. Denn Mädchen und Frauen aus proletarischen Schichten und vermittelt darüber ihre Familien sollen selbst nicht für den Diskurs der kulturwissenschaftlichen Frauenforschung oder ein führendes Engagement in der Frauenbewegung autorisiert werden. Vielmehr soll ihnen vornehmlich geholfen werden, ihre Aufgaben als biologische Mutter mit ihrer Erwerbstätigkeit zu vereinbaren. Ich spreche hier von einer objektivierenden Normalisierung. Demgegenüber sollen Frauen aus bürgerlichen Schichten zu biologischen oder pädagogischen Müttern erzogen werden. Diese Form der Normalisierung bezeichne ich als subjektivierende Normalisierung. In der pädagogischen Praxis werden hier Frauen aus proletari-

---

[16]   Zugleich lehnen die Vertreterinnen einer reproduktiv-mimetischen Ableitungslogik aber auch explizit Versuche ab, Frauen zu sexualisieren. Denn das Gros der Vertreterinnen der kulturwissenschaftlichen Frauenforschung wendet sich auch gegen eine im Anschluss an Sigmund Freud von den Vertreterinnen der Konzeption einer weiblichen Individualität im Sinne seelischer Mütterlichkeit formulierte sexual-mimetische Ableitungslogik. Entsprechend dieser Ableitungslogik wird die Herausbildung einer ,normalen' geschlechtlichen Identität auf eine adäquate Ausbildung des Sexualtriebes zurückgeführt. Frauen, wie etwa Helene Stöcker - plädieren deshalb für eine sexuelle Befreiung der Frau, jedoch im Dienste des nationalen Volkswohls.

schen Schichten und Frauen aus bürgerlichen Schichten in ein hierarchisches Verhältnis gesetzt: ‚Unterversorgte' bürgerliche Frauen sollen doppelt ‚belastete' nicht bürgerliche Frauen unterstützen. Diese ‚Unterstützung' wiederum normalisiert jene doppelt ‚unterversorgten' Frauen.

Diese Ergebnisse einer gesellschaftstheoretisch fundierten Analyse der Kämpfe der Frauenbewegung und Frauenforschung an der Wende vom 19. zum 20. Jahrhundert verweisen darauf, dass u.a. Vorstellungen zu kurz greifen,

– die die Konzeption geistige Mütterlichkeit darauf reduzieren, sie sei im Grunde konservativ und habe dazu gedient, proletarische Frauen zu disziplinieren,

– die die Bedeutung der ‚sozialen Hilfsthätigkeit' von Frauen für Frauen auf ihre Rolle bei der Professionalisierung von Berufen der Sozialen Arbeit beschränken.

Diese in der einschlägigen Forschung[17] verbreiteten Vorstellungen blenden nämlich aus, dass Frauenbewegung und -forschung gegen eine Degradierung der Frau zum sexualisierten Gattungswesen und für eine ‚weibliche Individualität' kämpfen. Damit geht es auch in der kulturwissenschaftlichen Frauenforschung um die ‚klassische' soziologische Fragestellung nach den Individualisierungschancen und -risiken in modernen Gesellschaften und ihrer historischen Genese.

Nichtsdestotrotz verweist die Analyse der diskursiven und nicht-diskursiven Praktiken von Frauen im Kampf um ihre ‚weibliche Individualität' aber auch darauf, dass Frauen gerade nicht die folgende – mit Blick auf das Insgesamt der gesellschaftlichen normativen Regulative und Organisationsprinzipien, über die Männer und Frauen miteinander ins Verhältnis gesetzt werden – zentrale Paradoxie ausloten: Auf der einen Seite können Frauen spätestens mit Beginn des Ersten Weltkrieges den Erfolg verbuchen, dass mit staatlicher Unterstützung zunehmend mehr Frauen aus proletarischen Schichten im Sinne der geistigen Mütterlichkeit zu ‚guten' biologischen Müttern gebildet werden, die es verstehen, ihre Erwerbsarbeit mit ihren Mütterpflichten zu vereinbaren. Gleichzeitig sehen sich auf der anderen Seite jedoch ihre pädagogischen Mütter aus bürgerlichen Schichten vermehrt einer Ideologie der Häuslichkeit ausgesetzt und werden zugleich zu Hilfskräften einer zunehmend männlich dominierten Wohlfahrtspflege degradiert. Das bedeutet letztlich: Hier scheitern mit ihrem Versuch, eine Transformation der hegemonialen weiblichen Subjektivierungsweise im Dienste einer Enthierarchisierung des Geschlechterverhältnisses durchzusetzen. Denn sie können erfolgreich in die geschlechtshierarchischen Machtstrukturen einer sich entwickelnden Wohlfahrtspflege integriert werden. Dabei werden das Wissen, die Kompetenzen und die Erfahrungen von Frauen, die doch dazu dienen sollten, das hierarchische Geschlechterverhältnis zu enthierarchisieren, für die Interessen einer modernen Wohlfahrtspflege instrumentalisiert.

Ein zentraler Aspekt dieser Instrumentalisierung besteht darin, dass die Konzeption geistige Mütterlichkeit im Rahmen staatlicher Wohlfahrt nicht mehr als widerständige Subjektivierungsweise fungiert. Vielmehr wird sie für die Interessen einer nationalen Wohlfahrtspflege vernutzt. Das hierarchische Geschlechterverhältnis wird so im Grunde nicht nur über repressive gesetzliche Maßnahmen des Staates wieder hergestellt, sondern

---

[17]   Vgl. etwa Bussemer 1985; Engel 1990; Rommelspacher 1991; Sachße 1994; Simmel 1979, 1980.

auch über die produktive Einbindung des Wissens, der Ressourcen und der Kompetenzen, die Frauen im Rahmen der kulturwissenschaftlichen Frauenforschung hervorgebracht und sich Frauen im Kontext ihrer Arbeit in der Frauenbewegung angeeignet haben. Frauen können in dieser Perspektive zwar als Motor für einen Versuch der Transformierung der hegemonialen geschlechtlichen Subjektivierungsweisen betrachtet werden, jedoch agieren sie unter dem Diktat männlicher Hegemonieansprüche.

Mit der zunehmenden Integration von Frauen in das Projekt einer Modernisierung der staatlichen Wohlfahrtspolitik steht die Frauenbewegung oder doch zumindest der zur Jahrhundertwende dominierende Teil der Frauenbewegung angesichts der konkreten gesellschaftlichen Machtverteilung zwischen Männern und Frauen vor einem Dilemma: Zwar werden die Forderungen der Frauenbewegung nach einer Ausweitung der ‚sozialen Hilfsthätigkeit' und damit auch deren Professionalisierung erfüllt, die ihrerseits Voraussetzung einer wirksamen und verlässlichen Hilfe für alle Bevölkerungskreise darstellt. Die mit dieser Forderung verknüpften Hoffnungen eigener Aufstiegs- und Entfaltungschancen im Sinne der Konzeption geistiger Mütterlichkeit und insbesondere die Hoffnung auf eine Transformation des hierarchischen Geschlechterverhältnisses werden aber enttäuscht.

So machen sich etwa die modernen Sozialverwaltungen das Wissen von Frauen aus ihren Projekten zu Nutze, degradieren aber die ‚Praktikerinnen' und ihre Helferinnen in der ‚sozialen Hilfsthätigkeit' zu Hilfskräften männlicher Sozialbeamter in der Wohlfahrt. Darüber hinaus werden die von Frauen initiierten Projekte zur Aus-, Fort- und Weiterbildung von Mädchen und Frauen nicht mehr zur Ausbildung im Sinne geistiger Mütterlichkeit, sondern angesichts sinkender Bevölkerungszahlen zur zielgerichteten Ausbildung jener weiblichen Hilfskräfte in der Wohlfahrt genutzt.

Mit der zunehmenden öffentlichen Diskussion des Problems einer sinkenden Bevölkerungszahl aber, die spätestens am Vorabend des Ersten Weltkrieges immer erregter geführt wird, werden nun alle Frauen wieder auf ihre generativen und reproduktiven Funktionen innerhalb der Familie verwiesen. Es geht nun darum, dass nach Möglichkeit alle Frauen biologische Mutter werden und diese Aufgabe möglichst optimal im häuslich familiären Bereich erfüllen. Für die Anleitung zu diesen Tätigkeiten werden die zu weiblichen Hilfskräften degradierten pädagogischen Mütter auf niedrigem Lohnniveau und weitgehend ohne Entscheidungskompetenzen instrumentalisiert. Dabei wird das ‚Volkswohl', zumeist verstanden als quantitative wie qualitative ‚Verbesserung' des deutschen Bevölkerungskörpers, über das ‚Frauenwohl' gestellt. Der Mann als Individuum kann weiterhin, gestützt auf arbeits-, sozial- und familienrechtliche Bestimmungen, Superiorität im öffentlichen und im häuslich familiären Bereich beanspruchen. Gleichzeitig bestimmt er sich gerade dadurch, dass er nur akzidentiell vom Geschlechtlichen tangiert ist und zugleich den Anspruch erhebt, die Generativität von Frauen und ihre unbezahlten reproduktiven Tätigkeiten zur Versorgung der Familie zu kontrollieren. Auf diese Weise kann die männliche Dominanz in Erwerbssphäre und familiär häuslicher Sphäre als dem ‚Volkswohl' dienend durchgesetzt werden.

Zusammenfassend kann also in Bezug auf den Kampf um die ‚weibliche Individualität' in Deutschland an der Wende vom 19. zum 20. Jahrhundert festgestellt werden: Spätestens mit dem Beginn des Ersten Weltkrieges beginnt bzw. verstärkt sich eine Entwicklung, in deren Verlauf das Wissen, die Kompetenzen sowie die Ressourcen von Frauen in das hegemoniale moderne Geschlechterdispositiv eingespannt werden können. Die Erfolge von Frauenbewegung und –forschung im Hinblick auf die soziale ‚Hilfsthätigkeit' erscheinen in dieser Perspektive letztlich als Ausgangspunkt ihres Scheiterns im Kampf um ‚weibliche Individualität'. Im Rahmen einer nationalen Wohlfahrtspflege werden die insbesondere von Vertreterinnen der Konzeption geistige Mütterlichkeit neu implementierten bzw. bestätigten bereits bestehenden Hierarchien zwischen Frauen für eine Modernisierung des hegemonialen modernen Geschlechterdispositivs instrumentalisiert. Demnach sollen Frauen aus proletarischen Schichten befähigt werden, biologische Mutterschaft mit einer (eventuell) notwendigen Erwerbstätigkeit zu verbinden. Hierbei wird von Frauen aus bürgerlichen Schichten, degradiert auf den Status von Hilfskräften staatlicher Wohlfahrtspflege, erwartet, dass sie Frauen aus proletarischen Schichten unterstützen. Diese Frauen sollen auch Frauen aus bürgerlichen Schichten bei der Erfüllung ihrer generativen Aufgaben im häuslich familiären Bereich beistehen.

3. Fazit

Foucaults Überlegungen zur Analyse der Formierung bzw. Transformierung moderner Subjektivierungsweisen im Horizont seines Projektes einer kritischen Ontologie der Gegenwart lassen sich als ein Beitrag zu einer Soziologie des Scheiterns lesen. Denn mit dem Verfahren der Dispositivanalyse, die allerdings gesellschaftstheoretisch zu fundieren ist, stellt Foucault ein methodisches Instrumentarium bereit, das es ermöglicht bzw. erzwingt das Scheitern bzw. den Erfolg diskursiver bzw. nicht-diskursiver Praktiken und ihre Implikationen zu untersuchen.

Anhand des Beispiels des Kampfes von Frauen für eine ‚weibliche Individualität' in Deutschland an der Wende vom 19. zum 20. Jahrhundert habe ich die Reichweite dieser Forschungsperspektive in Bezug auf soziale Bewegungen und ihren möglichen Erfolg bzw. Scheitern ausgelotet. Deutlich werden anhand dieses Beispiels die ambivalenten Konsequenzen der Kämpfe sozialer Bewegungen. Denn der Erfolg der Bemühungen von Frauenforschung bzw. Frauenbewegung im Kampf um weibliche Individualität ermöglicht bzw. begünstigt den Erfolg moderner Wohlfahrtspflege bzw. -politik und impliziert so schließlich das Scheitern ihres Kampfes.

Die Gründe für dieses Scheitern, eine Transformierung der modernen hegemonialen geschlechtlichen Subjektivierungsweisen durchzusetzen, verweisen zugleich auf zwei eng miteinander verbundene ‚Vorsichtsregulative' für eine kritische Selbstreflexion im Kampf um eine Transformierung moderner Subjektivierungsweisen:

–   Die Polyvalenz der Kämpfe, insbesondere die Instrumentalisierung ihrer ‚Erfolge' macht die Notwendigkeit einer gesellschaftstheoretischen Reflexion der Aktivitäten und Strategien sozialer Bewegungen deutlich.

–   Zugleich zeigt sich die Notwendigkeit, die gesellschaftlichen Bedingungen eines Diskurses zu kontextualisieren und zu historisieren, um sie für die Perspektive einer kritischen Selbstreflexion offen zu halten.

Literatur

Becker-Schmidt, Regina (1991): Vergesellschaftung und innere Vergesellschaftung. Individuum, Klasse und Geschlecht aus der Perspektive der Kritischen Theorie. In: Wolfgang Zapf (Hg.): Die Modernisierung moderner Gesellschaften. Verhandlungen des 25. Deutschen Soziologentages in Frankfurt a. M. 1990. Frankfurt a. M./New York: Campus, S. 383-394.

Becker-Schmidt, Regina (2000): Frauenforschung, Geschlechterforschung, Geschlechterverhältnisforschung. In: Regina Becker-Schmidt/Gudrun-Axeli Knapp: Feministische Theorien zur Einführung. Hamburg: Junius-Verlag, S. 14- 62.

Becker-Schmidt, Regina/Knapp, Gudrun-Axeli (1995): Einleitung. In: Regina Becker-Schmidt/Gudrun-Axeli Knapp (Hg.): Das Geschlechterverhältnis als Gegenstand der Sozialwissenschaften. Frankfurt a. M./New York: Campus, S. 7-18.

Bourdieu, Pierre (1993): Wie die freien Intellektuellen befreien? In: Pierre Bourdieu: Soziologische Fragen, Frankfurt a. M.: Suhrkamp, S. 66-76.

Bührmann, Andrea D. (1995a): Das authentische Geschlecht. Die Sexualitätsdebatte der Neuen Frauenbewegung und die Foucaultsche Machtanalyse. Münster: Westfälisches Dampfboot.

Bührmann, Andrea D. (1995b): Zwischen Scylla und Charybdis? Anmerkungen zur Diskussion über die soziale Konstruiertheit von Zweigeschlechtlichkeit. In: Georg Kneer/Klaus Kraemer/Amin Nassehi (Hg.): Soziologie. Zugänge zur Gesellschaft. Bd. 2: Spezielle Soziologien. Münster: Lit-Verlag, S. 31-48.

Bührmann, Andrea D. (2002): Der Kampf um ‚weibliche Individualität'. Ein Beitrag zur Analyse des (Trans-)Formierungsgeschehens moderner Subjektivierungsweisen im Deutschland der Jahrhundertwende. Münster: Habilitationsschrift.

Bussemer, Herrad-Ulrike (1985): Frauenemanzipation und Bildungsbürgertum. Sozialgeschichte der Frauenbewegung in der Reichsgründungszeit. Weinheim: Beltz-Verlag.

Diamond, Irene/Quinby, Lee (Hg.) (1998): Feminism and Foucault. Reflections on Resistence, 5. Nachdr., Boston: Northeastern Univ. Press.

Duden, Barbara (1991): Geschichte unter der Haut. Ein Eisenacher Arzt und seine Patientinnen um 1730, Stuttgart: Klett-Cotta.

Engel, Mechthild (1990): Helene Lange: Gegen Gemütsmastkur – für geistige Kost. In: Brehmer, Ilse (Hg.): Mütterlichkeit als Profession? Lebensläufe deutscher Pädagoginnen in der ersten Hälfte dieses Jahrhunderts. Bd. 1. Pfaffenweiler: Centaurus-Verlag, S. 13-36.

Foucault, Michel (1977): Sexualität und Wahrheit. Bd. 1: Der Wille zum Wissen. Frankfurt a. M.: Suhrkamp.

Foucault, Michel (1978): Die Dispositive der Macht. Über Sexualität, Wissen und Wahrheit. Berlin: Merve-Verlag.

Honneth, Axel (1994): Kritik der Macht. Reflexionsstufen einer kritischen Gesellschaftstheorie. Frankfurt a. M.: Suhrkamp.

Knapp, Gudrun-Axeli (1992): Macht und Geschlecht. Neuere Entwicklungen in der feministischen Macht- und Herrschaftsdiskussion. In: Gudrun-Axeli Knapp/Angelika Wetterer (Hg.): Traditionen Brüche. Entwicklungen feministischer Theorie. Freiburg i. Breisgau: Kore-Verlag, S. 287-325.

Kögler, Hans Herbert (1990): Michel Foucault. Stuttgart/Weimar: Metzler.

Landweer, Hilge (1990): Das Märtyrerinnenmodell. Zur diskursiven Erzeugung weiblicher Identität. Pfaffenweiler: Centaurus-Verlag.

Lemke, Thomas (1997): Eine Kritik der politischen Vernunft. Foucaults Analyse der modernen Gouvernementalität. Berlin: Argument-Verlag.

Lorey, Isabell (1996): Immer Ärger mit dem Subjekt. Theoretische und politische Konsequenzen eines juridischen Machtmodells: Judith Butler. Tübingen: Edition discord.

Luhmann, Niklas (1999): Arbeitsteilung und Moral. Durkheims Theorie. In: Emile Durkheim: Über soziale Arbeitsteilung. Studien über die Organisation höherer Gesellschaften. Frankfurt a. M., 3. Aufl.: Suhrkamp, S. 19-38.

Maihofer, Andrea (1994): Geschlecht als Existenzweise. Einige kritische Anmerkungen zu aktuellen Versuchen zu einem neuen Verständnis von ‚Geschlecht'. In: Institut für Sozialforschung Frankfurt a. M. (Hg.): Geschlechterverhältnisse und Politik. Frankfurt a. M.: Suhrkamp, S. 168-187.

Maihofer, Andrea (1995): Geschlecht als Existenzweise. Macht, Moral, Recht und Geschlechterdifferenz, Frankfurt a. M.: Helmer.

McNay, Lois (1992): Foucault & Feminism, Cambridge: Polity-Press.

Nicholson, Linda C. (Hg.) (1990): Feminism/Postmodernism, New York: Routledge.

Rommelspacher, Birgit (1991): Weibliche Sozialarbeit. In: Frank Nestmann/Christiane Schmerl (Hg.): Frauen – Das hilfreiche Geschlecht. Dienst am Nächsten oder soziales Expertentum? Reinbek b. Hamburg: Rowohlt.

Sachße, Christoph (1994): Mütterlichkeit als Beruf. Sozialarbeit, Sozialreform und Frauenbewegung 1871 – 1929. Opladen, 2. überarb. Aufl.: Westdeutscher Verlag.

Sawicki, Jana (1991): Disciplining Foucault: Feminism, Power, and the Body, London/New York: Routledge.

Sawicki, Jana (1994): Foucault, Feminismus und Identitätsfragen. In: Deutsche Zeitschrift für Philosophie, 42. Jg., Heft 4, Berlin 1994, S. 609-631.

Schäfer, Thomas (1995): Reflektierte Vernunft. Michel Foucaults philosophisches Projekt einer antitotalisierenden Macht- und Wissenskritik. Frankfurt a. M.: Suhrkamp.

Schröer, Markus (2000): Das Individuum der Gesellschaft. Frankfurt a. M.: Suhrkamp.

Simmel, Monika (1979): Mütterlichkeit - historisches Phänomen? Pädagogisches Prinzip, feministisches Programm? In: Frauen und Mütter. Beiträge zur 3. Sommeruniversität von und für Frauen 1978. Berlin: Selbstverlag, S. 380-418.

Simmel, Monika (1980): Erziehung zum Weibe. Mädchenbildung um die Jahrhundertwende. Frankfurt a. M./New York: Campus.

Treusch-Dieter, Gerburg (1990): Von der sexuellen Rebellion zur Gen- und Reproduktionstechnologie. Tübingen: Konkursbuch-Verlag.

Waldschmidt, Anne (1995): Das Subjekt in der Humangenetik. Expertendiskurse zu Programmatik und Konzeption der genetischen Beratung 1945 – 1990. Münster: Westfälisches Dampfboot.

Ronald Hitzler

Die unschuldige Mündigkeit und ihre ungeliebten Folgen. Zur Überforderung des Sozialstaates durch den mündigen Bürger

Präambel

Das Programm der Aufklärung hat den Menschen den Ausgang gewiesen aus ihrer „selbstverschuldeten Unmündigkeit". D.h., jenseits ihrer zivilisationsnotorischen „Dialektik" und ungeachtet aller auch im Übergang zu einer ‚anderen' Moderne nach wie vor nachweis- und als *ungerecht* skandalierbaren Unzulänglichkeiten der Realisierung dieser Programmatik hat sie die Menschen erfolgreich zumindest dabei ermutigt, sich aus Verhältnissen zu lösen, die ihnen als mit der Idee der individuellen Freiheit (und Gleichheit) nicht verträglich erschienen.

Denn zwar scheint die moderne Gesellschaft dem Individuum vielerlei Verhaltensweisen – mitunter fast unumgänglich – aufzuerlegen; zwar scheint sie es insbesondere in bestimmte, großteils verselbstverständlichte Verkehrsregeln im Umgang mit anderen hineinzuzwingen – und ihm, sozusagen im Gegenzug, die Einhaltung der je sozial approbierten Verkehrsregeln durch die anderen Gesellschaftsmitglieder zu garantieren (woraus – der ‚Logik' der Aufklärung zufolge – nun vernünftigerweise ‚eigentlich' folgen sollte, dass die Individuen „wechselseitig den rechtlich festgelegten Freiheitsspielraum der jeweils anderen respektieren" – Honneth 1993: 263). Aber je moderner eine Gesellschaft verfasst ist, um so eher sind, *strukturell* gesehen, eben auch mehr oder weniger alle Bürger dieser Gesellschaft *emanzipiert*, d.h. freigesetzt aus *allen* verbindlichen Denk-, Deutungs- und Verhaltensnormen. Dies wiederum geht einher mit einer – bereits hinsichtlich ihrer ideologischen Vor-Zeichen durchaus ambivalenten, vor allem jedoch hinsichtlich ihrer Auswirkungen auf tradierte Ordnungskonzepte verlässlichen Zusammenlebens wesentlich subversiven – Selbstermächtigung der Individuen, die typischerweise herausgelöst sind aus traditionellen Bindungen und Sicherheiten und stattdessen auf eine Überfülle heterogener und oft antagonistischer, sozial teils mehr, teils weniger stimmig vor-organisierter Lebensstilpakete, Sinnkonglomerate und Ideologiegehäuse verwiesen werden.

Das moderne Individuum ist jedenfalls prinzipiell freigesetzt aus herkömmlichen Milieubindungen, aber auch aus Milieufürsorglichkeiten. Es ist sozusagen ‚direkt' an die Gesamtgesellschaft, insbesondere an deren ökonomische, politische, juristische Institutionen angekoppelt. Und die Komplexität dieser modernen Gesellschaftlichkeit selber produziert eben – vielfältige – Defizite des generell postulierten Ordnungsanspruchs. Infolgedessen macht das Individuum, nachgerade unausweichlich, Erfahrungen nicht nur von Ungleichheit, sondern auch von Ungerechtigkeit, denn immer mehr soziale Ungleichheiten bzw. deren Konsequenzen werden in modernen Gesellschaften als ‚ungerecht' empfunden, da moderne Gesellschaftsordnungen eben wesentlich über die Ideale von Freiheit und Gleichheit *legitimiert* sind (vgl. dazu auch Hitzler/Honer 1996).

Potentiell alles, was diese Ideale erkennbar tangiert, erscheint dem damit konfrontierten Individuum konsequenterweise denn auch als ‚ungerecht'. Somit bewirkt gerade das in modernen Gesellschaften erfolgreich installierte Ideal der Gerechtigkeit tendenziell die Problematisierung *jeglicher* Form von sozialer Ungleichheit. Die Idee der Gerechtigkeit macht aus Ungleichheiten sozusagen jederzeit entzündbare Konfliktstoffe und generalisiert die soziale Auseinandersetzung um Ressourcen und Lebenschancen. Das wiederum irritiert die kulturell geregelten Gewohnheiten des Umgangs miteinander und bewirkt, dass tendenziell immer mehr Individuen die dergestalt tradierten gesellschaftlichen ‚Verkehrsformen' in Frage stellen.

Damit aber verändert sich die Problemstellung im politischen Leitprogramm der Moderne *radikal*: Es muss nicht mehr vor allem darum gehen, dass sich die Untertanen befreien, dass sich die Menschen emanzipieren. Vielmehr muss es mehr und mehr darum gehen, die *Folgen* der massenhaften Emanzipation zu erkennen und – wie auch immer – zu bewältigen. Denn in dem Maße, in dem diese Emanzipation gelingt, wird das Problem der *Befreiung* abgelöst von dem der *Verlässlichkeit*, bzw. von der Frage, wie der eine Mensch in seiner unberechenbaren Freiheit so etwas wie Sicherheit gewinnen kann im Umgang mit dem anderen in dessen unberechenbarer Freiheit bzw. mit *allen* anderen in ihren unberechenbaren Freiheiten. Kurz: Die – hier von mir *mit* geführte – Rede von der ‚Zweiten Aufklärung' meint wesentlich so etwas wie die Suche nach einem Ausgang des Menschen aus seiner – sozusagen ‚in aller Unschuld' – selbstverschuldeten *Mündigkeit*.

Thematisiert werden soll deshalb im Folgenden, was die Konsequenzen gelingender bzw. gelungener Emanzipation *generell* im Hinblick auf die Frage wechselseitiger (Nicht-) Verlässlichkeit bedeuten:

Das Prinzip ‚Vollkasko-Individualisierung'

Der von Ulrich Beck in die Diskussion gebrachte Begriff der ‚Vollkasko-Individualisierung' (vgl. z.B. Beck 1993: 160; 1995a: 35) impliziert – nicht nur, aber insbesondere – solche „Individuallagen", die laut Lutz Leisering (1997: 143) „wesentlich sozialstaatlich konstituiert sind" – nämlich: (relativ) hohen Wohlstand und (relative) soziale Sicherheit. Entstanden ist dieser – von existentiell entschiedene riskanteren Formen der ‚Freisetzung' unter anderen gesellschaftlichen Bedingungen zu unterscheidende – Individualisierungstypus¹ nahezu ‚idealtypisch' in sogenannten Sozialstaaten seit den 60er Jahren des vergangenen Jahrhunderts. Er korreliert mit den Umständen, die Ulrich Beck (1986) unter dem Etikett der „Risikogesellschaft", Gerhard Schulze (1992) mit der „Erlebnisgesellschaft" und Peter Gross (1994) mit der „Multioptionsgesellschaft" zwar durchaus unterschiedlich, aber allesamt sozialstaatsbasiert beschrieben haben. Demnach

---

1 Beck (1993: 160) spricht u.a. von einer der Vollkasko-Individualisierung gegenüberstehenden „Armuts-Individualisierung". – Allerdings identifiziert er in den meisten seiner einschlägigen Texte die Voraussetzungen für Individualisierung *schlechthin* mit sozialstaatlichen Rahmenbedingungen (besonders explizit z.B. in Beck 1995c).

resultieren (bzw. besser: resultierten bis vor Kurzem) die symptomatischen Existenzprobleme in spätmodernen Gesellschaften wesentlich aus einer Überfluss- und Überschussproduktion: ökologische Risiken aus der hypertrophen Industriemoderne, Geschmackspräferenzen aus dem bildungsgesättigten Kulturrelativismus, Sinnfragen aus dem postmodernen Überangebot an Waren und Weltdeutungen usw.

Die Rede von der Vollkasko-Individualisierung impliziert, dass einerseits die (quasi)-feudalen Restbestände (in) der liberalen Wohlfahrtsgesellschaft aufgelöst werden – Restbestände, wie sie sich z.B. in Religions- und ethnischen Gemeinschaften, in Klassen- und Ständemilieus, in Kommunal- und Regionalkontexten, in Verwandtschafts- und Nachbarschaftsnetzen, in herkömmlichen Ehen und Kleinfamilien usw. finden; genauer: dass die Bedeutung dieser traditionellen Sinngebungs- und Normsetzungsinstanzen für die Regulierung des individuellen Lebensvollzugs abnimmt. D.h., wir beobachten eine Art Sklerotisierung dieser sozusagen gemeinschaftsförmigen Meso-,Institutionen', in denen Herrschaftsverhältnisse noch mehr oder weniger *personal* geprägt sind.

Vollkasko-Individualisierung impliziert aber auch, dass andererseits die normierende Bedeutung generalisierter Rahmenbedingungen wie Erwerbsarbeitsmarkt, Subventionswesen, Waren-, Dienstleistungs-, Informations- und Unterhaltungsangebot, Rechtsgleichheit, Bildungswesen, soziales Sicherungssystem usw. für die Regulierung des individuellen Lebensvollzugs zunimmt. D.h., wir beobachten eine Art säkularisierter Struktur-Monadisierung durch sozusagen gesellschaftsförmige Makro-,Institutionen', in denen Herrschaftsverhältnisse mehr oder weniger entpersonalisiert, abstrahiert, formalisiert sind.

Vollkasko-Individualisierung meint also jene Art Individualisierung, bei der die mit der Freisetzung der Menschen aus überkommenen sozialmoralischen ,Gemeinschafts'-Bindungen einhergehenden existentiellen Risiken aufgefangen bzw. abgefedert werden durch Abhängigkeiten, die im Zusammenspiel von marktförmigen Optionen und bürokratischen Ligaturen entstehen. Konkreter: Zusammen mit dem Arbeitsmarkt wirkt gerade der Sozialstaat als Basis und als Motor der Vollkasko-Individualisierung (vgl. dazu Leisering 1998): Belohnt mit Zertifikaten, Chancen und Ressourcen werden individuelle, mit Mobilität und Flexibilität gepaarte Bildungs- und Wettbewerbsbereitschaft. Problematisch werden dagegen Bodenständigkeit, soziale Verankerungen, emotionale Bindungen, moralische Vorbehalte, Zögerlichkeit, Unentschiedenheit usw. (vgl. Sennett 1998).

Der Sozialstaat als ,Motor' der Individualisierung

Vereinfacht ausgedrückt: je besser, je reibungsloser das gesellschaftliche Zusammenspiel von Marktförmigkeit und Bürokratie funktioniert, um so sozialer erscheint die Marktwirtschaft, und um so ,sozialer' (im Sinne von wohlfahrtsträchtiger) erscheint der Staat. Dieser fängt, jedenfalls der Idee nach, die existentiellen Verunsicherungen oder wenigstens die *materiellen* Aspekte der existentiellen Verunsicherungen auf, die strukturell bedingte Individualisierungsdruck erzeugt und die von den traditionellen Normsetzungs- und Sinngebungsinstanzen eben nicht mehr, jedenfalls nicht mehr individuell zufriedenstellend bewältigt werden können. D.h. er entlastet v.a. vom Druck, einander *direkt* helfen zu müssen.

Ein wenig mechanisch formuliert: Ein funktionierender Sozialstaat zeichnet sich ‚idealerweise' dadurch aus, dass er seinen Bürgern Securities, d.h. Sicherungen im sozialstaatlichen Sinne, garantiert, und dass er dadurch Civilities, d.h. höchstmögliche Lebensqualität für maximal viele Menschen, schafft und infolgedessen Certainties, d.h. Akzeptanz von ‚Erklärungen' und Zustimmung zu sozialstaatlich gültigen Werten, stabilisiert. In einem krisenhaften Sozialstaat hingegen mangelt es an (Ab-)Sicherungen im sozialstaatlichen Sinne (Insecurities), wodurch die Bürger ihre Lebensqualität als beeinträchtigt bzw. bedroht empfinden (Incivilities) und infolgedessen an ‚Erklärungen' zweifeln und ihre Zustimmung zum Status Quo aufkündigen (Uncertainties).

Wenn wir hier also Lebensumstände unter Sozialstaatsbedingungen thematisieren, dann stellt sich damit auch die Frage, ob wir uns für den Umgang mit Individualisierung unter den Bedingungen eines ‚ideal' *funktionierenden* Sozialstaates oder unter den Bedingungen eines in einer ‚fundamentalen' *Krise* befindlichen Sozialstaates interessieren. Denn *beide* Varianten der Betrachtung lassen sich – mit Manfred Prisching (2000) – sowohl ‚optimistisch' als auch ‚pessimistisch' konnotieren: Man kann den – funktionierenden – Sozialstaat als ein Mittel betrachten dazu, „die Risiken der modernen Gesellschaft zu lindern oder zu besänftigen" und dadurch Angst zu beseitigen: Angst vor Unfall, Krankheit, Gebrechen, Alter, Armut, vor persönlicher Abhängigkeit, vor Demütigung, Diskriminierung, Gewalt, Rache usw. Man kann das gleiche historische Gebilde gelingenderweise aber auch als eine Einrichtung sehen, „in der das Leben auf Kosten von Sozialbudgets zu einer Selbstverständlichkeit wird" und die den „Stachel" zieht, „der dazu drängt, sein Schicksal in die eigene Hand zu nehmen", weil der Staat eben als mehr oder weniger unbegrenzt zuständig und verantwortlich in Anspruch genommen wird für die Existenzsicherung oder zumindest für die existentielle Grundsicherung seiner Bürger.

D.h. einerseits puffert der Sozialstaat die existentiellen Konsequenzen der Freisetzung aus überkommenen sozialmoralischen Verbindlichkeiten und Verlässlichkeiten ab, andererseits befördert er, durch das ihm inhärente prinzipielle Sicherungsversprechen, nachhaltig die Entwertung dieser Traditionsinstanzen und treibt damit den Individualisierungsprozess gesamtgesellschaftlich nochmals entschieden voran: Subventionen, Arbeitslosenunterstützung, Wohngeld, Stipendien, Pflegesätze, Sozialhilfe, Renten usw. – all das wird *individuell* und typischerweise *formalisiert* zugebilligt und zugewiesen. Gemeinschaftsorientierte Solidarpraktiken hingegen werden – jedenfalls im traditionell-bürokratischen Sozialstaatskonzept – zwar *ideologisch* oft durchaus positiv konnotiert, ‚material' hingegen sozusagen ‚stillschweigend' vereinnahmt und ‚aufgezehrt' – und dementsprechend strukturell eben *nicht* befördert, sondern ignoriert oder gar behindert.

Daran ändert sich, grosso modo, erst dort etwas, wo „der kurze Traum immerwährender Prosperität" (Lutz 1984) ausgeträumt ist und mithin der ‚Umbau' des Sozialstaates unabweisbar wird. Dann nämlich schwemmt es (immer wieder) alternative Konzepte des Zusammenlebens auf die Agenda öffentlicher Aufmerksamkeit, dann kommt es (immer wieder) zu ‚Renaissancen' des Gedankens von – ‚kalter', nebenmenschlicher Gesellschaftlichkeit gegenüberstehender – ‚warmer', mitmenschlicher Gemeinschaftlichkeit (vgl. Gebhardt 1999).

Gemeinschaft als Alternative?

Mit dem insbesondere in den USA weit über die wissenschaftlichen Disziplinen hinaus *politisch* diskutierten sogenannten Kommunitarismus-Konzept wurde von seinen Protagonisten nun bekanntlich eine ,Aussöhnung' zwischen bzw. eine Symbiose von (als ,wertvoll' deklarierten) Elementen gesellschaftlichen und gemeinschaftlichen Miteinanders in Aussicht gestellt: Kommunitaristen kritisieren zunehmende Individualisierung, welche sich in gesellschaftlicher Desintegration (z.B. zunehmende Scheidungsbereitschaft, kriminelle ,Asozialität', Suchtverhalten usw.) niederschlage, welche sich also in all dem manifestiere, was als unerwünschte Konsequenzen egozentrischer Lebensführung angesehen wird. Kommunitaristen beanstanden einen Zeitgeist, der Ausdruck eines überzogenen Liberalismus sei, der Vereinzelung statt Zugehörigkeit befürworte und individuelle Rechte und Optionen über moralische Obligationen und soziale Bindungen stelle (vgl. dazu auch Vorholt 1997). Die philosophisch-politische Idee des Kommunitarismus wird von seinen Protagonisten als Antwort auf solche bzw. als Korrektiv und Lösungskonzept zu solchen von ihnen hypostasierten ,eklatanten' gesellschaftlichen Fehlentwicklungen propagiert.

Axel Honneth (1993: 269) hat die „normativen Strukturen" dessen, was *er* im Kontext der deutschsprachigen Kommunitarismus-Debatte als posttraditionale Gemeinschaften beschreibt, dadurch bestimmt, dass hierdurch „jedes Mitglied einer Gesellschaft durch eine radikale Öffnung des ethischen Werthorizontes in die Lage versetzt wird, so in seinen Leistungen und Fähigkeiten anerkannt zu werden, dass es sich selber wertzuschätzen lernt". Auch dieser, selber bereits kommunitarismuskritisch gemeinten Position, wonach nur solche Gemeinschaftsformen über das nötige Integrationspotential verfügen, die „mit den normativen Gegebenheiten liberaldemokratischer Gesellschaften vereinbar sind" (Honneth 1993: 260), vermag ich allerdings schon deshalb nicht zu folgen, weil ich empirisch – z.B. in dezidiert antimodernistischen religiösen und politischen Agglomerationen – zu viele ,*erfolgreiche'* Gegenbeispiele *autoritativer* Sinn- und Ordnungsangebote sehe.

Versucht man aber, das Prinzip einer nicht *gegen* Individualisierung konzipierten, sondern durch Individualisierung *evozierten* Form von Vergemeinschaftung *jenseits* der von Honneth (1993: 262) konstatierten diskursiven Unklarheit darüber zu spezifizieren, ob mit dem „Bezug auf intersubjektiv als gültig angesehene Werte", welcher eben eine Form sozialer Beziehung als „Gemeinschaft" konstituiere, „bestimmte Interaktionsmuster verknüpft sind oder gar spezifische Gefühlsbindungen einhergehen", dann stößt man empirisch relativ rasch auf das, was wir als ,posttraditionale Gemeinschaften' zu bezeichnen vorgeschlagen haben (vgl. Hitzler 1998, 1999a, Hitzler/Pfadenhauer 1998). In so verstandenen posttraditionalen Gemeinschaften folgt, und damit schließe ich mich der Deutung von Zygmunt Bauman (1995: 354) an, gemeinsames Handeln nicht dem vergemeinschaftenden Individuen „nicht geteilten Interessen, es erzeugt sie. Genauer gesagt: sich dem Handeln anzuschließen, ist alles, was es zu teilen gibt."

Mundanphänomenologisch gesprochen, d.h. also: die je subjektive Perspektive des sich vergemeinschaftenden Individuums strukturell rekonstruierend, erscheint *posttraditionale* Vergemeinschaftung schlicht als Entwicklung eines – als idealerweise ,reziprok' unterstellten – Wir-Bewusstseins. D.h., das Verhältnis zu einem, zu mehreren, zu vielen anderen konstituiert sich im Akt der Vergemeinschaftung und in der Fortdauer der Gemeinschaft zumindest in Abgrenzung zu einem, zu mehreren oder zu vielen ,Dritten', ja zugespitzt: in Ausgrenzung dieses oder dieser ,Dritten' aus dieser Wir-Beziehung. Diese Form der Vergemeinschaftung resultiert aus dem

Wunsch nach oder zumindest aus der Akzeptanz einer *gemeinsamen* ‚Außenseite'. Posttraditionale Gemeinschaften resultieren also keineswegs aus sozusagen naturwüchsiger Solidarität (z.B. basierend auf vorgängig ‚geteilten' Lebenslagen), sondern aus einer Art erkannter ‚Komplizenschaft' *gegenüber* dem bzw. den ‚Dritten'.

Die ‚Dritten', das kann die Gesellschaft schlechthin sein, in der das Individuum lebt und die es erlebt als ‚Dickicht' relativ undurchschaubarer, ja teilweise unerklärlicher sozialer Umstände und Gegebenheiten. Das heißt: Nicht vor und nicht nach, sondern *innerhalb* der Vollzugsroutinen moderner Gesellschaftlichkeit entstehen, sozusagen ‚kontingent', die Bedingungen für das, was wir als ‚posttraditionale Vergemeinschaftung' bezeichnen können – und zwar eben *nicht* als konstellative soziale Zwangsläufigkeit, sondern infolge der ‚Entdeckung' gemeinsamer, gegenüber anderen spezifizierbarer Interessen.

Diese Interessen müssen gewichtig genug sein, um andere Antagonismen wenigstens vorübergehend in den Hintergrund der gesellschaftlich geordneten Verhältnisse zwischen dem Individuum und anderen treten zu lassen, damit die monadische Struktur der individuellen Vergesellschaftung wenigstens zeitweilig und wenigstens im Kontext von Gesinnungsgenossen zugunsten etwelcher Vergemeinschaftungserlebnisse durchbrochen wird. Gleichwohl bleibt das Wir-Bewusstsein – zumindest unter Individualisierungsbedingungen – notwendigerweise eine je individuelle Fiktion: Nicht nur ist prinzipiell ungewiss, wie, in welchem Umfang und mit welchen Konnotationen das je eigene Wir-Bewusstsein von dem oder den anderen tatsächlich ‚geteilt' wird, ungewiss ist auch, ob und inwieweit aus einer stattgehabten ‚gemeinsamen' Aktion irgendeine Form einer wenigstens ‚bis auf weiteres' verlässlichen gemeinsamen Praxis resultiert.

Aus den – noch – gegebenen sozialstaatlichen Rahmenbedingungen erwachsen somit üblicherweise zwar nicht jene *konkreten* Erwartungen und Zwänge, die dem in Traditionszusammenhänge eingebundenen Individuum typischerweise die meisten seiner biographisch relevanten Entscheidungen mehr oder minder ‚diktieren' bzw. ‚diktiert' haben, aber diese direkte Ankoppelung an die gesellschaftlichen Regelungs-, Sanktions- und Versorgungseinrichtungen ermöglichen es dem Individuum eben nicht nur, sondern legen ihm symptomatischerweise zumindest nahe und bestärken es darin, sich als Individuum zu erkennen und zu verhalten. D.h., die ‚Entbindung' und ‚Ausbettung' des Einzelnen aus quasi-feudalen Abhängigkeiten geht bei der Vollkasko-Individualisierung ‚Hand in Hand' mit seiner ‚Wiedereinbindung' und ‚Wiedereinbettung' in die Abhängigkeit von Sozialstaatsstrukturen (vgl. dazu Giddens 1991), denn diese teilen ihm – bürokratisch mehr oder minder ‚blind' gegenüber dem Einzelfall – seine je entstehenden ebenso wie seine je verbleibenden Lebenschancen zu:

„*Der Wohlfahrtsstaat sichert die Kontinuität über das Leben hinweg, indem er plötzliche und tiefgreifende Einkommensverluste verhindert, indem er das Einkommen über die verschiedenen Abschnitte des Lebens umverteilt, indem er etwa mit Hilfe der Arbeitslosenversicherung die Zeit verlängert, die für die Arbeitsplatzsuche zur Verfügung steht, indem er physische Rehabilitation und berufliche Umschulung sichert und indem er zugeschriebenen und erworbenen ökonomischen Status aufrechtzuerhalten versucht. In dieser Weise vergrößert der Staat die Kalkulierbarkeit und individuelle Verfügbarkeit des Lebensverlaufs. (...) Indem der Staat ökonomische Restriktionen mindert, erhöht er individuelle Handlungschancen und individuelle Mobilität. Er erhöht damit aber auch die Wahrscheinlichkeit, dass sich der individuelle Lebensverlauf aus kollektiven Kontexten herauslöst"* (Mayer/Müller 1994: 291).

Effekte der Freisetzung

Mitunter ist sowohl bei pessimistischen als auch bei optimistischen Diagnosen und Prognosen über Individualisierungsbedingungen allerdings, wie gesagt, nicht ganz klar, ob ihnen nun eigentlich der Sozialstaat selber oder ob vielmehr dessen Krise oder ob das eine ebenso wie das andere zugleich zugrundegelegt wird. Denn auch die *Krise* des Sozialstaats kann man – mit Rolf G. Heinze (1998) – eher unter Aspekten der gesellschaftlichen Blockierung, also hinsichtlich Problemen wie Strukturwandel, Unfinanzierbarkeit, Massenarbeitslosigkeit, regionale Disparitäten, Armut und Verelendung usw. in den Blick nehmen. Man kann aber auch eher auf die in der und durch die Krise sich eröffnenden Chancen zur sozialen Entschlackung und Verschlankung, zu kulturellen Innovationen und Experimenten, zur Repolitisierung usw., kurz: – mit Ulrich Beck (1997a) – zu einer zweiten, ‚reflexiven' Modernisierung achten.

Grosso modo scheint aber vieles darauf hinzudeuten, dass sozialstaatliche Rahmenbedingungen wie Verrechtlichung, ausgebaute soziale und medizinische Dienstleistungen, sozialpolitische Versorgung usw. die alltäglichen Handlungsmöglichkeiten des sogenannten Durchschnittsmenschen doch eher steigern als verhindern (vgl. dazu z.B. Vobruba 1992, Rauschenbach 1994, Beck 1995b und 1997b, Leisering 1997, Wohlrab-Sahr 1997), während soziale Krisen, zivilisatorische Umbrüche und kulturelle Umbauten die ‚normalen' Leute eher auf die Vollzüge des praktisch Notwendigen zurückwerfen, als dass ‚sie massenhaft deren kreatives Potential freisetzen (vgl dazu z.B. Brock 1994, Heitmeyer 1994, Kühnel 1994, Geißler 1996).

Andersherum betrachtet allerdings stellt sich der Prozess der Modernisierung dem Individuum selber als komplexes und dauerhaftes Handlungsproblem dar (vgl. Hitzler 1999b). Genauer gesagt: Die Individuen erfahren ‚Modernisierung' in Form multipler Handlungsprobleme. Die Lösung dieser Handlungsprobleme *im Rahmen* sozialstaatlicher Routinen, d.h. vor allem die Gewährleistung von Securities, von sozialstaatlichen (Ab-)Sicherungen, führt zwar in jene seit langer Zeit bekannte ‚Anspruchsspirale' auf Civilities, d.h. auf immer mehr Lebensqualität, die daraus resultiert, dass aufgrund des prinzipiellen sozialstaatlichen Sicherungsversprechens die nichtintendierten bzw. (existentiell) *dysfunktionalen Konsequenzen* individueller Entscheidungen immer fragloser sozialisiert, genauer: dem Staat bzw. ‚der Gesellschaft' zur Bewältigung überantwortet werden. Gleichwohl: Solange die Individuen ihre Handlungsprobleme mit gängigen Rezepten und konsensuellen Routinen lösen bzw. lösen können, werden die Certainties, die sozialstaatlichen Rahmenbedingungen, typischerweise eben *nicht* nachhaltig irritiert.

Diese konsensuellen Routinen haben übrigens nichts zu tun mit der in der Sozialstaatsdebatte immer wieder vertretenen Idee eines sozusagen gesamtgesellschaftlich-moralischen Grundkonsenses. Wie Friedhelm Neidhardt (1998) gezeigt hat, ist ein derartiger Konsens in einem ‚substantiellen' Sinne keineswegs notwendig zur institutionellen Gewährleistung von formal geregelten Solidarmaßnahmen. Steuerungstechnisch wichtig sind weit weniger Sicherungen des expliziten Einverständnisses weiter Bevölkerungskreise als vielmehr Konsensfiktionen darüber, dass ‚alles seinen geregelten Gang' geht, d.h. dass die Lösung aller Probleme ‚verfahrenskonform' vorgenommen wird.

Wenn die Leute ihren modernisierungsbedingten Handlungsproblemen – gleich, ob diese nun als nichtintendierte Folgen eines ‚gelingenden' sozialstaatlichen Vollzugs oder ob sie als Krisenphänomene, d.h. als Insecurities und/oder Incivilities in Erscheinung treten –; wenn sie also ihren modernisierungsbedingten Handlungsproblemen hingegen *nicht* mit bewährten Lösungsmustern begegnen, sondern wenn sie mit unvorhergesehenen Rekursen und Anleihen, mit überraschenden Zitationen und Wiederentdeckungen, mit alten Ideen in neuen ‚Verkleidungen' oder mit neuen Ideen in alten ‚Verkleidungen' auf das antworten, was ihnen – warum auch immer – zum Problem wird, dann entstehen eben Uncertainties, d.h., dann werden die Leute tendenziell – nicht nur steuerungstechnologisch, sondern auch wechselseitig – *unberechenbar* (vgl. Hitzler 1997).

Unberechenbare Bürger

Denn in dem Maße, wie Menschen sich aus überkommenen – moralische Verbindlichkeiten produzierenden und stabilisierenden – sozialen Milieus lösen, handeln sie naheliegenderweise auch nicht (mehr) im Rekurs auf kollektiv akzeptierte Normen und Werte, sondern vielmehr im Hinblick auf *individuelle* Vorteilserwägungen bzw. auf *subjektive* Nutzenerwartungen (vgl. dazu Esser 1991). Sie verhalten sich also, und das ist das Entscheidende, nicht als ‚objektiv' rationale Egoisten, sondern (‚lediglich') als Optimierer dessen, was *sie* je situativ – warum auch immer – als ihre jeweiligen Interessen und Neigungen ansehen (vgl. dazu auch Blinkert 1988).

Und daraus wiederum folgt, dass sie sich in wechselseitig nicht mehr ‚vertrauter' bzw. in für sie allenfalls unzulänglich noch vorhersehbarer Weise begegnen. Somit erscheint es für den individuellen Akteur denn auch schlicht als ein Gebot sozialer Klugheit, zumindest *nicht* damit zu rechnen, dass der andere zu seinen Gunsten handelt, wenn es nicht ohnehin besser für ihn ist, damit zu rechnen, dass das Verhalten des anderen seine, d.h. des Ersteren, Lebensqualität beeinträchtigt.

Wenn durch den im Zuge solcher nichtintendierter Konsequenzen des Individualisierungsprozesses kollektive Verbindlichkeiten des Umgangs miteinander zusehends entfallen, d.h., wenn das Verfolgen eigener Interessen von verschiedenen Personen bzw. Personengruppen aus verschiedenen Perspektiven nicht nur je verschieden verstanden, sondern – ganz folgerichtig – wechselseitig auch verschieden zugestanden wird, wird die alltägliche Koexistenz aller mit allen oder jedenfalls vieler mit vielen – zumindest im öffentlichen Raum – zu einem überaus fragilen Interaktionsprozess, der permanente Koordination, Kommunikation und Kooperation erfordert – und der deshalb steuerungstechnisch gesehen hochgradig dilemmatisch erscheint. Anders ausgedrückt: Die strukturelle Freisetzung mehr oder weniger ‚aller' Mitglieder einer modernen Gesellschaft aus *verbindlichen* Denk- und Verhaltensnormen bedeutet, dass im Übergang zu einer ‚anderen' (wie auch immer zu etikettierenden) Moderne nicht mehr das zentrale Anliegen der *ersten* Aufklärung, nämlich die Befreiung des Einzelnen aus etwelchen Zwängen bzw. der „Ausgang des Menschen aus seiner selbstverschuldeten Unmündigkeit" (Kant), im Vordergrund steht, sondern dass nunmehr eben die Bewältigung der *Folgen* dieser massenhaften Emanzipation, also sozusagen der Ausgang des Menschen aus seiner selbstverschuldeten *Mündigkeit,* zum Thema und zum Problem einer *zweiten* Aufklärung, der Selbstaufklärung der Moderne, wird.

Sozial gesehen geht es somit tatsächlich zunehmend um die Frage der wechselseitigen *Verlässlichkeit,* d.h. um die Frage, wie wir wieder ‚Sicherheit' gewinnen können im Umgang miteinander. Individuell gesehen geht es um die Suche nach biographischen Optionen zur *Wiedervergemeinschaftung* jenseits quasi-natürlicher sozialmoralischer Milieus, also um das, was

Anthony Giddens (1991) eben mit den Begriffen des „disembedding" und „reembedding" zu fassen versucht.

Denn entgegen der nach wie vor insbesondere durch traditionalistische Teile der Soziologie geisternden Fiktion, die Menschen lebten typischerweise noch immer vorwiegend in ‚stabilen Verhältnissen', die zwar gelegentlich zerrüttet, gleichwohl aber letztlich lediglich *personell* ‚umarrangiert' nicht jedoch *strukturell* aufgelöst würden, entgegen diesem Struktur-Konservatismus erscheint mir die Einsicht unabweisbar, dass Menschen heute *grundsätzlich*, und das heißt: auch dann, wenn ihre je aktuelle Lebenslage nach außen hin stabil wirkt, nachgerade permanent nicht nur selber in Wahl- und Entscheidungssituationen gestellt sondern auch mit immer neuen – einmal mehr, einmal weniger überraschenden – Plänen, Entwürfen und Entscheidungen von, unsere Biographie mehr oder weniger nachhaltig tangierenden, *anderen* Akteuren konfrontiert werden.

In der Theoriesprache des Konzepts reflexiver Modernisierung ausgedrückt (vgl. Beck/Giddens/Lash 1996) heißt das, dass die Emanzipation des Individuums aus Abhängigkeit und Unmündigkeit als jenem zentralen ‚Projekt der Moderne', das ein Zusammenleben von freien und gleichen Menschen ermöglichen sollte, nunmehr, unter den Bedingungen sozialstaatlich beförderter Individualisierung, Konsequenzen zeitigt, die seine ideologischen Voraussetzungen selber in Frage stellen bzw. in Zweifel ziehen: die Begegnung zwischen von ihren tradierten moralischen Oktroys ‚befreiten' und – jedenfalls formalrechtlich und formalpolitisch – zunehmend ‚gleichen' Individuen erfolgt für jeden einzelnen dieser Akteure ‚vernünftigerweise' auf der Basis wechselseitiger Ignoranz und wechselseitigen Misstrauens und befördert somit bei vielen ‚Betroffenen' – sozusagen als Bewältigungs-‚Phantasie' – die Sehnsucht nach eben dem, dessen Negation diese Entwicklung ursprünglich ermöglicht hat: nach Sicherheit im Zusammenleben, welche aus dem ‚Vertrauen ins Unhinterfragte' erwächst (vgl. dazu auch Parsons 1974).

Die Frage, ob die Situationsdefinition, der zufolge jeder für jeden zunehmend unberechenbarer, ‚inziviler' wird, *richtig* ist, ist dabei durchaus *nicht* relevant. Relevant ist vielmehr, dass diese Situationsdefinition sozusagen ‚generell' um sich greift und mithin im Sinne des Thomas-Theorems entsprechende zivilisatorische Konsequenzen zeitigt – nämlich Uncertainties evoziert und verstärkt: Das Vertrauen in die (das Verhalten des anderen) normierende Kraft (staatlicher) Institutionen, also Certainties im Gefolge von Civilities durch Securities, weicht einem Misstrauen gegenüber den Handlungsoptionen des anderen und damit (spätestens im zweiten Schritt) auch einem Misstrauen in die Bewältigungs- und Befriedungspotenz hierfür legitimierter Institutionen. D.h., die Erfahrung von Incivilities korrespondiert mit dem Verdacht auf Insecurities und befördert Uncertainties.

Zugespitzt formuliert bedeutet das, dass der die bürgerliche Existenz (autoritär) sichernde und ordnende Leviathan, der faktisch den *Privat*-Menschen erst ermöglicht hat, dadurch, dass dieser seine individuellen Interessen verfolgt, allmählich unterminiert wird (vgl. dazu nochmals Hitzler 1997). Denn da der Sozialstaat eben – zumindest als Durchschnittstypus – den wohlsozialisierten, d.h. den vertrauensvollen und vertrauenswürdigen, und dergestalt den auch weitgehend *berechenbaren* Bürger zumindest implizit voraussetzt, destruieren die freigesetzten Individuen – in ihrer Massenhaftigkeit und vor allem in der *Vielfalt* ihrer antagonistischen Orientierungen und Interessenlagerungen – in der Regel durchaus *beiläufig* auch das, was ihnen selber ‚eigentlich' als das – in der Regel *prinzipiell* (auch von ihnen selber) geschätzte und mehr oder weniger fraglos vorausgesetzte – *übergeordnet Normative* erscheint (vgl. dazu auch Hitzler/Koenen 1994).

Aussichten zu einer illegitimen Leitkultur

Das einzige Normative, das dergestalt *nicht* destruiert wird, ist diese beiläufige *Destruktion* des übergeordnet Normativen dadurch, dass der Lebensvollzug heute symptomatischerweise unter einer im Hinblick auf das gesellschaftliche Ganze, bzw. auf die soziale Ordnung sozusagen prinzipiell *illegitimen* kulturellen Leitidee statt hat – nämlich der, (möglichst) nur das zu akzeptieren oder gar zu tun, was einem *selber* zusagt, gefällt, „in den Kram passt". Anders ausgedrückt: Die teils explizite, großteils implizite Leitkultur der freigesetzten Individuen ist die eines generellen Trivialhedonismus (vgl. Hitzler 2002). D.h., die Leute orientieren sich immer weniger an dem, wozu sie sich – sei es durch Gesetz, Moral, Sitte oder schlichte Gewohnheit – verpflichtet sehen. Sie tun vielmehr, wenn es irgend geht, das, was ihnen gefällt (was keineswegs ausschließt, dass sie eben das höchst leidenschaftlich tun – eher: im Gegenteil).

Nun ist es natürlich an sich nichts Neues, dass Menschen tun (wollen), was ihnen gefällt. Und vor allem, wenn man „Trivialhedonismus" in dem von mir hier intendierten umfassenden Sinne der Befasstheit mit dem, wozu man Lust hat, definiert, haben Menschen wohl sozusagen schon immer derlei hedonistische Ambitionen gehabt – mitunter jedenfalls und zu irgendetwas. Die neue Qualität der hier in Frage stehenden ‚Spaßkultur' besteht allerdings darin, dass erstens, zu tun, wozu man Lust hat, nicht mehr als rechtfertigungsbedürftiger, sondern als eigenständiger und eigensinniger Wert erscheint; und dass zweitens, zu tun, was man selber tun will, mehr und mehr zur ständigen und allgegenwärtigen *Leitidee* jeglicher Handlungsmotivation wird – nicht nur der *in*trinsischen, sondern auch der *ex*trinsischen.

Problematischerweise will nun jedoch *jeder* tun, was *ihm* (gerade) Spaß macht. Das Ordnungsproblem, das auf dem Weg der Gesellschaft in eine *andere* Moderne unter der Prämisse eines generalisierten Trivialhedonismus entsteht, resultiert folglich dementsprechend (entgegen aller anhaltenden emanzipationsrhetorischen Zivilisationskritik) weit weniger aus Ohnmacht, Inkompetenz, Entfremdung oder gar Verblödung der Konsumentenmassen, sondern weit eher aus der zunehmenden Verbreitung von hypertrophierendem Selbstbewusstsein, von Selbstgewissheit, von Durchsetzungswillen und mithin auch von Egozentrik, von Borniertheit, von Anmaßung, von Dreistigkeit bei *Jedermann* – gleich welchen Geschlechts, welchen Alters und welcher Positionierung im sozialen Raum: Jeder will tun, was *ihm* gefällt. Jeder will, dass andere tun, was er will, dass sie tun – und das heißt in der Regel, dass sie das tun, was mit dem, was *ihm* gefällt, zumindest nicht konfligiert.

In dem Maße, in dem also sozusagen existentiell und kollektiv *Ernst* gemacht wird mit dem Spaß, der sein muss, weil wir alle – aufklärungslegitimiert – so bestrebt sind, mündig, selbständig, autonom zu sein, sind somit einige vermutlich gravierende Konsequenzen für unser Zusammenleben zu gewärtigen. Denn die unter dem ebenso illegitimen wie generalisierten Spaß-Gebot stehende Gegenwartsgesellschaft erscheint wesentlich gekennzeichnet durch eine Vielzahl nachgerade permanenter Querelen, Schikanen und Kompromisse, die sich zwangsläufig im Aufeinandertreffen und Aneinanderreiben kulturell vielfältiger Orientierungsmöglichkeiten und individueller Relevanzsysteme ergeben. Dergestalt aber wird eben das gesamtgesellschaftlich Normative des Sozialstaates von allen Seiten in die Zange spaßkulturell unterfütterter Antagonismen genommen und sozusagen beiläufig destruiert. Denn niemand kann mehr damit rechnen, andere im moralisierenden Verweis auf sogenannte übergeordnete Gesichtspunkte in die Pflicht nehmen zu können, weil *seinen* Spaß zu haben, eben die – illegitimierte aber faktische – „oberste Direktive" einer das aufklärerische Emanzipationsgebot radikal *realisie-*

renden Gesellschaft ist, die sich, wie der Witten-Herdecker Marketing-Stratege Franz Liebl schreibt, „im Zuge der Individualisierung auf(gelöst hat) in ein Heer von durchschnittlichen Abweichlern" (Liebl 2002: 261).

Anders ausgedrückt: Die Emanzipation des Individuums aus Abhängigkeit und Unmündigkeit als jenem zentralen Projekt der Moderne, das ein Zusammenleben von freien und gleichen Menschen ermöglichen sollte, zeitigt zusehends Konsequenzen, die seine ideologischen Voraussetzungen selber in Frage stellen. Das aber bedeutet, dass die allenthalben beobachtbaren, noch eher reformerisch eingekleideten Revisionen des Programms der (ersten) Aufklärung – bzw. seiner nicht intendierten, hypertrophen Folgen – in der Tat bereits die beginnende soziale (wenn auch noch nicht politische) Einsicht in dessen *Scheitern* ankündigen und damit – wenn auch bislang noch mit relativ *schwachen Signalen* – auf den Ausgang der Menschen aus ihrer zugleich selbstverschuldeten und doch gleichsam unschuldigen Mündigkeit hindeuten könnten.

Literatur

Bauman, Zygmunt (1995): Ansichten der Postmoderne. Hamburg/Berlin: Argument.

Beck, Ulrich (1986): Risikogesellschaft. Frankfurt a.M.: Suhrkamp.

Beck, Ulrich (1993): Die Erfindung des Politischen. Frankfurt a.M.: Suhrkamp.

Beck, Ulrich (1995a): Eigenes Leben. In ders. u.a.: Eigenes Leben. München: C.H. Beck, S. 9-174.

Beck, Ulrich (1995b): Vom Verschwinden der Solidarität. In ders.: Die feindlose Demokratie. Stuttgart: Reclam, S. 31-41.

Beck, Ulrich (1995c): Die „Individualisierungsdebatte". In: Bernhard Schäfers (Hrsg.): Soziologie in Deutschland. Opladen: Leske + Budrich, S. 185-198.

Beck, Ulrich (1997a): Wider das Lamento über den Werteverfall. In ders. (Hrsg.): Kinder der Freiheit. Frankfurt a.M.: Suhrkamp, S. 9-33.

Beck, Ulrich (1997b): Die uneindeutige Sozialstruktur. In: Ulrich Beck/Peter Sopp (Hrsg.): Individualisierung und Integration. Opladen: Leske + Budrich, S. 183-198.

Beck, Ulrich/Giddens, Anthony/Lash, Scott (1996): Reflexive Modernisierung. Frankfurt a.M.: Suhrkamp.

Blinkert, Baldo (1988): Kriminalität als Modernisierungsrisiko? In: Soziale Welt, H. 4, S. 397-412.

Brock, Ditmar (1994): Rückkehr der Klassengesellschaft? In: Ulrich Beck/Elisabeth Beck-Gernsheim (Hrsg.): Riskante Freiheiten. Frankfurt a.M.: Suhrkamp, S. 61-73.

Esser, Hartmut (1991): Alltagshandeln und Verstehen. Tübingen: Mohr/Siebeck.

Gebhardt, Winfried (1999): „Warme Gemeinschaft" und „kalte Gesellschaft". In: Günter Meuter/Henrique Ricardo Otten (Hrsg.): Der Aufstand gegen den Bürger. Würzburg: Königshausen und Neumann, S. 165-184.

Geißler, Rainer (1996): Kein Abschied von Klasse und Schicht. In: KZfSS, H. 3, S. 319-338.

Giddens, Anthony (1991): Modernity and Self-Identity. Cambridge: Polity Press.

Gross, Peter (1994): Die Multioptionsgesellschaft. Frankfurt a.M.: Suhrkamp.

Heinze, Rolf G. (1998): Die blockierte Gesellschaft. Opladen: Westdeutscher Verlag.

Heitmeyer, Wilhelm (1994): Entsicherungen. In: Ulrich Beck/Elisabeth Beck-Gernsheim (Hrsg.): Riskante Freiheiten. Frankfurt a.m.: Shrkamp, S. 376-401.

Hitzler, Ronald (1997): Der unberechenbare Bürger. In: Ulrich Beck (Hrsg.): Kinder der Freiheit. Frankfurt a.M.: Suhrkamp, S. 175-194.

Hitzler, Ronald (1998): Posttraditionale Vergemeinschaftung. In: Berliner Debatte INITIAL, 9. Jg., H. 1, S. 81-89.

Hitzler, Ronald (1999a): Verführung statt Verpflichtung. In: Claudia Honegger/Stefan Hradil/Franz Traxler (Hrsg.): Grenzenlose Gesellschaft? Teil 1. Opladen: Leske + Budrich, S. 223-233.

Hitzler, Ronald (1999b): Modernisierung als Handlungsproblem. In: Friedrich Rapp (Hrsg.): Global Village. Eine Umwelt und viele Lebensstile (Studium Generale Band 8). Bochum: Projekt, S. 83-105.

Hitzler, Ronald (2002): Trivialhedonismus? In: Udo Göttlich/Clemens Albrecht/Winfried Gebhardt (Hrsg.): Populäre Kultur als repräsentative Kultur. Köln: Herbert von Halem Verlag, S. 244-258.

Hitzler, Ronald/Honer, Anne (1996): Individualisierung als Handlungsrahmen. In: Archiv für Wissenschaft und Praxis der sozialen Arbeit, H. 2, S. 153-162.

Hitzler, Ronald/Koenen, Elmar (1994): Kehren die Individuen zurück? In: Ulrich Beck/Elisabeth Beck-Gernsheim (Hrsg.): Riskante Freiheiten. Frankfurt a.M.: Suhrkamp, S. 447-465.

Hitzler, Ronald/Pfadenhauer, Michaela (1998): Eine posttraditionale Gemeinschaft. In: Frank Hillebrandt/Georg Kneer/Klaus Kraemer (Hrsg.): Verlust der Sicherheit? Opladen: Westdeutscher Verlag, S. 83-102.

Honneth, Axel (1993): Posttraditionale Gemeinschaften. In: Micha Brumlik/Hauke - Brunkhorst (Hrsg.): Gemeinschaft und Gerechtigkeit. Frankfurt a.M.: Fischer, S. 260-270.

Kühnel, Wolfgang (1994): Entstehungszusammenhänge von Gewalt bei Jugendlichen im Osten Deutschlands. In: Ulrich Beck/Elisabeth Beck-Gernsheim (Hrsg.): Riskante Freiheiten. Frankfurt a.M.: Suhrkamp, S. 402-420.

Leisering, Lutz (1997): Individualisierung und 'sekundäre Institutionen'. In: Ulrich Beck/Peter Sopp (Hrsg.): Individualisierung und Integration. Opladen: Leske + Budrich, S. 143-160.

Leisering, Lutz (1998): Sozialstaat und Individualisierung. In: Jürgen Friedrichs (Hrsg.): Die Individualisierungs-These. Opladen: Leske + Budrich, S. 65-78.

Liebl, Franz (2002): „Bricolo-Chic" In: Udo Göttlich/Clemens Albrecht/Winfried Gebhardt (Hrsg.): Populäre Kultur als repräsentative Kultur. Köln: Herbert von Halem Verlag, S. 259-286.

Lutz, Burkhard (1984): Der kurze Traum immerwährender Prosperität. Frankfurt, New York: Campus.

Mayer, Karl Ulrich/Müller, Walter: Individualisierung und Standardisierung im Strukturwandel der Moderne. In: Ulrich Beck/Elisabeth Beck-Gernsheim (Hrsg.): Riskante Freiheiten. Frankfurt a.M.: Suhrkamp, S. 265-295.

Neidhardt, Friedhelm (1998): Aufgaben und Formen gesellschaftlichen Grundkonsenses (Eröffnungsreferat zur Konferenz ‚Bundesverfassungsgericht und gesellschaftlicher Grundkonsens'). Berlin: Manuskript.

Parsons, Talcott (1974): Religion in Postindustrial America. In: Social Research, S. 193-225.

Prisching, Manfred (2000): Wohlfahrtsstaatliche Ideologien. In ders. (Hrsg.): Ethik im Sozialstaat. Wien: Passagen, S. 37-130.

Rauschenbach, Thomas (1994): Inszenierte Solidarität. In: Ulrich Beck/Elisabeth Beck-Gernsheim (Hrsg.): Riskante Freiheiten. Frankfurt a.M.: Suhrkamp, S. 89-111.

Schulze, Gerhard (1992): Die Erlebnisgesellschaft. Frankfurt a.M., New York: Campus.

Sennett, Richard (1998): Der flexible Mensch. Berlin: Berlin Verlag.

Vobruba, Gerd (1992): Autonomiegewinne. In: Soziale Welt, Jg. 43, H. 2, S. 168-181.

Vorholt, Udo (1997): Politische Dimensionen des Kommunitarismus. Dortmund (Habilitationsvortrag, Manuskript).

Wohlrab-Sahr, Monika (1997): Individualisierung: Differenzierungsprozeß und Zurechnungsmodus. In: Ulrich Beck/Peter Sopp (Hrsg.): Individualisierung und Integration. Opladen: Leske + Budrich, S. 23-36.

III. SCHEITERN JENSEITS DER SOZIOLOGIE

Olaf Morgenroth/Johannes Schaller

Zwischen Akzeptanz und Abwehr: Psychologische Ansichten zum Scheitern

Einleitung

Es darf wieder über das Scheitern gesprochen werden! Aber hat die Psychologie, so wie vor ihr Theologie und Philosophie nicht schon immer vom menschlichen Scheitern gelebt, sich an den menschlichen Niederlagen abgearbeitet? In der Tat wäre eine Psychologie, die ohne die Thematisierung des Scheiterns auskäme nicht vorstellbar, wenn man akzeptiert, dass das Scheitern eine unausweichliche menschliche Grunderfahrung ist. Doch die Lage ist unübersichtlich und widersprüchlich. So haben wir es jedenfalls empfunden, als wir die Gelegenheit nutzen wollten, etwas über das Verhältnis der Psychologie zum Scheitern nachzudenken, bevor die ersten Ratgeber zum „richtigen" oder „kunstvollen" Scheitern auf den Markt kommen. In diesem Beitrag wollen wir ohne Anspruch auf Vollständigkeit versuchen zu rekonstruieren, wo und wie Scheitern in der Psychologie thematisiert oder verschwiegen wird. An Psychologie ist dabei immer in doppeltem Sinn zu denken, nämlich einerseits als empirisch arbeitende Wissenschaft und andererseits als praktische psychologische Tätigkeit, wobei durch unser Thema vor allem psychologische Beratung und Therapie angesprochen sind. Wir sind davon überzeugt, dass die Art und Weise der Thematisierung etwas über die Konstruktionsprinzipen des Scheiterns in der Psychologie verrät. Eine Reflexion über diese Konstruktionen wäre im besten Fall aus einer doppelten Perspektive nützlich. Nach innen gerichtet, könnte die Psychologie etwas über die Möglichkeiten und Grenzen in ihrem Umgang mit dem Scheitern lernen. Nach außen gewendet, könnten sich möglicherweise interessante Fragen bzw. Impulse für einen interdisziplinären Diskurs über das Scheitern ergeben. Wir werden unsere Ergebnisse in Form von sieben Thesen darstellen und abschließend die Frage erörtern, ob man Scheitern lernen kann. Die Thesen kontrastieren zu uns allen vertrauten Bildern des Scheiterns: der tragische Held, der gegen sein unabwendbares Schicksal kämpft und scheitert, der Fußballspieler, der im Finale den entscheidenden Elfmeter verschießt, die Liebe, die an den Widerständen in der Umwelt zerbricht. Diese Bilder suggerieren: Scheitern kann man nicht übersehen. Wenn es zu uns kommt, erschüttert es unser Leben oder doch zumindest unsere Alltagsroutinen. Wir scheitern bevorzugt an den wirklich großen Unternehmungen des Lebens, Banalitäten kommen dafür nicht in Frage. Wir sehen das Scheitern als einen kurzen Moment, der alles verändert. Wir fügen uns, reagieren trotzig, fühlen uns befreit oder werden weise. Scheitern als Mythos.

1. Die Psychologie scheitert nicht gerne

Über Erfolg kann man sprechen, über Fehler, Verlust und Scheitern muss man schweigen. Gilt diese Diagnose des Soziologen Richard Sennett (2002) über die amerikanische Kultur auch für die Psychologie? Zunächst fällt auf, dass der Begriff des Scheiterns an der Oberfläche des psychologischen Sprachgebrauchs überhaupt nicht vorkommt. Weder im „Dorsch", einem der gebräuchlichsten psychologischen Wörterbücher (Dorsch et al. 1987), noch im „Wörterbuch der Psychotherapie" (Stumm/Pritz 2000) fanden wir den Begriff. Selbst im „Vokabular der Psychoanalyse" kommt das Scheitern nicht vor (Laplanche/ Pontalis 1973).

Abbildung 1: Häufigkeiten positiver Suchergebnisse in PSYNDEX

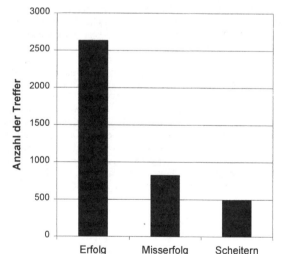

In PSYNDEX, der wichtigsten deutschsprachigen psychologischen Datenbank finden sich immerhin 495 Einträge zum Schlagwort „*Scheitern*", 825 Einträge zum Suchwort „*Misser-*

folg" und 2632 Einträge zu *„Erfolg"*. Rechnet man Scheitern und Misserfolg zusammen, dann ergibt sich ein Verhältnis von 2:1 zugunsten des Erfolgs. Schnell könnte man den Schluss ziehen, dass die in der Gesellschaft feststellbare Tabuisierung des Scheiterns auch in die Psychologie hineinwirkt. Das ist sicher nicht völlig falsch. So lässt sich z.B. im Bereich der psychologischen Motivations- und Handlungsforschung eine gewisse Einseitigkeit feststellen. Lange Zeit konzentrierte man sich auf die Erforschung erfolgreichen Handelns und vernachlässigte das Scheitern. Während die Studien zu Konzepten, wie Selbstwirksamkeit, Ausdauer oder Zielbindung kumulierten, interessierte man sich auf der anderen Seite z.b. wenig für den Prozess der Zielablösung. Auch in der psychologischen Praxis geht es oftmals zuerst darum, zu motivieren und die Ausdauer zu fördern. Erst seit kurzer Zeit scheint sich das psychologische Interesse wieder stärker der alten Frage zuzuwenden *„Warum ist es oft so schwer, los zu lassen?"* (Brandstätter 2003). Die Herausforderungen, die in der Beantwortung dieser Frage liegen, sind noch lange nicht zufriedenstellend aufgearbeitet. Auf der anderen Seite kann man in der Psychologie vielfältige Konzepte und Forschungsrichtungen finden, in denen es (auch) um menschliches Scheitern geht: kritische Lebensereignisse, Stress, Verlusterfahrungen, Bewältigung, Kompensation, Zielablösung etc. um nur einige zu nennen. Zusammenfassend könnte man von einer sehr ambivalenten Haltung sprechen, die in den verschiedenen Thematisierungen des Scheiterns in der Psychologie anklingt. Mit der zweiten These möchten wir an einem Beispiel aufzeigen, wie psychologische Konzepte zu einer Abwehr des Scheiterns beitragen können. Mit den Thesen drei bis sieben möchten wir hingegen auf einige konstruktive Aspekte psychologischen Denkens aufmerksam machen.

2. Positives Denken kennt kein Scheitern

Ein prägnantes Beispiel für die Abwehr des Scheiterns im psychologischen Denken ist das „positive Denken". Der Begriff ist zwar vor allem in der New-Age-Esoterik und der Ratgeberliteratur verbreitet, psychologische Konstrukte wie das der Kontrollüberzeugung, der Selbstwirksamkeitserwartung oder des Optimismus weisen jedoch einen hohen Verwandtschaftsgrad auf (Schütz 2001). Lange Zeit galt die Ausrichtung des Denkens an der Realität als Voraussetzung für erfolgreiches Handeln und als Kriterium für psychische Gesundheit. Unter dieser Prämisse war es nur konsequent, bei der Depression eine unrealistisch negative Sichtweise der eigenen Person, der Welt und der persönlichen Zukunft zu diagnostizieren (Beck 1967). In zahlreichen empirischen Studien ist inzwischen jedoch belegt, dass es nicht die Depressiven, sondern die „Normalen" sind, die sich irren. Nichtdepressive sehen sich selbst in einem besseren Licht als ihre Mitmenschen, sie glauben Kontrolle zu haben, auch wenn diese objektiv nicht besteht, sie übersehen bei Misserfolgen die eigene Verantwortlichkeit, und sie sind davon überzeugt, dass Schicksalsschläge zwar anderen zustoßen können, aber nicht ihnen selbst (Schwarzer 1993). Taylor und Brown (1988) stellten in ihrem kontrovers diskutierten Beitrag weitergehend fest:

„Overall, then research evidence indicates that self-enhancement, exaggerated beliefs in control, and unrealistic optimism can be associated with higher motivation, greater persistence, more effective performance, and ultimately, greater success. A chief value of these illusions may be that they can create self-fulfilling prophecies. They may help people to try harder in situations with objectively poor probabilities of success; although some failure is inevitable, ultimately these illusions will pay off more often than will lack of persistence" (199).

Da lag es natürlich nahe, illusionäre Erwartungen als Erfolgsstrategie zu verkaufen, insbesondere in gesellschaftlichen Zeiten, in denen man sich am Erfolg berauscht. Unvergessen ist z.B. die Welle der Motivationstrainer, die in der Hochzeit der „New Economy" mittels des positiven Denkens ihrer Klientel die Augen öffnen wollten (Schüle 2001: 1): „Und dann sagt er ihnen, sie seien in den Hühnerstall hineingeboren. Zu Hühnern habe man sie erzogen. Und er sagt ihnen, sie seien Adler, und sie schweigen und lauschen. Und der Hühnerstall, das sagt er ihnen nicht, ist die Gesellschaft, und Hühner sind schwach. Und die allermeisten Menschen seien Hühner, und du, sagt er ihnen, du schaffst alles, wenn du nur willst, DU, sagt er, DU kannst Adler werden! Und 1100 Adler jubeln".

Neben dem positiven Denken findet man in dem weiten Umfeld psychologischer Beratung und Therapie weitere Psychotechniken, die ganz dem Zeitgeist entsprechend schnell und effektiv aus dem Scheitern heraus zu Erfolg und Lebensglück führen sollen. So z.B. das Versprechen für frustrierte Männer, sie könnten in einem Seminar lernen, innerhalb von zwanzig Minuten mittels sogenannter NLP-Techniken (Neurolinguistisches Programmieren) jede Frau rumzukriegen (Gottwalt 2004: 30):

„Ein Fetzen Lehrstoff: „Die Snack-Eröffnung". Sie funktioniert, betont Jeffries, mit jeder Frau, zu jeder Zeit, an jedem Ort, weil, das hat der Meister herausgefunden, Frauen nichts lieber tun als knabbern und futtern. Der Mann fragt also: „Was magst du lieber: Bretzeln oder Pringles?" Dabei soll der Mann die Hände so halten, als würde er gerade zwei Schälchen mit Knabbereien anbieten. Die Frau entscheidet sich. Die nächste Frage: „Was magst du lieber: McDonald's oder Burger King?" Die Frau entscheidet sich erneut. Die dritte Frage: „Welches Eis magst du lieber: Erdbeere oder Vanille?" Der Trick des Mannes ist nun, bei den ersten beiden Antworten (egal, wie sie ausfallen) das Gesicht zu verziehen und die Entscheidung zu missbilligen, bei der dritten Antwort aber zu sagen: „Ah, sehr schön. Frauen, die das mögen, sind die wagemutigeren und erlebnisfreudigeren." Prima, denkt sich da das Unterbewusstsein der Frau, ich bin wagemutig und für jedes Abenteuer offen. Dieses gute Gefühl verankert der Mann nun, indem er es mit einer kleinen Geste verbindet, z.B. indem er sich wie einst Wickie an der Nase kratzt. Jedes erneute Nasekratzen im Verlauf des Gesprächs, so die Theorie, veranlasst das Unterbewusstsein des Opfers wieder zu denken: Ich bin wagemutig und für jedes Abenteuer offen".

In dieser „schönen neuen Welt" des Machbarkeitsdenkens hat menschliches Scheitern keinen Platz mehr. Inzwischen ist jedoch Ernüchterung eingetreten. „Positives Denken macht krank" warnt Scheich (1997). Empirische Befunde weisen auf die Schädlichkeit illusionären Denkens hin. Hohe Selbstwirksamkeitserwartungen können schädlich sein, wenn objektiv keine Möglichkeit besteht, eine Situation zu beeinflussen, z.B. bei der Bewältigung schwerer Erkrankungen. Die fehlende Abgleichung von Wünschen und Phantasien mit der Realität kann dazu führen, dass notwendiges Handeln unterbleibt. Personen mit hohen Selbstwirksamkeitserwartungen tendieren dazu, sich unter Stress zu hohe Ziele zu setzen, an denen sie dann zwangsläufig scheitern. (Schütz 2001; Schwarzer 1993; Jerusalem 1997).

Die Nützlichkeit eines Denkens, das nicht nur auf den Erfolg fixiert ist, sondern auch offen für das Scheitern ist, wird auch zunehmend in organisationspsychologischen Konzepten erkannt. Im Rahmen des Qualitätsdenkens in nationalen und internationalen Unternehmen heißt die Devise oft: Nur keine Fehler. Dieses „*Null-Fehler-Programm*" (Pepels 1996: 63) fordert eine fehlerfreie Produktion ohne Fehlleistung und Nacharbeit, da der entscheidende Kostenfaktor nicht die Produktion selbst ist, sondern vielmehr durch die Behebung von Fehlern entsteht. Dies ist zwar eine durchaus nachzuvollziehende Forderung, aber dort wo Mensch und Technik aufeinander treffen eher Wunsch als Wirklichkeit. Falls Fehler jedoch als solche akzeptiert werden, bieten sie Möglichkeiten zur Veränderung und Innovation. Robbins (2001: 648) berichtet von US-Firmen, wie z. B. Hewlett-Packard, die Experimente fördern und nicht nur Erfolge, sondern auch Misserfolge belohnen: „*Fehler werden geradezu gefeiert ... Leider belohnen die meisten Organisationen ihre Mitglieder nicht, wenn sich Erfolge einstellen, sondern wenn Fehler unterbleiben. Solche Kulturen ersticken Risikobereitschaft und Innovation. Menschen bringen nur dann neue Ideen vor oder probieren sie aus, wenn sie nicht befürchten müssen, dass dieses Verhalten Sanktionen nach sich zieht. Manager in innovativen Organisationen erkennen, dass Fehlschläge ein natürliches Nebenprodukt des Vordringens in bisher unbekannte Bereiche sind*". Frey und Schulz-Hardt (2000: 37) kommen zu dem Schluss: „*Mit Fehlern sollte man sich aktiv und konstruktiv auseinandersetzen, sonst verspielt man leichtfertig die Nutzenseite des Irrtums, während die Kosten bereits bezahlt sind*".

3. Scheitern ist relativ

Im Gegensatz zum Scheitern ist der Begriff des Misserfolgs in der Psychologie sehr viel gebräuchlicher. Was bestimmt den Unterschied zwischen beiden Begriffen? Das Erleben eines Misserfolgs kann als ein vorübergehendes Ereignis betrachtet werden, welches das Erreichen eines Ziels zwar erschwert, aber auf lange Sicht nicht unmöglich werden lässt. Sofern die richtigen Schlüsse aus dem Misserfolg gezogen werden, um das Handeln entsprechend anzupassen, die Ausdauer hinsichtlich der Zielverfolgung bestehen bleibt und die Bindung an das Ziel nicht vorzeitig aufgegeben wird, scheint ein Erfolg doch noch möglich. Der Begriff des Scheiterns impliziert hingegen, dass ein angestrebtes Ziel endgültig nicht mehr zu erreichen ist und daher aufgegeben werden muss. In diesem Sinn verstanden, führt das Scheitern über den Misserfolg hinaus, da die Handlungsfähigkeit des Subjekts grundsätzlich infrage gestellt wird. Dieser Bedeutungsunterschied entspricht im Kern der Differenzierung zwischen temporärem und absolutem Scheitern im dem Beitrag von Junge (in diesem Band). Aus theoretischer Perspektive ist diese Unterscheidung sicher sinnvoll, zugleich ist sie jedoch mit einem Problem behaftet, welchem aus psychologischer Perspektive eine ganz zentrale Bedeutung zukommt. Wie wird im Handlungsverlauf für den Akteur deutlich, dass er gescheitert ist und nicht nur einen Misserfolg hatte? Woran wird der Unterschied in der Praxis erkennbar? Dazu ein Beispiel: während Uli Hoeneß 1974 bei der Fußballweltmeisterschaft noch Weltmeister geworden war, so verspielte ausgerechnet er 1976 im Endspiel der Europameisterschaft gegen die Tschechoslowakei den erwarteten Sieg mit einem 10 Meter über die Torlatte verschossenen Elfmeter. Mit 27 Jahren wurde Uli Hoeneß, als einer der jüngsten in dieser Branche Manager seines Vereins, des FC Bayern München. Ein Scheitern wäre dann festzustellen gewesen, wenn das Ziel darin bestanden hätte, dazu beizutragen, dass die Mannschaft den Titel gewinnt. Für das Ziel des Spielers, ein erfolgreicher Fußballer zu sein, wäre dieses Ereignis jedoch nur ein Misserfolg, aber noch kein Scheitern. Die Definition des Ziels bestimmt also ganz wesentlich mit, ob ein Scheitern vorliegt. Konkrete, zeitlich begrenzte Ziele mit klaren, d.h. objektiven Indikatoren der Zielerreichung sind am besten für das Scheitern geeignet. (Un)glücklicherweise sind viele Ziele, die wir zum Teil über lange Zeiträume verfolgen, das genaue Gegenteil. Sie sind vage und besitzen eine Vielzahl potentieller Indikatoren der Zielerreichung, die nur selten objektiv bestimmbar sind. Wir wollen die Traumfrau bzw. den Traummann finden, wir beabsichtigen eine Beziehung zu führen, die den Partner und uns selbst glücklich macht, wir möchten kreativ sein und uns selbst verwirklichen, wir wollen Erfolg im Beruf haben etc. Derartige Identitätsabsichten sind unstillbar (Gollwitzer 1987), sie treiben uns zum Nutzen passender Gelegenheiten an und indem wir dies tun, eröffnen sich ständig neue Möglichkeiten. Hier zu scheitern ist gar nicht so einfach, es muss erst sichtbar gemacht werden. Vor dem Scheitern einer Beziehung kommt es nicht selten vor, dass einer der Partner oder beide längere Zeit brauchen, bevor „klar" wird, dass die Beziehung gescheitert ist. Das Scheidungsverfahren könnte daher auch als eine institutionalisierte Lösung des Problems verstanden werden, endgültiges Scheitern zu erkennen. Positiv gedacht könnte sich fragen, ob es nicht ein genereller Nebeneffekt sozialer Normen ist, Menschen darin zu unterstützen, sich über ihr Scheitern zu verständigen. Ein weiteres Problem für das Scheitern resultiert aus der Tatsache, dass eine konkrete Handlung für mehrere Ziele relevant sein kann. Scheitert das Handeln in Bezug auf die ursprüngliche Intention, so lassen sich im Scheitern immer auch positive Nebenbedeutungen entdecken, die für ein anderes Ziel relevant sind (Wentura 1995, siehe dazu auch These sieben), z.B.: „Ich musste erst so tief fallen, um ein besserer Mensch werden zu können". Diese Schwierigkeiten zwischen Misserfolg und Scheitern verlässlich zu unterscheiden, dürften ein nicht unwesentlicher Grund dafür sein, dass die Psychologie mit der Verwendung des Begriffs sehr zögerlich ist. In vielen Situationen des Lebens ist Scheitern eine Frage der Perspektivität. Damit ist eine Arena eröffnet, die sich wunderbar dafür eignet, in sozialen Interaktionen um das Scheitern zu streiten (siehe dazu auch These sechs).

4. Scheitern ist total normal

Eine immer wieder diskutierte Ausdrucksform menschlichen Scheiterns ist der Wahnsinn. Der psychisch gestörte Mensch galt lange Zeit als „gescheiterte Existenz" und musste als Prototyp für das Scheitern herhalten. Diese Perspektive ist allerdings nicht unproblematisch, speist sie sich doch zum Teil aus dem historischen Prozess der Verabsolutierung einer zunehmend einseitiger gedachten Vorstellung menschlicher Vernunft und der damit einhergehenden Verbannung des Wahnsinns aus der sozialen Realität (Foucault 1969; Dörner 1969; Dörner et al. 2002). Was meinen wir damit? Die Störung, unter der ein Mensch leidet, ist als Störung nur im kulturellen Kontext, im Verhältnis zu seiner Umwelt erkennbar. Daraus folgt aber unserer Meinung nach: Scheitern ist total normal. Im Mittelalter war der Wahnsinn noch als komplementäre Erfahrungsform der Vernunft anerkannt. Narrenfeste, wie der Karneval, das Symbol des Narrenschiffs oder die apokalyptischen

Visionen in der Malerei erinnerten die Menschen an die Vergeblichkeit ihres Tuns. Die psychisch Kranken waren familiär oder gemeinschaftlich eingebunden, ihr „Anderssein" blieb dadurch im Alltag erfahrbar. Dies änderte sich im Kontext von Absolutismus und Aufklärung. Mit der Durchsetzung der Vernunft als allgemeinem Prinzip der Lebensführung wurde der Wahnsinn zur negativen Kehrseite der Vernunft degradiert, alles und jeder „Unvernünftige" der Disziplinierung unterworfen und zunehmend sozial ausgegrenzt. Mit der Industrialisierung verschärften sich noch einmal die Anforderungen, welche die Vernunft nun stellte: zweckrationales, berechenbares und sich selbst disziplinierendes Handeln, d.h. die Anpassung an die Erfordernisse der industriellen Produktion waren gefragt. Für Menschen mit abweichenden, störenden Verhaltensweisen wurde zunächst ein neuer Ort und später eine neue Wissenschaft geschaffen: die Psychiatrie. In Deutschland blieb die Hospitalisierung psychisch Kranker in überfüllten, baulich überalterten, psychiatrischen Großkrankenhäusern, die zumeist in ländlichen Regionen fernab der Lebenskontexte der Betroffenen lagen und zudem personell miserabel ausgestattet waren bis in die siebziger Jahre hinein nichts ungewöhnliches (Bauer/Berger 1998). Erst mit der Psychiatrie-Enquête des Deutschen Bundestages von 1975 wurde der Wandel in Richtung einer gemeindenahen, bedarfsgerechten Versorgung auf politischer Ebene vollzogen. Offenbar war die Zeit reif, dass wir die psychisch Gestörten wieder etwas näher an unseren störungsarmen Alltag herankommen lassen konnten. Vor diesem, hier sehr verkürzt dargestellten historischen Hintergrund betrachtet, wird die Gleichsetzung von Wahnsinn bzw. psychischer Störung und Scheitern fragwürdig. *„Im Kontext unseres gegenwärtigen durchdringenden Wahns, den wir Normalität, Gesundheit, Freiheit nennen, sind alle unsere Bezugsrahmen unklar und fragwürdig ... Ein Mensch, der sagt, dass Menschen Maschinen sind, kann ein großer Wissenschaftler sein. Ein Mensch, der sagt, dass er eine Maschine ist, ist „depersonalisiert" im psychiatrischen Jargon"* (Laing 1987: 9).

In der Psychiatrie und der klinischen Psychologie hat es immer wieder Ansätze gegeben, die Fremdheit des Wahnsinns bzw. der psychischen Störung zu verstehen, einen Zugang zu suchen und anzuerkennen, dass es sich bei dem Scheitern des psychisch Kranken um eine allgemeine Möglichkeit des Umgangs mit Problemen im Kontext spezifischer Lebensbedingungen handelt. Einer dieser Ansätze ist die von Anfang an umstrittene Psychoanalyse. In Abgrenzung zum therapeutischen Nihilismus der zu Freuds Zeit somatisch dominierten Psychiatrie entwickelte sich mit der Psychoanalyse u.a. die Vorstellung, dass dem Symptom ein Symbolwert im Kontext eines unbewussten, innerpsychischen Konfliktes zukommt, den es zu verstehen gilt.

„Die Symptombildung ist somit gewissermaßen als spezifischer Selbstheilungsprozess aufzufassen, als Wiederherstellung eines Gleichgewichtes der Kräfte – allerdings auf einem reduzierten Niveau und mit letztlich unbefriedigendem Ergebnis. Grundsätzlich werden also Neurosen und ihre einzelnen Symptome in der Psychoanalyse als Ergebnisse von Kompromissbildungsversuchen verstanden" (Kriz 1991: 43).

Blieb die psychoanalytische Theoriebildung zunächst auf klinische Erscheinungsformen, insbesondere die Hysterie beschränkt, so folgte doch bald ihre Ausweitung und Differenzierung als allgemeine Theorie des Psychischen. Nun wurde auch im Alltag der Gesunden die Tiefendynamik innerpsychischer Konfliktlagen aufzuspüren versucht, der unser bewusstes, um rationales Handeln bemühtes Ich ausgesetzt ist. Die Psychoanalyse hebt dabei hervor, dass das Ich weitaus seltener der souveräne „Herr im Hause" ist, als uns klar ist. Vor diesem Hintergrund erscheint es geradezu verwunderlich, dass wir nicht häufiger scheitern.

Ein integrativer Ansatz, der seine Wurzeln in der 68er-Bewegung hat, stammt von Dörner et al. (2002) (siehe dazu auch vom Hofe 2003). Die Autoren schlagen in ihrem Lehrbuch der Psychiatrie und Psychotherapie mit dem programmatischen Titel *„Irren ist menschlich"* einen Weg ein, der den distanzierten medizinischen Blick aufgibt und sich um ein ganzheitliches Verstehen der Lebenswelt psychisch Kranker bemüht. Dabei machen die Autoren deutlich, dass die verschiedenen psychischen Störungen nicht als etwas grundsätzlich Fremdes verstanden werden dürfen, sondern etwas zutiefst Menschliches sind. Das absolute Scheitern, für das der psychisch Kranke steht, wollen sie zurück in die Gesellschaft holen, ohne es dabei zu relativieren:

„Es (gemeint ist der Titel des Lehrbuchs; Anmerkung der Verf.) soll uns daran erinnern, dass die Psychiatrie ein Ort ist, wo der Mensch besonders menschlich ist; d.h. wo die Widersprüchlichkeit des Menschen oft nicht auflösbar, die Spannung auszuleben ist: So das Unmenschliche und Übermenschliche, das Banale und Einmalige, Oberfläche und Abgrund, Passivität und Aktivität, das Kranke und Böse, Weinen und Lachen, Leben und Tod, Schmerz und Glück, das Sich-Verstellen und Sich-Wahrmachen, das Sich-Verirren und Sich-Finden. Die Frage ‚Was ist ein psychisch Kranker?' ist fast so allgemein wie die Frage ‚Was ist ein Mensch?'" (Dörner et al. 2002: 11).

Resümierend könnte man festhalten, dass die Auseinandersetzung mit dem menschlichen Scheitern in der Psychiatrie und der klinischen Psychologie immer wieder Ansätze hervorgebracht hat, die dem Scheitern Raum geben, es in unser Leben zurückzuholen versuchen, ohne es dabei im Dienste eines vernünftigen, erfolgsorientierten Handelns zu entstellen. Gleichzeitig gewinnen diese Ansätze dadurch ein kritisches Moment, indem gesellschaftliche Normen und Praxis hinsichtlich ihrer Konsequenzen für das Menschsein hinterfragt werden.

Inwieweit es in der Zukunft gelingt, dem Scheitern in diesem Sinn Gehör zu verschaffen, ist allerdings offen. Es ist zu befürchten, dass mit dem derzeitigen neurowissenschaftlichen Trend die Renaissance einer mechanistischen Denkweise bevorsteht.

Das Scheitern ist noch in einer anderen Hinsicht total normal. Die Bewältigungsforschung beschäftigt sich nicht nur mit den großen Krisen des Lebens, sondern allgemein mit allen Arten von Anforderungen, welche die Ressourcen einer Person im Umgang mit Problemen angreifen (Brüderl/Halsig/Schröder 1988). Damit könnte allerdings auch schon der Bus gemeint sein, den man am Morgen verpasst. Die Konkretisierung des Belastungsgehaltes von Anforderungen hat daher in der Bewältigungsforschung eine große Rolle gespielt. Welche Situationen sind es, die uns belasten und an denen wir möglicherweise scheitern? Bekannt ist etwa der Versuch von Holmes und Rahe (1967), anhand eines Fragebogenverfahrens 43 Situationen nach dem Grad ihres Wiederanpassungsaufwandes zu ordnen. Den höchsten Rang erhielt der „Tod eines Ehepartners" (100 Punkte), gefolgt von der „Scheidung" (73 Punkte), im mittleren Bereich findet man u.a. die „sexuellen Probleme" (39 Punkte), am unteren Ende der Skala rangieren „Weihnachten" (12 Punkte) zusammen mit „geringfügigen Gesetzesübertretungen" (11 Punkte). Inzwischen ist man von derartigen Ranglisten belastender Lebensereignisse abgekommen. Insbesondere die Arbeiten des Stressforschers Lazarus und seiner Arbeitsgruppe haben zu der Überzeugung geführt, dass es vor allem auf die subjektive Wahrnehmung und Bewertung von Situationen ankommt, wenn man etwas über die Schwere einer Belastung erfahren möchte. Das von ihnen entwickelte kognitiv-transaktionale Stressmodell (Lazarus/Folkman 1984) hat auch heute noch in der Bewältigungsforschung eine prominente Stellung. Diese Forschergruppe regte auch an, sich mit Alltagssituationen zu beschäftigen, da es vielleicht gerade die kleinen Alltagsschwierigkeiten sein könnten, die uns verzweifeln lassen oder krank machen. Lazarus (1995: 202) zitiert dazu folgenden Gedanken von Charles Bukowski: *„Es sind nicht die großen Dinge, die Menschen ins Irrenhaus bringen ... nein, es ist die Serie kleiner Tragödien, die Menschen ins Irrenhaus bringen ... nicht der Tod seiner Geliebten, sondern ein Schnürsenkel der reißt, wenn keine Zeit mehr ist...“*, und fährt dann fort *„ ... sind diese Dinge keineswegs trivial, denn sie symbolisieren etwas, was für die Person zentral ist. Der Schnürsenkel mag reißen, aber ein wesentlicher Aspekt des damit verbundenen Stresses mag die Implikation sein, dass man sein Leben nicht kontrollieren kann, dass man den dümmsten Kleinigkeiten hilflos gegenübersteht oder – noch schlimmer – dass die eigenen Unzulänglichkeiten das Unglück erst heraufbeschworen haben“*. Kanner et al. (1981) berichten empirische Belege dafür, dass die sogenannten „daily hassles“, d.h. die Alltagswidrigkeiten uns genauso zermürben können wie die großen Krisen des Lebens. Beide zusammen bilden ein Kontinuum von Möglichkeiten zu scheitern. Wir haben die Wahl.

5. Scheitern braucht Zeit

Scheitern beschränkt sich nicht auf einen kurzen Moment des Schocks, in dem uns klar wird, dass wir gescheitert sind. Der Augenblick des Scheiterns markiert nur einen Wendepunkt im Verlauf eines prozesshaften Geschehens. Scheitern braucht Zeit. Zunächst denkt man da natürlich an den Prozess der Bewältigung. Wie reagieren wir auf das Scheitern? Was kommt nach dem ersten Schock? In der Psychologie ist eine Vielzahl von Modellen entwickelt worden, die den Bewältigungsprozess thematisieren, so dass es an dieser Stelle nicht möglich ist, einen Überblick zu geben. Man kennt z.B. Typenmodelle, die Personen anhand ihrer Reaktionsmuster in Gruppen ordnen. Ein Beispiel für diesen Ansatz ist die Unterscheidung von Haan (1977) zwischen den Stilen „Bewältigung“, „Abwehr“ und „Fragmentierung“. Daneben gibt es unterschiedliche Phasenmodelle, die eine zeitliche Abfolge einzelner Bewältigungsphasen annehmen. Ein Beispiel für diese Forschungsperspektive findet man in dem Beitrag von Onnen-Isemann (in diesem Band). Ein dritter Typ sind Prozessmodelle, z.B. das Modell „selektiver Optimierung mit Kompensation“ (Baltes/Baltes 1990). Im Prozess der Bewältigung kann zweierlei geschehen. Die Person kann zum einen versuchen, die Situation zu verändern und sie kann zum anderen sich selbst verändern. „Scheitern verändert“ lautet daher die siebte These, in der wir auf den Bewältigungsprozess näher eingehen.

Es ist jedoch nicht nur das „Nachher“, d.h. die Bewältigung des Scheiterns, die Zeit beansprucht. Sowohl unsere Alltagserfahrung, als auch die Erkenntnisse psychologischer Forschung sprechen dafür, dass es eine Zeit vor dem Scheitern gibt, ohne die Scheitern nicht richtig zu verstehen ist. So kann es z.B. passieren, dass das Scheitern bereits stattgefunden hat, bevor überhaupt gehandelt wurde, nämlich dann, wenn ein Ziel gewählt wurde, dass nicht zu realisieren ist. Unrealistische Ziele können durch ein hohes Anspruchsniveau, d.h. unsere persönlichen Standards, anhand derer wir erzielte Leistungen bewerten, begünstigt werden.

Ein zweiter Aspekt ist das bereits erwähnte Problem, dass es uns offensichtlich schwer fällt, unser Scheitern zu erkennen und los zu lassen. Es können Jahre vergehen, bevor wir das schaffen. Scheitern ist schwer. In der sechsten These werden wir darauf genauer eingehen.

Zusammenfassend lautet die Botschaft also: Scheitern ist zeitaufwendig. Da wäre es in Zeiten zunehmender Lebensrisiken besser, dem Scheitern vorbeugend zu begegnen. In der neueren Identitätsforschung werden solche präventiven Vermeidungsstrategien diskutiert, z.B. die gleichzeitige Verfolgung vieler, nur lose miteinander verbundener „Identitätsprojekte" (Keupp/Höfer 1997; siehe dazu auch These sieben, unter „Kompensation und Bilanzierung").

6. Scheitern ist schwer

Was ist Scheitern? *„Einzusehen, dass man Jahre lang nicht hingesehen hat"* lautet eine der Antworten, die jemand beim Ausfüllen des »Scheiternbogens« im Internet hinterlassen hat (siehe www.scheitern.de). Wie schwer es sein kann, sich sein Scheitern einzugestehen und sich vor anderen dazu zu bekennen, zeigt sich besonders drastisch in der Therapieforschung. Eine wichtige Frage, die hier interessiert, lautet: Wieso entscheiden sich Klienten für eine Therapie? Psychotherapie ist ja immer nur eine von vielen Möglichkeiten, mit Problemen umzugehen. Der Zeitraum zwischen dem Erkennen eines offensichtlichen Problems über die Bewertung und das Aufsuchen professioneller Hilfe dauert meist Jahre. Aus prognostischer Sicht ist dies sehr heikel, da Studien belegen, dass die Zeitdauer zwischen dem meist retrospektiv festgelegten und damit unscharf datierten Beginn einer psychischen Störung und der Aufnahme der Behandlung einen Faktor für den Erfolg der Therapie darstellt (Reinecker 1998). So versuchen Zwangspatienten *„ihre Störung entweder lange Zeit zu verbergen bzw. selbst damit zu Rande zu kommen und suchen im Durchschnitt erst ca. 7,5 Jahre nach Beginn der Störung eine Behandlung auf..."* (Reinecker 1998: 186). Dieses „selber damit Zurechtkommen" besteht oftmals in Strategien, welche die Probleme zusätzlich stabilisieren, z.B. werden Menschen, die an einer sozialen Phobie leiden, nach Möglichkeiten suchen, den Kontakt zu anderen Menschen zu vermeiden und auf ein Minimum zu begrenzen. Aus psychotherapeutischer Sicht wäre also eine möglichst frühe Einsicht, dass die eigenen Bewältigungsversuche nicht mehr weiterführen, wünschenswert.

Warum halten wir so hartnäckig an Zielen fest, die wir nicht mehr erreichen können? Warum fällt es uns so schwer, unsere gescheiterten Problemlösungsversuche als solche zu erkennen? Einen ersten Grund haben wir bereits kennen gelernt. Unsere Einschätzungen hinsichtlich der Handlungskontrolle und Erfolgswahrscheinlichkeit können unrealistisch optimistisch sein (siehe auch These zwei). Dies scheint insbesondere dann der Fall zu sein, wenn wir uns erst einmal für ein bestimmtes Ziel entschieden haben und uns diesem Ziel gegenüber verpflichtet fühlen. Nach dem Rubikon-Modell der Handlungsphasen von Heckhausen und Gollwitzer (Heckhausen 1988; Gollwitzer 1991) wird mit der Intentionsbildung eine psychologische Grenze überschritten, womit eine grundlegende Veränderung der kognitiven Orientierung des Akteurs gemeint ist. In der nun beginnenden Handlungsphase wird die abwägende Bewusstseinslage der Zielwahl durch eine realisierungsorientierte Bewusstseinslage ersetzt. Diese Realisierungsorientierung stellt die notwendige Ausdauer bei der Zielverfolgung sicher, indem realisierungsbezogene Informationen bevorzugt verarbeitet werden, die Intention gegen konkurrierende Anreize abgeschirmt wird und die Handlungskontrolle überschätzt wird.

Nach dem Modell von Brandstätter (2003) führen anhaltende Schwierigkeiten beim Handeln dazu, dass Nutzen- und Kosten-Aspekte einer weiteren Zielverfolgung als auch einer Aufgabe des Ziels erneut ins Bewusstsein treten und gegeneinander abgewogen werden. Dieses Nachdenken erfolgt jedoch im Kontext der immer noch aktiven realisierungsorientierten Bewusstseinslage, so dass die Vorteile eines Zielabbruchs möglicherweise nicht rechtzeitig erkannt werden. Erst mit der weiteren Zuspitzung der Handlungskrise sickert die Realität des Scheiterns zunehmend ins Bewusstsein.

Für Brunstein (1995) ist es vor allem die Selbstverpflichtung gegenüber unseren Zielen, die uns am Scheitern hindert. Die Bindung an ein Ziel wird dadurch bewirkt, dass „*sich eine Person mit diesem Ziel identifiziert und es als Bestandteil seiner Identität betrachtet*" (Brunstein 1995: 14). Je höher die Relevanz ist, die ein Ziel für das Selbst des Akteurs besitzt, desto wahrscheinlicher ist es, dass Misserfolge und Rückschläge zu einer Intensivierung der Zielverfolgung führen und so eine Zielablösung behindert wird.

Das „Gefangensein" in einem verlustreichen Handlungsverlauf tritt nicht nur bei der Verfolgung persönlicher Ziele auf. Gerade wenn es um Entscheidungen geht, die einer öffentlichen Bewertung unterliegen, scheint der Druck besonders groß zu sein, an einem einmal eingeschlagenen Weg festzuhalten, auch wenn er mit hohen Kosten verbunden ist. Für dieses „*escalation of commitment*" sieht Staw (1997) eine Erklärung in dem Bedürfnis der handelnden Person, ihre bisher unternommenen Handlungen und den damit verbundenen Einsatz von Ressourcen vor sich selbst oder anderen zu rechtfertigen. Das Scheitern einzugestehen würde zugleich bedeuten, eine falsche Entscheidung getroffen zu haben, was wiederum eine äußerst unangenehme Erkenntnis wäre, da man nicht das Bild von sich aufrecht erhalten könnte, ein vernünftig handelnder Mensch zu sein. Dieses Bedürfnis dafür Gesicht zu wahren, kann zuweilen groteske Züge annehmen. Ein prägnantes Beispiel dafür ist das Verhalten eines der Protagonisten aus dem Film „*Ganz oder gar nicht*" (im Original: „*Full Monty*"; England, 1997, Regie: Peter Cattaneo), der in dem mittelenglischen Stahlarbeitermilieu zur Zeit des großen Strukturwandels in den 80er Jahren spielt. Der arbeitslos gewordene Vorarbeiter versucht, seine Situation vor der Ehefrau zu verheimlichen, was sich jedoch als überaus anstrengend erweist und nach kurzer Zeit misslingen muss. Daneben gibt es auch Personengruppen, welche die Abwehr eines Scheiterns zur Kunstform entwickelt haben, die gewissermaßen Bestandteil des professionellen Selbstverständnisses ist.

Laux und Schütz (1996) untersuchten, wie Politiker sich gegen Schuldzuweisungen im Kontext politischer Skandale wehren. Sie unterscheiden sieben Stufen defensiver Selbstdarstellungsstrategien, die hierarchisch aufeinander aufbauen (siehe Tabelle 1).

Tabelle 1: Stufenmodell defensiver Selbstdarstellungstechniken nach Laux und Schütz, 1996, S. 121

Stufe	Taktik	Kernaussage
1	Leugnen	Das Ereignis hat nicht stattgefunden!
2	Umdeuten	Das Ereignis ist nicht negativ zu werten!
3	Urheberschaft bestreiten	Ich habe das Ereignis nicht verursacht!
4	Rechtfertigen	Es war richtig oder unumgänglich, so zu handeln!
5	Kontrollfähigkeit bestreiten (mildernde Umstände benennen)	Ich habe die negativen Konsequenzen nicht beabsichtigt!
6	Etikettierung verhindern	Das Verhalten ist nicht typisch für mich!
7	Um Verzeihung bitten	Es tut mir leid. Es wird nicht wieder vorkommen!

7. Scheitern verändert

Scheitern verändert. Dabei muss es nicht immer auf die Erkenntnis hinauslaufen „*Ich kann auch ein anderer sein*" (Nuber 2004: 23). Was kommt nach dem Scheitern? Wie kann ich mit dem Scheitern gedanklich und emotional umgehen? Wie kann ich nach dem Scheitern Handlungsfähigkeit zurückgewinnen? Nach der sehr weiten Definition des Stressforschers Lazarus und seiner Mitarbeiter (Folkman/Lazarus/Gruen/DeLongis 1986) umfasst Bewältigung alle Versuche eines Individuums, eine interne oder externe Anforderung zu reduzieren, zu minimieren, zu meistern oder zu tolerieren. Solange ein Scheitern noch nicht in Sicht ist, wird sich die Person in einer Handlungskrise auf die Veränderung der Situation konzentrieren. Wenn ein Scheitern oder ein Verlust eingetreten ist, ist hingegen zu erwarten, dass die Bewältigungsversuche der Person ihren Schwerpunkt dahingehend verlagern, sich der Situation anzupassen, d.h. es findet eine Veränderung der Person statt. Hier spielen u.a. die Regulation negativer Emotionen und die Bewältigung eines Selbstwertverlustes eine große Rolle. Damit ist eine grundlegende psychologische Unterscheidung zwischen zwei Modi der Bewältigung angesprochen, die immer wieder unter unterschiedlichen Begriffen auftauchen. Assimilative Bewältigung zielt auf die Veränderung der Situation ab, akkomodative Bewältigungsprozesse haben die Anpassung des Individuums an eine nicht veränderbare Lage zum Ziel (Brandtstädter/Renner 1992; Rothermund/Brandtstädter 1997). Rothbaum, Weisz und Snyder (1982) sprechen von primärer und sekundärer Kontrolle, Taylor (1983) nennt sie „Mastery" und „Meaning". Da unser Thema das Scheitern ist, konzentrieren wir uns an dieser Stelle auf die akkomodativen Bewältigungsversuche. Wentura (1995) geht davon aus, dass akkomodative Bewältigungsformen nicht mehr als Strategien im Sinne eines handlungstheoretischen Paradigmas aufzufassen sind. Er spricht daher auch von entlastenden Kognitionen, von denen er sechs verschiedene Formen unterscheidet:

Entlastende Vergleiche. In negativen Situationen tendieren Personen dazu, sich mit anderen zu vergleichen, denen es noch schlechter geht.

Positive Nebenbedeutungen. In einer negativen Situation werden neue Bedeutungen »entdeckt«, die positiv bewertet werden. Beispiel: „Durch die Krankheit habe ich erfahren, dass es wichtigere Dinge im Leben gibt". Wentura stellt dazu fest, dass der Spielraum, solche positiven Interpretationen zu konstruieren recht groß ist und überdies möglicherweise *„...durch ein in unserer Kultur latent vorhandenes Menschenbild unterstützt wird, nach dem die Persönlichkeit gerade durch die Widrigkeiten des Lebens reift"* (9). Ironischer Weise funktioniert dieser Prozess auch in umgekehrter Richtung, d.h. auch nach erfolgreichem Handeln lassen sich negative Nebenbedeutungen finden, die den Sieg in eine Niederlage verwandeln können, z.B. indem man plötzlich feststellt, dass man den falschen Beruf ergriffen hat.

Abwertung. Nach einem Scheitern kann es zu einer nachträglichen Abwertung des Ziels kommen, so wie dies in der Fabel von dem Fuchs und den sauren Trauben geschildert wird.

Selbstwertdienliche Attributionen. Personen tendieren dazu, Erfolge ihren Fähigkeiten oder ihrer Anstrengung zuzuschreiben, für Misserfolge hingegen äußere Umstände (Pech) oder die Schwierigkeit der Aufgabe verantwortlich zu machen.

Begriffliche Umdeutungen. Die Relevanz bestimmter Verhaltensweisen oder Leistungen für die Zuschreibung einer Eigenschaft wird selbstwertdienlich verzerrt. Nach dem Scheitern des Medizinstudiums könnte der berufliche Erfolg z.B. bereits dann als erfüllt betrachtet werden, wenn die Person als Krankenpfleger arbeitet.

Kompensation und Bilanzierung. Negative Erfahrungen in einem Lebensbereich werden zusammen mit anderen Lebensbereichen bilanziert und die Aufmerksamkeit auf die gelingenden Lebensbereiche fokussiert. Personen, die in ihrem Leben viele verschiedene Interessen verfolgen, profitieren von dieser Strategie mehr als Personen, die »eindimensional« leben und sich auf wenige Ziele konzentrieren.

Neben diesen entlastenden Kognitionen sind eine Reihe emotionsregulierender Bewältigungsformen bekannt, die Personen in akkomodativer Absicht einsetzen, z.B. Ablenkung, Humor, Entspannung, Vermeiden, Verdrängen, Drogenkonsum, etc. Gibt es auch Grenzen der Anpassung einer Person an eine nicht mehr veränderbare Situation? Olbrich (1997) schildert seine Erfahrungen mit chronisch kranken Menschen:

„Wir erfuhren, dass es Situationen gibt, die in ihrem Kern einfach nicht zu verändern sind. Das sind natürlich auch Situationen, die eine Person zur Transaktion auffordern. Nur hat das Element der Kontrolle in diesen Transaktionen wenig Platz – sie ist zum Scheitern verurteilt. Dennoch machen Menschen in und mit diesen Situationen etwas. Was wir mitgeteilt bekamen, das waren Bearbeitungen, die zu etwas anderem taugen als zur Bewältigung von Anforderungen. Da ging es zum einen um das Entdecken und Nutzen von Ressourcen, die bislang unentdeckt hinter den sozial üblichen kognitiven Skripten gelegen hatten. Wir hörten zum zweiten etwas vom Eingehen auf das nicht veränderbare Geschehen, vom Zulassen, Mitgehen, und Mitschwingen (Empathie). Manchmal erfuhren wir dabei schon eine Antwort auf die unveränderbare Situation, die in ihrer einfachsten Form eine Verbundenheit mit ihr ausdrückte und ihr damit allein schon ein Stück weit den Charakter von Bedrohung nahm. Häufig war das Erleben von Beziehung und Begegnung. Hinter den mit unseren Kategorien, Methoden und Theorien gesteckten Grenzen schien etwas zu passieren, was weder mit den bekannten kognitiven Prozessen des Coping (= Bewältigung; Anmerkung der Verf.) beschreibbar, noch durch die unter der bewussten Auseinandersetzung liegenden affektiven und psychodynamischen Prozesse verstehbar wird" (232).

Der Autor legt dann dar, dass Kontrolle ebenso Stress induzieren kann, wie sie partiell Bewältigung ermöglicht und plädiert dafür, dass neben das Paradigma der Kontrolle ein Paradigma des „beantworteten Geschehen-Lassens" (240) treten sollte. Olbrich meint damit in Anlehnung an Martin Bubers Philosophie der Begegnung und Karl Jaspers Philosophie der Grenzsituationen eine Art kommunikativen Nicht-Handelns, dessen Hauptziele darin bestehen, die Illusion eines autonomen Ichs zu überwinden und stattdessen in einen Dialog einzutreten, der eine „echte" Begegnung mit anderen Menschen und Dingen ermöglicht bzw. ein Nicht-Handeln, welches das Scheitern an den Grenzsituationen zulässt, um die Möglichkeiten der menschlichen Existenz jenseits des Daseins zu erfahren. Jerusalem (1997) ist hingegen skeptisch, ob sich Sinnfindung, Akzeptanz und Gelassenheit in der Erfahrung derartiger Grenzsituationen einstellen oder ob am Ende nicht nur Verzweiflung wartet und verweist auf die Ergebnisse von Wortman und Silver (1989), die berichten, dass Sinnfindung auch angesichts des nahen Todes nicht immer erfolgreich ist. Es scheint so, dass hier psychologische Wissenschaft an ihre Grenzen stößt.

Kann man Scheitern lernen?

Die Kunst „richtig" zu scheitern – ist das möglich? Kann man diese Kunst lernen? Könnte die Psychologie diese Kunst lehren? Abschließend möchten wir dazu einige Überlegungen anstellen. Beim „richtigen" Scheitern stellt sich die Frage nach den Lernzielen. Unserer Ansicht nach können dabei zwei Arten möglicher Lernziele unterschieden werden: instrumentelle Ziele und Selbstaktualisierungsziele. Instrumentelle Lernziele wären aus einem wie auch immer begründbarem „vernünftigen" Kriterium abzuleiten, wie z.B. seelische Gesundheit oder Erfolg. Psychologen gebrauchen in diesem Zusammenhang gerne Begriffe, wie „Funktionalität" oder „Adaptivität". Richtiges Scheitern würde also bedeuten, den Prozess des Scheiterns zu optimieren, indem man sich auf funktionale Aspekte des Scheiterns konzentriert. Was als funktional gilt, hängt wiederum von dem vorher definierten Kriterium ab. Zu Erläuterung ein kleines Beispiel: Nuber (2004) nennt einige Punkte, die nach der Ansicht von Carver und Scheier, zweier amerikanischer Psychologen in einem Curriculums des richtigen Scheiterns vorkommen sollten.

„– Man muss sich das Scheitern mit aller Klarheit eingestehen und erkennen, dass eine weitere Verfolgung des Ziels aussichtslos und kräfteraubend ist ... – Auch die Einstellung, Misserfolge müssten auf jeden Fall vermieden werden, verhindert einen konstruktiven Umgang damit ... – Um eine Niederlage bewältigen zu können, muss man unbedingt die Bindung an das gescheiterte Projekt, das nicht erreichbare Ziel lösen und zugleich nach

einer Alternative suchen ... Indem ein nicht erreichbares Ziel aufgegeben wird, gleichzeitig aber ein anderes gewählt wird, bleibt die Person in einer Vorwärtsbewegung" (Nuber 2004: 23).
Diese Empfehlungen sind eindeutig darauf ausgerichtet, die Handlungsfähigkeit der Person zu erhalten, bzw. wieder herzustellen, sie sind dem Kontrollparadigma verpflichtet. Die Empfehlungen sind daher ganz darauf ausgerichtet, die Handlungsorientierung zu stärken. Stillstand wird hier schon als etwas Negatives bewertet, die Vorstellung, sich gar im Kreis zu drehen, wäre wohl unerträglich.
Die Nützlichkeit der Ratschläge erscheint im Lichte unserer Thesen mehr als fragwürdig. So lässt sich aus den Ergebnissen psychologischer Forschung doch gerade lernen, dass es vielfältige Ursachen dafür gibt, die Menschen daran hindern, klar zu erkennen, dass sie gescheitert sind (siehe dazu die Thesen drei und sechs). Ein einfacher Appell dürfte hier wenig bewirken. Ein zweiter fragwürdiger Punkt betrifft die benutzte Bewegungsmetapher. Hier wird Scheitern auf einen Richtungswechsel der Aktivität reduziert. Der Prozesscharakter des Scheiterns, den wir mit unseren Thesen versucht haben hervorzuheben, geht dabei verloren. Dieser Prozess wird nicht nur durch eine Vielzahl von Faktoren beeinflusst, er zeichnet sich darüber hinaus durch einen gewissen Grad an Unbestimmtheit aus, der verschiedene Sichtweisen und Reaktionen zulässt. Wann der richtige Zeitpunkt zum Scheitern gekommen ist, wie dieses Scheitern interpretiert wird und welche Veränderungen es auslöst, ist daher hochgradig individuell. Optimierungsstrategien, die sich aus einem universellen Verständnis von Adaptivität oder Gesundheit ableiten, haben daher Grenzen und riskieren, die Möglichkeiten und Chancen, die im konkreten Scheitern liegen können, zu verspielen.
Eines der wichtigsten latenten Potentiale des Scheiterns scheint darin zu bestehen, uns zu motivieren, Neues zu entdecken und kreativ zu sein. Berichte über das Scheitern sprechen immer wieder von dem Entdecken neuer Ressourcen bzw. der Einsicht, ein anderer sein zu können. Das Scheitern durchbricht nicht nur die Alltagsroutinen des Handelns, es kann auch das Denken befreien und zu einer neuen Sichtweise über uns selbst, unsere sozialen Beziehungen und unser Weltverständnis führen. Scheitern aktiviert unsere „Selbstaktualisierungskräfte" und hilft uns zu „wachsen", um an einige Begriffe der humanistischen Denktradition in der Psychologie zu erinnern (Kriz 1991: 171ff.). Damit sind wir bei der zweiten Gruppe von Lernzielen angelangt. Um die Möglichkeiten der Selbstaktualisierung zu nutzen, müsste man lernen, sich auf das Scheitern einzulassen. Die von Olbrich (1997) geforderte Begegnungshaltung wäre eine solche Option.
Auf den ersten Blick scheinen sich instrumentelle Ziele und Selbstaktualisierungsziele auszuschließen, aber dass muss nicht so sein. Man könnte sie sich auch als zwei Pole eines Kontinuums denken, auf dem jeder seine Wahl trifft. Das richtige Scheitern wäre in diesem Sinn vor allem eine individuell angemessene Balance zwischen einem „optimierten Scheitern" und einem „kreativen Scheitern".

Literatur

Baltes, M. M./Baltes, P. B. (1990): Psychological perspectives on successful aging: The model of selective optimization with compensation. In P. B. Baltes/M. M. Baltes (Eds.), Successful aging: Perspectives from the behavioural sciences. New York: Cambridge University Press, S. 1-34.

Baltes, P, B. (1990): Entwicklungspsychologie der Lebensspanne: Theoretische Leitsätze. Psychologische Rundschau, 41, S. 1-24.

Bauer, M./Berger, H. (1998): Versorgungseinrichtungen für psychisch kranke erwachsene und alte Menschen. In K. Hurrelmann/U. Laaser (Hrsg.), Handbuch Gesundheitswissenschaften. München: Juventa, S. 615-637.

Beck, A. T. (1967): Depression. Clinical, experimental, and theoretical aspects. New York: Harper/Row.

Brandstätter, V. (2003): Persistenz und Zielablösung. Göttingen; Bern: Hogrefe.

Brandtstädter, J./Renner, G. (1992): Coping with discrepancies between aspirations and achievements in adult development: A dual-process model. In L. Montada, S.-H. Filipp/M. J. Lerner (Eds.), Life crises and experiences of loss in adulthood. Hillsdale NJ: Erlbaum, S. 301-319.

Brüderl, L., Halsig, N./Schröder, A. (1988): Historischer Hintergrund, Theorien und Entwicklungstendenzen der Bewältigungsforschung. In L. Brüderl (Hrsg.), Theorien und Methoden der Bewältigungsforschung. München: Juventa, S. 25-45.

Brunstein, J. C. (1995): Motivation nach Misserfolg. Göttingen; Bern: Hogrefe.

Dörner, K. (1969): Bürger und Irre. Zur Sozialgeschichte und Wissenschaftssoziologie der Psychiatrie. Frankfurt a. M.: Europäische Verlagsanstalt.

Dörner, K., Plog, U. Teller, C./Wendt, F. (2002): Irren ist menschlich. Lehrbuch der Psychiatrie und Psychotherapie. Bonn: Psychiatrie-Verlag.

Dorsch, F., Häcker, H./Stapf, K.-H. (Hrsg.). (1987): Dorsch. Psychologisches Wörterbuch (11., ergänzte Aufl.) Bern; Stuttgart: Huber.

Folkman, S., Lazarus, R. S., Gruen, R. J./DeLongis, A. (1986): Appraisal, coping, health status, and psychological symptoms. Journal of Personality and Social Psychology, 50, S. 571-579.

Foucault, M. (1969): Wahnsinn und Gesellschaft. Eine Geschichte des Wahns im Zeitalter der Vernunft. Frankfurt a. M.: Suhrkamp.

Frey, D./Schulz-Hardt, S. (2000): Zentrale Führungsprinzipien und Center-of-Excellence-Kulturen als notwendige Bedingung für ein funktionierendes Ideenmanagement. In D. Frey/S. Schulz-Hardt (Hrsg.), Vom Vorschlagwesen zum Ideenmanagement: Zum Problem der Änderungen von Mentalitäten, Verhalten und Strukturen. Göttingen: Verlag für Angewandte Psychologie, S. 15-46.

Gollwitzer, P. M. (1987): Suchen, Finden und Festigen der eigenen Identität: Unstillbare Zielintentionen. In H. Heckhausen, P. M. Gollwitzer/F. E. Weinert (Hrsg.), Jenseits des Rubikon: Der Wille in den Humanwissenschaften. Heidelberg; Berlin: Springer, S. 117-189.

Gollwitzer, P. M. (1991): Abwägen und Planen: Bewusstseinslagen in verschiedenen Handlungsphasen. Göttingen: Hogrefe.

Gottwalt, C. (2004): Flotter Flirter. Magazin der Süddeutschen Zeitung, 9. Ausgabe 2004, S. 28-30.

Haan, N. (1977): Coping and Defending. Process of self-environment organization. New York: Academic Press.

Heckhausen, H. (1988): Motivation und Handeln (2. Aufl.). Heidelberg; Berlin: Springer.

Holmes, T. H./Rahe, R. H. (1967). The social readjustment rating-scale. Journal of Psychosomatic Research, 11, S. 211-218.

Jerusalem, M. (1997): Grenzen der Bewältigung. In C. Tesch-Römer, C. Salewski/G. Schwarz (Hrsg.), Psychologie der Bewältigung. Weinheim: PsychologieVerlags-Union, S. 261-271.

Kanner, A. D., Coyne, J. C., Schaefer, C./Lazarus, R. S. (1981): Comparison of two modes of stress measurement: Daily hassles and uplifts versus major life events. Journal of Behavioral Medicine, 4, S. 1-39.

Keupp, H./Höfer, R. (Hrsg.). (1997): Identitätsarbeit heute. Klassische und aktuelle Perspektiven der Identitätsforschung. Frankfurt a. M.: Suhrkamp.

Kriz, J. (1991): Grundkonzepte der Psychotherapie (3. Aufl.). Weinheim: Psychologie-VerlagsUnion.

Laing, R. D. (1987): Das geteilte Selbst. Eine existenzielle Studie über geistige Gesundheit und Wahnsinn. München: dtv.

Laplanche, J./Pontalis, J.-B. (1973): Das Vokabular der Psychoanalyse. Frankfurt a. M.: Suhrkamp.

Laux, L./Schütz, A. (1996): „Wir, die wir gut sind". Die Selbstdarstellung von Politikern zwischen Glorifizierung und Glaubwürdigkeit. München: dtv.

Lazarus, R. S. (1984): Stress, appraisal, and coping. New York: Springer.

Lazarus, R. S. (1995): Stress und Stressbewältigung – Ein Paradigma. In S.-H. Filipp (Hrsg.), Kritische Lebensereignisse. Weinheim: PsychologieVerlagsUnion. 3. Aufl., S. 198-232.

Nuber, U. (2004): Die Kunst, „richtig" zu scheitern. Psychologie heute, 31, H. 1, S. 20-23.

Olbrich, E. (1997): Die Grenzen des Coping. In C. Tesch-Römer, C. Salewski/G. Schwarz (Hrsg.), Psychologie der Bewältigung. Weinheim: PsychologieVerlagsUnion, S. 230-246.

Pepels, W. (1996): Qualitätscontrolling bei Dienstleistungen. München. Vahlen.

Reinecker, H. (Hrsg.). (1998): Lehrbuch der Klinischen Psychologie. Modelle psychischer Störungen. Göttingen: Hogrefe. (3. überarbeitete und erweiterte Aufl.)

Robbins, S. H. (2001): Organisation der Unternehmung. München: Pearson Education Deutschland.

Rothbaum, F., Weisz, J. R./Snyder, S. (1982): Changing the world and changing the self: A two-process model of perceived control. Journal of Personality and Social Psychology, 42, S. 5-37.

Rothermund, K./Brandtstädter, J. (1997): Entwicklung und Bewältigung: Festhalten und Preisgeben von Zielen als Formen der Bewältigung von Entwicklungsproblemen. In C. Tesch-Römer, C. Salewski/G. Schwarz (Hrsg.), Psychologie der Bewältigung. Weinheim: PsychologieVerlagsUnion, S. 120-133.

Scheich, G. (1997): „Positives Denken" macht krank. Vom Schwindel mit gefährlichen Erfolgsversprechen. Frankfurt a. M.: Eichborn.

Schüle, C. (2001): Die Diktatur der Optimisten. Die Zeit, 25. Ausgabe 2001. Online verfügbar unter: www.psychotherapie.de

Schütz, A. (2001): Positives Denken und Illusionen – nützlich oder schädlich? In R. K. Silbereisen/M. Reitzle (Hrsg.), Psychologie 2000. Bericht über den 42. Kongress der Deutschen Gesellschaft für Psychologie in Jena. Lengerich: Pabst, S. 468-479.

Schwarzer, R. (1993): Stress, Angst und Handlungsregulation. Stuttgart: Kohlhammer.

Sennett, R. (2002): Amerika und die Macht des Scheiterns. Freitag, 46. Ausgabe 2002. Online verfügbar: www.freitag.de

Staw, B. M. (1997): The escalation of commitment: An update and appraisal. In Z. Shapira (Ed.), Organizational decision making. Cambridge: University Press, S. 191-215.

Stumm, G./Pritz, A. (Hrsg.). (2000): Wörterbuch der Psychotherapie. Frankfurt a. M.: Zweitausendeins.

Taylor, S. E./Brown, J. D. (1988): Illusion and well-being: A social psychological perspective on mental health. Psychological Bulletin, 103, S. 193-210.

Taylor, S. E. (1983): Adjustment to threatening events: a theory of cognitive adaptation. American Psychologist, 38, S. 1161-1173.

vom Hofe, J. (2003): Der sanfte Radikale. Menschen. Das Magazin, Ausgabe 3, 2003, S. 85-87.

Wentura, D. (1995): Verfügbarkeit entlastender Kognitionen. Weinheim: PsychologieVerlagsUnion.

Wortman, C. B./Silver, R. C. (1989): The myths of coping with loss. Journal of Consulting and Clinical Psychology, 57, S. 349-357.

Martin Weiß-Flache

Mit Scheiternden aushalten. Ressourcen des christlichen Glaubens für die Sozialarbeit in der Wohnungslosenhilfe

Karl S. ist ca. 40 Jahre alt und seit über 15 Jahren wohnungslos. Gefängnisaufenthalte und Zeiten auf der Straße wechseln sich beständig ab. Durch mangelhafte Ernährung und Alkoholsucht ist sein Körper ausgezehrt. Einsamkeit bestimmt sein Leben. Familiäre Beziehungen existieren nicht mehr. Er ist nur noch eingebunden in die destruktiven Beziehungsnetzwerke seiner ‚Saufkumpanen'. Weiterführende Hilfen lehnt er hartnäckig ab. Mit der ‚Hackordung' auf der Straße kommt er ganz gut zurecht. Dort ist er nicht gerade zimperlich und nutzt die Schwächen anderer Wohnungslosen schamlos aus. Er ist kein angenehmer Zeitgenosse – aber ein Mensch. Einer, der von seinem Leben nichts mehr erwartet, außer jeden Tag irgendwie durchzukommen. Pläne und Perspektiven, die darüber hinausreichen, hat er keine mehr. Alle Hilfeansätze sind gescheitert. MitarbeiterInnen in allen Institutionen des Hilfenetzes, mit denen er zu tun hat, sind froh, wenn sie ihn wieder los sind. Karl S., ein Mensch, für den die Beschreibung „total gescheitert" im Großen und Ganzen zutreffend ist. Karl S.: ein Härtefall für die Sozialarbeit.

Ich kenne Karl S. aus meiner Arbeit in einer niederschwelligen Einrichtung der Wohnungslosenhilfe. Nach Begegnungen mit ihm oder mit ähnlichen Klienten frage ich mich oft: Wie ist mit diesen Menschen im Rahmen der sozialarbeiterischen Rolle sinnvolles Handeln möglich? Wie widerstehe ich der Versuchung, sie als hoffnungslose Fälle abzuschreiben, ohne zugleich in die Falle der Co-Abhängigkeit zu tappen?

Da ich als katholischer Theologe in diesem Bereich arbeite, münden diese Fragen in eine theologische Herausforderung: Der christliche Glaube muss sich am Ort der professionellen Begegnung von SozialarbeiterInnen mit Menschen wie Karl S. bewähren, d.h. Hilfe geben und neue Handlungsperspektiven eröffnen oder er wird an diesem Ort irrelevant.

In Auseinandersetzung mit dieser Herausforderung soll im Folgenden der Frage nachgegangen werden, welche unterstützenden Ressourcen der christliche Glaube für das dauerhafte professionelle Wirken von SozialarbeiterInnen in der Gefährdetenhilfe, insbesondere in der Wohnungslosenhilfe, zur Verfügung stellen kann. Ihre Beantwortung ist Teil einer bislang noch kaum entwickelten christlichen Spiritualität der Sozialen Arbeit.

1. Scheitern als soziales Phänomen

Scheitern ist ein Moment der conditio humana (vgl. Greinacher/Mette 1990: 354). Es betrifft uns alle in unterschiedlichem Ausmaß, ob wir es wahr haben wollen oder nicht. In modernen Gesellschaften erscheint es als höchst widersprüchliches Phänomen. Einerseits ist es „das große moderne Tabu" (Sennett 2000: 159; vgl. Dombrowsky 1983: 968f), andererseits aber ein Massenphänomen. Indizien hierfür sind die steigende Zahl der Insolvenzen[1] und der SozialhilfeempfängerInnen[2], die hohe Zahl zerbrechender (Liebes)-Beziehungen[3] sowie die Massenarbeitslosigkeit. Hier manifestieren sich die Risiken der Individualisierung, die Lebensläufe nur allzu schnell in „Bruchbiographien" verwandeln kann (vgl. Beck/Beck-Gernshein 1994: 13).

Im Blick auf das subjektive Erleben geht es bei Erfahrungen des Scheiterns immer „um Situationen objektiver und subjektiver Ausweglosigkeit, um (schicksalhaft und/oder schuldhaft) unüberwindlich sich aufbauende Widerstände, um Zusammenbrüche bislang tragender Erwartungshorizonte und Erlebniswelten sozialer und individueller Art. Katastrophen jedweder Art sind gemeint, Niederlagen im Großen und Kleinen, Durchkreuzungen von Initiativen und Projekten, kollaps- und infarktartige Einbrüche in persönlichen und gesellschaftlichen Verhältnissen, Konkursanmeldungen mit dem Charakter partieller oder totaler Endgültigkeit." (Fuchs 1990: 437f)

Auf der Grundlage ethischer oder theologischer Argumentationsmuster verlangt Scheitern „nach Solidarität der Gescheiterten untereinander, nach Solidarität aber auch der Nichtgescheiterten mit den Gescheiterten." (Greinacher 1990: 359) Diese Solidarität gerade mit Menschen, deren Scheitern eine Bedrohung für sie selbst oder für die Gemeinschaft darstellt, ist in unserer funktional differenzierten Gesellschaft maßgeblich delegiert an die Bürokratie des Sozialstaats, an das Gesundheitssystem oder an die Sozialarbeit.

Im Praxisbereich der Gefährdetenhilfe, insbesondere in der Wohnungslosenhilfe begegnen uns im sozialarbeiterischen Zusammenhang immer Gescheiterte, Menschen mit z.T. massiven „Bruchbiographien". Besonders am Ort niederschwelliger Einrichtungen der Wohnungslosenhilfe wird erkennbar, was totales Scheitern bedeuten kann und vor welche existentielle Herausforderungen es dort SozialarbeiterInnen stellt.

---

[1]   Vgl. www.destatis.de/basis/d/insol/insoltab1.htm vom 26.03.2003, gesichtet am 17.01. 2004.

[2]   Vgl. www.netzeitung.de/wirtschaft/262165.html vom 18.11.2003, gesichtet am 17.01.2004.

[3]   Vgl. www.br-online.de/alpha/forum/vor0308/20030813.shtml vom 13.08.2003, gesichtet am 17.01.2004.

2. Wohnungslose Menschen in niederschwelligen Einrichtungen. Total Gescheiterte als Problem der SozialarbeiterInnen und des Hilfesystems

2.1 Die Klienten: mancher ist total gescheitert

Innerhalb der Gefährdetenhilfe, die die Praxisbereiche Straffälligen-, Wohnungslosen- und Suchtkrankenhilfe umfasst (vgl. Holtmannspötter 1993: 384), stellt die Wohnungslosenhilfe und hier besonders ihre niederschwelligen, zumeist ambulanten Einrichtungen das letzte Auffangbecken für diejenigen dar, die in den anderen größtenteils finanziell und personell besser ausgestatteten, aber in der Regel höherschwelligeren Hilfesystemen keinen Platz gefunden haben wie z.b. wohnungslose Menschen mit Doppeldiagnosen (Psychose und Suchtproblematik) in der Psychiatrie oder wohnungslose Frauen in den Frauenhäusern. Hier begegnen uns die vom übrigen Hilfesystem ausgesonderten Restbestände derer, die dessen hochschwelligen Ansprüchen wie z.b. Suchtmittelabstinenz, Krankheitseinsicht, Therapiewilligkeit nicht entsprechen wollten oder konnten.[4]

Wir treffen dort häufig Menschen mit einer Mehrfachproblematik. Ihre Wohnungslosigkeit geht meistens einher mit mindestens einem der folgenden Probleme: Sucht, andere psychische Erkrankungen, organische Erkrankungen, seit der Kindheit bestehende soziale Entwurzelung (Heimkarrieren), miserable Ausbildung, Arbeitslosigkeit, Verschuldung, erschwerter Zugang zu Sozialleistungen und damit verbunden eine prekäre materielle Situation, Einsamkeit als Folge der nicht (mehr) vorhandenen Beziehungsnetze oder dernde Einbindung von destruktiven Beziehungsnetzen (z.B. bei Frauen Prostitution). Die Menschen in den Wärmestuben verfügen über ein äußerst geringes „ökonomisches", „soziales" und „kulturelles Kapital" (vgl. Bourdieu 1983) und sind aus vielen entscheidenden sozialen Systemen exkludiert. Ihre Lebensweise ist das „Ergebnis kumulativer Exklusionsprozesse" (Schüßler 2004)[5]. Abhängig von der Dauer der Wohnungslosigkeit haben sich die sozialen, psychischen und körperlichen Probleme in der Regel immer mehr verfestigt. Viele KlientInnen haben resigniert und sich in ihr Elend eingerichtet.

Die extremen Bruchbiographien dieser oft aus anderen Hilfesystemen als „therapieresistent", „austherapiert" oder als „sozialer Bodensatz" ausgesonderten Menschen, in denen das Scheitern das Kontinuum und das Gelingen die Ausnahme war, legen es nahe, sie als „total Gescheiterte" zu bezeichnen. Natürlich haben auch sie noch persönliche Ressourcen und – wenn auch stark eingeschränkt – Handlungsoptionen. Hierzu ist aber unter Rückgriff auf Erkenntnisse Dietrich Bonhoeffers Folgendes einzuwenden. Angesichts der vielfältigen Brüche in den Biographien der Menschen seiner Zeit erklärt er: „Es kommt wohl nur darauf an, ob man den Fragmenten unseres Lebens noch ansieht, wie das Ganze eigentlich angelegt und gedacht war und aus welchem Material es besteht." (Bonhoeffer 1994: 120f)

---

[4] Ähnliches gilt auch für viele niederschwellige Einrichtungen der Suchtkrankenhilfe (z.B. Fixerstuben).

[5] Was Michael Schüßler am Beispiel der Straßenkinder expliziert, trifft m.E. analog für erwachsene Wohnungslose zu.

Blickt man nun auf manchen wohnungslosen Menschen, so erkennt man nicht mehr, wie das Ganze wohl mal gedacht war. Manche dieser Menschen hatten in ihrem Leben nie die Chance, sich anders als scheiternd im Leben zu positionieren. Sie machten nie die Erfahrung gelingenden Lebens bzw. wurden die Erfahrungen des Gelingens immer von der übermächtigen Erfahrung des Scheiterns verschlungen. So gleicht ihr Leben als Gesamtbild einem Scherbenhaufen, in dem das geschlossene Ganze nicht mehr erkennbar ist.

Dies ist die Personengruppe, die ich im Folgenden im Blick habe. Es sind nicht die partiell, einmalig Gescheiterten, die genug persönliche und soziale Ressourcen besitzen, um – wenn auch unter Schmerzen und Mühen – ihr Scheitern durch „subjektive Aneignung" (Geisen 1999: 369) produktiv zu verarbeiten oder es in der Retrospektive als Chance für einen Neuanfang zu sehen. Um diese partiell Gescheiterten geht es hier nicht, auf die sich Richard Sennett ([6]2000) und Richard Geisen (1999) beziehen. Hier geht es um Wohnungslose als total Gescheiterte, denen gegenüber der o.g. Ansatz des Umgangs mit dem Scheitern zu kurz greift.

2.2 Total Gescheiterte als Problem für Praxis und Theorie der Sozialarbeit

2.2.1 Probleme für SozialarbeiterInnen mit dem Leben an der Grenze

Total Gescheiterte sind häufig an bestehende Hilfeangebote nicht (mehr) anschlussfähige Menschen. Das liegt:

–   entweder am Betroffenen selbst: er will oder kann die angebotenen Hilfen nicht annehmen

–   oder am Sozialarbeiter: er lehnt den Klienten ab z.B. aus moralischen, fachlichen (Kompetenzmangel), persönlichen (Selbstschutz z.B. vor Burnout) oder organisatorischen Gründen (Arbeitsüberlastung)

–   oder am Hilfesystem: es existiert in geeigneter räumlicher Entfernung kein für den Klienten geeignetes Angebot z.B. wegen des Fehlens nötiger Finanzmittel oder wegen des Fehlens qualifizierten Personals in der benötigten Anzahl.[6]

Gerade in niederschwelligen Einrichtungen wird versucht, eine Anschlussstelle der Sozialarbeit an diese Menschen zu finden, mit der Idealperspektive, sie weiterführenden Hilfen zuzuführen, und der Minimalperspektive, eine Verschlechterung ihrer Situation zu verhindern, bzw. wo das unabwendbar ist, im weiteren sozialen Abstieg durch sozialarbeiterische Begleitung ein Mindestmaß an Menschenwürde im Leben zu schützen.

Diese Arbeit und das Leben mit total gescheiterten Menschen ermöglicht den professionellen HelferInnen die Erfahrung einer großen Dichte des Lebens. Es geht immer ums Ganze. Die Sozialarbeit mit Wohnungslosen führt so in faszinierende und zugleich anstrengende Grenzerfahrungen zwischen Leben und Tod. Das dabei wohl Kräftezehrendste

---

[6]   In dieser Hinsicht wird die Rede vom „austherapierten Klienten" immer auch zu einer Kritik am Hilfesystem, das für den Betroffenen keine geeigneten Hilfsangebote macht.

ist: die Erfolge sind minimal und immer gefährdet. Rückschläge und weitere soziale Abstiege, persönliche Abstürze und weiterer gesundheitlicher Verfall gehören zum Alltag. Gerade im Bereich der Gefährdetenhilfe ist Sozialarbeit als Krisenbegleitung „letztlich Sisyphos-Arbeit mit der Gefahr, daß die nach oben geschufteten Steine nicht nur einfach wieder hinunterkullern, sondern am Ende einen selbst überrollen." (Boschert 1987: 334) Hinzu kommt noch, dass diese Arbeit oft verbunden ist mit permanenter Arbeitsüberlastung, unzureichenden personellen und finanziellen Mitteln, regelmäßig vorkommenden Beziehungs- und Beratungsabbrüchen von Seiten der KlientInnen und damit einhergehenden gehäuften Frustrationserfahrungen angesichts des Scheiterns der eigenen professionellen Interventionsversuche. Zudem lebt der professionelle Helfer in einer zutiefst spannungsreichen Konstellation. Einerseits muss er sich permanent abgrenzen vom tragischen Schicksal der anderen und auf die nötige professionelle Distanz bedacht sein und zugleich muss er eine so große personale Nähe schaffen, dass die sozialarbeiterische Beziehung entstehen kann, von der gerade die niederschwellige Arbeit lebt. Burnout, Berufsabbruch oder wenigstens ein Stellenwechsel stellen deshalb in diesen Arbeitsfeldern keine Seltenheit dar.

Angesichts dieser Problemstellung der Sozialarbeit in derartigen Einrichtungen stellt sich die Frage: Wie können professionelle HelferInnen angesichts des totalen Scheiterns vieler ihrer KlientInnen standhalten? Wie können sie die ohnmächtig erlebte Begrenzung ihrer eigenen Handlungsoptionen in einem Hilfesystem mit begrenzten Ressourcen aushalten, ohne sie zwangsläufig als persönliches Scheitern erleben zu müssen? Wie können sie trotz der andauernden Erfahrung des Scheiterns ihrer sozialarbeiterischen Interventionsmöglichkeiten eine tragfähige und dauerhafte Beziehung zum Klienten aufrechterhalten, die in *Anerkennung* seines totalen Scheiterns in paradoxer Weise für sich manchmal völlig überraschend auftuende Gelegenheiten weiterführender Hilfe offen ist? Wie können sie zugleich *jenseits* ihrer sozialarbeiterischen Interventionsmöglichkeiten, die auf Hilfe und Besserung abzielen, eine personale Präsenz verwirklichen, die für die Betroffenen *in* ihrem Elend wohltuend wirkt und ihnen als vage Hoffnung den Hauch neuer Lebensmöglichkeiten spürbar macht, die wohl nur mit der religiösen Kategorie des „Wunders" fassbar sind?

Es geht somit um eine innere Haltung und eine Handlungsorientierung – religiöse Menschen nennen dies ‚Spiritualität'. – die es professionellen HelferInnen erleichtert, mit den total Gescheiterten, sozial Abgeschriebenen zu leben, ohne die Aussicht darauf, nachhaltig helfen zu können. Diese Haltung kann professionelle Beziehungen ermöglichen, die so frustrationsresistent sind, dass der oder die Professionelle diese Menschen nicht als „hoffnungslose Fälle" abschreiben muss, um gut weiterarbeiten und -leben zu können.

Bei der Beantwortung dieser Fragen stößt man auf ein tiefer liegendes Problem der Praxis und der gängigen, religionsabstinenten Theorien der Sozialen Arbeit, die in ihrem eigenen Sinnsystem hierfür keine ihrem eigenen Ethos entsprechenden Handlungsorientierungen bieten können.

2.2.2 Der Wechsel ins religiöse Sinnsystem

Wenn angesichts des totalen Scheiterns der Klienten die professionellen Hilfsinstrumente an ihre Grenzen stoßen und keine sozialarbeiterische Interventionsmöglichkeit mehr besteht, entsteht für den professionellen Sozialarbeiter ein tief greifender Identitätskonflikt.

So stellt sich aus der Sicht der Systemtheorie Niklas Luhmanns die Sozialarbeit als soziales System dar, das „durch die Unterscheidung von Helfen und Nichthelfen binär codiert" (Baecker 1994: 100) ist. Da jedoch in dem Moment, in dem der Sozialarbeiter erkennt, dass all seine Interventionsmöglichkeiten und die verfügbaren Ressourcen des Hilfesystems insgesamt an ihre Grenze gekommen sind – und das geschieht bei manchen Klienten früher oder später immer – dann ist eine Fortsetzung der sozialarbeiterischen Beziehung nur jenseits der Logik der Sozialarbeit im Modus der Nicht-Hilfe möglich. Der Sozialarbeiter wäre dann „nur" noch Begleiter mit der Hoffnung auf ein Wunder bzw. mit der Liebe und der Nüchternheit eines „Sterbebegleiters". Hier steht also der Sozialarbeiter vor einem analogen Problem wie die Ärztin, die mit einem Todkranken zu tun hat, dem alle Therapien keine Heilung bringen können.

An dieser Stelle geschieht:

– entweder der Abbruch der sozialarbeiterischen/therapeutischen Beziehung; der Klient wird als „therapieresistent", „resozialisierungsunfähig" bezeichnet und so als „hoffnungsloser Fall" auch aus dem System der sozialen Hilfe exkludiert

– oder aus Hilflosigkeit und mangelnder Interventionsmöglichkeiten wechselt der Sozialarbeiter in die theoretisch geschmähte Almosenpraxis: er gibt ab und zu 10.- €, um dem Klienten ein bisschen zu helfen, um ihn aber gleichzeitig auch wieder schnell loswerden zu können

– oder es ereignet sich ein Wechsel in der Wahrnehmung des Klienten, ein Wechsel der Sozialarbeit ins religiöse System, womit die Sozialarbeit ihre eigene Kontingenz verarbeitet.

Hierbei ist Religion mit Henning Luther (vgl. 1992: 24-29) als Weltabstand *in* der Welt zu verstehen, als Aushalten der Zerrissenheit zwischen der Erfahrung von Widersprüchlichkeit, Brüchigkeit und dem Ernstnehmen der Hoffnung, dass es dazu eine befreiende und heilende Alternative gibt. Religiös zu sein oder zu handeln heißt in diesem Zusammenhang nicht „Sinn für eine (die) andere Welt zu haben, sondern die Welt anders zu sehen, einen anderen Sinn für die Welt zu bekommen. Dieser Weg ist der nichtmetaphysische. Dieser Weg ist nicht dichotomisch, sondern dialektisch. Er sieht keine andere als diese unsere Welt und beschränkt sich doch nicht, wie der Positivismus oder der Zynismus, auf das, was der Fall ist, sondern spürt in ihr das auf, was über sie hinausweist." „Das Andere der Welt ist hier von der Welt selbst nicht getrennt. Doch zugleich ist es aber von ihr unterschieden" (Luther 1992: 29).

Daneben ist Religion zu verstehen als „Kraft zur Überwindung von Grenzen im sozialkommunikativen Bereich sowie zur erweiternden Bearbeitung von Grenzerfahrungen im existentiellen Lebensverständnis. In jenem Bereich realisiert sie sich als Liebe, in diesem als (existentielle) Freiheit." (Luther 1992: 55) So wird deutlich, dass der religiöse Zugang gerade angesichts der sozialen Isolation und der existentiellen Lebensminderung bei Wohnungslosen eine Handlungsalternative bieten kann.

An der Grenze, an der die professionellen sozialarbeiterischen Interventionsmöglichkeiten am existentiellen Scheitern des Betroffenen scheitern, kann man offen werden für die Transzendenz, für das Eingebettetsein des Lebens in einen größeren Zusammenhang, der sich unserem Zugriff entzieht.[7] An dieser Grenze *kann* sich als Bewältigung der Kontingenz des Systems der Sozialen Hilfe die Situationserfahrung des Sozialarbeiters im Blick auf den Klienten wandeln: Statt Hilfe oder Nicht-Hilfe wird nun die religiöse Grundunterscheidung Transzendenz/Immanenz entscheidend, was den Wechsel vom System der Sozialen Hilfe ins System der Religion markiert (vgl. Luhmann 2000: 77). Die Situation des Klienten wird nun nicht mehr nur so erfahren, wie sie wirklich ist, sondern zugleich auch als Erinnerung und Ahnung eines Versprechens. Die Ahnung dieses Versprechens findet ihren Anhalt und Nachhall beim scheiternden Menschen „in seinen Wünschen, im Potential unstillbarer Bedürfnisse, Hoffnungen sowie untröstlicher Klagen." (Luther 1992: 26) Es ist das Versprechen von Gelingen und Leben für alle und alles, wie es u.a. in der christlichen Eschatologie in den Aussagen über das Reich Gottes[8] oder den Himmel greifbar wird. In dieser an der Grenze erfahrenen Zerrissenheit zwischen der Erfahrung von Scheitern, Vergeblichkeit und Sinnlosigkeit und der Hoffnung auf eine Welt, „die ohne Tränen und Trauer ist" (Luther 1992: 27) kann eine tröstende Praxis erfolgen, die in Anerkennung und Würdigung der unabwendbaren Elendssituation versucht das bisschen Leben, was noch da ist, für den Betroffenen so gut wie möglich zu gestalten. Sie ist zugleich bereit für die Möglichkeit von Augenblicken, in denen der Klient offen ist für weiterführende Hilfen[9].

Mit der Frage, was angesichts des totalen Scheiterns, wo kein sinnvolles Handeln möglich erscheint, sinnvolles Handeln ermöglicht, wird so die religiöse Frage nach der spirituellen Haltung des professionellen Helfers aufgeworfen. Gerade im Bereich der Gefährdetenhilfe und dort besonders in der niederschwelligen Arbeit ist m.E. ohne eine spirituelle Grundhaltung, die sich über die nüchterne Wahrnehmung des Faktischen auch die Ahnung einer besseren Alternative bewahrt, *auf Dauer* keine qualitativ hochstehende Sozialarbeit möglich.

Der christliche Glaube bietet für die Ausbildung einer solchen Spiritualität der Sozialarbeit wertvolle Anstöße, zumal das Christentum eine Religion ist, die in die Mitte ihrer Verkündigung einen Gescheiterten stellt: Jesus aus Nazareth, von römischen Soldaten gekreuzigt und ermordet, mit der Bekehrung des Volkes Israel gescheitert.

Diese Spur soll im Weiteren näher verfolgt werden unter der Fragestellung, welche Ressourcen der christliche Glaube für das dauerhafte professionelle Wirken von SozialarbeiterInnen in der Gefährdetenhilfe insbesondere der Wohnungslosenhilfe zur Verfügung stellen kann. Hierbei muss natürlich betont werden, dass die folgenden Ausführungen keinesfalls imperativisch missverstanden werden dürfen. Die Intention des Gesagten besteht nicht darin, SozialarbeiterInnen eine bestimmte Spiritualität und damit zusammenhängend bestimmte Handlungsweisen vorzuschreiben. Vielmehr geht es um ein Sinn*angebot*, das angesichts des totalen Scheiterns von KlientInnen hilfreich sein kann. Ebenfalls wird im Folgenden keinesfalls die Exklusivität der christlichen Handlungsorientierung in diesem Grenzbereich der Sozialarbeit behauptet. SozialarbeiterInnen können auch auf der Grundlage anderer Sinnsysteme hervorragende, den Betroffenen wohltuende Arbeit leisten.

---

[7] Vgl. zu Grenzerfahrungen die Ausführungen von Luther (1992: 49-56) in einer kritischen Bezugnahme auf Karl Jaspers.

[8] Zum Begriff „Reich Gottes" vgl. Weiß-Flache 2001: 248-291.

[9] In eine ganz ähnliche Richtung geht auch die Kritik des Psychologen Michael Grabbe (1997: 166f) an der Erfolgsorientierung im psychotherapeutischen Prozess.

Wie allerdings bereits Gotthard Fuchs (1990: 439) konstatierte, fehlt auch noch heute nicht nur eine „ausgearbeitete theologische Ethik des Scheiterns", sondern auch eine „konkrete Pastoral des Scheiterns".[10] Deshalb können die folgenden Ausführungen nur den Anspruch erheben, erste fragmentarische Ansätze einer christlichen Spirtualität der Sozialarbeit in der Gefährdetenhilfe zu sein.

3. Ansätze einer christlichen Spiritualität der Sozialarbeit mit total Gescheiterten

3.1 Die Gescheiterten stehen im Zentrum des christlichen Glaubens

In drei Anläufen wird nun dargelegt, wie christlicher Glaube und christliche Theologie von den Gescheiterten her zu formulieren sind. Deutlich wird, dass am Ort der Begegnung mit Gescheiterten der christliche Glaube in Kritik zu mancher siegertheologischen oder bürgerlich verharmlosenden Gottesvorstellung radikalisiert, d.h. auf seine Wurzeln zurückgeführt wird.

3.1.1 Gott und das Scheitern

Der Versuch der Entdeckung einer christlichen Spiritualität der Sozialen Arbeit, die angesichts des totalen Scheiterns des Klienten noch standhält, muss bereit sein, den eigenen Gottesbegriff, das eigene Gottesbild von der Tatsache des Scheiterns her kritisch anfragen zu lassen, will er ein tragfähiges Fundament haben. Gotthard Fuchs (1990: 439) formuliert entsprechend: „Alle Ethik der Solidarität, alle Pastoral des Scheiterns ... bliebe letztlich voluntaristisch und appellativ, würde sie nicht im Geheimnis Gottes selbst begründet sein."
In Abgrenzung zu einer in der christlichen Spiritualitätsgeschichte sehr wirkmächtigen, paternalistischen Tradition, die deutlich macht, dass Gott uns scheitern lässt eines höheren Sinns wegen, um uns dann wieder aus unserem Elend emporzuheben (vgl. Fuchs/Werbick 1991: 27f), ist festzuhalten: „Gott und das Scheitern des Menschen: sie sind zusammen zu nennen, zusammenzuhalten; aber das Scheitern ist nicht theologisch (ontologisch) aus Gott abzuleiten oder auf ihn zurückzuführen." (Fuchs/Werbick 1991: 30) Vielmehr macht die biblische Überlieferung deutlich, dass Gott solidarisch mit den Scheiternden ist. In ihren Spitzentexten – z.B. bei den alttestamentlichen Propheten, in der

---

[10]   Das Thema „Scheitern" spielt im theologischen Kontext kaum eine Rolle. Zudem abstrahieren die meisten der ohnehin wenigen theologischen Arbeiten über das Phänomen des Scheiterns von konkreten Erfahrungen des Scheiterns zu stark und bleiben deshalb für konkrete Lebensprobleme, um die es in dieser Untersuchung geht, zu aussageschwach und diffus. (z.B. Werbick 1999; Heidrich 2000/2001; Wiggermann 1999). Manch andere theologische Arbeiten zum Thema (z.B. Mieth 1990) wählen sich sicher – wegen der kirchenpolitischen Brisanz – das Problem des Scheiterns von Beziehungen als Fokus. Sie können aber wegen der Partialität dieser Scheiternserfahrungen nur sehr begrenzt etwas beitragen zur Klärung meiner Fragestellung, die sich dem totalen Scheitern von Menschen zu stellen versucht.

Exilsliteratur z.B. in den Klageliedern oder in den Klagepsalmen etc. – ist sie ein Dokument des leidenschaftlichen Mitleidens Gottes mit den Scheiternden. Diesem Gott bleibt menschliches Scheitern nicht äußerlich. Er steht gerade nicht apathisch jenseits menschlicher Leidensgeschichten und kann nur so der erlösende und befreiende Gott sein (vgl. Fuchs 1990: 437). „Gerade *in* den Situationen des Scheiterns und der Niederlage bewährt sich dieser Gott als schlechterdings verläßlich und befreiend – Sieg in den Niederlagen schaffend, Sein aus Nichts rufend, Leben aus dem Tod. *In* der Gefährdung seines Volkes setzt sich Gott selbst aufs Spiel – in wirklicher, von ihm her ermöglichter Bundespartnerschaft." (Fuchs 1990: 440) Dieser Gott liebt rückhaltlos. Er ist die Liebe in Person, einseitig und zuvorkommend, besinnungslos treu bis zum Äußersten. Dieser Gott kann scheitern, denn: „Jeder der liebt und sich lieben läßt, geht ein Risiko ein. Dieser Gott will Mensch und Welt als wirkliches Gegenüber, als freie Partner. In solchem Zutrauen steckt das Risiko der Freiheit, der Preis der Liebe, eben das Scheitern." (Fuchs/Werbick 1991: 52)

Auf der Grundlage dieser Infragestellung des Gottesbegriffs durch die Erfahrung des Scheiterns ist die Allmacht Gottes neu zu denken. So ist Gottes „Allmacht ... eben nicht die des Alleskönners, des omnipotenten Zauberers im Himmel und auf Erden, des All-Machers. Nein, wenn wir christlich vom allmächtigen Gott sprechen, so meinen wir das Geheimnis seiner Liebe, die – wie in Jesus Christus maßgebend zu sehen – alle Wege der Menschen mitgeht, bis zum Äußersten. Gottes Allmacht ist die Ohnmacht seiner Liebe, die sich durch nichts davon abbringen läßt, alle Wege seines Volkes und aller Menschen mitzugehen." (Fuchs/Werbick 1991: 49f) Dietrich Bonhoeffer (1994: 191f) bringt dies so zum Ausdruck: „Gott ist ohnmächtig und schwach in der Welt und gerade und nur so ist er bei uns und hilft uns. Es ist Matth. 8,17 ganz deutlich, daß Christus nicht hilft kraft seiner Allmacht, sondern kraft seiner Schwachheit, seines Leidens! [...] Die Bibel weist den Menschen an die Ohnmacht und das Leiden Gottes; nur der leidende Gott kann helfen."

In Jesus Christus wird deutlich, wie diese paradox anmutende Äußerung zu verstehen ist.

3.1.2 Jesus Christus: der Gescheiterte ist der Retter

Jesus und das menschliche Scheitern gehören untrennbar zusammen. „Aus einmaliger Gottesgewißheit handelnd, wendet sich der Prophet und Weisheitslehrer aus Nazareth spezifisch den Scheiternden und Gescheiterten zu – mit dem Anspruch, genau darin Gott selbst und seiner Weltliebe zu entsprechen. In Jesu (und Gottes) spezifischer Schwäche für den scheiternden Mitmenschen kommt Gottes Kraft zum Tragen und Verändern. Weil Jesus Gewalt nicht mit Gegengewalt beantwortet, sondern sich bis zum Äußersten angreifbar macht, wird er selbst schließlich zum Gescheiterten *par exellence*, zum Gekreuzigten, zum Stigmatisierten. Hier scheitert Jesus, hier scheitert Gott – an den Mächten der Gewalt, der Angst und Lüge unter den Menschen. *Im* Scheitern Jesu aber, *im* Kreuz Jesu – und keinen Augenblick an diesem vorbei – bewährt sich die Allmacht ohnmächtiger Liebe, Gottes Treue und Verläßlichkeit." (Fuchs 1990: 440)

In diesem paradox erscheinenden Zusammenhang von Scheitern und Erlösung steht der christliche Glaube. Bereits Paulus sah sich genötigt, dieses Paradoxon theologisch zu reflektieren, wobei er Wert darauf legte, dass es sich erst im Glauben an Gottes befreiendes und heilendes Handeln erschließt. Was für Juden „ein empörendes Ärgernis" und für Heiden „eine Torheit" darstellt, ist für Christen Grundlage ihres Glaubens und ihrer Hoffnung: der gekreuzigte Jesus Christus (vgl. 1 Kor 1, 18-31). „Die Grundidee des Neuen Testaments ist [...], daß Jesus unschuldig ist und Leiden, die er trägt, eigentlich andere tragen müßten. Darin aber wird er zur Erlösung für andere." Damit „werden ... aber die Dinge nicht erklärt, sondern es wird lediglich anerkannt: Es gibt etwas Gutes im Kreuz Jesu." (Sobrino 1998: 311) Paulus bringt dies so zum Ausdruck: „Zwar wurde er in einer Schwachheit gekreuzigt, aber er lebt aus Gottes Kraft. Auch wir sind schwach in ihm, aber wir werden zusammen mit ihm vor euren Augen aus Gottes Kraft leben." (2 Kor 13,4) „Er, der reich war, wurde euretwegen arm, um euch durch seine Armut reich zu machen." (2 Kor 8,9)

Dementsprechend stellt „Jesu Tod am Kreuz ... keine Rechtfertigung menschlichen Leidens dar, sondern ist in Wahrheit die äußerste Konsequenz seines Kampfes gegen das Leid." (Greinacher 1990: 361) Sein Scheitern am Kreuz ist Endpunkt seiner Liebe den Menschen, vor allem den Armen gegenüber. Dem entspricht die geschichtliche Erfahrung, die immer wieder deutlich macht, „daß Liebe leiden muß" – vor allem die Liebe, die sich gegen bestehendes Unrecht widersetzt. „Deshalb muß der, der anderen gegenüber Barmherzigkeit üben und sie erlösen will, zum Leiden bereit sein." (Sobrino 1998: 313) Jesus ging diesen Weg der Liebe bis zum Äußersten. Er gab seinen Glauben an die Macht der Liebe auch nicht angesichts der Bedrohung seines Lebens preis. Darin fand er bei Gott Gefallen und wurde von ihm angenommen (vgl. Sobrino 1998: 313).

Aus der Perspektive des christlichen Glaubens folgt nun: „Heil ist nicht – kann nicht sein – bei den Siegern, die mit ihrem Sieg die Niederlage der anderen besiegeln. Heil kann nur sein, weil sich in der Niederlage – im Scheitern – dieses Menschen die Stärke der Schwäche Gottes für die Menschen offenbart; weil Gott sich eben nicht fernhält von solchem Scheitern, sondern da ist, wo es geschieht – nicht als der scheitern Machende, sondern als der vom Scheitern Betroffene." (Fuchs/Werbick 1991: 59) Gerade weil Gott vom Scheitern der Menschen zutiefst mitbetroffen und vom Leid berührt ist, dürfen auch die Scheiternden auf Heil und Rettung hoffen.

Dass gerade die Gescheiterten - die Obdachlosen, Kranken, Gefangenen, Fremden – in einer besonderen Beziehung zu Jesus Christus und damit zu Gott stehen, macht die eschatologische Rede vom Weltgericht in Mt 25,31-46 deutlich.[11] In der solidarischen Praxis mit den Notleidenden ereignet sich demzufolge eine entscheidende Begegnung mit Christus. „Was ihr den Geringsten getan habt, das habt ihr mir getan. Was ihr ihnen nicht getan, das habt ihr mir nicht getan." (vgl. Mt 25,40.45) Sozialarbeit und Nächstenliebe haben eine unmittelbare religiöse Bedeutung. Im Dienst am notleidenden Nächsten ereignet sich Gottesdienst. Klar wird zum Ausdruck gebracht, dass die gesellschaftlich Gescheiterten eng mit Jesus Christus verbunden sind. Sie offenbaren ihn. Am Ort der Gescheiterten ereignet sich die entscheidende Gotteserkenntnis. Er ist ein spiritueller Ort.

3.1.3 Die Botschaft des Evangeliums für die Gescheiterten

Existentiell bedeutet Scheitern die Katastrophe und steht so im krassen Widerspruch zur menschlichen Sehnsucht nach Ganz-Sein. Gotthard Fuchs und Jürgen Werbick (1991: 19) erklären hierzu: „Wenn denn unser aller Sehnsucht darauf zielt, daß wir einen Namen

---

[11]   Vgl. zum Folgenden Weiß-Flache (2000: 43).

haben, eine unverwechselbare Biographie, einen Platz also im Leben und eine eigene Zukunft, dann ist Scheitern im ganzen und im einzelnen das genaue Gegenteil: Wir geraten ins Namenlose, ohne Perspektive, ohne Zuversicht und Zukunft, mit uns allein, auf den Nullpunkt zurückgeworfen." Jesu Frohe Botschaft setzt an diesem Nullpunkt eine Hoffnungsperspektive. Er sagt gerade den Gescheiterten seiner Zeit: Ihr habt einen Namen und eine Zukunft auch im Scheitern. Hierfür sind die Seligpreisungen (Mt 5,3-12; Lk 6,20-23) ein eindrucksvolles Textbeispiel. Sie machen klar, dass das Reich Gottes vor allem den Gescheiterten, den Exkludierten Heilung und Befreiung verheißt. Es sollen sich freuen die Armen, die Hungernden und die Weinenden, denn sie werden satt werden und lachen (vgl. Lk 6,20f.). So wird auch mit Blick auf die daran anschließenden Weherufe (Lk 6,24-26) deutlich, dass das Evangelium vom Reich Gottes für die Armen eine Botschaft der Befreiung, für die Reichen aber eine Botschaft der Umkehr ist (vgl. Klinger 1990: 210).

Grund der Freude ist der Glaube daran, dass Gott das Verlorene nicht preisgibt. Hier sind von besonderer Bedeutung die Gleichnisse vom verlorenen Schaf (Lk 15,1-7 auch Mt 18,12-14) und von der verlorenen Drachme (Lk 15,8-10) (vgl. Ragaz 1971: 80f). Hier „verdeutlicht das Evangelium den unbedingten Willen Gottes, nicht den kleinsten, unbedeutensten Teil seiner Schöpfung verloren gehen zu lassen. Beide Gleichnisse bringen zum Ausdruck: Gott *sucht alles, was verloren ist, bis er es findet*. Er sucht es, *weil nicht der kleinste Teil seiner Schöpfung verloren gehen darf*, weil er jedes Geschöpf so sehr liebt, daß selbst der Verlust des Geringsten und Unbedeutendsten so schmerzhaft wäre, dass dadurch die Freude an den vielen Nicht-Verlorenen zutiefst getrübt werden würde. Erst im Wiederfinden des verirrten Schafs kehrt die Freude übergroß zum Hirten zurück." (Weiß-Flache 2001: 398)

Nach dieser Grundlegung einer Theologie am Ort der Scheiternden folgt nun die Darlegung von Elementen einer christlichen Spiritualität der Sozialarbeit, die in der Begegnung mit total Gescheiterten standhalten lässt.

3.2 Ansätze einer christlichen Spiritualität der Sozialarbeit mit total Gescheiterten

3.2.1 Aushalten unterm Kreuz

Die Passionsgeschichte (Mk 14,1-15,47), v.a. der Text Mk 15,20b-15,41 „Kreuzigung und Tod Jesu" sind biblische Schlüsseltexte einer christlichen Spiritualität der Sozialarbeit mit total Gescheiterten. Man begegnet hier Menschen, die sich zum scheiternden Jesus unterschiedlich in Beziehung setzen. Ihr Verhalten ist idealtypisch für den Umgang mit Scheiternden im Allgemeinen. Die Jünger wollen mit dem Scheiternden nichts mehr zu tun haben. Sie brechen die Beziehung zu ihm ab: Petrus, indem er Jesus verleugnet (Mk 14,66-72); die anderen Jünger, indem sie fliehen (Mk 14,50). Die Soldaten, die Umstehenden und sogar die Mitgekreuzigten spotten über Jesus (Mk 15,16-20a und 15,29-32). Distanzierung von Gescheiterten durch Beziehungsabbruch, aus Angst der Situation nicht gewachsen zu sein, oder durch zynische Schadenfreude sind auch heute gängige Verhaltensweisen.

Eine Alternative hierzu stellt das im Lukasevangelium überlieferte Verhalten des einen Mitgekreuzigten dar, der Jesus gegen den Spott der anderen verteidigt (Lk 23,40-42).

Hier wird eine Solidarität unter Gescheiterten greifbar. Vor allem aber interessiert uns hier das Verhalten der Frauen, die Jesus nachfolgten. Sie halten unter dem Kreuz aus und begleiten den scheiternden Jesus bis in den Tod (Mk 15,40), ohne die Aussicht noch helfen oder etwas Positives bewirken zu können, auch auf die Gefahr hin, selbst in Schwierigkeiten zu geraten. Hier wird die christliche Haltung angesichts des Scheiterns anderer greifbar: Das Aufrechterhalten der zwischenmenschlichen Verbundenheit bis zuletzt, auch wenn es sinnlos erscheint. Hierfür kann der Glaube an die Solidarität Gottes mit den Scheiternden die nötige Widerstandskraft zur Verfügung stellen. So schreibt Erika Schuchardt (1990: 395): „Auch ein Christ weiß keinen Weg am Leid vorbei, wohl aber einen Weg – mit Gott – hindurch. Dunkelheit ist ja nicht Abwesenheit Gottes, sondern Verborgenheit Gottes, in der wir ihn – ihm nachfolgend – suchen und neu finden." Es ist das Aushalten in der Dunkelheit unter dem Kreuz (vgl. Mk 15,33), in der Dunkelheit des Scheiternden, das erst die Möglichkeit der Erfahrung von neuem Leben eröffnet. Eine Verweigerung dieses Aushaltens im Dunkeln, sei es durch Flucht oder durch Spott, verschließt die Möglichkeit, Licht am Ende des Tunnels zu sehen. Nicht von ungefähr sind es deshalb die Frauen unter dem Kreuz und nicht die männlichen Jünger, die die Erfahrung von Jesu Auferweckung machen (Mk 16,1-8).

Aushalten unter dem Kreuz, Begleitung auch im totalen Scheitern – das ist die Praxis, die aus christlicher Sicht geboten ist. Dass diese solidarische Praxis bei den Betroffenen positive Prozesse auslösen kann, ist ein zentrales Ergebnis der Biographieforschung von Erika Schuchardt zur konstruktiven Bearbeitung von schwerwiegenden Krisen- und Scheiternserfahrungen. Sie kommt in ihren empirischen Untersuchungen zur Einsicht, dass die Begleitung des Betroffenen durch einen anderen Menschen maßgeblich für den Erfolg des Lernprozesses im Umgang mit dem eigenen Scheitern ist (vgl. Schuchardt 1990: 403).

Damit diese Ausführungen aber nicht im Status des Postulats hängen bleiben, ist zu fragen: Was befähigt Menschen, unter dem Kreuz anderer auszuharren?

3.2.2 Die Liebe hält stand[12]

Greift man auf die paulinische Trias der christlichen Grundhaltungen – Glaube, Hoffnung, Liebe (1 Kor 13,13) – zurück, so erhalten wir drei Antworten. Unter dem Kreuz hält stand: die Liebe gegenüber den Betroffenen, der Glaube an den Gott des Lebens und/oder die Hoffnung auf ein Wunder bzw. eine bessere Zukunft. Da aber ein Wunder und die bessere Zukunft allzu oft ausbleiben und sich Gott nicht unmittelbar als der Lebenschaffende, -erhaltende, sondern im Scheitern in der Regel als Verborgener erweist, ist die Liebe in diesem Zusammenhang die wichtigste Grundhaltung (vgl. 1 Kor 13,1-13).

Natürlich handelt es sich hier nicht um die romantische Liebe. Diese kann einerseits nur einer begrenzten Anzahl von Menschen entgegengebracht werden, andererseits verbietet sie sich aus Gründen der Professionalität im Handeln des Sozialarbeiters. Vielmehr ist

---

[12] Auch wenn es im Kontext der professionellen Sozialarbeit verwundern mag, von Liebe zu reden, so ist dieser Begriff durchaus anschlussfähig an diesen Kontext. So spricht Jenö Bango (2001: 189f) im Rahmen der Sozialarbeit von gelernter (erlernter), professioneller, vertraglich geregelter Liebe. „Soziale Liebe in der Sozialarbeit ist die bedingungslose Annahme der anderen, ist tätige Solidarität, Helfenwollen und Helfenkönnen (Dienstleistung)."

hier die Liebe gemeint, die das Verlorene nicht preisgibt. Diese Liebe, die auch Jesus im Sinn hat, wenn er von Nächsten- und Feindesliebe spricht, ist „*die tiefe Empfindung der unbedingten Verbundenheit von Mensch zu Mensch und unbedingten Verpflichtung von Mensch zu Mensch.*" (Ragaz 1979: 95) Alles Trennende – sei es Feindschaft oder das Scheitern des Gegenübers – wird unter dem Eindruck dieser Liebe als tiefer Schmerz und als Sehnsucht nach einer Neuverbindung empfunden. Diese Liebe hat ihren Grund einerseits im Empfinden der Mitgeschöpflichkeit des Anderen, andererseits aber in der Erfahrung der Verbundenheit der gemeinsam vom Scheitern Betroffenen. So kann im Eingeständnis der eigenen Existenz als einer scheiternden eine Verbundenheit mit dem scheiternden Anderen entstehen, die auf paternalistische Bevormundung verzichtet. Unter dem Eindruck dieser Liebe kann ein Mensch unter dem liebevollen Blick des anderen, der ihn auch mit seinem Scheitern akzeptiert, wenigstens punktuell jene innere Selbstsicherheit gewinnen, die ihn zu einem konstruktiven Umgang mit dem eigenen Scheitern befähigt.

Im Gegensatz hierzu steht aber mitunter die sozialarbeiterische Praxis in der Gefährdetenhilfe. Die Betroffenen, denen es im Leben häufig schon seit ihrer Kindheit an Liebe mangelte, bekommen dann Therapie (im defizitären Sinn) statt Liebe, Heilungstechniken oder Resozialisierungsmaßnahmen verordnet statt therapeutische Beziehungen auf der Basis der wechselseitigen Beziehung von Mensch zu Mitmensch geschenkt. An diesem Defizit wird deutlich, dass diese Liebe, als Grundhaltung gegenüber den Betroffenen, weder eine Selbstverständlichkeit ist, noch gegenüber jedem Klienten aktualisiert werden kann. Hier ist vor Überforderungen der SozialarbeiterInnen unbedingt zu warnen. Das, worum es hier geht, ist nicht einfach beliebig machbar. Vielmehr ist die Fähigkeit zu einer solchen Liebe, das Ergebnis eines langen unabschließbaren inneren Wachstums- und Reifungsprozesses, das immer wieder angefochten ist.

Gerade weil diese Liebe, die angesichts des totalen Scheiterns aushält und sogar dort noch wohltuend wirkt, so unverfügbar ist, stellt sich die Frage, was der Grund dieser Liebe ist. Unter Rückgriff auf die Lebens- und Glaubenserfahrungen Dietrich Bonhoeffers aus seinen letzten Lebensjahren in der Haft, wird hier ein erster Antwortversuch gewagt. Es geht um die Frage, auf welcher Grundlage Menschen im Scheitern standhalten können.

3.3.3 Dietrich Bonhoeffer: Ergebung in Gottes Hände als Widerstand gegen das Scheitern

Am 5.4.1943 wird der evangelische Theologe Dietrich Bonhoeffer im Militärgefängnis Berlin/Tegel inhaftiert und nach dem Scheitern des Umsturzversuchs vom 20.7.1944 am 8.10.1944 ins Gestapogefängnis in der Berliner Prinz-Albrecht-Straße überführt. Am 9.4.1945 wird er schließlich im KZ Flossenbürg wegen seiner Mitgliedschaft in der Widerstandsgruppe der Militärischen Abwehr um Oster und Canaris hingerichtet (vgl. Bethge 1994: 897-1044).

Im Militärgefängnis Berlin/Tegel schreibt er in Briefen aus der Haft seine neu gewonnenen theologischen Einsichten über seine eigenen Glaubenserfahrungen nieder, die ihn prägen angesichts des erfahrenen und des drohenden Scheiterns der Widerstandsgruppe und der eigenen Person im Widerstand sowie angesichts des zermürbenden Inhaftiertseins und der Ungewissheit über die eigene Zukunft. Er entwickelt in der Haft die theologische Reflexion einer Spiritualität, die angesichts des eigenen Scheiterns standhält und nicht in

Verzweiflung verfällt. Grundzüge dieser Spiritualität darzustellen, wird im Folgenden versucht.

Der Glaube an Gott als bergende Macht ist für Dietrich Bonhoeffer die einzige Möglichkeit, die Last und das Leiden seiner Haft und schließlich auch seiner Hinrichtung mit Würde und in Verantwortung für die Welt zu tragen, ohne in völlige Verzweiflung zu fallen und um seines Lebens Willen, seine Ideale zu verraten. An der äußersten Grenze findet er im Glauben an Gott den letzten Halt, um in einer Situation äußersten Angefochtenseins wahrhaftig zu bleiben und der menschlichen Willkür zu widerstehen. So schreibt er am 22.12.1943: „Ich muß die Gewißheit haben können, in Gottes Hand und nicht in Menschenhänden zu sein. Dann wird alles leicht, auch die härteste Entbehrung." (Bonhoeffer 1994: 100) Er kann seinen Kreuzweg – den Weg seines Scheiterns an der totalitären Gewalt des Nationalsozialismus – nur gehen im Vertrauen auf Gott. Nur die Ergebung in Gottes Hand ermöglicht es ihm, der menschlichen Gewalt und den Mächten des Todes bis zum Schluss – bis zu seiner Ermordung durch die Nationalsozialisten – Widerstand zu leisten. Er raubt ihnen ihre Macht über ihn, indem er im Tod sich ganz in die übersteigende Macht des Lebens – in Gott – fallen lässt. Indem er sich in sein Schicksal – als von der Liebe Gottes umfangenes – ergibt, leistet er bis zuletzt Widerstand. An dieser äußersten Grenze ist mehr nicht möglich. In der absoluten Sinn- und Machtlosigkeit des totalen Scheiterns ist die einzige Möglichkeit dieser Sinn- und Machtlosigkeit zu widerstreiten, hartnäckig einen transzendenten, machtvollen Sinn – Gott – zu behaupten.

Dieser Rückgriff auf die Transzendenz Gottes ist für Dietrich Bonhoeffer aber nur in diesen Situationen der absoluten Sinn- und Machtlosigkeit möglich und legitim. So schreibt er am 2. Advent 1943: Nur „wenn man das Leben und die Erde so liebt, daß mit ihr alles verloren und zu Ende zu sein scheint, darf man an die Auferstehung der Toten und eine neue Welt glauben." (Bonhoeffer 1994: 88) Nur wenn man seine christliche Existenz strikt und ausschließlich im Diesseits verankert, wenn man so lebt, als ob es Gott nicht gäbe, wenn man nicht voreilig „neutestamentlich sein und empfinden will" (Bonhoeffer 1994: 88), an eine jenseitige Hoffnung glaubt, nur dann kann die Transzendenz Gottes an der Grenze der menschlichen Existenz wirklich erfahren und behauptet werden. Nur wenn man strikt im Diesseits, „nämlich in der Fülle der Aufgaben, Fragen, Erfolge und Mißerfolge, Erfahrungen und Ratlosigkeiten" lebt, „wirft man sich Gott ganz in die Arme, dann nimmt man nicht mehr die eigenen Leiden, sondern das Leiden Gottes in der Welt ernst, dann wacht man mit Christus in Gethsemane, und ich denke, das ist Glaube, das ist μετανοια[13]: und so wird man ein Mensch, ein Christ (vgl. Jerem. 45!)." (Bonhoeffer 1994: 195) Nur wenn Menschen Gott nicht zum billigen Lückenbüßer ihrer eigenen Kontingenzerfahrungen machen, können sie sich Gott ganz in die Hände geben, wenn keine helfenden menschlichen Hände mehr da sind.

Diese innere Haltung befähigte Dietrich Bonhoeffer zum Widerstand gegen die Mächte des Todes, gegen das Scheitern im eigenen Leben. Ebenso setzt das Bewusstsein, dass das Leben *jedes* Menschen ganz in Gottes Händen geborgen ist, in die Lage, einerseits angesichts des Scheiterns anderer bis an die eigene Grenzen das mir Mögliche an Hilfe zu tun und andererseits dann aber auch im Erkennen der Vergeblichkeit aller Hilfen darauf zu vertrauen, dass der andere nicht verloren ist, sondern im größeren Zusammenhang der Liebe Gottes geborgen ist. Hier stößt man auf die Quellen eines Gottvertrauens, das in

---

[13]   metanoia (griech.): Sinnesänderung, Umkehr.

Dietrich Bonhoeffers Gedicht „Von guten Mächten" (vgl. Bonhoeffer 1994: 219) auf ergreifende Weise fassbar wird.

Dieser Haltung des Gottvertrauens geht es nicht darum, das Scheitern in der Welt „irgendwie religiös zu verdecken, zu verklären" (Bonhoeffer 1994: 192), nicht einen theoretischen Sinn in der Sinnlosigkeit (z.B. über die Theodizee) zu konstruieren, sondern ganz in dieser Welt zu leben und die Wirklichkeit Gottes in der solidarischen Praxis mit dem gescheiterten Mitmenschen zu behaupten. Dietrich Bonhoeffer hierzu: „Unser Verhältnis zu Gott ist kein ‚religiöses' zu einem denkbar höchsten, mächtigsten, besten Wesen – dies ist keine echte Transzendenz –, sondern unser Verhältnis zu Gott ist ein neues Leben im ‚Dasein-für-andere', in der Teilnahme am Sein Jesu. Nicht die unendlichen, unerreichbaren Aufgaben, sondern der jeweils gegebene erreichbare Nächste ist das Transzendente. Gott in Menschengestalt. [...] Der aus dem Transzendenten lebende Mensch." (Bonhoeffer 1994: 205)

3.3.4 Leben im größeren Zusammenhang der Liebe Gottes: Die österliche Perspektive

Dietrich Bonhoeffers Glaubensweg weist darauf hin, dass unser Handeln immer in einen größeren Zusammenhang einbezogen ist, in soziale Netzwerke des Lebens, die in Gott, der Macht des Lebens, gründen. Eine solche Haltung kann SozialarbeiterInnen davor bewahren, angesichts des totalen Scheiterns des Klienten, am eigenen Scheitern zu verzweifeln.

Das Bewusstsein, dass wir Menschen immer und gerade auch als Scheiternde von Gott angenommen und geliebt sind, dass wir immer in Gottes Hand – in der Hand des Lebens – sind, ermöglicht uns eine Praxis, die sogar angesichts des totalen Scheiterns standhalten lässt. Wenn letztendlich nicht unser Erfolg das Kriterium für ein sinnvolles Leben ist, sondern das Bewusstsein immer von guten Mächten wunderbar geborgen zu sein, die uns durch unser Scheitern zu neuem Leben geleiten, dann kann uns weder das eigene Scheitern schrecken, noch kann das Scheitern anderer bedrohlich auf uns wirken. Menschen mit dieser inneren Gewissheit sind dann angesichts des eigenen, aber auch des fremden Scheiterns in der Lage, in Situationen der Ausweglosigkeit und Absurdität sinnvoll zu handeln. Durch das Ergeben in das Unabänderliche, durch die volle Annahme des Schreckens kann dem Tod Widerstand geleistet werden und dem Leben Sinn und damit Lebensqualität abgetrotzt werden.

Analog zu Dietrich Bonhoeffers Gewissheit in Gottes Hand in allem menschlichen Schrecken sicher geborgen zu sein, formuliert Gotthard Fuchs im Rückgriff auf Teilhard de Chardin: „Die österliche Perspektive also und die damit verbundene Gewißheit auf ‚ewiges' Leben, auf wirkliches Über-Leben, entpuppt sich ... als gottgeschenkte Ermutigung, ‚dem Gegenteil ins Gesicht zu sehen' und die Nachtseiten des geburtlichen und sterblichen Daseins ebenso liebevoll zu umarmen wie die Lichtseiten, das Scheitern wie das Gelingen." (Fuchs 1998: 33)

Mit dieser inneren Haltung dem Leben gegenüber, die „Licht *und* Schatten, Helle *und* Finsternis, Geburt *und* Tod, Gelingen *und* Scheitern, Gesundheit *und* Krankheit im Glauben an den allversöhnenden Gott" (Fuchs 1998: 31) zusammenhält und darauf vertraut, dass es im Tod Leben gibt, kann ein Sozialarbeiter angesichts des totalen Scheiterns seiner Klienten standhalten, auch wenn alle Interventionsmöglichkeiten erschöpft sind, weil er in der Hoffnungsperspektive des Glaubens darauf vertrauen kann, dass das wahre ‚ewige'

Leben „nicht die Verabschiedung oder gar Abspaltung von Scheitern, Sterben und Tod ist, sondern deren Würdigung, deren Bergung, der Entzifferung im Lichte der allumfassenden Güte Gottes. ‚Geheimnis des Glaubens: im Tod ist das Leben.'!" (Fuchs 1998: 33)

In Anlehnung an Teilhard de Chardin und Dietrich Bonhoeffer ist somit als christliche Spiritualität der Sozialarbeit mit total Gescheiterten festzuhalten: Mit allen Kräften gegen den Tod, gegen das Scheitern des Klienten kämpfen, denn das ist unsere Pflicht als Lebende. (Hier dürfen SozialarbeiterInnen – aus welchem Grund auch immer – nicht zu schnell kapitulieren!) Doch wenn nach allem Einsatz der Weg des Scheiterns des Klienten unabänderlich erscheint, dann muss der Sozialarbeiter „diesen Paroxysmus (diese akute Zuspitzung, diesen Höhe- und Wendepunkt mit Durchbruchcharakter) im Glauben an das Leben haben," der ihn befähigt, den Klienten dem Tod als End- und Wendepunkt seiner Scheiternsgeschichte zu überlassen, „als einen Sturz in das Mehr-Leben" (de Chardin 1988: 111). Dann wird, ohne den Betroffenen abzuschreiben, eine professionelle Beziehungspraxis möglich, die auf ohnehin nicht mehr fruchtbare Hilfsangebote verzichtet, und als eine Form der Sterbebegleitung sich im Eingeständnis der eigenen Ohnmacht dem größerem Zusammenhang der ‚guten Mächte' des Lebens überantwortet. So können schließlich im Idealfall in der Begegnung von Klient und Sozialarbeiter, nicht mehr in der Hierarchie von Helfer und Hilfesuchenden, sondern als gleichstufige Begegnung von Mensch zu Mitmensch, flüchtige Situationen existentieller Tiefe und Lebendigkeit entstehen. Wenigstens aber kann ein Sozialarbeiter dadurch in die Lage versetzt werden, den Klienten nicht innerlich abzuschreiben, sondern den Verlorenen in die rettenden Hände Gottes zu übergeben. Jenseits aller sozialarbeiterischer Interventionsmöglichkeiten wird so auch mit Klienten, die sich bislang hartnäckig jeglicher Beziehungsaufnahme widersetzten, eine Praxis höchster Mitmenschlichkeit und Professionalität möglich, weil der Sozialarbeiter so in der Lage sein kann, beharrlich mit positiven Beziehungssignalen des Klienten zu rechnen und situationsgerecht darauf einzugehen, obwohl sich diese Offenheit bereits über Jahre nicht ‚ausgezahlt' hat, keinen noch so kleinen Erfolg mit sich brachte. Dann bekommt auch immer wieder der eine Chance, der eigentlich keine Chance mehr verdient hat, weil er immer wieder Hilfeangebote verweigerte oder boykottierte.

3.3.5   Auseinandersetzung mit dem eigenen Scheitern

Ein ganz wichtiger Schritt zu dieser inneren Haltung ist die intensive Auseinandersetzung des Sozialarbeiters mit dem eigenen Scheitern. Hierzu gehört auch die Auseinandersetzung mit dem eigenen Tod, da unser Scheitern immer auch ein Vorgriff auf den Tod ist, dem letzten Scheitern aller unserer Bemühungen.

Ein Ergebnis dieser Auseinandersetzung wäre die existentielle (nicht nur kognitive) Anerkennung der Zerbrechlichkeit allen menschlichen Lebens – auch des eigenen – und die Einsicht, dass die wesentlichen Dinge des Lebens wie z.B. Gesundheit, Eingebundensein in gelingende (nicht nur familiäre) Beziehungen, Leben in Sicherheit und Frieden nicht beliebig produzierbar, sondern unverfügbare Geschenke sind. Ohne diese Einsichten bliebe der Sozialarbeiter den Versuchungen des Machbarkeitswahns erlegen und stünde immer in der Gefahr der Abwertung des Hilfesuchenden (paternalistische Fürsorgehaltung) und der Überschätzung der eigenen sozialarbeiterischen Möglichkeiten (Allmachtsphantasien).

So stellt sich hier die Frage, welches Menschenbild die Arbeit des Sozialarbeiters prägt. Entzieht sich der Sozialarbeiter der tiefgreifenden Auseinandersetzung mit dem Scheitern als menschlichem Existential, gilt ihm das Scheitern „nur als Betriebsunfall, als Schicksalsschlag, als etwas, das eigentlich nicht sein dürfte" (Fuchs/Werbick 1991: 21), dann akzeptiert er nicht, dass wir alle im Bild der biblischen Schöpfungserzählung aus ganz banaler Erde gemacht und gerade nicht perfekt sind (vgl. Sölle 1986: 37-54). Folgt die Sozialarbeit so dem Machbarkeitswahn, so muss sie gerade da scheitern, wo sie sich am dringendsten bewähren müsste, angesichts von Lebensschicksalen, in denen nichts mehr zu machen ist.

Auch in der Sozialarbeit gilt: „Wo der Macher alles ist, gilt der Ohn-macher nichts." (Fuchs 1990: 438) Ein Sozialarbeiter findet auf dieser Grundlage keinen wirklichen Zugang zu seinen Klienten. So können einerseits „Scheiternde ... angebotene Hilfe nicht ernstnehmen und annehmen, wenn sie spüren, daß der andere keine Ahnung davon hat, was mit ihnen geschieht." (Fuchs/Werbick 1991: 113). Andererseits kann wirkliche Solidarität mit Scheiternden, die auf paternalistische Bevormundung verzichtet, erst wachsen, wenn ich mich selbst nicht vor Irrwegen und Sackgassen sicher weiß (vgl. Fuchs/Werbick 1991: 112). Vielleicht „macht nichts so einfühlsam und wissend wie das Durcharbeiten eigener Scheiternserfahrungen. Vielleicht hat tatsächlich nur der etwas verstanden, der gescheitert ist und dies bewältigen konnte." (Fuchs/Werbick 1991: 34)[14]

3.4 Handlungsansätze einer christlichen Spiritualität der Sozialarbeit mit total Gescheiterten

3.4.1 Gebet

Eine zentrale spirituelle Praxis stellt hier das Gebet[15] – vor allem das situationsbezogene, frei formulierte Gebet – dar. Im Beten kann die ausweglose Situation, das Scheitern des Klienten und das eigene Scheitern am Klienten, vor Gott gebracht und so in den größeren Zusammenhang des Lebens gestellt werden. Im Eingeständnis der eigenen Ohnmacht und der Überantwortung an eine höhere Macht kann sich ein paradoxer Vorgang ereignen. Der ohnmächtig Betende kann neue Macht, d.h. neue Handlungsmöglichkeiten erlangen, aus der Gewissheit heraus „in Gottes Hand und nicht in Menschenhänden zu sein", wie es Dietrich Bonhoeffer (1994: 100) ausdrücken würde.

Unterstrichen werden kann das Gebet mit einer Symbolhandlung. Man zündet z.B. eine Kerze für den Klienten an und bringt so auch zeichenhaft ihn und sein tragisches Schicksal vor Gott. Das Gebet kann evtl. auch im Team, das mit dem Klienten zu tun hat,

---

[14] Um so mehr verwundert die vorhandene Unfähigkeit einiger Fachleute in der Gefährdetenhilfe, Psychologen, Ärzte und Sozialarbeiter, das eigene Scheitern theoretisch zu reflektieren, obwohl sie sich explizit mit dem Scheitern im Therapie- oder Beratungsprozess befassen (vgl. z.B. Büchner 1997; Funke 1997). Hier scheint wiederum die gesellschaftliche Tabuisierung des Scheiterns wirksam zu sein, die das Scheitern, wenn überhaupt, nur am anderen, nicht aber an sich selbst wahrnehmen lässt.

[15] Vgl. zum Gebet: Schaller (1984); Ringleben (2001); Fuchs (2000).

vollzogen werden. In einer Andacht für den Klienten – vielleicht auch mit Liedern und
Bibeltexten ergänzt – kann so auch gegenseitige Stärkung erfolgen in der Erfahrung, dass
alle Beteiligten in ähnlicher Weise vom Schicksal des Klienten betroffen sind. In bestimmten Situationen kann es auch sinnvoll sein, zusammen mit dem Klienten zu beten. Hier
kommt es sehr auf das religiöse Gespür des Sozialarbeiters an, da das Angebot zu beten, in
unserem kulturellen Kontext das gewohnte Setting der Sozialarbeit sprengt und zu tiefgreifenden Irritationen auf beiden Seiten führen kann. Das gemeinsame Gebet von Sozialarbeiter und Klient benötigt eine religiöse Disposition von *beiden*, eine Offenheit dafür in der
konkreten Situation und *absolute* Freiwilligkeit. Daneben ist darauf zu achten, dass die
Asymmetrie zwischen Berater und Ratsuchendem, durch Gebetsinhalt, -gestus, -ablauf und
-sprache weitgehend abgebaut wird. Erst wenn auch das eigene Scheitern des Sozialarbeiters im Gebet zu Wort kommt, wenn es nicht wie ein Fürsprechergebet aus einer höheren
Warte vom Sozialarbeiter gesprochen wird, wenn für den Klienten wenigstens die Möglichkeit besteht, selbst etwas zum Gebet beizutragen und das Gebet in einer Sprache ge-
sprochen wird, die der Klient auch versteht, kann zwischen beiden Betenden eine heilende
Verbundenheit wachsen, weil deutlich wird, dass beide, wenn auch in unterschiedlicher
Intensität vom Scheitern betroffen sind, mit leeren Händen vor Gott stehen[16]. Wenn diese
Voraussetzungen erfüllt sind, kann das Gebet für beide zur Kraftquelle werden. Dann kann
wenigstens in der Zeit des Gebets der schwarze Vorhang des Scheiterns wenigstens ein
Stück weggeschoben werden und Licht und Leben einfallen. Diese punktuelle Erfahrung
kann für beide auch in den darauffolgenden Tagen Kraft, Trost und Hoffnung geben, was
angesichts des totalen Scheiterns sehr viel ist.

3.4.2 Klagespiritualität

Angesichts des schweren Schicksals vieler Wohnungsloser kann es im spirituellen Umgang
mit ihrem Scheitern nicht um frömmlerische Schönfärberei gehen. So gehören hier „Klage
und Anklage, Auflehnung und Protestation zur (rational und theologisch) gesunden Reaktion." (Fuchs 1998: 30) Oder in den Worten Norbert Greinachers (1990: 360): „Klagen und
Schreien zu Gott in der Situation des Scheiterns: Dies ist eine Gottes und des Menschen
würdige Antwort." Der Sprechakt der Klage entspricht wohl am ehesten der Gemütsverfas-
sung von Scheiternden und ihren Begleitern. Nicht umsonst wurde deshalb diese Gebetsform in die Bibel als eine zentrale Gebetsform aufgenommen, auf die auch Jesus am Kreuz,
am Ort des totalen Scheiterns zurückgriff.[17]
     Die spezifische Spiritualität des alttestamentlichen Klagegebets kann am Ort des tota-
len Scheiterns hilfreich sein, ist doch seine primäre Redesituation die unmittelbare Erfahrung von Not (vgl. Fuchs 1982: 294-302). Der Klageprozess selbst ist in folgende Phasen
unterteilt: Klage (im engeren Sinn), extensive Notschilderung und Feindbenennung, intensive Bitte, plötzlicher, unvermittelter Stimmungsumschwung hin zur Vergewisserung der
Nähe Gottes, Lob Gottes (vgl. Fuchs 1997: 109).
     Als paradoxe Handlungen reklamieren diese „Konfliktgespräche mit Gott" (Fuchs
1997: 108; vgl. Fuchs 1987: 963f) in „der Erfahrung der Abwesenheit Gottes ... im Sprech-

---

[16]   Vgl. zu diesem Gestus das Lied „Ich steh vor dir mit leeren Händen" von Huub Oosterhuis.
[17]   Vgl. das Zitat aus Psalm 22 in den Passionsberichten Mk 15,34 parr.

akt seine Nähe" (Fuchs 1982: 352). Sie sind dabei das Gegenteil von Verdrängen. Indem im Klageprozess die eigenen Ängste, Zweifel, Trauer und Wut Gott und den Menschen gegenüber ausgesprochen und mit Gott in Beziehung gebracht werden, zerstören sie nicht das Vertrauen in Gott und gegenüber den Menschen, sondern öffnen es vielmehr (vgl. Fuchs 1987: 971). So „darf die Klage auch vorwurfsvoll ausfallen, weil der leidende Mensch hier aufrechten Ganges vor Gott hintritt." (Fuchs 1997: 109) Weil im Klagegebet alle Zweifel und Anklagen auch Gott gegenüber thematisiert werden dürfen, kann gerade angesichts des totalen Scheiterns, eine Beziehung zu Gott aufrechterhalten werden, der an diesem Ort als Verborgener erfahren wird. Deutlich wird hier, dass es der Klagespiritualität nicht auf Perfektion ankommt. Der Glaube des Beters darf voller Zweifel und Anklagen gegen Gott sein. So wird diese Spiritualität menschlich und gerade in Kontexten unersetzlich, die angesichts menschlichen Leidens und Scheiterns immer zum Verzweifeln sind. Der Klageprozess kann so tatsächlich für die Sozialarbeit mit total Gescheiterten neue Perspektiven eröffnen. „Wo Menschen aus ihrer Situation heraus mit Gott die Vertrauensarbeit wagen, wo sie heftig ihre Situation und ihr Einklagen einbringen und gleichzeitig genauso heftig nicht von Gott lassen, sondern sich auf die Chance einer neuen Gottesbeziehung zu ausstrecken, wächst auch die Möglichkeit, auch den Menschen wieder anders begegnen zu können" (Fuchs 1987: 974).

Diese neue Perspektive, die sich im Klageprozess eröffnen kann, wird in der exegetischen Fachliteratur als „Stimmungsumschwung" bezeichnet: „In der Situation der Bedrängnis entsteht eine Erhörungs- und Glaubensgewißheit, daß Gott hört und in irgendeiner Form den Beter nicht zugrunde gehen läßt, auch wenn diese Form noch in keiner Weise sichtbar ist. Die Situation des Beters hat sich im Gebetsverlauf nicht verändert. [...] Geändert hat sich freilich die Beziehung zu Gott, insofern sich ein neues und intensives Vertrauen einstellt." (Fuchs 1987: 977) Deutlich wird hier: Gott ist in der Not anwesend. Sie wird nicht weggezaubert. So konstituiert das Klagegebet eine Gottesbeziehung, jenseits des magischen Zugriffs auf Gott, der die Notbeseitigung als Folge des rechten Betens als zwangsläufig voraussetzt. In der Spiritualität der Klagepsalmen ist Gott „nicht einfach dafür da, um zu funktionieren, damit es einem gut geht." Vielmehr steht Gott dem Klagenden „in seiner Freiheit und in seinem Geheimnis [...] gegenüber: verborgen, unergründbar und nicht zu kalkulieren. Gott darf Gott bleiben!" (Fuchs 1987: 978). So stehen im „Extremfall menschlicher Leidenserfahrung (was zur Voraussetzung hat, daß diese nicht verdrängt wird!) ... Mensch und Gott in ihrer wahren Existenz frei voreinander: der Mensch in seiner Selbstbehauptung, indem er seine Not Gott vorschreit und das verheißene Heil einklagt; und Gott, der gerade ohne magischen und rationalisierenden Zugriff nahe wird, obwohl er verborgen bleibt." (Fuchs 1987: 982)

Für die alttestamentlichen Klagegebete ist festzuhalten: im Elend ereignet sich der Stimmungsumschwung. „Eine plötzlich-wundersame Notbeseitigung ist ... nicht anzunehmen." (Fuchs 1997: 109) Die Situation ist nicht gelöst, aber Hoffnung kann wieder aufscheinen, weil die ursprünglich angefochtene Beziehung zwischen Gott und Mensch neu konstituiert wird. Dieser „Stimmungsumschwung" erfolgt aber nicht zwangsläufig. Darum weiß auch die biblische Überlieferung, wofür Psalm 88 ein Beleg ist, der ganz in der Klage endet. Der Stimmungsumschwung ist ein unverfügbares Ereignis, ein Geschenk, dass sich einstellen kann, aber nicht muss. Mitunter ist der Weg durch das Tal der Tränen sehr weit. Manchmal dauern Klageprozesse sehr lang, bis Hoffnung aufscheinen kann. Manchmal geschieht es nie.

Dennoch kann ein Klagegebet, gemeinsam von KlientIn und SozialarbeiterIn gesprochen, sinnvoll sein und für die KlientInnen neue Lebensmöglichkeiten eröffnen. So betont Erika Schuchardt (1990: 404) in ihren Ausführungen zum kreativen Umgang mit Erfahrungen des Scheiterns, „daß die Phase der Aggression als Katharsis eine Schlüsselposition einnimmt", was die besondere Bedeutung der Klage über die eigene Situation auch als Anklage der Mitmenschen und Gottes unterstreicht. Gerade mit langjährig wohnungslosen Menschen, die sich schon ganz in ihr Schicksal und die damit verbundene Verzweiflung ergeben haben, kann es sinnvoll sein, dass die begleitende Person behutsam Klageprozesse anregt, die die betroffene Person zur Annahme ihrer Bruchbiographie befähigen können. In der Klage steht der Betroffene vielleicht zum ersten Mal zu seinem schlimmen Schicksal und muss es nicht länger verdrängen, z.B. durch Flucht in Süchte oder Psychosen. Dieses Eingeständnis der eigenen Misere kann aus der sozialen Isolation herausführen und *im* Elend neue Lebensmöglichkeiten eröffnen. So kann zwar der Klient nicht aus dem Scheitern gerettet werden, aber in seinem Scheitern kann eine Hoffnungsperspektive Fuß greifen darauf, dass sein gebrochenes Dasein doch wieder vor Gottes Angesicht Konsistenz erlangen und Heilung erfahren kann. Das totale Scheitern bleibt ein Scheitern, aber es verliert seinen Stachel: Es mündet nicht mehr in Verzweiflung und Sinnlosigkeit. Zudem können im Klageprozess, gerade in der Phase der Feindbenennung die sozialen Ursachen des Scheiterns des Klienten aus dessen Perspektive benannt werden. In geeigneter Weise öffentlich dokumentiert, z.B. in Form einer Klagemauer, kann so der individuelle Klageprozess auch für den politischen Einsatz für mehr soziale Gerechtigkeit fruchtbar gemacht werden.

Da aber das Gebet mit Klienten aus o.g. Gründen nicht zum sozialarbeiterischen Alltagshandeln gehören kann, ist die Klagespiritualität vor allem als Hilfe für SozialarbeiterInnen zu verstehen. In der Klage können sie das Elend des Klienten und das Scheitern der eigenen Bemühungen vor Gott bringen. Damit kann es leichter fallen, das loszulassen, was nicht mit eigenen Händen zu lösen ist. Es wird Gott überantwortet. Auf der Grundlage dieser Entlastung wird eine Praxis möglich, die über alle Frustrationen mit dem Klienten hinweg, eine Offenheit für den Klienten beibehält, immer wieder die Beziehung zu ihm sucht und in Anerkennung seines totalen Scheiterns versucht, situativ und punktuell die Lebensqualität des Betroffenen zu steigern. Diese Entlastung ist weder eine billige Entsorgung der eigenen Inkompetenz noch eine Entschuldigung für Versäumnisse im Hilfeprozess, sofern die rettende Transzendenz Gottes erst an der Grenze der eigenen Handlungsmöglichkeiten behauptet wird.

3.4.3 Politisches Engagement für die und mit den Betroffenen

Christliche Spiritualität wäre zu klein gedacht, wollte man auf der individualisierenden Schiene stehen bleiben. Die Frohe Botschaft vom Reich Gottes ist eine Heilsbotschaft für die Gescheiterten. Sie bedeutet individuelle *und* soziale Erlösung und hat so auch einen eindeutig politischen Aspekt, der Diakonie nicht nur im Modus der Barmherzigkeit sondern auch im Modus der Gerechtigkeit fordert und so auf den politischen Einsatz für gerechte soziale Strukturen in den zentralen sozialen Systemen zielt.

Einer christlichen Spiritualität der Sozialen Arbeit geht es also – in Anlehnung an Dietrich Bonhoeffers Theorie des kirchlichen Widerstands gegen totalitäre Systeme[18] – auch darum, „nicht nur die Opfer unter dem Rad zu verbinden, sondern dem Rad selbst in die Speichen zu fallen" (Bonhoeffer 1965: 48).

Neben einer stark individuumsbezogenen Haltung liefert die christliche Spiritualität der Sozialen Arbeit eine Motivations- und Legitimationsbasis (v.a. in kirchlichen Einrichtungen) für eine politische Sozialarbeit im Sinne von ‚Einmischung und Anwaltschaft' (vgl. Deutscher Caritasverband 1995: 14-16; Heimbach-Steins 2001) und des ‚Empowerment' (vgl. Herriger 1997). Es geht hier um den politischen Einsatz für Gescheiterte und mit Gescheiterten, um Lobbyarbeit der kirchlichen Sozialverbände und um den Schulterschluss mit neuen sozialen Bewegungen wie z.B. Attac. Ebenso geht es aber auch darum, die Solidarisierung und Politisierung unter den Betroffenen selbst zu fördern und so die Selbsthilfeintention der Sozialarbeit zuzuspitzen. Daneben scheint es mir in unserer von den Medien maßgeblich geprägten Gesellschaft zunehmend wichtig zu sein, die mediale Inklusion der gesellschaftlich Exkludierten zu betreiben durch öffentlichkeitswirksame Aktionen z.B. durch die Ausstellung von selbst gemalten Bildern von Strafgefangenen, durch Klagemauern in der Öffentlichkeit, durch Tagungen von Betroffenen mit Politikern etc. So wird der anfangs genannten Abspaltung und Tabuisierung des Scheiterns entgegengewirkt. Eine solche Praxis wäre ein Baustein einer neuen Kultur des Umgangs mit dem Scheitern und mit den Scheiternden, die zur Solidarität befähigt, denn die Erfahrung des Scheiterns ist uns allen nicht fremd, wenngleich wir sie doch in unterschiedlicher Intensität machen.

Aus der Perspektive des christlichen Glaubens bleibt festzuhalten: Für Gott gibt es keine Erledigten und Abgeschriebenen. In diesem Zuspruch an alle Menschen liegt auch der Anspruch sowohl im zwischenmenschlichen Bereich keinen Mitmenschen verloren zu geben als auch auf sozialstruktureller Ebene diejenigen Mechanismen zu verändern, die „kumulative Exklusionsprozesse" von Menschen fördern. Der Glaubende wird darin gestärkt durch den Zuspruch Gottes, dass er aus den Bruchstücken unserer Existenz und unseres Engagements ein Ganzes formen wird. Oder in den Worten Dietrich Bonhoeffers (1994: 197): „Wunderbare Verwandlung. Die starken tätigen Hände sind dir gebunden. Ohnmächtig einsam siehst du das Ende deiner Tat. Doch atmest du auf und legst das Rechte still und getrost in stärkere Hände und gibst dich zufrieden. Nur einen Augenblick berührtest du selig die Freiheit, dann übergabst du sie Gott, damit er sie herrlich vollende."

Literatur

Baecker, Dirk (1994): Soziale Hilfe als Funktionssystem der Gesellschaft. In: Zeitschrift für Soziologie, Jg. 23, S. 93-110.
Bango, Jenö (2001): Sozialarbeitswissenschaft heute. Wissen, Bezugswissenschaften und Grundbegriffe. Stuttgart: Lucius & Lucius.

---

[18]   Exemplarisch hat Dietrich Bonhoeffer diese Theorie im April 1933 im Aufsatz "Die Kirche vor der Judenfrage" (vgl. Bonhoeffer 1965: 44-53) entfaltet.

Beck, Ulrich/Beck-Gernsheim, Elisabeth (1994): Individualisierung in modernen Gesellschaften – Perspektiven und Kontroversen einer subjektorientierten Soziologie. In: Ulrich Beck/Elisabeth Beck-Gernsheim (Hrsg.): Riskante Freiheiten. Individualisierung in modernen Gesellschaften. Frankfurt/M.: Suhrkamp, S. 10-39.

Bethge, Eberhard ([8]1994): Dietrich Bonhoeffer. Eine Biographie. Gütersloh: Kaiser.

Bonhoeffer, Dietrich ([15]1994): Widerstand und Ergebung. Briefe und Aufzeichnungen aus der Haft, hrsg. v. Eberhard Bethge. Gütersloh: Kaiser.

Bonhoeffer, Dietrich (1965): Die Kirche vor der Judenfrage. In: Ders., Gesammelte Schriften, Bd. 2, hrsg. v. Eberhard Bethge. München: Kaiser, S. 44-53.

Boschert, Reinhold (1987): Krise und Existenz. Von den Aufgaben des Sozialpädagogen in der Krisenbegleitung. In: Neue Praxis, Jg. 17, S. 326-335.

Bourdieu, Pierre (1983): Ökonomisches Kapital, kulturelles Kapital, soziales Kapital. In: Reinhard Kreckel (Hrsg.): Soziale Ungleichheiten. Göttingen: Schwartz, S. 183-198.

Büchner, Uwe (1997): Umgang mit Erfolgen und Mißerfolgen im Therapieprozeß. Besondere Anforderungen an die Fähigkeiten des Therapeuten. In: Anneliese Heigl-Evers/ Irene Helas/Heinz C. Vollmer (Hrsg.): Die Person des Therapeuten in der Behandlung Suchtkranker. Persönlichkeit und Prozeßqualität. Göttingen: Vandenhoeck & Ruprecht, S. 130-140.

de Chardin, Teilhard (1988): Briefe an Frauen, hrsg. v. Günther Schiwy. Freiburg u.a: Herder.

Deutscher Caritasverband (1995): Perspektiven der Wohnungslosenhilfe. In: Beihefte der Zeitschrift für Caritasarbeit und Caritaswissenschaft. Caritas, Heft 2. Freiburg: Lambertus.

Dombrowsky, Wolf R. (1983): Verdrängtes Scheitern. Vom Nutzen einer ausgeblendeten Dimension sozialen Handelns. In: Friedrich Heckmann/Peter Winter (Hrsg.): 21. Deutscher Soziologentag 1982. Beiträge der Sektions- und ad hoc-Gruppen. Opladen: Westdeutscher Verlag, S. 967-971.

Fuchs, Gotthard (1990): Scheitert Gott? Theologische Überlegungen in praktischer Absicht. In: Concilium, Jg. 26, S. 437-443.

Fuchs, Gotthard (1998): „Dem Gegenteil ins Gesicht sehen". Scheitern und Über-Leben. Die österliche Perspektive. In: Lebendige Seelsorge, Jg. 49, S. 25-33.

Fuchs, Gotthard/Werbick, Jürgen (1991): Scheitern und Glauben. Vom christlichen Umgang mit Niederlagen. Freiburg - Basel – Wien: Herder.

Fuchs, Ottmar (1982): Die Klage als Gebet – Eine theologische Besinnung am Beispiel des Psalms 22. München: Kösel.

Fuchs, Ottmar (1987): Klage. Eine vergessene Gebetsform. In: Hansjakob Becker u.a. (Hrsg.), Im Angesicht des Todes. Ein interdisziplinäres Kompendium, Bd. 2. St. Ottilien: Eos, S. 939-1024.

Fuchs, Ottmar (1997): Klage. Anthropologisch-theologisch. In: Lexikon für Theologie und Kirche, Bd. 6, hrsg. v. Walter Kasper u.a.. Freiburg u.a.: Herder, S. 108f.

Fuchs, Ottmar (2000): Konkretion. Beten. In: Herbert Haslinger u.a. (Hrsg.): Handbuch Praktische Theologie, Bd. 2. Mainz: Matthias-Grünewald, S. 218-235.

Funke, Wilma (1997): Der ideale Therapeut. Über die Tabuisierung des Scheiterns. In: Anneliese Heigl-Evers/Irene Helas/Heinz C. Vollmer (Hrsg.): Die Person des Therapeuten in der Behandlung Suchtkranker. Persönlichkeit und Prozeßqualität. Göttingen: Vandenhoeck & Ruprecht, S. 141-153.

Geisen, Richard (1999): Ethik des Misslingens. Variationen über das Scheitern. In: Ethika, Jg. 7, S. 355-381.

Grabbe, Michael (1997): Der Zwang zum Erfolg - der Sinn des Scheiterns. Zur Therapeutenrolle in der systemischen Familientherapie. In: Anneliese Heigl-Evers/Irene Helas/ Heinz C. Vollmer (Hrsg.): Die Person des Therapeuten in der Behandlung Suchtkranker. Persönlichkeit und Prozeßqualität. Göttingen: Vandenhoeck & Ruprecht, S. 154-167.

Greinacher, Norbert (1990): Ambivalenz des Scheiterns – Ambivalenz des Menschen. In: Concilium, Jg. 26, S. 357-362.

Greinacher, Norbert/Mette, Norbert (1990): Umgang mit Scheitern. In: Concilium, Jg. 26, S. 353-356.

Heidrich, Christian (2000/2001): Unser schönes Scheitern. In: Scheidewege, Jg. 30, S. 86-108.

Heimbach-Steins, Marianne (2001): Einmischung und Anwaltschaft. Für eine diakonische und prophetische Kirche. Ostfildern: Schwabenverlag.

Herriger, Norbert (1997): Empowerment in der Sozialen Arbeit. Eine Einführung. Stuttgart – Berlin – Köln: Kohlhammer.

Holtmannspötter, Heinrich ([3]1993): Gefährdetenhilfe. In: Fachlexikon der sozialen Arbeit, hrsg. v. Deutschen Verein für Öffentliche und Private Fürsorge. Frankfurt/M.: Deutscher Verein für Öffentliche und Private Fürsorge, S. 384f.

Klinger, Elmar (1990): Armut. Eine Herausforderung Gottes. Der Glaube des Konzils und die Befreiung des Menschen. Zürich: Benziger.

Luhmann, Niklas (2000): Die Religion der Gesellschaft. Frankfurt/M.: Suhrkamp.

Luther, Henning (1992): Religion und Alltag. Bausteine zu einer Praktischen Theologie des Subjekts. Stuttgart: Radius.

Mieth, Dietmar (1990): Vom Ethos des Scheiterns und des Wiederbeginns. Eine vergessene theologisch-ethische Perspektive. In: Concilium, Jg. 26, S. 385-393.

Ragaz, Leonhard (1971): Die Gleichnisse Jesu. Seine soziale Botschaft. Hamburg: Furche.

Ragaz, Leonhard ([2]1979): Die Bergpredigt Jesu. Gütersloh: Gütersloher Verlagshaus Mohn.

Ringleben, Joachim (2001): Gebet. In: Wörterbuch des Christentums, hrsg. v. Volker Drehsen u.a. München: Orbis, S. 386.

Schaller, Hans (1984): Gebet. In: Neues Handbuch theologischer Grundbegriffe, Bd. 2, hrsg. v. Peter Eicher. München: Kösel, S. 26-34.

Schuchardt, Erika (1990): Umgang mit Scheitern: „Warum gerade ich ...?" Chance, Leben zu lernen. In: Concilium, Jg. 26, S. 394-407.

Schüßler, Michael (2004): Sozialpastorat der Straßenkonder. Lokale und weltkirchliche Perspektiven einer systemtheoretisch inspirierten Praktischen Theologie. (derzeit nur als Manuskript, im März 2004 als Dissertation im Fach Pastoraltheologie an der Universität Tübingen eingereicht).

Sennett, Richard ([6]2000): Der flexible Mensch. Die Kultur des neuen Kapitalismus. Berlin: Siedler.

Sobrino, Jon (1998): Christologie der Befreiung, Bd. 1. Mainz: Matthias-Grünewald.

Sölle, Dorothee ([3]1986): Lieben und Arbeiten. Eine Theologie der Schöpfung. Stuttgart: Kreuz.

Weiß-Flache, Martin (2000): Matthäus 25. Herausforderung für die Caritas. In: Caritas 2001. Jahrbuch des Deutschen Caritasverbandes, hrsg. v. Deutschen Caritasverband. Freiburg: Deutscher Caritasverband, S. 41-49.

Weiß-Flache, Martin (2001): Befreiende Männerpastoral. Männer in Deutschland auf befreienden Wegen der Umkehr aus dem Patriarchat: Gegenwartsanalyse – theologische Optionen – Handlungsansätze. Münster: Lit.

Werbick, Jürgen (1999): Gelingen und Scheitern – Kennzeichen menschlicher Freiheitserfahrung. Fundamentaltheologische Vorüberlegungen zu einem kontextuellen Freiheitsverständnis. In: Hans-Günter Gruber/Benedikta Hintersberger (Hrsg.): Das Wagnis der Freiheit. Theologische Ethik im interdisziplinären Gespräch. FS Johannes Gründel. Würzburg: Echter, S. 88-103.

Wiggermann, Karl-Friedrich (1999): Mit Scheitern leben. Zu einer Praktischen Theologie der Lebensbewahrheitung *sub contrario*. In: Zeitschrift für Theologie und Kirche, Jg. 96, S. 424-438.

Hinweise zu den Autoren

Dr. Wolfram Backert, Soziologe, geboren am 1964 in Kronach. Nach dem Studium der Soziologie an der Otto-Friedrich-Universität Bamberg langjähriger Mitarbeiter bei Prof. Dr. Ditmar Brock am Lehrstuhl für Allgemeine Soziologie II der Technischen Universität Chemnitz. Derzeit ist er als wissenschaftlicher Mitarbeiter am SFB 536 Teilprojekt B6 „Geld und Liebe" der LMU München bei Prof. Jutta Allmendinger PhD tätig. *Forschungsschwerpunkte*: Sozialstrukturanalyse, Armutsforschung sowie das Problem der Überschuldung von Privathaushalten. *Ausgewählte Veröffentlichungen*: „...und befreie uns von unseren Gläubigern". Auf der Suche nach dem redlichen Schuldner in einer individualisierten Gesellschaft. Nomos. Baden Baden 2000 (gemeinsam mit Götz Lechner); Armutsrisiko: Überschuldung. In: Barlösius, Eva; Ludwig-Mayerhofer, Wolfgang (Hg.): Die Armut der Gesellschaft, S. 243-263. Leske und Budrich. Opladen 2001; Leben im modernen Schuldturm. Peter Lang. Frankfurt a. M., New York 2003.

Dr. habil. Andrea D. Bührmann, geb. 1961, Soziologin; 1995 Promotion an der phil. Fakultät der Universität Münster; 1995 – 1999 wissenschaftliche Mitarbeiterin an der kulturwiss. Fakultät der Universität Paderborn; 2000 – 2003 Habilitationsstipendium der DFG; 2003 Habilitation an der Universität Münster. *Forschungsschwerpunkte*: Kritische Gesellschaftstheorie; Poststrukturalistische Subjekttheorien; Geschlechterforschung; sozialwissenschaftliche Diskurs- und Machtanalysen. *Ausgewählte Veröffentlichungen*: Das authentische Geschlecht. Die Sexualitätsdebatte der Neuen Frauenbewegung. Münster 1995; Arbeit - Sozialisation - Sexualität. Zentrale Felder der sozialwissenschaftlichen Frauen- bzw. Geschlechterforschung, Band I der Lehrbuchreihe: Einführung in die sozialwissenschaftliche Frauen- bzw. Geschlechterforschung, Opladen 2000 (zusammen mit Angelika Diezinger und Sigrid Metz-Göckel); Der Kampf um „weibliche Individualität". Ein Beitrag zur Analyse des (Trans-)Formierungsgeschehens moderner Subjektivierungsweisen im Deutschland um die Jahrhundertwende, Münster 2002 (Habilitationsschrift)

Prof. Dr. Corinna Onnen-Isemann, geb. 1962, Professorin für Gender Studien an der Universität Regensburg. *Forschungsschwerpunkte*: Familiensoziologie, Geschlechtersoziologie, Medizinsoziologie, Entwicklung und Aufbau eines Forschungsprogramms „Europäische Fertilitätsunterschiede". Empirische Forschung zu den Themen Ursachen von Ehescheidungen, kinderlose Ehen, Aufstiegsorientierung und Aufstiegsschwierigkeiten von Frauen im Universitätsbereich, Einstellungen zu den neuen Reproduktionstechnologien seitens junger Frauen, eine soziologische Untersuchung über die In-vitro-Fertilisation, sowie zum Arbeitsmarkt von Frauen in Ostfriesland. *Ausgewählte Veröffentlichungen*: Promotion zum Dr. rer. pol. mit der Schrift „Berufs- und Lebensverläufe von Hochschullehrerinnen. – Eine Retrospektivbefragung von Professorinnen in den alten Bundesländern", Habilition „Wenn der Familienbildungsprozeß stockt.... Eine empirische Studie über Streß und Coping-Strategien reproduktionsmedizinisch behandelter Partner."

Universitätsprofessor Dr. phil. Klaus Feldmann, geb. am 7. 5. 1939 in Wien, Schulbesuch in Wien, 1966 Promotion zum Dr. phil. an der Universität Wien, 1966 bis 1968 am Institut für Höhere Studien und Wissenschaftliche Forschung (Postgraduate Studies an der Abt. Soziologie) in Wien; 1969 bis 1971 Assistent für Soziologie an der Pädagogischen Hochschule Niedersachsen, Abt. Hannover, 1971 bis 1980 Hochschuldozent für Soziologie an der Pädagogischen Hochschule Niedersachsen, Abt. Hannover, seit 1980 Professor für Soziologie an der Universität Hannover. *Forschungsschwerpunkte*: Erziehungs-, Thanato- und Mediensoziologie. *Ausgewählte Veröffentlichungen*: Sterben und Tod. Sozialwissenschaftliche Theorien und Forschungsergebnisse. Opladen, Leske + Budrich 1997; Soziologie kompakt. 2. Aufl. Wiesbaden, Westdeutscher Verlag 2001

PD Dr. Matthias Junge, geb. 1960 in Bonn, Studium der Philosophie, Sozialarbeit und Soziologie in Bamberg. Diplom in Soziologie 1987 in Bamberg. Promotion 1995 ebenfalls in Bamberg, Habilitation 2000 an der TU Chemnitz. Derzeit Vertretung der Professur für „Soziologische Theorie und Theoriegeschichte" am Institut für Soziologie und Demographie der Universität Rostock. *Forschungsschwerpunkte*: Soziologische Theorie, Gesellschaftstheorie, Kultursoziologie, Jugendsoziologie. *Ausgewählte Veröffentlichungen*: Forever young? Junge Erwachsene in Ost- und Westdeutschland. Opladen: Leske + Budrich, 1995 (Promotion); Ambivalente Gesellschaftlichkeit. Die Modernisierung der Vergesellschaftung und die Modernisierung der Soziologie. Opladen: Leske + Budrich 2000 (Habilitation); (Hrsg.) Zygmunt Bauman. Soziologie zwischen Postmoderne und Ethik. Opladen: Leske + Budrich 2001 (gemeinsam mit Thomas Kron); Individualisierung. Frankfurt/Main; New York: Campus 2002; Soziologische Theorien von Comte bis Parsons. München; Wien: Oldenbourg 2002 (gemeinsam mit Ditmar Brock und Uwe Krähnke); (Hrsg.) Macht und Moral. Beiträge zur Dekonstruktion von Moral. Wiesbaden: Westdeutscher Verlag 2003; Klassische Diagnosen der modernen Gesellschaft. Rationalisierung, Differenzierung, Individualisierung. Kurseinheit: Georg Simmel. Hagen: FernUniversität Hagen 2004.

Dr. Götz Lechner, geb. 1965 in Marburg, Studium der Soziologie in Bamberg und Duisburg. Diplom in Soziologie 1992 in Bamberg. Promotion 2001 in Chemnitz. Derzeit wissenschaftlicher Mitarbeiter an der Professur Soziologie II des Instituts für Soziologie der Philosophischen Fakultät der TU Chemnitz. *Forschungsschwerpunkte*: Kultursoziologie, Konsumsoziologie, vergleichende Sozialstrukturanalyse, Transformationsforschung. *Ausgewählte Veröffentlichungen*: ..und befreie uns von unsern Gläubigern. Auf der Suche nach dem redlichen Schuldner in einer individualisierten Gesellschaft. Baden Baden: Nomos 2000 (zusammen mit Wofram Backert); Ist die Erlebnisgesellschaft in Chemnitz angekommen? Von feinen Unterschieden zwischen Ost und West. Opladen: Leske + Budrich 2003 (Dissertation)

Dr. Olaf Morgenroth, Psychologe, geboren 1964 in Reinbek bei Hamburg. Studium der Soziologie und Psychologie, 1994 Diplom in Psychologie, 1999 Promotion an der Humboldt Universität zu Berlin im Fachgebiet Entwicklungspsychologie bei Prof. Dr. H. Sydow. 1995 – 1998 Wissenschaftlicher Mitarbeiter am Fachbereich Erziehungswissenschaft und Psychologie, Arbeitsbereich empirische Pädagogik an der Freien Universität Berlin, seit 1998 Wissenschaftlicher Mitarbeiter an der Technischen Universität Chemnitz am Institut für Psychologie in den Arbeitsgebieten Methodenlehre und Wirtschafts-, Organisations- und Sozialpsychologie, sowie am Institut für Soziologie im Arbeitsgebiet Sozialisationsforschung und empirische Sozialforschung, seit 2002 Forschungsprojekt zur Bewältigung zeitlicher Anforderungen, gefördert von der DFG. *Forschungsschwerpunkte*: Psychologie der Zeit, speziell Zeitbewältigung, Kulturvergleichende

Psychologie, Methoden empirischer Forschung, Entwicklungspsychologie, speziell Jugendforschung, Handlungstheorien, Selbstmanagement. *Ausgewählte Veröffentlichungen*: Identitätsabsichten türkischer Jugendlicher. Bereichsspezifische Zukunftsorientierungen im Kontext von Familie und Schule. Hamburg: Kovac 1999; Vom Ich zum Wir? Die gesellschaftliche Integration von Schuljugendlichen in der ehemaligen DDR im Spannungsfeld zwischen Schule und Freizeit. In H. Merkens (Hrsg.), Übereinstimmung und Differenz – Jugend in der DDR, S. 153-180. Baltmannsweiler: Schneider 2000; Soziale Distanz als Merkmal interethnischer Beziehungen bei deutschen und türkischen Jugendlichen: Unterschiede und Einflussfaktoren. In K. Boehnke, D. Fuß und J. Hagan (Hrsg.), Jugendgewalt und Rechtsextremismus. Soziologische und psychologische Analysen in internationaler Perspektive, S. 195-208. Weinheim: Juventa (gemeinsam mit S. Ibaidi) 2002; Die Erosion zeitlicher Ordnungen – ein neuer Aspekt von Anomie als Quelle politischer Delinquenz? In D. Oberwittler und S. Karstedt (Hrsg.): *Neue Kriminalsoziologie*. Sonderheft 43 der Kölner Zeitschrift für Soziologie und Sozialpsychologie (gemeinsam mit K. Boehnke, in Druck).

Dr. Johannes Schaller, Psychologe und Theologe, geboren 1966 in Auerbach/Oberpfalz, 1987-97 Studium der Psychologie, Theologie, Politologie und Musikpädagogik an der Otto-Friedrich-Universität Bamberg, 1994 Diplom in Psychologie; 1997 Diplom in Katholische Theologie – Schwerpunkt: Pastoraltheologie. 1997-2000 Promotionsstudium im Bereich Organisationspsychologie (Prof. Dr. Hermann Liebel – Universität Bamberg) und Promotion 2000. Seit 1999 Wissenschaftlicher Mitarbeiter am Institut für Psychologie der Technischen Universität Chemnitz, zur Zeit in dem Arbeitsgebiet Wirtschafts- Organisations- und Sozialpsychologie. *Forschungsschwerpunkte*: Qualitätsmanagement/ Schwerpunkt Human Ressource Management, Evaluation von Organisations- und Personalentwicklungsmaßnahmen, SFT (Solution Focussed Thinking) und Ressourcenorientiertes Arbeiten in verschiedenen Kontexten (Therapie, Organisationsberatung etc.), Angewandte Sozialpsychologie, Konstruktivistische Verhaltenstherapie, Praxistransfer - Akquisition und Betreuung von Praxisprojekten im Bereich Personal- und Organisationsentwicklung. *Ausgewählte Veröffentlichungen*: Gesundheit selbst gemacht: Ganzheitliche Gesundheitsförderung im Rahmen lösungsorientierter Organisationsentwicklung. In P. Creutzfeld, P. (Hrsg.). Das gesunde Unternehmen: Grundlagen – Konzepte – Praxis, S. 89-105. Düsseldorf: VDM-Verlag 2003; Denken und (Ver-)Handeln – Kognitive Verhaltensmodifikation aus Ressourcensicht. In H. Schemmel & J. Schaller (Hrsg.). Ressourcen. Ein Hand- und Lesebuch zur therapeutischen Arbeit, S. 325-345. Tübingen: DGVT-Verlag 2003; Ressourcen: Zum Stand der Dinge in Forschung und Praxis. In H. Schemmel & J. Schaller (Hrsg.), Ressourcen. Ein Hand- und Lesebuch zur therapeutischen Arbeit, S. 575--603. Tübingen: DGVT-Verlag (gemeinsam mit H. Schemmel) 2003; Informationsüberlastung – eine Herausforderung für Unternehmen im Zeitalter der Informationsgesellschaft. Wirtschaftspsychologie, 1/2003, S. 152-154 (gemeinsam mit C. Schoch und K. Jonas) 2003.

Prof. Dr. Volker H. Schmidt, geb. 1959. Studium der Politikwissenschaft, Kulturwissenschaft und Soziologie in Marburg, Birmingham und Bielefeld. Soziologie-Diplom 1987 in Bielefeld, Promotion 1995 in Bremen, Habilitation 2000 in Mannheim. Seit 2000 Professor für Soziologie an der National University of Singapore. *Arbeitsschwerpunkte*: Medizinsoziologie, Gerechtigkeitssoziologie, Soziale Ungleichheit und Sozialpolitik, Soziologische Theorie, (Süd-)Ostasienforschung. *Ausgewählte Veröffentlichungen*: Neue Technologien – verschenkte Gelegenheiten? 1991 (mit Ulrike Berger und Helmut Wiesenthal); Politik der Organverteilung, 1996; Lokale Gerechtigkeit in Deutschland. 1997 (mit Brigitte Hartmann); Bedingte Gerechtig-

226 Hinweise zu den Autoren

keit, 2000; Rationierung und Allokation im Gesundheitswesen, 2002, (Hg., mit Thomas Gutmann); Grundlagen einer gerechten Organverteilung, 2003, (mit Thomas Gutmann u.a.),.

Dr. Heike Solga, geb. 1964, 1994 Promotion und 2003 Einreichung der Habilitationsschrift an der Freien Universität Berlin; seit Juli 1999 Leiterin der selbständigen Nachwuchsgruppe „Ausbildungslosigkeit: Bedingungen und Folgen mangelnder Berufsausbildung" am Max-Planck-Institut für Bildungsforschung, Berlin; im Sommersemester 2004 Gastprofessorin an der Yale University/New Haven. *Forschungsschwerpunkte:* Sozialstrukturanalyse, Lebensverlaufsforschung, Bildungs- und Arbeitsmarktsoziologie, Transformationsforschung. *Ausgewählte Veröffentlichungen:* Auf dem Weg in eine klassenlose Gesellschaft? Klassenlagen und Mobilität zwischen Generationen in der DDR. Berlin: Akademie Verlag, 1995; Ohne Abschluss in die Bildungsgesellschaft. Die Erwerbschancen gering qualifizierter Personen aus ökonomischer und soziologischer Perspektive. Habilitationsschrift. Berlin: Freie Universität, Fachbereich Politik- und Sozialwissenschaften. 2003; Occupational Matching and Social Stratification. In: European Sociological Review 15 (1999) 1, S. 25-47 (zus. mit D. Konietzka; The East German Labour Market After German Unification. In: Work, Employment & Society 15 (2001) 1, S. 95-126 (zus. mit M. Diewald); Stigmatization by negative selection: less-educated persons' decreasing employment opportunities. In: European Sociological Review 18 (2002) 2, S. 159-178; „Ausbildungslosigkeit" als soziales Stigma in Bildungsgesellschaften. In: Kölner Zeitschrift für Soziologie und Sozialpsychologie 54 (2002) 3, S. 476-505.

Jun.prof. Dr. Annette Spellerberg, Lehrgebiet Stadtsoziologie, FB ARUBI, TU Kaiserslautern. 2001-02 Wissenschaftliche Assistentin an der Universität Bamberg, 98/99 Fellow am Center for Advanced Study in the Behavioral Sciences, Stanford, USA, Leitung des Projekts „Lebensstile, Wohnbedürfnisse und Mobilitätsbereitschaft", FU Berlin und Wissenschaftszentrum Berlin. 1990 – 1995 Wissenschaftliche Mitarbeiterin am Wissenschaftszentrum Berlin, Abteilung Sozialstruktur und Sozialberichterstattung. *Ausgewählte Veröffentlichungen*: Soziale Differenzierung durch Lebensstile. Eine empirische Untersuchung zur Lebensqualität in West- und Ostdeutschland. Berlin 1996; Kulturelle Leitbilder und institutionelle Regelungen für Frauen. Berliner Journal für Sozialforschung. Heft 1/1998, S. 73 - 90, mit Katrin Schäfgen; Lebensstile, Wohnbedürfnisse und Mobilität. Opladen, 1999, mit Nicole Schneider; Gesellschaftliche Dauerbeobachtung anhand von Lebensstilindikatoren, In: Wolfgang Glatzer, Roland Habich, Karl-Ulrich Mayer (Hg.): Sozialer Wandel und Gesellschaftliche Dauerbeobachtung. Opladen 2002, S. 297-316.

Dr. Martin Weiß-Flache, geb. 1966 in Bayreuth; Studium der Kath. Theologie in Bamberg. Diplom in Kath. Theologie 1994 in Bamberg. Promotion 2000 ebenfalls in Bamberg. Derzeit Leiter eines ökumenischen Projekts der Wohnungslosenhilfe beim Caritasverband für die Stadt Bamberg e.V. (gegenwärtig in Elternzeit). *Forschungsschwerpunkte*: Pastoraltheologie, Theologische Männerforschung, Theologie der Sozialen Arbeit. *Ausgewählte Veröffentlichungen*: Matthäus 25. Herausforderung für die Caritas. In: Caritas 2001. Jahrbuch des Deutschen Caritasverbandes, hrsg. v. Deutschen Caritasverband. Freiburg: Deutscher Caritasverband, 2000, S. 41-49; Befreiende Männerpastoral. Männer in Deutschland auf befreienden Wegen der Umkehr aus dem Patriarchat: Gegenwartsanalyse – theologische Optionen – Handlungsansätze. Münster: Lit, 2001.

Neu im Programm Soziologie

Jörg Ebrecht,
Frank Hillebrandt (Hrsg.)
Bourdieus Theorie der Praxis
Erklärungskraft – Anwendung –
Perspektiven
2., durchges. Aufl. 2004.
ca. 256 S. Br. ca. EUR 27,90
ISBN 3-531-33747-5

Bourdieus Theorie gehört zu den
interessantesten und am weitesten
ausgearbeiteten soziologischen
Theorieangeboten der Gegenwart.
Das Buch zeigt die Relevanz und
Aktualität und diskutiert die Theorie
an wichtigen Praxisfeldern.

Gabriele Klein
Electronic Vibration
Pop – Kultur – Theorie
2004. ca. 320 S. Br. ca. EUR 24,90
ISBN 3-8100-4102-5

Das Buch entwickelt eine Kultur-
theorie des Pop und legt dabei ein
besonderes Augenmerk auf Körper-
inszenierungen. Auf der Grundlage
einer empirischen Untersuchung der
Jugendkultur Techno wird eine an
Bourdieu und den Cultural Studies

angelehnte theoretische Skizze der
Popkultur vorgestellt, die die lebensweltliche Relevanz globalisierter Kulturen, wie es jugendliche (Pop)Musik-
kulturen seit ihren Anfängen sind,
herausarbeitet. Das Buch gibt Antworten auf die Fragen, warum Techno wie keine andere Jugend- und
Popkultur zuvor, eine Tanzkultur war
und ist und welche Rolle die Körper-
techniken und -inszenierungen in
dieser Jugendkultur spielen.

Karl Ulrich Mayer,
Steffen Hillmert (Hrsg.)
Geboren 1964 und 1971
Untersuchungen zum Wandel von
Ausbildungs- und Berufschancen
2004. ca. 300 S. Br. ca. EUR 34,90
ISBN 3-531-14023-X

Der Band analysiert die Ausbildungs-
und Berufschancen von zwei Jahr-
gängen. Es werden aktuelle Forschungsergebnisse aus dem Max-
Planck-Institut für Bildungsforschung
vorgestellt.

Erhältlich im Buchhandel oder beim Verlag.
Änderungen vorbehalten. Stand: Januar 2004.

www.vs-verlag.de

VS VERLAG FÜR SOZIALWISSENSCHAFTEN

Abraham-Lincoln-Straße 46
65189 Wiesbaden
Tel. 0611.7878-285
Fax 0611.7878-400

Neu im Programm Soziologie

Karl-Dieter Opp, Kurt Mühler

Region und Nation
(Arbeitstitel)
Zu den Ursachen und Wirkungen
regionaler und überregionaler
Identifikation
2004. ca. 400 S. Br. ca. EUR 29,90
ISBN 3-8100-4105-X

Wie entstehen räumliche Identifikationen? Welche Auswirkungen haben
sie auf andere Einstellungen und
Verhalten? Das Buch bietet auf diese
Fragen neue Antworten und überprüft sie mit einer eigenen empirischen Untersuchung.

Michael Schmid

**Rationales Handeln
und soziale Prozesse**
Beiträge zur soziologischen
Theoriebildung
2004. ca. 420 S. Geb. ca. EUR 42,90
ISBN 3-531-14081-7

Der Band dokumentiert die Reichweite der rationalistischen Handlungstheorie und deren Bedeutung
für ein heuristisch fruchtbares sozio-
logisches Erklärungsprogramm, das
die überkommene Teilung in Mikro-
und Makroanalyse überwindet.

Gunnar Otte

**Sozialstrukturanalysen
mit Lebensstilen**
(Arbeitstitel)
Eine Studie zur theoretischen
und methodischen Neuorientierung
der Lebensstilforschung
2004. ca. 350 S. Br. ca. EUR 29,90
ISBN 3-8100-4161-0

Das Lebensstilkonzept wird seit zwei
Jahrzehnten als Alternative zu klassischen Konzepten der Sozialstrukturanalyse diskutiert. Der bisherige
Ertrag der Lebensstilforschung ist
jedoch recht mager. Als Hauptprobleme der Forschungspraxis gelten:
die mangelnde Vergleichbarkeit der
Lebensstiltypologien; ihre Theoriear-
mut; der fragliche Realitätsgehalt
einzelner Lebensstiltypen; der Erhe-
bungsaufwand von Lebensstilvaria-
blen. Die Studie beansprucht, diese
Probleme durch die Entwicklung
eines theoretisch begründeten und
empirisch effizient einsetzbaren
Analyseinstruments zu lösen.

Erhältlich im Buchhandel oder beim Verlag.
Änderungen vorbehalten. Stand: Januar 2004.

www.vs-verlag.de

VS VERLAG FÜR SOZIALWISSENSCHAFTEN

Abraham-Lincoln-Straße 46
65189 Wiesbaden
Tel. 0611.7878-285
Fax 0611.7878-400